Irrgang

—

Internetethik

Bernhard Irrgang

Internetethik

Philosophische Versuche
zur Kommunikationskultur
im Informationszeitalter

Königshausen & Neumann

Gewidmet Andreas Pfitzmann,
dem all zu früh verstorbenen Kollegen
in Erinnerung an die in Dresden geleistete
interdisziplinäre Arbeit.

Bibliografische Information der Deutschen Nationalbibliothek

Die Deutsche Nationalbibliothek verzeichnet diese Publikation in der Deutschen
Nationalbibliografie; detaillierte bibliografische Daten sind im Internet
über http://dnb.d-nb.de abrufbar.

© Verlag Königshausen & Neumann GmbH, Würzburg 2011
Gedruckt auf säurefreiem, alterungsbeständigem Papier
Umschlag: skh-softics / coverart
Umschlagabbildung: Internet Life C Fotolia.com
Bindung: Verlagsbuchbinderei Keller GmbH, Kleinlüder
Alle Rechte vorbehalten
Dieses Werk, einschließlich aller seiner Teile, ist urheberrechtlich geschützt.
Jede Verwertung außerhalb der engen Grenzen des Urheberrechtsgesetzes ist
ohne Zustimmung des Verlages unzulässig und strafbar. Das gilt insbesondere
für Vervielfältigungen, Übersetzungen, Mikroverfilmungen und die Einspeicherung
und Verarbeitung in elektronischen Systemen.
Printed in Germany
ISBN 978-3-8260-4512-7
www.koenigshausen-neumann.de
www.buchhandel.de
www.buchkatalog.de

Inhaltsverzeichnis

Vorwort

Die Anarchie des Internet hat Änderungen in den Vorstellungen über Öffentlichkeit, Privatheit und Liberalität gebracht, die noch im Werden begriffen sind.
Vom Ende der Privatheit, der Selbstbestimmung und der Moderne ist die Rede.
Aber wessen Anfang impliziert diese Rhetorik des (Ver-) Endens? Dieses kleine
Buch beschäftigt sich mit solchen Fragen im Rahmen eines dynamischen Rand-
gebietes der Medienethik und der sich konstituierenden Informationsethik,
nämlich der Internetethik. Hier könnte Ethik eine neue Lebensbedeutsamkeit
erhalten, denn wo staatliche Regulierungsmacht an ihre Grenzen stößt, ist persönlicher Einsatz gefragt.

Für die Hilfen bei den Schreib-, Korrektur- und Satzarbeiten danke ich den
Herren Andreas Bork, Michael Funk, Steffen Steinert und Silvio Wende.

Dresden, im Advent 2010

0. Einleitung: Von der Gutenberg Galaxis zur Virtuellen Realität: ethische Probleme einer Internetkultur

Wir leben in einem Zeitalter fundamentalen technischen Wandels, der auch vor unseren basalen Kulturtechniken nicht Halt gemacht hat. Überkommene moralische Erfahrungen im Umgang mit herkömmlichen Medien scheinen kaum auszureichen, um im Umgang mit den neuen Möglichkeiten des Informationsaustausches und der Kommunikation als autonomes Individuum bestehen zu können. Ein Strukturwandel der Öffentlichkeit bahnt sich an in einem bislang nicht gekannten Ausmaß, ja Öffentlichkeit im herkömmlichen Sinn droht zu verschwinden und von Maschinen verwaltet zu werden. Das Revolutionäre wird vielenorts gar nicht richtig bemerkt, denn an den PC haben sich die meisten Menschen sehr schnell gewöhnt und technologische Umbrüche sind alltäglich geworden. Wir sind so damit beschäftigt, den jeweils letzten technischen Schrei in unser Alltagsleben zu integrieren und haben wenig Zeit für eine nüchterne Bilanz, ob sich all die technologischen Innovationen denn auch tatsächlich als förderlich für ein selbstbestimmtes Leben erweisen, das wir doch alle führen wollen. Es geht mir nicht um Medienschelte – die ist bei der Einführung neuer Medien üblich – oder um eine Ethik des erhobenen Zeigefingers, aber um Reflexion des Gebrauchswertes neuer Technologien, genannt Technologie Reflexion.

Das Internet erzeugt Probleme, die sowohl über die klassische Medienethik wie über die traditionelle Ethik der Information hinausgehen. Medienethik stellt den Unterhaltungswert in den Vordergrund, Informationsethik Wahrheit und Wahrhaftigkeit. In der neuen Medienethik des Internets verschwimmen die bekannten Grenzen, so dass Wahrhaftigkeit der Information die eine Dimension der Ethik darstellt, während Unterhaltung, Neuartigkeit und Sensation die andere Seite der ethisch relevanten Probleme beschreibt. Information (von lateinisch informatio, das Bilden, die Bildung) heißt im klassischen Latein (Cicero) zunächst eine bestimmte Vorstellung, auch die Vorstellung, die Bedeutung eines einzigen Wortes ist, dann auch das Resultat der Klärung und Entfaltung des Inhaltes eines Wortes; weiter die Unterweisung und Belehrung und ihr Resultat. Dieser Bedeutungsbereich hat sich bis heute durchgehalten: Belehrung, Anweisung, In-Kenntnis-Setzen (durch eine Mitteilung). Als Terminus technicus findet sich Information zuerst in der Rhetorik und bedeutet die Hervorhebung der charakteristischen Merkmale einer Sache. In der scholastischen Philosophie wird „informatio" allgemeiner gebraucht als die Gestaltung der Materie durch die Form. Der Terminus benennt dabei sowohl den Prozess wie das Resultat. Descartes versteht darunter die Formung des Geistes, die durch die Wahrnehmung geprägte physische Struktur (Schnelle 1976).

Medien sind technische Hilfsmittel zur Gestaltung von Information für die Kommunikation. Diese können Druck, Presse, Radiowellen, Funkwellen und Speichermedien usw. sein. Medien erleichtern den Umgang mit Information und Wissen, setzen aber Kompetenzen voraus, um mit Medien und mit Informationen umgehen zu können. Der Erwerb von Wissen sowie Eigentum an Information und Wissen ermöglichen im neuzeitlichen Sinne auch Eigenständigkeit und Privatheit. Informiert sein als Form des Wissens und des Könnens kann daher auch als Macht interpretiert werden. Neben der berechtigten Information gibt es aber auch Mythen, Ideologien, Falschaussagen und Verleumdungen, über die informiert werden muss, die man als Falschaussagen weitergeben kann in Informationsmedien, oder aber deren Falschheitscharakter aufgedeckt werden sollte, als ethische Forderung bzw. Grundforderung einer Medienethik. Falsche Information kann unberechtigt erworben sein, wobei die Medienethik in zunehmendem Maße auch Fragen des Managements in der Informationsverarbeitung berücksichtigen muss. Insofern geht es auch um Fragen der Kontrolle bei dem Einsatz von Medien, wobei Selbstverpflichtung, das Recht und Zensur Mittel der Kontrolle sein können.

Tatsächlich ist im Rahmen der Neuzeit eine Kommerzialisierung der Information erfolgt, wodurch die Transparenz der Marktmacht von Information heruntergeschraubt wurde. Dabei ist seit dem 18. Jh. ein Strukturwandel in der öffentlichen Meinung festzustellen. Die Veröffentlichung betrifft nicht mehr nur wissenschaftliche Abhandlungen oder moralische Traktate, sondern in zunehmendem Maße Journale, Wochenschriften, Zeitungen, auch Wissenschaftszeitungen oder Zeitungen über technologische Trends. Dabei hat sich durch die Technologisierung der Medien seit der Gutenberg-Galaxis, d. h. seit Erfindung der beweglichen Lettern durch Gutenberg und die Aufwertung der Druckerpresse ein neues technisches Verständnis der Medien zur Übermittlung von Information ergeben, welches nun weiter technisiert wird.

Information ist ein vielschichtiger Begriff und umfasst eine Reihe technischer Medien zu ihrer Übermittlung. Die Informationsethik ist eine noch junge Disziplin ohne festen Kanon. Die Medienethik hat sich da schon eher etabliert, wird aber heute durch Fragen der Informationsethik erweitert bzw. in gewisser Weise auch transformiert. Dabei steckt in dem Begriff der Information zunächst einmal die Übermittlung von Wahrheiten und Inhalten, während die Medienproblematik auch die Vermittlung im Sinne der Unterhaltung des medial Beeinflussten und Informierten berücksichtigt. Neben dem technologischen Wandel insbesondere durch Multimedia und Internet ist auch ein Strukturwandel der Öffentlichkeit (von der Gutenberg-Galaxis zur Virtuellen Realität) zu beobachten, der die Probleme der Privatheit, wie sie durch den ersten Strukturwandel der Öffentlichkeit im 18. Jh. geschaffen wurde, nun in erheblichem Maße transformiert und dabei neue ethische Probleme schafft.

Aus kontinentaleuropäisch philosophischer Sicht muss zwischen Information und Wissen, zwischen Datenaustausch und Kommunikation unterschieden werden. Eine gegenwartsorientierte Analyse von Kommunikationspraxis unterscheidet im Anschluss an Aristoteles und dem frühen Heidegger Poiesis (Information, Daten, Datenaustausch), Praxis (Kommunikation, Interpretation, Bewerten) und Theoria (Wissen) zumindest bei menschlicher Kommunikation (Irrgang 2010b). Information bezeichnet aber auch das Faktum, das wortwörtlich übersetzt „das Gemachte" bedeutet. Sie stellt eine elementare und einfache Art der meist technischen Anweisung und Einweisung dar. Zu unterscheiden sind dabei wissenschaftliche Fakten und alltägliche Tatsachen bzw. Geschehnisse. Sie sind Grundbausteine des Wissens, aber kein Wissen selbst. Information in der Wissenschaft gilt als wertneutral, sie enthält keine Wertung auf ethischer, emotionaler, politischer oder anderer Ebenen. Alltagsinformationen haben dem entgegen aber häufig einen wertenden Gehalt, der durch die Situation und Formulierung durch den Sprecher entsteht. Informationsaustausch ist nicht Kommunikation, sondern beschränkt sich auf die technische Erzeugung von Information und deren technischem Austausch. Informationsaustausch oder der Austausch von Daten sind keine Kommunikation. Im philosophischen Sinn ist der Begriff der Kommunikation an Menschen gebunden. Ein Austausch von Daten und Information kann auch zwischen technischen Geräten erfolgen. Der gemeinsame Horizont für Information, Kommunikation und medialen Transport sind Common Sense und Lebenswelt insbesondere in ihrer technologisierten Signatur und durchzogen von technischen Potenzialen. Die reine Übertragung von Bits ist auch in den Wissenschaften Datenaustausch als Grundlage für Interpretationsprozesse. Kommunikation ist in den Wissenschaften der Austausch von Argumenten und Interpretationen. Kommunikation im Alltag bedeutet aber zusätzlich den Austausch von Deutungen, Meinungen, Glaubenssätzen und Interpretation. Deshalb kann man Kommunikation nicht als reine Wahrheitsübertragung ansehen, weder als Informations- noch Datenaustauschsondern muss ihr eine soziale Komponente zuschreiben. Kommunikation findet in der Öffentlichkeit statt, auch wenn sich viele Teilnehmer am Internetdiskurs dieser Komponente nicht bewusst sind.

Früher wurde vor allem auf öffentlichen Plätzen, in Gasthäusern oder aber auch Residenzen kommuniziert. Diese Plattformen wurden durch den Buchdruck entscheidend erweitert. So ermöglichten jetzt beispielsweise Flugblätter einen wesentlich schnelleren Informationsaustausch. Neben dieser Ausweitung der Öffentlichkeit bzw. der Beteiligung der Öffentlichkeit an medialen Ereignissen und der Versorgung mit Informationen kam es somit zur Entwicklung der einseitigen Kommunikation durch stumme bedruckte Medien. Für den Menschen bedeutete diese Technikentwicklung die Forderung nach einer Kompetenzerweiterung bzw. Umschichtung durch das Erlernen der Schreibsprache. Eine weitere radikale Veränderung für die Öffentlichkeit war die Erfindung des Radios. Damit konnte Information stark einseitig ausgerichtet werden und einer Ideologisierung, Indoktrinierung und der Verbreitung von Propaganda waren praktisch kaum noch Grenzen gesetzt. Die letzte große Öffentlichkeitsmodifikation wurde durch das Internet hervorgerufen, das ursprünglich als Informationsaustausch zwischen amerikanischen Wissenschaftlern konzipiert war. Dadurch kam es zu einer Umstrukturierung der Kommerzialisierung durch Online-Auktionen oder Pop-Up-Werbung.

Die Entwicklung der Öffentlichkeit zeigt, dass Medien einen Machtfaktor sowohl im positiven als auch im negativen Sinne besitzen. Dadurch werden wiederum neue eingrenzende Technologien nötig und es kommt zu einer Ausdifferenzierung der Überwachung. Neben der Erweiterung der Justiz kann auch die Einführung der Zensur ein adäquates Mittel sein, um Medien zu kontrollieren. Dabei sind diese Maßnahmen allerdings ambivalent, d.h. eine eindeutige ethische Wertung ist hier nicht möglich. Eine entscheidende Schlussfolgerung aus diesen Überlegungen ist, dass Technik und Medien möglichst transparent sein sollten, um dem Nutzer eine entsprechend optimale Nutzung zu gewährleisten. Dabei sollten nicht nur die Nutzer, sondern auch die Technik selbst ethisch reflektiert werden. Medienethik ist im Übrigen eine Ethik vom Gebrauch bzw. dem Umgang mit Information in konkreten gesellschaftlichen Situationen. Für diesen Prozess der Medienentwicklung, der die Gesellschaft und ihre Entwicklung mitreflektiert und die Bedeutung der Medienentwicklung für die Dynamisierung und Pluralisierung der Gesellschaft heraushebt, ist somit Bildung (Erziehung) erforderlich, um dem Menschen einen reflektierten Umgang mit dem jeweiligen Medium zu ermöglichen. In diesem Sinne sind Medienethik und Informationsethik Technologiereflexionskultur. Durch intransparente Technik entstehen neue Probleme mit der Korrumpierbarkeit der Information bzw. der medialen Aufbereitung der Information. Sensationshascherei, Verletzung der Privatsphäre, Aktualitätszwang, journalistische Omnipräsenz und der Zwang, ständig die Auflage zumindest halten zu müssen, werfen ethische Probleme auf.

Bei einer Ethik der Unterhaltung und des Gefallens sollen Neugierde und Spieltrieb befriedigt werden. Das Medium ist die Botschaft, wie es die Geschichte des Films zeigt. Das Kino oder der Film trugen uns allein durch die Beschleunigung des Mechanischen von der Welt der Sequenz und der Verknüpfung in die Welt der kreativen Konfiguration und Struktur. Diese führte zu einer hochliterarischen und mechanisierten Kultur, in der der Film als eine Welt triumphaler Illusionen und Träume erschien, die man mit Geld kaufen kann (Mc Luhan 1964, 24-27). Um den Terminus Internetkultur verstehen zu können, müssen wir die materiellen, symbolischen und experimentellen Dimensionen eines kulturellen Artfaktes wie der Cyberkultur unterscheiden. Es geht dabei um die Verbindungen zwischen virtuellem und realem Leben (Bell 2001, 1-3). Um einige Unterscheidungen einzuführen: 1. Der Cyberspace lässt sich als ein neue mediale Kultur mit einem globalen Wissens- und Technologieaustausch verstehen, der durch Posthumanismus (Überwindung der klassischen Humanitätsideale als Produkte von Bildung und Erziehung durch Technologie; Siehe Irrgang 2005) gekennzeichnet sein kann, 2. Dem Cyberspace liegt eine neue gemeinsame mentale Geographie zugrunde. Dabei gibt es Interfaces zwischen Mensch und Maschine.

Die Miniaturisierung und Leistungssteigerung der PCs sowie die Dezentralisierung der Netzarbeit, verbunden mit Innovationen im Gebrauch von Computern, hat zu einer ungewöhnlichen Steigerung der Leistungsfähigkeit und in der Brauchbarkeit von Computern beigetragen. Ein entscheidender Vorteil war die neue Benutzeroberfläche bildlicher Art (Bell 2001, 7-27.).

Den Umgang mit Computern zu lernen, war ein langwieriger und schwieriger Prozess. Das Schreiben auf Computern löste eine Revolution des Schreibens, die Email eine des Versendens aus. Eine Art Prozessierung von Worten ist entstanden. Zu ihrer Absicherung haben wir Fetische eingerichtet. Sicherungskopien, der Einbau von Redundanzen und so weiter führen zur Sicherheitsarchitektur. Man konnte das Schreiben quasi beliebig unterbrechen. Außerdem wurde ein papierfreier Arbeitsplatz versprochen. In der Sphäre der öffentlichen Auseinandersetzung entstand eine neue Rhetorik der Email. Computerspiele eroberten das Heim, und zunächst konnten mehr oder weniger nur vorprogrammierte Aufgaben erledigt werden. Dann entstanden Playstations. Die Spieler werden durch die Verbesserung der Mensch-Maschinen-Schnittstellen immer mehr in das Spiel hineingezogen. So gibt es Kämpfe in 3-D Räumen und scheinbar echte Duelle wie in früheren Zeiten. Die Erfahrung des Spielens, des Kämpfens und des Gewinnens wird technisch reproduziert Insofern entstehen faszinierende Instanzen der Produktion und des Konsums von Computertechnologie mit LCD-Display, Tamagotchis zum Beispiel (Bell 2001, 30-49).

Die Spielzeuge verlassen den Bildschirm. Auf der anderen Seite gibt es den Virus und die panische Version der Computerisierung. Außer dem Virus wird der medizinische Cyberspace immer mehr zur Realität. Wir haben stärkere Konstruktionen des Körperbildes als ihre Repräsentationen. Der sichtbare Mensch als 3-D Projekt ist angegangen. Außerdem gibt es z. B. Saurierdokumentationen, in denen wir die Lebewesen quasi wiedererwecken zu einem virtuellen Leben. Es gibt aber auch neue Kampftechniken, wie zum Beispiel in dem Film „Matrix" dargestellt. Neue Filmtechniken sind nicht nur Science-Fiction. Auch neue Landkartenaufnahmen von der Erde sind möglich (Bell 2001, 50-62). Die Struktur des Cyberspace ist wissenschaftlich und technisch geprägt. Information über Waren und Dienstleistungen werden im Internet angeboten. Eigentlich ist die Banalität des Internets offenkundig. Um die Besonderheiten des Internets erfassen zu können, entstehen intensive Identifikationsprobleme bei dem Prozess der Simulation. Die Realisierung des Mediums setzt Fähigkeiten und Gewohnheiten voraus, die sich in Abhängigkeit von der Technik entwickeln mussten. KI ist schon nicht mehr wahrnehmbar. Immer mehr Alltagsaktivitäten werden digitalisiert und virtualisiert. Dies hat Folgen für die Gesellschaft. Insgesamt ist Beschleunigung festzustellen (Bell 2001, 65-87).

Ob die Internetgemeinde eine neue Gemeinschaft ist, wird kontrovers diskutiert. An sich ist die Online Community in verschiedene Gemeinschaften aufzuspalten. Es gibt Gruppen und Runden, Chatrooms, Interessens-Gemeinschaften und Parallelgesellschaften, sowie auch eingebildete Gesellschaften. Gemeinsam ist der neuen Community nur, dass sie gegen die Tradition gerichtet ist und globalisierend wirkt. Die indirekte Kommunikation ist weniger traditionell. Sie umfasst tausende von Gruppen, die aber keine wirkliche Gemeinschaft bilden etwa im Sinne einer Familie oder des klassischen Vereinslebens. So entsteht virtuelle Nachbarschaft und Online Community als virtuelle Gemeinschaft, die sich zum Beispiel als Newsgroup versteht. Soziale Kontrolle kann auf diese Art und Weise nur geringfügig ausgeübt werden (Bell 2001, 92-103). Kommt es auf diese Art und Weise in der Cyberkultur zu einer Fragmentierung bzw. Krise der Identität oder nur zu einer Dezentralisierung, die Individualität erfordert? Es gibt eine neue Selbstidentität in der Cyberkultur, die sich in persönlichen Homepages ausdrückt (Bell 2001, 114-127). Die Die Entdeckung des Leibes ist insofern als zwiespältig anzusehen, da in der Cyberkultur eine materialistische Interpretation des Leibproblems als „Fleisch" und „Körper" im Sinne von Technomodis angeboten und vorausgesetzt wird. Die Cyberkultur basiert auf einem Traum einer fleischfreien Zukunft posthumaner Art (Irrgang 2005), in der der Cyborg regiert (Bell 2001, 137-148). Cyberkulturen bestehen aus Subkulturen und Fankulturen, aus konspirativen Kulturen und technologischen Subkulturen wie Cyberpunks und Hackern (Bell 2001, 163-179).

Die Deklaration der Unabhängigkeit des Cyberspace begründete die Tradition einer untergründigen Internetanarchie. Sie kann als Indikator einer gewissen Internetkultur verstanden werden. Ein Anwachsen von so genannten illegalen Transaktionen wie z. B. die Umgehung von Besteuerung beim Warenaustausch im Internet kann zu einer Veränderung unserer ökonomischen Infrastruktur führen. Das Arbeiten in virtuellen Firmen, das aber bezahlt werden muss mit realem Geld, ist hier ein Beispiel. Verschlüsselungstechnologien sind ein wichtiger Datenschutz. Wir haben aber in diesem Fall immer öfter verschwimmende Grenzen. Wer hat aber die gesetzgeberische Kraft im Cyberspace? Konflikte zwischen Systemadministratoren und Nutzern sind vorprogrammiert. Die technoliberalen Ideale und technischen Utopien der Gründerzeiten waren Piraterieutopien und zeitweise auch die von autonomen Inseln im Netz (Ludlow 2001, 1-21). In manchen Ländern müssen sich Internetnutzer bei der Polizei registrieren lassen (Ludlow 2001, 33). Ansonsten versteht sich das Internet als Bewegung für Offenheit und Freiheit. Einen eigenen Sozialvertrag zum Cyberspace gibt es nicht, wohl aber unterschiedliche Kommunikationswerkzeuge, um Privatheit zu artikulieren. Im WWW gibt es passwortgeschützte und öffentliche Seiten, es gibt elektronische mailbasierte und verteilte Listen. Die CU-See-Me-Videokonferenz ist ebenfalls offen für alle, wobei ein Passwort nicht erforderlich erscheint. Die meisten Gesetzgeber verstehen nicht, dass das Netz mehr ist als eine Erweiterung des Fernsehens oder des Telefonierens. Jedermann hat nun die Macht, die früher die Fernsehgesellschaften oder Telefongesellschaften hatten (Ludlow 2001, 39-45). Insofern ist die Rede der Konstitution einer neuen Art von Öffentlichkeit durchaus berechtigt.

Das Internet als elektronischer Markt für Informationen über Drogen, Pornografie usw. sollte durchaus von Kindern ferngehalten werden, aber unterschiedliche Einstellungen zur Sexualität und zu ihrer Befreiung sind zu berücksichtigen. Es treten Widersprüche in der Kampagne für die Hypermedienfreiheit auf (Ludlow 2001, 47-57). Virtuelle Gemeinschaften können sich zu schützen versuchen. Aber Verschlüsselung kann auch durch verbrecherische Gruppen missbraucht werden. Die Kryptoanarchie der virtuellen Gemeinschaften ist also ambivalent. Insofern ist eine gewisse Transparenz zu fordern, die aus der Beobachtbarkeit und Überwachbarkeit stammt. Insofern müsste Cyberfreiheit neu definiert werden (Ludlow 2001, 66-76). Anarchie meint nicht Gesetzlosigkeit. Die Black-Net-Works mit kompletter Verschlüsselung stellen allerdings eine Gefahr für das normale Net dar. Dagegen richten sich die Clipper-Chips für die staatliche Überwachung. TIS als Trustet Information Systems könnte dazu eine gewisse Alternative sein. Die Verschlüsselungsanarchie ist also nicht unvermeidbar (Ludlow 2001, 86-95). Die Gefahren der Verschlüsselung liegen in der Verschleierung von Verbrechen und dem Schutz krimineller Organisationen (Ludlow 2001, 105-111). Notwendig sind weltumspannende Gesetze, nationales Gesetz ist nicht ausreichend. Persönlichkeits- und Eigentumsrechte sind im Rahmen von Wirtschaftsrechten zu schützen. Zollprobleme sind die eine Seite, Migrationshintergründe (z. B.internationale Bandenbildung, Export von gefährlichen Kriminellen) die andere. Wirtschaftskriminalität stellt die Frage, ob Selbstregulierung für das Internet ausreicht. Oder muss man nicht doch viel mehr Konflikte einfach entschärfen (Ludlow 2001, 145-165)? Soziale Sanktionen sind durchaus möglich, aber müssen für das Internet erst noch entwickelt werden. Z. B. bedarf einer Versteuerung von Internetbestellungen der staatlichen Regulierung. Ein anderer Bereich ist die Mediengesetzgebung (Ludlow 2001, 310). Eine Form der Verschlüsselung ist zu etablieren, die den kommerziellen Zugriff z. B. in der Art von Kundenprofilen wider Willen ausschließt, nicht aber eine, die einen rechtsfreien Raum schafft für sämtliche Formen von Kriminalität.

1990 hatte die Lotus Development Firmengruppe eine Direktmail Marketing Datenbasis für den PC entwickelt, welche die Namen, die Adressen und die Ausgabepraxis von ungefähr 120 Millionen amerikanischen Konsumenten enthielt. Eine Beeinträchtigung der Freiheit, ja selbst eine mögliche Gefahr für die Privatheit wurde von Gegnern dieser Marketingstrategie behauptet. So verlangten schließlich 30.000 amerikanische Bürger nach Bekannt Werden dieses Projektes, dass ihre persönlichen Daten aus der Datei gelöscht werden. Ein zweiter Fall war der Clipper-Chip, der 1993 durch die Clintonverwaltung eingeführt werden sollte. Clipper enthielt die Algorithmen zur Verschlüsselung und Dekodierung von Internetdaten, die mit Hilfe dieses Chips verstaatlicht werden sollten. Wir haben hier zwei Fälle von Onlineprotest und Onlinediskussion über die Entwicklung des Internets selbst. Die Computervisionen hinsichtlich der Zukunft der Gesellschaft in einer Onlinewelt zeigen in der Tat häufig dichotomische Szenarien. Weizenbaum wies 1976 auf die potentiellen Gefahren hin, die entstehen, wenn wir Computer als Modelle für menschliche Gedanken und Denken benutzen. Mit Hilfe der Computer lässt sich eine hocheffiziente Welt erschaffen, die ständig durch diese neuen Maschinen verbessert wird. Daraus ergaben sich zwei rhetorische Grundmuster für und gegen die rasante Weiterentwicklung und Nutzung dieser Technologie (Gurak 1997, 1-5).

Onlineproteste könnten auf ein neues Konzept von Gemeinschaftlichkeit im Internet hinweisen. Sie beruht auf einem gewissen Konflikt zwischen Internetnutzern und der allgemeinen ökonomisch orientierten Gesellschaft dar. Das Internet bietet ein Forum virtueller Plätze von gemeinsamen Interessen. Die rhetorische Dynamik der elektronischen Gemeinschaft des Internet wurde am Anfang sowohl von den Unternehmen wie von staatlichen Institutionen unterschätzt. Dabei ist charakteristisch, dass das intellektuelle bzw. geistige Eigentum im Rahmen des Internets in signifikant anderer Weise verstanden wird, als dies von der Gesellschaft normalerweise getan wird. Die Konstitution des Internets ist eine Herausforderung an traditionelle Vorstellungen von Copyright (Gurak 1997, 8-17). Ein Beispiel: Die Produktankündigung über eine Wirtschaftszeitung durch die neuen Angebote von Lotus Market Place betonte die Effizienz des Produktes. Sie lösten sofort eine Diskussion elektronischer Art über Lotus, Privatheit und das Leben im elektronischen Zeitalter Ende 1990 und Anfang 1991 aus. Lotus nahm diese Diskussion nicht wahr, bevor es zu spät war. Sie erhielten am Anfang nur etwa 25 kritische Briefe. Die Internetdiskussion über die Markteinführung dieses Produkts bekamen sie nicht mit. Im Dezember 1990 erhielt das Unternehmen etwa 500 Telefonanrufe, die ihr Geschäftsgebaren beklagten. Schon wenig später forderten 30.000 die Löschung ihrer Dateien. Man sollte die Macht der Öffentlichkeit nicht unterschätzen. Es brach ein emotionaler Sturm aufgrund einer populistischen Aktion über das Unternehmen herein (Gurak 1997, 23-31).

Ähnliches lässt sich auch über den Clipper-Chip sagen. Der Computer Security Act von 1987, hervorgerufen vom National Institute for Standards and Technology (NIST), forderte einen verbesserten Standard, um Daten zu verschlüsseln für das Internet, genannt EES, der implementiert werden konnte in einen Chip mit dem Namen Clipper. Dieser Chip sollte in ein Telefon oder in eine Faxmaschine installiert werden können und in gewisser Weise Überwachungsvorgänge durch die Regierung ermöglichen. Clintons Vorschlag, diesen Standard einzuführen, erregte sofort Widerstand, der von der Regierung nicht beachtet wurde. Im Mai entstand DPSWG (Digital Privacy and Security Working Group), die eine Diskussion in den Massenmedien und im Internet organisierte und managte. Es gab Proteste im Cyberspace (Gurak 1997, 32-40). In beiden Fällen fand ein schneller Start für Diskussion statt. Ende 1980 wurde die Diskussion über Computer und persönliche Privatheit in breiter Form geführt. Lotus wirkte als Katalysator dieser Diskussion. Der Emailaustausch kann sehr schnell ungeheure Dimensionen annehmen. In den 80er Jahren war die Internetgemeinde noch eine Gemeinschaft der Spezialisten. Die Geschwindigkeit der e-

lektronischen Post war die eine Seite, das Gemeinschaftsethos der Internet-
kommunität das andere. Das Lotusunternehmen sah in seinem Produkt die Zukunft der Direktvermarktung. Die Internetgemeinde sah dies jedoch als potentielle Gefahr (Gurak 1997, 44-61). Das Internet ist so als neue Form technologi-
sierter Lebenswelt zu betrachten. Auf die Art und Weise ließen sich massenhaft
versandte Petitionen erreichen. Per Email ist ein direkter Kontakt mit der Un-
ternehmensleitung möglich. So entstand die neue Methode, Unterschriften für
eine Petition zu sammeln. Dies ließ sich sehr viel schneller als mit herkömmlichen Methoden realisieren (Gurak 1997, 67-77).

Die liberalen Wertestrukturen der Privatheits-Gemeinde im Internet begründeten ein Vertrauen in die Internetgemeinde. Diese Vertrauensbasis wurde
sowohl durch kommerzielle wie durch regierungsseitige Interventionsversuche
unterminiert. Der schnelle Informationsaustausch erleichtert oberflächliche
Gemeinschaftsbildung, wenn es um die Organisation von Widerstand geht. Eine
Reihe emotionaler Komponenten spielten eine zentrale Rolle. Durch den Protest
gegen Unternehmen und Staat wollten viele Nutzer ihr Vertrauen ins Internet
erhalten. Emotionales Vertrauen und der Protest von unten gingen Hand in
Hand. Man nannte dieses Phänomen Flaning, ein extrem wütender Stil und er
war der Ausdruck dieser Verknüpfung von Emotionalität und Protest im Internet. Die suggestive Kraft dieser Form von Protest und die leichte Partizipation
daran ermöglichten den Erfolg beider Unternehmen (Gurak 1997, 84-99). Allerdings gibt es natürlich auch gewisse ethische Probleme dieser Form des Inter-
netprotests. Voraussetzung für eine demokratische Legitimation eines solchen
Prozesses wären die gleichen Zugangsmöglichkeiten aller Beteiligten an dieser
neuen Technologie. Angeblich handelte es sich um die Vox populi, doch tatsächlich wurde der Protest durch ein spezifisch ausgewähltes Publikum getragen. Die
Teilnahme von Frauen am Cyberspace war traditionell beschränkt. Eher Außen-
seiter nahmen von weiblicher Seite an der Protestwelle teil. So entwickelte sich
auch die pornografische oder sexistische Seite und Struktur am Internet (Gurak
1997, 104-113).

Der Big Brother ist das Unternehmen oder aber auch die Regierung. Der
rhetorische Austausch und soziale Akt des Protestes greifen ineinander. Lotus
reagierte zu spät, weil es mit den Internetgepflogenheiten nicht vertraut war.
Dies lag nicht zuletzt an der Top-Down-Organisation der Unternehmen zu dieser Zeit, von der auch Lotus keine Ausnahme bildete. Die Organisation dieser
Unternehmen antwortete auf öffentliche Kontroversen in einer Top-Down Art
und Weise. Eine organisierte und strukturierte Abwehr des Protestes von Seiten
der Unternehmen erfolgte nicht. Die Kommunikation im Internet war in einer
Weise organisiert, dass sie für die Unternehmensstruktur nicht erkennbar war.
Der faktorientierte unpersönliche vernunftorientierte geschäftsmäßige Ton von
Lotus in der Antwort auf die Proteste erhöhte nur noch die emotionale Ab-
wehrhaltung. Das Unternehmen glaubte, keine anderen Informationen anzubie-

ten als andere Direktvermarkter auch. Sie verstanden daher den emotionalen Protest gegen Direktvermarktung überhaupt nicht (Gurak 1997, 114-117).

Die Deklaration des Protestes wurde als Fehlinformation interpretiert und dies war ein taktischer Fehler. So kam zwischen den Unternehmen und den Protestlern kein Dialog zustande. Die Antwort der Firma beruhte auf Prämissen, welche die Protestwelle nicht teilte. Lotus verteidigte sich mit dem Hinweis, dass viele andere Unternehmen und der Staat ähnliches tun. Wie aber kann die Firma die Korrektheit ihrer Information über die Kunden garantieren? Und wie lassen sich die Angaben ändern, wenn sie nicht mehr den Tatsachen entsprechen? Lotus berief sich auf ein professionelles Ethos. Dies führte aber letztendlich dazu, dass das Unternehmen das Handtuch warf. Die zusätzlichen Kosten, die durch den Protest entstanden, weil nun die Kunden über den Nutzen dieses Produktes aufgeklärt werden mussten, führte Lotus zu dem Schluss, das Produkt vom Markt zu nehmen. Lotus behielt seine Kommunikationsstruktur bei. Die Untersuchung zeigt, dass Lotus und Clipper komplizierte Technologien waren, die nicht selbstverständlich sind. Die Debatten aber ebbten nach dem Erfolg des Protestes nicht ab (Gurak 1997, 118-126).

Wir befinden uns in der Mitte einer Informationsrevolution. In den letzten Dekaden wurden wir Zeugen einer dramatischen Transformation in der Art und Weise wie wir einkaufen, zur Bank gehen und unsere täglichen Geschäfte betreiben. Alltägliche Vorgänge werden über uns jeden Tag digitalisiert und dokumentiert. Dieses dient zunächst dem Schutz der Privatheit (Solove 2004, 1-5). Privatheit hängt in starkem Maße davon ab, wie dieses Problem konzeptualisiert wird. Modern wird Privatheit durch Überwachung definiert. Der Big Brother ist die absolute Kontrollinstanz. Es geht um die Unterdrückung des Einzelnen durch eine totalitäre Regierung. Wir müssen Privatheit neu durchdenken. Dabei stellt sich nicht selten ein individuelles Gefühl von Hilflosigkeit ein (Solove 2004, 5-9). Die Geschichte der Bevölkerungszählung zeigt, dass der erste moderne Zensus 1790 durchgeführt wurde. Es wurden dabei Daten der Volkszählung und Information für die Regierung zusammen abgefragt. Technologie ist ein Faktor bei dem Gebrauch und bei der Informationssammlung. Soziale Sicherheitssysteme brauchen Datenverarbeitung. Damit stellt sich der Staat als größter Nachfrager nach sozialen Daten dar. Die Computerisierung erhöhte die Kapazität der Verarbeitung und ließ private Datenbanken entstehen angesichts einer Massenkonsumorientierung. Die besten Kunden können nun durch das Unternehmen identifiziert werden. Es gibt einen anwachsenden Durst nach persönlicher Information. Heute werden ganze Informationsimperien aufgerichtet, Kreditgesellschaften gegründet, die die Kreditwürdigkeit eines Kunden überprüfen. Außerdem gibt es medizinische Datenbanken. Hier werden aufgrund von Vordaten systematisch die Webseiten nach Informationen durchsucht (Solove 2004, 13-23).

Die öffentliche Bibliothek war eine der wenigen übrig gebliebenen kulturellen Plätze, die fast vollständig außerhalb von ökonomischen Marktbeziehungen stand. Für das Internet gilt dies nicht im gleichen Maße (Stichler, Hauptmann 1998, 190). Die Informationstechnologien haben die Arbeit und die Arbeitsteilung weiterhin verschärft. Es kam zu einer größeren Teilung der Arbeit zwischen schlecht bezahlten und unsicheren Jobs im Dienstleistungsbereich bei den Angestellten und Arbeitern und einer Minorität von höchstprivilegierten Jobs im Bereich des Managertums, der Ingenieure und bestimmter Professioneller (Stichler, Hauptmann 1998, 225).

Der Umgang von Kindern mit interaktiven Spielzeugen ist besonders faszinierend. Kinder billigen Computern ein psychisches Leben zu (Turkle 1995, 77-101). Wenn wir vom Bildschirm zur virtuellen Gesellschaft übergehen, rekonstruieren wir unsere Identitäten auf der anderen Seite des gläsernen Gehäuses wieder. Die Maschine wird so zum Spiegel von uns selbst. In diesem Zusammenhang kann man auch von virtueller Intimität sprechen. Die Anonymität des Internet erlaubt es vielen Individuen unerforschten Teilen ihrer selbst nachzuforschen. Eine neue soziale Erfahrung entsteht. Es handelt sich um Rollenspiele und Formen eines parallelen Lebens (Turkle 1995, 177-186). Virtuelle Kaffees, Disneyland und Shopping werden möglich. Die Kultur der Simulation kann zu einem Verlust an Realität führen. Das Panoptikum wird zum leitenden Paradigma. Authentizität in einer Kultur der Simulation ist nicht einfach zu erreichen (Turkle 1995, 233-254).

Wie können wir sicherstellen, dass der Nutzen des Informationszeitalters gleich unter allen Leuten verteilt wird? Dies ist eine Frage der Machtkontrolle in der Gesellschaft (Capurro u.a. 1995, 135). Information ist inzwischen der wichtigste Wohlstand erzeugende Faktor und Prozess in der heutigen Gesellschaft. Daher ist es wichtig, ein Recht auf Zugang zu Informationen zu postulieren. Schafft also die Vernetzung eine neue Gleichheit? Nein, denn es kommt zum Ausschluss der Menschen, die mit dem Computer nicht umgehen können. Auf der anderen Seite ist eine wachsende Marktkonzentration der Anbieter zu beobachten. Informationstechnik ist eine Technik eher für Reiche, jedenfalls in Entwicklungs- und Schwellenländern. Ländliche Gebiete und Nicht-Erwerbstätige sind benachteiligt. Auch die Möglichkeiten für Kinder, einen Computer zu benutzen, sind nicht für alle gleich. Sozial Schwache und Randgruppen haben größere Probleme (Capurro u.a. 1995, 145).

Der zentrale Ansatzpunkt für eine Computerethik besteht in der fortschreitenden Technisierung und Instrumentierung der menschlichen Kommunikation und gemeinsamer Handlung. Die ethische Analyse hat sich traditionell nicht explizit genug auf diese Instrumentierung der Handlung bezogen. Analogien sind aber wichtige Instrumente in einer Ethik, wobei die Gefahren des Analogiedenkens nicht zu unterschätzen sind (Johnson 2001, 3-23). Folgende fünf Charakteristika von Professionen lassen sich unterscheiden: (1) Meisterschaft in bestimmten Wissensbereichen, (2) Autonomie, (3) formale Organisation, (4) Ethikcode und (5) soziale Funktion. So lässt sich ein System der Professionen begründen. Allerdings können Verantwortlichkeiten miteinander in Konflikt geraten. Autonomie schließt organisatorische Loyalität durchaus ein. Die Computerprofession ist relativ neu und nicht besonders gut organisiert. Professionelle Ethikcodes gibt es nur am Rande. Neue, auch kollektive Verantwortlichkeiten, müssen definiert werden. Mit der Effizienz einer Technik kommt ihre Verantwortlichkeit. Es geht darum, die öffentliche Sicherheit und Wohlfahrt zu schützen (Johnson 2001, 55-79).

Die Datensuche sollte die personale Privatheit nicht beeinträchtigen. Durch Verknüpfung von Informationen über einen Menschen kann es aber zur Verletzung der Privatsphäre kommen. Die Beziehungen zwischen Individuen und Organisationen müssen neu geregelt werden. Es stellt sich die Frage, wer die Kontrolle dieser Beziehungen hat. Aus ethischen Gründen sollte dies das Individuum sein. Privatheit wird damit zu einem sozialen Gut. Die Veränderung im Verhalten, wenn Menschen wissen, dass sie beobachtet werden, ist sehr aufschlussreich. Es geht damit um den Schutz der Privatsphäre durch Ausdehnung des Brief- und Telefongeheimnisses (Johnson 2001, 111-135). Software-Piraterie und Diebstahl von Ideen sind anders zu bewerten als die Verbesserung von Software. Jedoch sind Eigentumsrechte an Software mehr als nur ein juristischer Schutz wie Copyright, Handelsmarken oder Patente. Eigentum zu definieren und zu begründen ist ethisch-philosophisch eine schwierige Sache. Das Naturrecht bietet keine ausreichende Argumentation. Daher sind Software-Eigentumsrechte nicht ganz unumstritten. Eigentumsrechte können auch schlechte Folgen haben. Es gibt aber auch einige gute Konsequenzen aus Eigentumsrechten. Daher stellt sich die Frage: Ist das illegale Kopieren von Software unmoralisch? Es ist zumindest die Nutzung fremden Eigentums ohne Erlaubnis (Johnson 2001, 137-166).

Stellen wir die durch das Internet bewirkten Veränderungen in einen größeren gesellschaftlichen Kontext. Habermas geht es in seiner Habilitationsschrift um die Analyse des Typus bürgerlicher Öffentlichkeit, genauer gesagt um Struktur und Funktion des liberalen Modells bürgerlicher Öffentlichkeit. Der Sprachgebrauch von „öffentlich" und „Öffentlichkeit" verrät eine Mannigfaltigkeit konkurrierender Bedeutungen. Öffentlich nennen wir Veranstaltungen, wenn sie im Gegensatz zu geschlossenen Gesellschaften allen zugänglich sind. Der Staat ist dabei die öffentliche Gewalt. Davon zu unterscheiden ist die öffentliche Meinung. Das Subjekt dieser Öffentlichkeit ist das Publikum als Träger der öffentlichen Meinung. Dem Privaten steht der öffentliche Bereich gegenüber (Habermas 1978, 13f.). Außerdem ist die öffentlich relevant gewordene Privatsphäre der Gesellschaft von Bedeutung (Habermas 1978, 33). Bürgerliche Öffentlichkeit lässt sich vorerst als die Sphäre der zum Publikum versammelten Privatleute begreifen. Dabei gibt es Machtansprüche, die Konflikte hervorrufen. Die Maßstäbe der Vernunft sind die Formen des Gesetzes (Habermas 1978, 42f.). In der neuen Öffentlichkeit des 18. Jh. entspricht der Selbstständigkeit der Eigentümer auf dem Markt eine Selbstdarstellung der Menschen in der Öffentlichkeit (Habermas 1978, 64). Eine publizitätsbezogene Subjektivität bedeutet ebenfalls einen Aspekt des Privaten, der sonst der Familie zugerechnet wird. Die Beziehungen zwischen Autor, Opus und Publikum verändern sich: Sie werden zu intimen Beziehungen der psychologisch am Menschlichen, an Selbsterkenntnis ebenso, wie an Einfühlung interessierten Privatleute untereinander (Habermas 1978, 67f.). Die entfaltete bürgerliche Öffentlichkeit beruht auf der fiktiven Identität der zum Publikum versammelten Privatleute in ihren beiden Rollen, als Eigentümer und als Menschen schlechthin (Habermas 1978, 74).

Auch in Frankreich entsteht, allerdings erst in der Mitte des 18. Jh., ein politisch räsonierendes Publikum (Habermas 1978, 87). Die Institutionen und Instrumente des Publikums einerseits, nämlich Presse und Parteien und die Basis der Privatautonomie, nämlich Familie und Eigentum. Die bürgerliche Öffentlichkeit steht und fällt mit dem Prinzip des allgemeinen Zugangs (Habermas 1978, 105-107). Das Räsonieren eines urteilsfähigen Publikums ist das Zentrum der öffentlichen Meinung (Habermas 1978, 113). Öffentliche Meinung hat die Form des gesunden Menschenverstandes, ist in der Art von Vorurteilen verbreitet, spiegelt allerdings noch in dieser Trübung die wahrhaften Bedürfnisse und die richtigen Tendenzen der Wirklichkeit. Herrschaft wird allein von einem Volksgeist in Schranken gehalten. Marx denunziert die öffentliche Meinung als falsches Bewusstsein: Sie verheimlicht vor sich selbst ihrer wahren Charakter als Maske der bürgerlichen Klasseninteressen (Habermas 1978, 147-151). Alexis de Tocqueville betrachtet öffentliche Meinung eher als Zwang zur Konformität, denn als eine Kraft zur Kritik (Habermas 1978, 163).

Das liberale Modell ist in Wahrheit das einer Kleinwarenwirtschaft, das nur horizontale Tauschbeziehungen individueller Warenbesitzer vorgesehen hat (Habermas 1978, 175). Die Formel der kollektiven Daseinsvorsorge verdeckt die Vielfalt der dem Sozialstaat im 19. Jh. neu zugewachsenen Funktionen. In der sozialstaatlich verfassten Industriegesellschaft mehren sich die Verhältnisse und Beziehungen, die mit Instituten weder des privaten, noch des öffentlichen Rechts zureichend geordnet werden können (Habermas 1978, 179f.). So kommt es allmählich zu einer Polarisierung von Sozial- und Intimsphäre (Habermas 1978, 184). Der vielberufene Abbau der väterlichen Autorität ist ihr Indikator. Die Familie, die aus den unmittelbaren Zusammenhängen der Reproduktion der Gesellschaft immer mehr ausgegliedert wird, behält mit ihm einen Innenraum intensivierter Privatheit nur dem Schein nach zurück: In Wahrheit büßt die mit ihren ökonomischen Aufgaben auch die schützende Funktion ein. Die Veränderungen manifestieren sich in der Öffentlichkeit im Verschwinden des Salons, der Empfangsräume überhaupt, seiner Aufgeschlossenheit gegenüber dem geselligen Verkehr einer Öffentlichkeit. Der Verlust der Privatsphäre und der eines gesicherten Zugangs zur Öffentlichkeit sind für die städtische Wohn- und Lebensweise heute charakteristisch (Habermas 1978, 189 f.). Eine weitere Veränderung in der Struktur der Öffentlichkeit manifestiert sich im Übergang vom über Kultur räsonierenden zum Kultur konsumierenden Publikum. Dabei spielt die literarische Form eine nicht unerhebliche Rolle bei der Selbstverständigung über die neuen Erfahrungen der Subjektivität (Habermas 1978, 193f.).

Der tendenzielle Verfall einer literarischen Öffentlichkeit wird nach und nach bewusst. Die Massenpresse beruht auf der kommerziellen Umfunktionierung jener Teilnahme breiter Schichten an der Öffentlichkeit. So kommt es zum unpersönlichen Verbrauch von Entspannungsreizen (Habermas 1978, 202-205). Im frühen 20. Jh. kommt es zu einer weiteren Umfunktionierung des Prinzips der Öffentlichkeit. Es folgt eine Umstrukturierung der Öffentlichkeit als Sphäre, die am Wandel ihrer vorzüglichsten Institutionen, der Presse festzumachen ist. Vom Journalismus schriftstellerischer Privatleute entsteht eine Tendenz zu den öffentlichen Dienstleistungen der Massenmedien, wobei Werbung als Funktion der Öffentlichkeit dient (Habermas 1978, 217). Über die Werbung drang die horizontale Interessenkonkurrenz der Warenbesitzer untereinander in die Öffentlichkeit ein (Habermas 1978, 229). Hier spielt die so genannte Öffentlichkeitsarbeit der Firmen eine Rolle (Habermas 1978, 235). So entwickelte sich eine kommerzielle Massenpresse (Habermas 1978, 241). Die Technisierung medialer Öffentlichkeit und ihre Visualisierung werden nun durch das Internet vorangetrieben. Obwohl die neue Technologie immer dominanter wird, tritt sie oberflächlich gesehen immer stärker in den Hintergrund.

Die neue Art von Technologie, insbesondere auch die Internettechnologie, arbeitet im Hintergrund. Auf der einen Seite ist Anonymität ein Schlüsselfaktor und eine Eigenschaft des Cyberspace, die den Nutzern erlaubt, in Verbindung zu treten und dabei namenlos zu bleiben, auf der andern Seite sind neue Technologien so konstruiert, dass sie jeden Tag durch den Blickwinkel des Nutzers und die Art und Weise, wie Nutzer das Internet nutzen und sich von Bildschirm zu Bildschirm, von Website zu Website bewegen, aufzeichnen können. Das interessanteste in diesem Zusammenhang ist das Cookie. Ein Cookie ist eine Datei, die eine Website an nutzenden Computer sendet und die Randinformationen für die Benutzung einer bestimmten Website festhält. Cookies können auch Informationen sammeln und Tätigkeiten entfalten, die den Nutzer identifizieren können und welche Arten der Beziehung zwischen der Website und dem Nutzer bestanden haben (Gurak 2001, 114). Das Prinzip der Öffentlichkeit beruht auf dem Gedanken des allgemeinen Zugangs, der Teilhabe und der Partizipation des einzelnen an der Gesellschaft. Bildung und Besitz waren die Zulassungsprinzipien zur bürgerlichen Öffentlichkeit, technisches Know-how ist zum Zulassungskriterium der Internetöffentlichkeit geworden. Die bürgerliche Öffentlichkeit wird von der Privatsphäre aus konstruiert, während die neue Internetöffentlichkeit vom technischen Können und von den technischen Strukturen her bestimmt wird. Öffentlichkeit konstituiert sich durch eine publizitätsbezogene Äußerung von Subjektivitäten in der Arbeit, in der Kommunikation (z. B. Briefe schreiben, Telefonieren u. a.) und der Publikation. So entstehen eine soziale, eine ökonomische und eine politische Öffentlichkeit. Die Struktur der Öffentlichkeit – technisch mediatisiert – verwandelt sich fundamental, und mit ihr die Struktur der neuen technologisch konstituierten Privatheit.

Die Struktur der Familie war im 19. Jh. durch die Arbeitsverhältnisse, dann abhängig von der Wohnsituation, und ist heute stark durch Medien geprägt. Technisch induziert sind alle drei Vorgänge. Die Transformation der bürgerlichen Öffentlichkeit durch die modernen Medien, insbesondere durch das Internet, ist erst noch aufzuarbeiten. Probleme ethischer Art entstehen daraus, dass die Ideen der bürgerlichen Öffentlichkeit (Privatheit und Eigentum) unbesehen auf das Internet angewandt werden. Wenn es aber tatsächlich einen Strukturwandel der Öffentlichkeit durch Internet gibt, müssen für das Internet eigene Beschreibungskategorien entwickelt und begründet werden. Traditionell war die öffentliche Meinung im Rahmen der bürgerlichen Öffentlichkeit ein „Räsonieren" eines urteilsfähigen Publikums. Die Kompetenzen lagen hier im Bereich der Vernunft und des Ästhetischen. Wahrhaftigkeit und das Angenehme bzw. das Erfreuliche konvergierten unter bürgerlichem Leitstern. Die neue Internetöffentlichkeit ist hingegen definiert in erster Linie durch technisches Know-how und durch technische Strukturen. Die Zerstörung der bürgerlichen Öffentlichkeit durch das Internet – so wird zumindest befürchtet – führt zum Angriff auf Privatheit und die Intimität der Familie, ist aber letztlich nicht das Werk der Internettechnologie, obwohl diese bestehende Tendenzen des Verfalls und der Zerstörung fortsetzt und entgegen gesetzten zum Siegeszug verhilft, wobei aus humanitären Gründen und der durch sie ermöglichten Intimsphäre dem Trend eher entgegengewirkt werden sollte.

Die virtuelle Realität des Internets als Medium verändert die Interpretationskategorien der Öffentlichkeit als einem Medium kultureller Selbstverständigung des Menschen im Zeitalter hypermoderner Realität (Irrgang 2008). Die virtuell reale Welt der digitalen Öffentlichkeit ist merkwürdig irreal, kann aber ziemlich reale Auswirkungen haben. In gewisser Weise ist die Definition von Publikum und Öffentlichkeit auf der einen Seite, Produzenten und Autoren auf der anderen Seite durch das Internet unterlaufen worden. Außerdem ist auch der alte Gegensatz zwischen Öffentlichkeit und Privatem aus der bürgerlichen Öffentlichkeitsstruktur nicht übernommen worden. Das Lesepublikum hat sich gewandelt, denn im Internet veröffentlichen auch Autoren, die selbst Leser sind. Die Produzenten-Konsumenten-Dichotomie ist nicht mehr so stark ausgeprägt wie noch zu Zeiten der bürgerlichen Öffentlichkeit. Der Film und das Radio schufen sich ebenfalls ein Publikum. Auch das Fernsehen hat ein Publikum, während das Internet nicht mehr wie in der bürgerlichen und auch in der industriellen Gesellschaft verstanden werden konnte, in der die Öffentlichkeitsstruktur über die Konsumentenrolle definiert worden ist. In Zeiten der Internetöffentlichkeit verschwimmen die Unterscheidungen zwischen privat und öffentlich, zwischen Autor und Publikum, zwischen Produzent und Konsument. Das Publikum selbst lässt seinen Publikumsstatus hinter sich. In gewisser Weise Stadien der Privatheit und der klassischen Formeln von Eigentum, nicht zuletzt im Bereich des geistigen Eigentums.

Im Zeitalter transklassischer Technik oder Hypertechnologie erhält die Welt der Technik eine neue Art von Autonomie (Irrgang 2008), die für den normalen Verbraucher immer unsichtbarer wird. Damit entsteht die Frage, wie diese Veränderung bewertet wird. Die Transformation der bisherigen Technik hat auch die Informationstechnologie und mit ihr die Medien erfasst. Angebliche oder tatsächliche Traditionsbrüche werden immer häufiger diagnostiziert und mangels eigener diagnostischer Kompetenzen bei der Identifizierung mit Postismen belegt. Meine These: Trotz aller revolutionären Elemente überwiegt auch bei dem Übergang in hypermoderne Technologie die technische Tradition auf der Basis eines Umgangswissens. Das Internet ist ein Kommunikationsmittel und eine Kulturtechnik wie der Buchdruck, nur effizienter und umfassender medial. Auch der Buchdruck hatte einschneidende Folgen (von der Reformation bis zur Tageszeitung).

Wir befinden uns in der Mitte einer Informationsrevolution. In den letzten Dekaden wurden wir Zeugen einer dramatischen Transformation in der Art und Weise, wie wir einkaufen gehen, zur Bank gehen und unserem täglichen Geschäft nachgehen, wie wir kommunizieren oder uns unterhalten. Die Medienrevolution ist Teil einer technologischen Revolution mit beständig sich beschleunigender Innovation (Irrgang 2008). Bis zu einem bestimmten Grad ist der Computer ein Werkzeug. Cyberspace ist heute für viele ein Teil ihrer Alltagswelt. Wir leben in einer künstlichen Welt in einer wachsenden Kultur der Simulation. Immer mehr Zeit verbringen wir vor einem Computerbildschirm. Der Computerinterface, die Computerinteraktion und die Computerkommunikation werden für uns immer wichtiger. Diese werden zu einer Herausforderung für die Idee eines autonomen Ich. Von der Perspektive einer Kultur der Berechnung schreiten wir nun zu einer Kultur der Simulation. In diesem Zusammenhang ist interessant auch der Netsex. Er geht davon aus, dass 90 % des Sexes im Gehirn stattfinden. Insofern können wesentliche Teile davon auch in virtuellen Gemeinschaften ablaufen. Computer machen keine Sachen für uns, sondern mit uns (Turkle 1995, 9-26).

Warum ist es so schwer, sich vom Bildschirm abzuwenden. Es gibt eine Faszinationskraft des Computers, eine Computerkultur, Hacker und Computerhobbyisten. In den 1970er wandelte sich diese Kultur in eine Kultur der Nutzer. Trotzdem blieb eine Hobbysubkultur weiter bestehen. Unterschiedliche Computerkulturen hängen nicht zuletzt von unterschiedlichen Interfaces ab. Eine zentrale Idee und Neuerung war, Computer an Nichtexperten zu verkaufen. So entsteht ein Pluralismus im Umgang mit hypermoderner Technologie auf einer breiteren gesellschaftlichen Basis, ein besserer Ausdruck als der des Postmodernismus (Turkle 1995, 29-43). Früher war innovative Technologie bestimmten Bevölkerungskreisen vorbehalten, den Herrschenden, den Militärs, den Reichen. Die Computerkultur hat sich vom Programmieren zur Nutzung hin verlagert. Heutige Software-Programme stellen häufig eine Simulation einer Realität dar. Es geht z. B. um Spiele, die Leute spielen. Simulationen sind ziemlich offenkundig (Turkle 1995, 50-72). Hinter dem Bildschirm kann man online Personen konstruieren und einen virtuellen Austausch der Geschlechterrollen genauso durchführen wie virtuellen Sex. Sex mit dem männlichen Charakter einer Frau kann Männer durchaus befriedigen. Intimität am Bildschirm holt Kinder von der unsicheren Straße. Täuschung ist online sehr einfach, aber häufig erfolgt ein Einbruch in die Realität (Turkle 1995, 210-228). Die Kultur der Simulation führt zu einem Verlust der Realität, das ist zumindest die gängige Meinung. Das Panoptikum wird zum leitenden Paradigma. Authentizität in einer Kultur der Simulation ist nicht einfach zu erreichen (Turkle 1995, 233-254).

Die Theorie von Bildmedien ist im ständigen Wandel begriffen. Dabei gibt es eine historische Veränderung der Bildmedien eine Modernisierungsgeschichte. Es fand ein Bruch im Fernsehen der 1980er Jahre statt. Vorher war es Bildungsfernsehen, nachher Erlebensstil, Erlebnis, Kommunikations- und Interaktionsraum. Der Adressat war zunächst ein Kollektiv, dann eine Ansammlung von Individuen. Dieser stellte sich eher als evolutionärer Übergang denn als Bruch da. Nun finden mehr Einschübe und Unterbrechungen sowie der Verweis auf Metabilder statt. Das Bild und das Sichtbare konstituieren sich gegenseitig. In der Moderne wird das Außen in das Bild mit aufgenommen. So kommt es zu einer Montage und Camcordbewegung. Der Film ist eine Aufeinanderfolge automatischer Weltprojektionen das Fernsehen ein stromsimultaner Ereignisrezeptionen. Das Bild wird fokussiert durch Repetition, Präsentation und Reihung, durch Re- und Dezentrierungen (Fahle, Engell 2006, 77-90). Zappen heißt eigentlich „abknallen" und bedeutet Neinsagen zu vielen Programmen ohne große Emotionen. Das genussvolle Gleiten von Programm zu Programm hinterlässt ein ozeanisches Gefühl: die Bilder gleiten durch mich hindurch. Bedeutet das Computerspielen ein aktives Handeln oder doch eher die Position eines impliziten Erzählers? Zweifel an der Subjektthese sind erlaubt. Phrasen sind Träger des Codes geworden. Somit entsteht das Subjekt mit dem Beiklang des Illusionären. Zappen ohne zu Handeln ist die neue Devise des Fernsehens (Fahle, Engell 2006, 94-100).

Das Fernsehen scheint sich insgesamt der Analyse zu widersetzen. Kurzlebige und spektakuläre Spezialeffektsequenzen führten zu einem hochartifiziellen technologisch erzeugten Raum. Es führt zu einer Beschäftigung mit dem potenziell sichtbaren und zur Vernichtung von Gedächtnis durch Aktualität und Echtzeit. Es gibt keine kohärente Berichterstattung über die Ereignisse. Katastrophendarstellungen haben die meisten Bilder ersetzt. Meist kann der Flugzeugabsturz selbst nicht dargestellt werden. Die Katastrophe und technologische Entwicklung gehen Hand in Hand. So führt auch die Mechanisierung des Krieges zu einer Distanzierung der Berichterstattung über ihn (Fahle, Engell 2006, 104-116). Das Liveprinzip inszeniert eine Flut von Pseudoevents. Die televisuellen Strategien wie Einblendungen, Fehlermeldungen und die Bewältigung von Groß- und Pulsschlagereignissen verändern Alltag, Routine, Banalität und das Verhältnis von Tragödien und Normalität (Fahle, Engell 2006, 121-131). Im Fernsehen endet fast nichts, alles hört auf. Dies ist eine Folge des Prinzips der Sehrealität. Eine Ausnahme war das Ende des DDR-Fernsehens. Ein Weiteres war das Attentat auf die Twin towers. Allerdings handelte es sich um fiktive Endpunkte, denn danach ging es ja weiter. Das Ereignis des Endes und das Ende des Ereignisses sind wechselseitig aufeinander angewiesen. Man sieht dies an der Ankündigung neuer Serien. So kann in gewisser Weise vom Ende als Zeichen gesprochen werden (Fahle, Engell 2006, 137-145).

Die Herausforderung des digitalen Kinos liegt in den hohen Qualitätsanforderungen und den damit verbundenen enormen Datenmengen. Die Rolle des Kinos als Vorreiter für neue Techniken und Erlebnisse wird wieder voll zum Tragen kommen (Bullinger 2004, 25). Noch braucht man zum Bedienen von Computern Tastatur, Maus oder auch Touchscreens. In Zukunft wird vielleicht ein Gedanke genügen. Mehrere Forschergruppen in den USA und Europa arbeiten derzeit an Brain-Computer Interfaces. Sie sollen Gedanken, die sich in Gehirnströmen widerspiegeln, in Signale umsetzen, die der Computer versteht (Bullinger 2004, 52). In der alltäglichen Welt sind unsere Leiber und Körper jeweils in Kontakt mit potentiell riskanten Situationen. Als verleiblichte, verletzliche, menschliche Wesen müssen wir in der Alltagswelt ständig mit gefährlichen Überraschungen rechnen. Merleau-Ponty nennt dies die verleiblichte Bereitschaft unserer Urwahrnehmungen. Leiblichkeit ist immer je individuell und fragil. Leben erhält sich nur über sexuelle Reproduktion. Damit ist Körperlichkeit und Leiblichkeit beim Menschen impliziert. Die generalisierte Leiblichkeit ist der Ursprung der Kultur, insbesondere konstitutionelle Mängel des menschlichen Körpers.

Der übergreifende Zusammenhang, in dem Leiblichkeit entsteht, ist normativer Natur, sowohl sozial institutioneller wie moralisch normativer Art und damit auf Tradition angewiesen. Die Gehirnexplosion ist die Quelle menschlicher Leiblichkeit, sie ist zugleich die Quelle unserer Kultur. D.h. menschliche Körperlichkeit muss im Lichte der Fähigkeit des menschlichen Gehirns interpretiert werden, um das Phänomen Leiblichkeit physiologisch und anthropologisch, d.h. objektiv und von außen her begreifen zu können. Leiblichkeit ist konstituiert durch den menschlich-leiblichen Geist, also durch das Ineinander von Erkennen und Handeln. Leitend ist die implizite Verankerung der Personalität des Menschen in seiner Leiblichkeit. Die Gestaltung der eigenen Leiblichkeit z. B. hinsichtlich Gesundheit und Krankheit, aber auch in gewisser Weise auf ihre mehr oder weniger durchtrainierte Gestalt hin, ist abhängig von einer Selbstinterpretation, d.h. abhängig von einer Vorstellung, die der Mensch von seiner eigenen Körperlichkeit und Leiblichkeit hat bzw. entwickelt (Irrgang 2007b, Irrgang 2009a).

Für denjenigen, der im Internet surft, ist das Sammeln von Information zum Lebensstil geworden. Dieser Mensch ist neugierig auf alles und jeden und bereit, jede freie Minute vor dem Monitor zu verbringen, um die letzten „hot spots" im Web zur Kenntnis zu nehmen. Er oder sie genießt die bloße Form der Möglichkeiten. Dieser Lebensstil des anonymen Betrachters geht kein Risiko ein und impliziert die Unfähigkeit, das Triviale vom Bedeutsamen unterscheiden zu können (Dreyfus 2002, 371-373). Spiele arbeiten mit unserer Vorstellungskraft, die sie gefangen nehmen und sie letztlich dazu führen, dass wir wirkliche Verantwortung nicht übernehmen wollen und können (Dreyfus 2002, 376). Das Internet fördert also die Haltung des Jagens und Sammelns ohne Qualitätskontrolle. Die Oberflächlichkeit der Internet-, der Alternativ- oder Subkultur wird von Hubert Dreyfus betont. Die Versuchung liegt darin, dass wir ein Leben führen sollen in einer Welt von stimulierenden Bildern und stimulierten Gemeinschaften und so anfangen, ein von außen stimuliertes Leben zu führen (Dreyfus 2001, 88).

Die Bedeutung eines Mediums wird durch seinen Gebrauch in der Gesellschaft konstituiert. Das Mediale hat sich vornehmlich deshalb verselbstständigen können, weil sein Tempo bisher an keine Grenzen zu stoßen scheint. Medientheorie droht zu einem nacheilenden Modus der Welterschließung zu werden (Palm 2004, 48-58). In der Medienlandschaft ist der Kampf um Aufmerksamkeit zentral. Es geht dabei um den Zusammenhang zwischen Aufmerksamkeit und Zerstreuung. Das Starsystem aber wird durch Vermassung untergraben (Palm 2004, 155-161). Privatheit stirbt einen Tod in vielen kleinen Schritten, geht zugleich ganz neue Wege. Die Kampagnen gegen Freiheit, Identität und Autonomie wachsen und werden von staatlicher wie von wirtschaftlicher Seite betrieben. Andererseits kann man sich Privatheit in Gestalt von Webseiten kaufen oder gar neu erfinden, indem man im Chatroom ein so genanntes zweites Leben führt.

Die VR-Technik ist eine Weiterentwicklung von Multimediatechniken, die allerdings nicht dieselbe Beachtung gefunden haben wie Cyberspace. Der Begriff Multimedia ist schillernd und bezeichnet die Interaktion mit cumputerbasierten Anwendungen, in denen unterschiedliche Medientypen integriert sind. Technisch gesehen liegt Multimedia eine umfassende Digitalisierung zugrunde, die zu einer ungeheueren Dynamisierung aller Prozesse führen wird. Individualisierungstendenzen sind zu erwarten, aber auch die Auflösung von Institutionen (Riehm/Wingert 1995, 7). Das Panorama schafft eine Situation, in der die Unterscheidung zwischen Bildwirklichkeit und Lebenswirklichkeit aufgehoben wird. Der Betrachter gewinnt den Eindruck, in das Bild als einen real existierenden Raum eingetreten zu sein. Es hat also die Wirkung eines Rundbildes (Buddenmeier 1993, 81-83).

Cyberspacetechniken können für uns nicht sichtbare Gegenstände vergegenwärtigen, z. B. die Molekülstruktur eines Untersuchungsgegenstandes. Cyberspace kann Wünsche und Bedürfnisse technisch auf illusionäre Weise befriedigen (Buddenmeier 1993, 91-99). Die Matrix, ursprünglich Gebärmutter, ist scheinbar „Mutterboden" einer unvergänglichen Computersimulation oder eines Videospiels. In ihrer zweiten mathematischen Bedeutung steht die Matrix für Programmierung einer manipulierten Realität, die das Tatsächliche verschleiert, weil es unerträglich ist. So bleibt möglicher Weise das letzte Wort der Ausspruch Zyphers: „The matrix is more real than this world" (Zons 2001, 247). Ein An-

satzpunkt für die Entwicklung von Cyberspace-Modellen waren Echtzeitflugsi-
mulatoren, die „Wirklichkeitsmaschinen" genannt wurden. Der erste Flugsimulator, genannt Linktrainer, wurde während der 1930er Jahre eingerichtet. Es war
aber noch deutlich zu merken, dass man in einem Simulator flog, und ähnlich
sorglos waren die meisten der Reaktionen der Benutzer. In den 70er und 80er
Jahren allerdings benutzte das amerikanische Militär in vielfacher Weise Dis-
plays, die sehr viel realistischer waren als die ersten Modelle und in der Lage waren, sich auf das Cockpit des Piloten zu begrenzen. Die Realitätsnähe war so
sehr viel stärker gegeben und man konnte unter vergleichbaren Umständen wie
in der Realität Trainingsmethoden vornehmen (Bhattacharya 1997, 36).

Auch die Unterhaltungsindustrie bot Medienwirklichkeiten anstelle von
Realität an. 1955 konstruierte ein Amerikaner mit dem Namen Morton Heilig
einen Prototyp und publizierte detaillierte Pläne eines Filmprojektionssystems
mit dem Namen „Erfahrungstheater", welches den Blick des Beobachters peri-
pher horizontal und vertikal komplett ausfüllen sollte. 1962 entwickelte Heilig
ein patentiertes Modell und versuchte dieses unter dem Namen Sensorama zu
vermarkten, welches möglicherweise der erste Simulator für virtuelle Realität
war, der für die Unterhaltung konstruiert worden war (Bhattacharya 1997, 38).
Heiligs Konstruktion und Technologie war zum größten Teil auf einem Film-
projektionssystem aufgebaut mit zusätzlichen Soundeffekten versehen und einigen mechanischen Bewegungen als Hilfsmaschinen. Die Maschine war auf der
Basis einer Mechanik konstruiert, die keine elektronischen Elemente und Anwei-
sungen enthielt. 1952 wurden spezifische dreidimensionale Farbfilme den Ame-
rikanern gezeigt, bei denen jeder Zuschauer eine spezielle Brille während der
Schau tragen musste. Das Bestreben dieser Filmindustrie war es, realistische Illusionen zu erzeugen. Von großem Erfolg war 1991 der Film Terminator 2.

Viele normale Menschen lieben Phantasie, weil Phantasien und Illusionen
zeitlich begrenzt den Stress und die Sorgen des Alltags vergessen machen. Un-
zweifelhaft sind viele dieser Filme effektive Kommunikationsmittel, die Illusionen und Phantasien als geeignete Mittel für Kommunikation nutzen. Das Fernsehen ist ein anderer Kanal, um zu entkommen. Die Simulation der Realität um
Illusionen und Phantasien zu produzieren, ist ein wichtiges Kommunikationsmittel durch die Geschichte der Zivilisation. Die Schaffung von sinnlichen Sti-
muli, um Illusionen und Phantasien zu produzieren, erreicht die höchste Stufe
im gegenwärtigen Computer (Bhattacharya 1997, 1-4). Die Schnittstelle zwischen VR und dem Benutzer gehört zu einer ganzen Reihe von Maschinen-
Mensch-Schnittstellen, die in der Zwischenzeit alltäglich geworden sind und von
einem Benutzerinterface abhängig sind, in der die Information in beiden Richtungen fließt. Die Entwicklung des Mensch-Computer-Interfaces hängt zum
großen Teil ab von einem gangbaren Kompromiss zwischen den Begrenzungen
der Maschine, der Kreativität des Programmierers und der Bereitschaft des Nutzers, das Resultat zu akzeptieren (Bhattacharya 1997, 59-62). Der Versuch, Ereignisse, Situationen oder Gegenden zu simulieren, ist nicht neu, wobei am An-

fang durchaus mechanische Mittel, später Computer herangezogen wurden. Computer und Internet bedürfen noch der Tastatur als Schnittstelle – das schafft Distanz zur Technik. Unmittelbarere Formen des Umgangs mit VR wie Sprechen und Sensomotorik erzeugt neue Zwänge wie Freiheiten.

In einer vom Computer erzeugten virtuellen Umgebung werden die Illusionen in einer Form präsentiert, welche menschliche Sinnesorgane umfassend in Anspruch nehmen (Bhattacharya 1997, 81). Datenhandschuhe, Bildschirmbrillen und Kopfhörer arbeiten miteinander. Virtuell heißt, dass etwas nur als elektrisches Bild existiert, aber sonst keine konkrete Gegenständlichkeit hat. Es handelt sich um eine synthetische Wirklichkeit. Die virtuelle Realität ist kein Computer. Wir sprechen über eine Technik, bei der man mit Hilfe eines computerisierten Anzugs eine gemeinsame Wirklichkeit synthetisiert. Die subjektive Welt bleibt unberührt. Es muss nichts direkt damit zu tun haben, was sich im Gehirn abspielt. Es hat nur damit zu tun, was die Sinnesorgane wahrnehmen. Mit der Brille kann man die visuelle Seite der virtuellen Realität wahrnehmen. Sie müssen eine dreidimensionale Welt vorspiegeln. Die Bilder kommen aus einem leistungsstarken Computer. Es sind Heimrealitätscomputer. Man wird selbst Teil der Virtualität: Das virtuelle Abbild des Körpers, das man von sich hat und für andere in der virtuellen Realität ist. Man hat Handschuhe an, mit ihnen kann man Dinge fühlen und betasten, die gar nicht da sind. Im Inneren der Handschuhe befinden sich taktile Sensoren (Waffender 1991, 67-72). Gesichtssinn, Gefühl, Gehör, Geruch, Geschmack werden simuliert. Unser Nervensystem ist daran interessiert, dass wir an die Realität glauben. Es interpretiert die Sinnesreize in diesem Sinn. Dies hilft bei der Erzeugung virtueller Realität (Waffender 1991, 123).

Die Vision einer Information ohne Körperlichkeit wurde vorbereitet durch das Buch von Hans Moravec „Mind children". Er meint, dass es bald möglich sein wird, menschliches Bewusstsein auf einem Computer herunter zu laden. Im Startreck-Komplex stellen sich die Autoren vor, dass der menschliche Körper dematerialisiert und in eine Informationsstruktur verwandelt werden könnte, die nach einer Zeitreise rematerialisiert werden könnte ohne irgend einen Wechsel in der Struktur. Dahinter steht das Konzept der Information als einer entleiblichten Seinsform. Der posthumane Blick privilegiert Informationsstrukturen vor Materialstrukturen, so dass die Einbettung in ein biologisches Substrat angesehen wird als eine historische Sache. Das posthumane Subjekt ist eine Sammlung von sehr heterogenen Elementen. Diese Wesen haben keinen eigenen Willen, der von dem Willen eines anderen unterschieden ist. Dabei gibt es Diskontinuitäten zwischen einem natürlichen Selbst und einem posthumanen Cyborg (Hayles 1999, 1-5). Der große Traum wird das Versprechen der Information, dass sie frei sein könnte von materialen Grundbedingungen, die die Welt nach dem Tod regiert. Virtualität ist eine kulturelle Wahrnehmung materialer Objekte (Hayles 1999, 13). Diese wird von Informationsstrukturen interpretiert. So wird Leiblichkeit oder der menschliche Körper in Feedbackschleifen hineingelegt, die in einem Computer Bilder hervorrufen. Feedbackschleifen zwischen Technologien und Wahrnehmungen, zwischen Artefakten und Ideen stehen schon seit längerem für virtuelle Realität. Information soll formalisiert und auf eine mathematische Funktion reduziert werden. Technische Artefakte helfen uns, Informationen in einen theoretischen Blick zum Teil des alltäglichen Lebens zu machen. Damit tritt eine posthumane neue Form der Vitalität auf (Irrgang 2005).

Die barocke Art digitaler Räume und die Erfahrung eines barocken Raums sind in gewisser Weise mögliche Umschreibungen der neuen Digitalisierung der Medienereignisse. Wir müssen eine neue Topographie für das Digitale entwickeln. Dabei werden Bewusstsein und Information über unsere Körper privilegiert. Wir brauchen eine Art und Weise, wie wir das Digitale in einem weiteren Feld unserer Erfahrungen situierten bzw. platzieren, im Hinblick auf unsere Maschinen und Technologien. Digitale Unterhaltung und digitale Einbettung sind aufeinander wechselseitig verwiesen. So kommt es zu einer totalen Assimilation des Fleisches im Hinblick auf die Maschine (Munster 2006, 6-20). Entfalten und Auffalten führen zu einem Superfalten digitaler Art. Die Thematik der Kollektivität wird durch die Digitalisierung erneut gestellt. So bedarf es der Entwicklung einer Ästhetik des rein Formalen (Munster 2006, 33-53). Die Genealogie des interessanten Vorausgängers führt zur Frage der Einbettung des Digitalen. Naturkunde und Wunderkammern, die Sammlung von Anomalien und die Sammelleidenschaften führten zu einer Art Wiederkehr der Kabinette in der Informationsästhetik. Es geht darum, das Unsichtbare sichtbar zu machen. Das Internet braucht ein Interface, um erfahren werden zu können. Es müssen neue Gefühlswege zur Information entwickelt werden. Die Herausforderung besteht, eine ästhetische Erfahrung digital zu produzieren (Munster 2006, 61-85).

Die Installation eines virtuellen menschlichen Körpers führt zu einer Form von Virtualität und Interaktivität, möglicher Weise zu einer doppelten Identität. Die Virtualisierung könnte geschehen wie in dem Film „Jorassic Park". Erlebnisse sind in einer Welt mit Dinosauriern, die wir ohne virtuelle Realitätstechniken nicht machen könnten. Dabei gehören Kartographie und virtuelle Realität zusammen. Virtuelle Selbste und aktuelle Verleiblichungen sind durchaus unterschiedlich. So gibt es Workstation Projekte, virtuelle Realität und „virtual environment" (Munster 2006, 86-110). Es gibt das Inhumane, den fremden Computer, aber auch den künstlerischen Umgang mit dem Computer, freundliche Gesichter und das Verschwinden des Humanen liegen in der virtuellen Realität genauso beschlossen. So haben wir unterschiedliche Pole der Mensch-Maschinen-Schnittstelle und der Interaktion. Das Interfacedesign sollte zu einer leichten Steuerbarkeit der Geräte und zu einer leichten Benutzbarkeit führen. Insgesamt sollte digitale Methodik als Erleichterung konzipiert sein und zur Vereinfachung führen. So könnte die virtuelle Realität ein Übergangsstück zum Posthumanen werden. Das autonome, liberale Subjekt jedenfalls scheint in gewisser Weise der Vergangenheit anzugehören (Munster 2006, 117-134). Die Mensch-Maschinen-Schnittstelle wird immer mehr entleiblicht, eigentlich dematerialisiert, sensomotorisch reduziert oder auf Visualisierung mit einem Minimum an Motorik beschränkt. Die Verbildlichung hilft unsere Vorstellungen zu lernen und abzuspeichern. So kommt es zu einer Ausnutzung des leiblichen Potenzials durch transhumane Umwandlungen. Den Hintergrund dafür aber geben Navigation und Topographie ab.

Die bürgerliche Öffentlichkeit konstituierte sich aus Privatleuten. Heute bildet der technologische Rahmen sowohl das, was Öffentlichkeit, wie das, was Privatheit bedeutet. Die bürgerliche Öffentlichkeit bedarf der Obrigkeit als Reglementierungs- und Zensurorgan. Es geht um die Durchsetzung der gesellschaftlichen Moral. Heute gibt es diese Moral nicht mehr, daher beschränkt sich der Staat auf die Durchsetzung von Persönlichkeits- und Eigentumsrechten wie auf die des Strafgesetzbuches. Aber welche Rechte kann ein nationaler Staat noch durchsetzen, z. B. im Konflikt zwischen Anbietern und Konsumenten von Unterhaltung, Musik, Filmen von Spielen und Software? Der traditionelle Mythos der Erstveröffentlichung, der Premiere, der Aufführungen und Vernisagen geht im Internet verloren. Kunst beschränkt sich weniger auf elitäre Kreise in den reichsten Ländern wie noch in den Zeiten der bürgerlichen Öffentlichkeit. Das kann in starkem Maße auf eine Demokratisierung der Kunst hinauslaufen, oder aber auch zu ihrer Proletarisierung führen. Es geht um die Selbstständigkeit auf dem Markt, die Selbstdarstellung in der Öffentlichkeit, in den Medien und in der Gesellschaft und um die Selbstdarstellung in der Familie. Familie, soziales Umfeld und mediale Öffentlichkeit machen drei Aspekte der Öffentlichkeit aus, die private Intimsphäre hingegen als Freiraum in der Öffentlichkeit verstanden werden kann.

Durch das Internet sind Selbstdarstellung und Veröffentlichung des Privaten in starkem Maße von Interesse. Das so genannte Virtuelle erweitert die Möglichkeit des öffentlich Machens seines eigenen Selbstes, aber auch die Weisen der Verstellung und Selbstverstellung, also unter informationstheoretischer Sicht gesehen der Lüge. Aber was informationstheoretisch eine Falschaussage bzw. eine Lüge ist, kann aus der Perspektivität des Privaten und des Erzählens durchaus Glaubwürdigkeit gewinnen und zu Recht auch das Interesse auf sich ziehen. Gemäß Habermas ist das Konzept der Subjektivität im ausgehenden 20. Jh. durch einen umfassenden Zynismus erodiert und hat Platz gemacht für fundamentale Rollenegoismen im Sinne gespielter Egomanie und der Depression. Zwei Pole einer ichlosen Selbstaufgeblasenheit von Egozentrismus. Den Wandel der Struktur der Öffentlichkeit festzumachen am Wandel ihrer medialen Vermittlung ist eine der zentralen Aufgaben einer Informationsethik. Der Rückzug der Öffentlichkeit in eine technologisch geförderte Selbstständigkeit, die sich im Wesentlichen in Arbeit, Konsum und Unterhaltung manifestiert, kann nicht das ethisch geforderte richtige Lebensziel sein.

Die doch stark atomisierte Gemeinschaft der Internet-Technik-Nutzer bildet wohl keine neue Struktur der Öffentlichkeit, auch keine weltweit neue Klasse außerhalb einer Gemeinde aller spezifischen Techniknutzer. Die weltweite Gemeinschaft der Automobilbenutzer konstituiert ja auch keine eigene soziale

Struktur, da diese insgesamt zu wenige Gemeinsamkeiten haben. Die neue Struktur der Öffentlichkeit wird nicht mehr durch eine soziale Klasse oder Schicht konstituiert, sondern durch Technikangebote und Technikgebrauch. Für diese Technikangebote bedarf es einer gewissen gesellschaftlichen Kontrolle - durch die Individualethiken der Anbieter und Nutzer und durch institutionelle Rahmenbedingungen, die möglichst international angesetzt werden sollten, um effektiv sein zu können. Wenn wir das Internet zur technischen Struktur einer neuen sozialen Bewegung machen möchten, so für Freiheit und Nachhaltigkeit, dann bedarf es der Promotoren für diese Ideen im Internet. Das technische Medium alleine propagiert solche Ideen nicht.

Wir leben in einem Zeitalter großer physikalischer Mobilität, es gibt Untersuchungen die behaupten, dass unsere heutige Mobilität sehr viel größer und sehr viel mehr Personen umfasst als zu Zeiten von großen Invasionen. Dabei stellt sich die Frage, was nun möglicherweise zum Ersatz für diese physikalische Mobilität durch die virtuelle Realität geeignet erscheint (Levy 1998, 32). Intellektual-Technologien (vom PC bis zum Internet) erhöhen die geistige Mobilität. Ein neues Potential ist das neue Proletariat der intellektuellen Arbeiter, die keine voll bezahlte Stelle mehr haben und sich von Projekt zu Projekt durchwursteln müssen (Levy 1998, 82). Das Internet ist aber keine virtuelle Realität, sondern eine Realität in der Realität mit Auswirkungen insbesondere auf unsere soziale Welt und Umstrukturierung der Öffentlichkeit. Nach der physikalischen Mobilität kommt nun die virtuelle Realität im Cyberspace. Dabei kann ein Verlust der Kontrolle über technische Aktionen eintreten.

Das entscheidend Neue an der virtuellen Realität ist, dass die Möglichkeit besteht, in künstliche Welten eintreten zu können und sich in ihnen zu bewegen. So kommt es zur Auflösung der Differenz von Imagination und Wahrnehmung. Virtuelle Realität entsteht erst im Umgang mit dieser Technologie, etwa bei Computerspielen in 3-D Echtzeitsimulationen. Die Objekte leisten keinen Widerstand mehr. Die Fernanwesenheit von Personen setzt die Hemmschwelle im eigenen Verhalten herab (Faßler 1999, 20- 25). Virtuelle Realitäten sind medial erzeugte Sonderwirklichkeiten. So kommt es zu Veränderungen der Kommunikation im Netz der Computer. Dieses Netz der Computer ist von der Alltagswelt abgehoben. Es ist eine eigene Bühne der Fiktion der medialen Wirklichkeiten und der so genannten virtuellen Welt. In ihnen herrscht die Simulation von Perspektiven. Dadurch wird er Eindruck von Interaktivität erweckt. Die Fähigkeit zur Simulation und Integration vieler Perspektiven markieren die Besonderheit gegenüber anderen massenmedial erzeugten Wirklichkeiten. Es entsteht ein neuer gesellschaftlicher Erfahrungsraum. Diesen kann man auch als Experimentierraum begreifen. Das Selbst ist eine Adresse und ein Agent im Netz (Faßler 1999, 35- 38).

Der Computer ist ein Generator von Wirklichkeit bzw. von Modellwelten. Es kommt so zu einer Revolution der Denkwelten bzw. der Denktechniken. Das Bild des Autors im Internet wird immer mehr medial erzeugt. Das menschliche

Antlitz hat nur noch dekorativen Wert. Und ansonsten werden Beziehungen immer mehr zu Fern-Beziehungen (Faßler 1999, 50- 70). Bei der Metaphernwelt, die für das Internet verwendet wird, handelt es sich insbesondere um ein Navigieren oder die Metapher des Surfens. Navigieren impliziert ein Sich Orientieren und ein Sich Präsentieren im Internet. Es wird unterstellt, dass im Internet Neues zu entdecken sei. Jeder hält sich für einen Entdecker, tatsächlich liegt hier jedoch eher das Modell des Massentourismus zugrunde, in dem die Entdeckungen im Katalog abgerufen werden können. Metaphern sprechen von Medien des Denkens und Handelns, zum Beispiel die Metapher für das Internet heißt häufig „Datenautobahn". Das Surfen im Meer erweckt sportliche Konnotationen, das Navigieren und das Steuerrad im Emblem eines Steuerungsprogramms impliziert Navigieren und Entdeckung. So kann man im Internet Reiserouten erarbeiten (nicht zuletzt auch im Ferntourismus), man spricht von Netzpiraten dort, wo das System dokumentiert wird und es gibt ohne Zweifel noch die Schreibtischmetapher, die Arbeit und Wissenschaft als Leitbilder suggeriert. So kommt es auch für das Internet zum Kampf um eine Leitmetapher. Das Internet sieht sich selbst als Instrument der Wissensgewinnung, ist aber tatsächlich nur ein Instrument der Informationssammlung, trotz aller Versuche mit einem semantischen Web (Faßler 1999, 207- 236).

Es gibt durch das Internet einen neuen Kommunismus des Gemeinschaftlichen. Jedem gehört alles. Diese Verwischung des Unterschiedes von Produzenten und Konsumenten hat eine Verantwortungsdiffusion zur Folge. Aber der Gebrauch bzw. der Konsum muss genauso verantwortet werden wie die Produktion. Jeder hält sich beim Surfen für einen Entdecker und Wissenschaftler – und so kommt es zum so genannten *Hype* und *Joy of Use*. Aber tatsächlich enthält das Internet kaum Neuland, sondern bereits von anderen Vorgedachtes und Vorentschiedenes, das hier zusammengestellt wird. Außerdem ist die Qualität des Angebotenen so nicht von vornherein sichtbar. Die Nivellierung der Qualität aufgrund des Mangels an Selbstzensur und Zensur durch andere, also dessen, was ja gerade die wissenschaftliche Qualität ausmacht, führt dazu, dass das Internet das Medium der Fantasie, der Imagination und des Träumens ist oder wird. Es sollten aber größere Teile des Internets auch zum Reflektionsmedium ausgestaltet werden. Hier bedarf es in gewisser Weise allerdings der Kritikfähigkeit und einer ansatzweise durchgeführten Zensur analog dem Wissenschaftsmodell.

Wir leben in einem Zeitalter, in dem wir Medien so selbstverständlich nutzen wie Wasser aus der Wasserleitung. In diesem empfinden wir eine großflächige Nichtverfügbarkeit von Medien sofort als Freiheitseinschränkung. Nicht mehr Produktentwicklung und Umsatz oder Gewinnorientierung prägen die Überlegungen von Web 2.0 Unternehmen, sondern der Gedanke der Kundenorientierung (Selke, Dittler 2010, 2-4). In dieser Gesellschaft wird die Jagd nach Begabungen, Fähigkeiten und Kompetenzen zu den wichtigsten Trägern des sozialen Fortschritts des 21. Jh. gehören. Im Prinzip der Selbstermächtigung verdichtet sich die systematische Logik der Selbstorganisation, der auf ein *Create*

Yourself hinausläuft. Für Menschen, die talentiert, ehrgeizig und risikobereit sind, die richtigen Kenntnisse, Ideen und Fertigkeiten mitbringen und entsprechende Motivationen haben, bietet die neue Gesellschaft eine Fülle von Möglichkeiten (Selke, Dittler 2010, 12-15). Außerdem kommt es zu einer Externalisierung des Wissens. Das Medium schreibt mit. Medien sind niemals neutral, sondern unmittelbar am Arbeits- und Denkprozess beteiligt (Selke, Dittler 2010, 16f). Auch das Leben im Zustand der permanenten Zerstreuung wird zur Normalform, hinzu kommt die Individualisierung des Wissens (Selke, Dittler 2010, 21-23).

Es liegt in der Natur des Internets das wirklich gute Angebote sich schnell unter den Nutzern herumsprechen und verbreiten. Jeder erfährt ganz schnell von anderen Nutzern, wenn es irgendwo ein besseres Angebot gibt. Die unternehmerische Erfolgsstrategie, die sich aus der digitalen Revolution ergibt, heißt deshalb in einem Wort: Kundenorientierung. Die Suchmaschine von Google ist gleichzeitig eine permanente Marktforschungsstrategie in Echtheit und mit Menschen, von denen die wenigsten wissen, dass sie die Testpersonen sind. Aus Sicht des Unternehmens gilt: Andere arbeiten lassen, und das ist das Aal-Prinzip, nach dem die zusätzliche Arbeit dem Kunden überlassen wird. Auf E-Bay Angebote einstellen, Preise festlegen und die Übergabe organisieren, auf YouTube Videos einstellen, Taggen (also Verschlagworten) und bewerten, auf Face Book oder XING ein Profil erstellen und pflegen – für die Arbeit auf dem Internetplattformen sind die Nutzer zuständig (Selke, Dittler 2010, 29-33). Nutzer auf Internetplattformen sind ermächtigt, das zu tun, was sie wollen. Aus ökonomischer Notwendigkeit spiegelt das Aal-Prinzip Kundenorientierung wieder, und stets werden die Kunden mit Angeboten umworben und zugleich als Nutzer in dieselben eingebunden. Internetunternehmen machen ihren Kunden das Leben so bequem wie möglich und versuchen ihnen Freude zu vermitteln bei dem, was sie tun. Nur dann funktioniert das Aal-Prinzip und die Kunden übernehmen die Arbeit auf den Internetplattformen (Selke, Dittler 2010, 34).

Computerspiele bieten dem Spieler die Möglichkeit, seine Identität selbst zu bestimmen und seine Fähigkeiten selbst zu erarbeiten. Es ist allerdings eine Identität auf der Bühne. So kann etwa bei Sims der Spieler ein komplettes Leben mit Familie und Arbeit in einem eigenen sozialen Umfeld gestalten. Übermäßiges Computerspielen kann allerdings zu schlechten Schulleistungen, schlechterem sozialen Verhalten, zunehmender Aggressivität, Aufmerksamkeitsdefiziten oder Rauchen und Fettsucht führen. Aber solche Verhaltensweisen zeigen nicht, dass Computerspiele grundsätzlich schlecht sind, ebenso wenig wie beispielsweise das Fernsehen. Online Communities schaffen eine bisher nicht gekannte Transparenz der schwachen Bindungen zu anderen Menschen und erleichtern es, die darin liegenden Möglichkeiten zu nutzen. Sie eröffnen auf diese Weise den Zugang zu Personen, die einem Suchenden helfen können und die er noch nicht kennt (Selke, Dittler 2010, 37-39). In der Zeit vor dem Internet hatten Zeitungen oder Fernsehen das Verbreitungsmonopol für Information – wichtig war, was im Fernsehen kam oder in der Zeitung erschien, und bestimmt haben darüber Journalisten. Heute kann jeder, sobald er etwas Wichtiges erfährt es schnell und einfach weitergeben. Relevanz und Reputation im Internet entstehen nicht nur durch persönliche Links, sondern auch durch Empfehlungen zur Information und Wissen. Wissen entsteht im Internet aus der Weisheit der vielen und aus dem Verhalten der Nutzer als Schwarm von Menschen. In der Online-Enzyklopädie Wikipedia stellen weltweit Menschen ihr Wissen ein, nach dem Motto: Ich empfehle dir, zu einem bestimmten Thema folgendes zu wissen. Und jeder kann den anderen jeder zeit korrigieren. Wikipedia ist ein gute Beispiel für eine Internetplattform, die auf dem Vertrauen und das Wissen vieler unterschiedlicher Menschen aufbaut, auf die Weisheit der Vielen. Die Weisheit der Vielen entstehet bei Wikipedia in Foren und in Bloggs durch aktive Beiträge der Nutzer (Selke, Dittler 2010, 40f.).

Postmedialität ist gegenzeichnet durch (1) die Allgegenwart technischer Informations- und Kommunikationsmedien, (2) die jederzeitige Verfügbarkeit von weltweit existierenden Informationen und (3) als eine Form von Datenqualität, die neue Herausforderungen an die Kompetenz des Menschen stellt. Dabei ist entscheidend (1) die Auswahlprüfung und Bewertung der relevanten Informationen, die einen kritischen Umgang mit diesen ebenso voraus setzen wie die Verfügbarkeit von Kriterien zur Beurteilung der Informationsqualität. (2) Institutionen wie Schule und Hochschule müssen nicht mehr nur Antworten geben auf Sachfragen, sondern sie müssen die Lernenden dazu befähigen, angemessene Fragen zu stellen. (3) Die Aneignung von Welt findet aus konstruktivistischer und konnektionistischer Sicht stets auf der Basis des vorhandenen individuellen Wissens statt. Die Schaffung einer belastbaren Basis für den lebenslangen Aufbau einer individuellen Bildungsbiografie und individuellen Wissens wird in der Phase der Postmedialität eine zentrale Aufgabe von institutionalisierten Bildungseinrichtungen sein und bleiben(Selke, Dittler 2010, 83f). Mündiges, selbstbestimmtes und solidarisches Handeln im Sinne von Selbstbestimmungsfähigkeit, Mitbestimmungsfähigkeit und Solidaritätsfähigkeit werden zur Maxime seines Bildungsideals. Anders als in den modernen Gesellschaften, die wir als mobil, schnelllebig, dynamisch erleben ist das Leben von zahlreichen freiwilligen und unfreiwilligen Wechseln und Brüchen geprägt. Es ergibt sich die Notwendigkeit eines lebenslangen Lernens angesichts eines Überflusses des Wissens das gelegentlich auch überflüssiges Wissen ist(Selke, Dittler 2010, 86-89).

Information ist jedoch nicht gleich Wissen. Außerdem müssen verschiedene Arten von Wissen unterschieden werden explizites und implizites Wissen, deklaratives und prozedurales Wissen, semantisches Wissen und episodisches Wissen, sowie Wissen im Kurzzeitgedächtnis Modus und Langzeitgedächtnis Modus. Dabei ist die Heute dominierende von Wissen und Technologie zu berücksichtigen. Diese fordert sozusagen Wissenskompetenzen heraus. Gefordert ist die Medienkompetenz und Computerliterasie, die Zuständigkeit, Verfügbarkeit des medialen Informations- und Wissensangebotes und die tatsächliche Nutzung des

Informations und Wissensangebot(Selke, Dittler 2010, 90-92). Der Mythos digitalisierter Totalerinnerung durch *Lifelogging* Systeme (Der Filmapparat ist überall dabei) soll das unzuverlässige menschliche Gedächtnis ersetzen und in die digitalen Speichermedien auslagern. *Lifelogging* Systeme sind Paradebeispiele für postmediale Erinnerungsmedien. Durch digitalisierte Erinnerungsriten wird das menschliche Leben zu ediertem Leben verflacht, bei dem der Mensch als Lebenddokument betrachtete werden kann, dessen Gedächtnis seinen natürlichen Funktionen beraubt wird (Selke, Dittler 2010, 99). Die anwachsende Flut der Spiele führt zu einem Prozess der Veralltäglichung von Games. Die lakonische Zusammenfassung diese Zustandes könnte darauf hinauslaufen, dass alle verschiedene Modelle zu einem Konzept des Spiels des Lebens führen (Selke, Dittler 2010, 205), welche auf der Bühne des Virtuellen gespielt werden.

Technologien stehen vor dem Problem, dass die Annahmeraten und die Akzeptanz der Nutzer gering sind, oder dass Produkte nicht in der Art und Weise genutzt werden, wie dies von den Konstrukteuren oder von der Öffentlichkeit gewünscht wird. So soll zum Beispiel eine Erhöhung der Umweltverträglichkeit von Technologien erreicht werden, die nach wie vor nur wenig von Kunden auch angenommen wird. Soziologen sollen daher mehr Akzeptanz herbeiführen. Auf der andern Seite stellt sich die Frage insbesondere für Technikphilosophen, verstehen zu lernen, warum bestimmte Technologien fehlschlagen. Außerdem geht es um Akzeptanz nicht im allgemeinen Sinn, sondern meistens innerhalb von speziellen Gruppen (Rohracher 2006, 11-15). Zu analysieren ist die Rolle der Nutzer in der Ausgestaltung von Innovationen und bei den Diffusionsprozessen bei ihrer Durchsetzung. Hier helfen auch Gender-Studien weiter. Auszugehen ist von einem Patchwork von Theorien und nützlichen Einsichten wobei die Logik des Gebrauches und die Logik der Konstruktion bzw. des Entwurfes zusammengebracht werden sollen. Den Hintergrund dafür geben evolutionäre Ökonomie und evolutionäre Technologiestudien insbesondere über Innovation ab. Nutzerspezifische Technologien sind normalerweise kein Untersuchungsgegenstand. Dabei sind Technologien als soziale Ordnungsfunktionen von größerer Bedeutung als allgemein angenommen. Die soziale Interaktion ist als konstitutiv für die Entwicklung von Technologien zu erkennen. Dabei besteht ein Potenzial von Wahl und Gebrauchsmöglichkeiten die in bestimmten Konstruktionsideen von Artefakten und technischen Systemen inhärent ist. SST, Social Studies of Technology, haben hier ein neues Aufgabenfeld über das der traditionellen technologischen Entwicklung hinaus. Die impliziten Potenziale die helfen eine gesellschaftliche Gestaltung von Technologien durchzuführen wird ergänzt durch SCOT, die sozialkonstruktivistisch die interpetative Flexibilität von technischen Artefakten herausarbeitet. Dabei wird auf das Fehlerpotenzial das in sozialen Strukturen enthalten ist bei der Nutzung von technischen Artefakten mit berücksichtigt. Beide Ansätze gehen aber von keinem sozialen Determinismus aus (Rohracher 2006, 17-23).

Dabei können unterschiedliche Lernkonzepte zugrunde gelegt werden: Learning by doing, by Using, Lernen aus den Vorteilen in Wissenschaft und Technologien, Lernen aus den zwischenindustriellen Vorteilen bei Transferen, Lernen durch die Interaktion zwischen Firmen und Lernen durch gezieltes Suchen. Gemeinschaften von Praxis sind auch die Nutzer-Produzenten-Interaktionen. Interessant wird das Interface zwischen Nutzers und Produzenten. Außerdem ist die Innovationsdiffusion und Systemtransformation zu berücksichtigen. Der Diffusionsforschung geht es um die Anpasser und um die sozialen Netzwerke der ersten Anwender einer neuen Technologie, um die Wiedererfindung des Artefaktes durch hundertfachen Gebrauch im neuen institutionellen Kontext gebrauchsorientierter Technikbetrachtung. Insofern sind integrierte Konzepte von Innovation, Diffusion und Annahme erforderlich. TEN, Techno-ökonomische Netzwerke, sind zu analysieren (Rohracher 2006, 46-58).

Das Konzept der Innovation-Diffusions-System-Transformation muss ein Multilevelmodell der Innovation herausarbeiten. Es geht um die Konzeptualisierung der Rolle des Nutzers in unterschiedlichen theoretischen Rahmenbeziehungen und Rahmenanalysen. Der Nutzer als Konsument, das heißt dass der Gebrauch von Produkten als eine Kommunikation über die Bedeutung dieser Produkte aufgefasst wird. Es geht also um die Bedeutung von technischen Artefakten und von technischen Gütern, die vermarktet werden sollen. Insofern ist eine Kunst des Konsums zu entwickeln. Die Anwendung von Technologien im alltäglichen Leben stellt die Frage nach dem Nutzer als Bürger. Also geht es auch um das Modell einer bewusst verantworteten Techniknutzung. Diese Techniknutzung ist nach geschlechtsspezifischen Rollenmustern zu differenzieren. So kommt es zu einer ANT, zu einer Aktor-Netzwerk-Theorie. Die Rolle des Nutzers im technologischen Wandel wird in diesen Modellen hervorgehoben. Dabei geht es um eine Design- und eine Nutzerlogik. Fiktive und reale Nutzer, zukünftige Nutzer, Nutzerbilder, all diese sind Teil von sozialen Arenen-Theorien mit multiplen Perspektiven und Standards für den Gebrauch (Rohracher 2006, 60-99).

Die Co-Konstruktion zwischen Märkten und Technologien führt zu einer Konfigurierung des Nutzers, kann aber auch zu Modellen angepasster Technologie ausgearbeitet werden. Hier taucht die Metapher von der Maschine als Text auf. Verschiedene Marktsphären sind zu unterscheiden. Es gibt technische Dinge in der sozialen Kommunikation. Die Technologien sind mehr oder weniger offen für schrecklichen Missbrauch. Dabei spielen die Pioniegruppen der urbanen Erfinder und Erstnutzer eine zentrale Rolle. Hier wird der Gebrauch einer Technologie sozial und kulturell kodiert. Ein Entwurf oder Konstruktion der auf Einbettung und Nutzerinteraktion in einem breitere Sinne abzielt, analysiert soziotechnologische Konfigurationen. Es geht um Ko-evolution und wechselseitige Anpassung zwischen Technologie und Organisationen. Soziales Lernen und seine Verbesserung wird aufgewiesen in begrenzten sozio-technologischen Experimenten, wie z. B. Nischenmanagement. Konstruktives Technologie-Assessment

(CTA) führt zur Analyse von signifikanten Barrieren und Grenzen im Hinblick auf den bewussten Nutzer und Gebraucher und die dabei von ihm involvierten Strategien. Gegenseitige Partizipation, soziale Lernprozesse zwischen Designern, Unternehmern und verschiedenen Gruppen von Handelnden und Nutzern sind hier zu berücksichtigen (Rohracher 2006, 100-111).

Das Selbstbestimmungsrecht impliziert ethisch gesehen, dass der Mensch die Sinnbedingungen seines Daseins in der Handlungssituation selbst entwerfen muss (Czuma 1974), wobei er auch die Beurteilungskriterien für die Sinnbedingungen der Anwendung selbst in eigener Verantwortung entwickeln muss. Angesichts des Pluralismus der praktischen Vernunft des Menschlichen ist nicht mehr zu leugnen, dass es unterschiedliche gruppenspezifische Humanitätsideale gibt, die sich um Universalisierung bemühen. Das Fehlen eines allgemein anerkannten Verbindlichkeitskriteriums für praktische Vernunft macht es erforderlich, Kriterien der eigenen subkulturell gedeuteten Vernunft zu entwickeln, wobei Selbsterhaltung Grund aller subkulturellen Pluralität darstellt. Dabei basiert Autonomie auf der abendländischen universalen Idee des Menschlichen, deren Ursprung mit dem historischen Streben des Christlichen vergleichbar ist. Christliche Universalität ist in der Gleichheit aller Menschen vor Gott begründet (Czuma 1974).

Der Begriff der Autonomie wurde in der ethischen Diskussion bislang herangezogen, um ein Set verschiedener Bedeutungen zu bezeichnen unter Einschluss von Freiheitsrechten, von Selbstbestimmung, von Privatheit, von individueller Wahl, von der Freiheit, dem eigenen Willen zu folgen oder sein eigenes Verhalten hervorzubringen oder die eigene Person zu sein. Autonomie verlangt Schutz und Berücksichtigung, selbst wenn die Wahl einer Person nicht individuelle oder soziale Wohlfahrt fördert. Der Gedanke der Autonomie als Selbstbestimmungsrecht (des Betroffenen von einer Entscheidung bzw. Handlung) kann in unterschiedlichen Versionen ausgelegt werden (Irrgang 1998). Für die Ethik ist damit nicht das eher juristische Prinzip des "informed consent" (Zustimmung nach Aufklärung in der medizinischen Ethik) wichtig, sondern das Prinzip der situationsangemessenen Entscheidung im Rahmen einer nicht nur individuellen Praxis, die durch den Diskurs der Beteiligten vorbereitet sein muss. Inkompetent ist nach diesem Verständnis der, der keine situationsangemessene sittliche Entscheidung treffen kann. Dann müssen andere für den Inkompetenten entscheiden.

Eine Ethik der Selbstverwirklichung im gemeinschaftlichen und natürlichen Kontext (konkreter Verantwortlichkeit) opponiert gegen die traditionelle Pflichtethik als reine Verbotsmoral. Seit Hegel bedeutet Selbstverwirklichung Realisierung des wahren Selbstes oder des eigenen Selbstes, wobei das Selbst nicht vorliegt, sondern sich als permanente Aufgabe darstellt. Selbstverwirklichung sollte im Hinblick auf Langzeitverantwortung als Vision für den stets neu erforderlichen Selbstentwurf gesehen werden, die selbst die Alltagsroutine durchwebt. Für Selbstverwirklichung sind unterschiedliche Visionen möglich.

Selbstverwirklichung ist wohl nur im Rahmen einer gemeinschaftlichen Praxis erreichbar, in ihr konstituiert sich das Selbst erst in einem permanenten Rückkoppelungsprozess in der Auseinandersetzung mit der Umwelt, so dass Selbstverwirklichung jedenfalls in der Interpretation der Hermeneutischen Ethik nicht als egoistisch-hedonistischer oder narzisstische Lebenseinstellung verstanden werden kann (Irrgang 2007a).

Gemeinwohl wird traditionell durch das Interesse aller oder das Interesse einer Gemeinschaft definiert, wobei naturrechtliche, vertragstheoretische und utilitaristische Interpretationsvarianten zu unterscheiden sind. Der Definitionsversuch der Hermeneutischen Ethik zielt nicht auf Interessen ab, sondern auf Ziele, Visionen, Leitbilder, die das Wohl bzw. das Gemeinsame Gute und Wertvolle einer Gemeinschaft befördern können. Es geht um ein Gemeinwohl ohne Kollektivierung (Irrgang 1999b). Gemeinschaften sind zunächst soziobiologisch Sippe und Clan, die wandern. Dorfgemeinschaften setzen die neolithische Revolution voraus. Staaten im Sinne von Gesellschaften entstehen erst mit massiver Hilfe von Technik zunächst in den städtischen Zivilisationen Mesopotamiens und sind die Konsequenz einer kollektiven technischen Praxis. Das Gute und das gelingende Leben hängen also von unterschiedlichen Ausprägungen gemeinschaftlicher Praxis ab und sind in der Menschheitsgeschichte zutiefst mit unterschiedlichen technischen Paradigmen verbunden. Für die Formulierung entsprechender Leitbilder ist also die Konvergenz des Sittlichen und des Nützlichen entscheidend, nicht die Formulierung von Interessen. Die Vision eines lebenswerten Lebens auf der Erde für möglichst viele Menschen unter Einschluss der Sicherung der Grundbedürfnisse, Ermöglichung gemeinschaftlicher wie individueller Selbstverwirklichung in Solidarität mit anderen, Nachhaltigkeit und Langzeitverantwortung erfordert ständige Interpretation und Diskussion darüber, was ein lebenswertes Leben ist. Hermeneutische Ethik ist eine Ethik der radikalen Zukunftsverantwortung und der ständigen Suche nach ihren Konkretisierungen (Irrgang 2002c).

Die Individualisierung der ethischen Urteilsbildung angesichts von Systemzwängen, Sachzwängen und institutionellen Zwängen beruht auf der Wiederkehr des menschlichen Individuums in den technologischen Strukturen, die von ihm geschaffen wurden, was der Mensch allerdings weitgehend vergessen zu haben scheint. Insofern bleibt das Eigenleben des Technischen immer noch begrenzt. Zwangsmoralen, Verbotsethiken und Disziplinierungsekzesse produzieren Menschenmaterial, das man verheizen kann. Dagegen stellt sich eine Ethik des aufgeklärten Selbstbestimmungsrechtes im sozialen Kontext. Dieses steht in der Skepsis-Tradition und umfasst folgende Wertebasis. Zentral ist der Gedanke einer minimalistischen Ethik, in der es zur Rekonstruktion einer geltenden Moral unter bestimmten Gesichtspunkten geht. Vor allen Dingen wird in einem solchen System ein Kern von Moral rekonstruiert, der von nahezu allen Menschen anerkannt wird. Insofern ist eine solche Minimalethik ein soziales Regelsystem, das aber auch für ein dynamisches Entwicklungssystem offen sein sollte. Der Minimalismus in der Ethik beschränkt sich auf Grundlinien (Birnbacher 2003, 77-84). Es geht um die Beschränkung der groben Umrisse der Moral. Die hermeneutische Ethik verbindet dazu im Unterschied Grobschliff mit Feinschliff. Der „harte Kern" ist ein kleiner Ausschnitt aus dem Moralsystem, ein theoretisch und praktisch wichtiges Unternehmen, wenn es um die konkrete Orientierung durch Ethik für die menschlichen Handlungen kommen soll. Die Prinzipien gelten in einer solchen Ethikkonzeption nicht bedingungslos, sondern sind offen für Ausnahmen. Es handelt sich bei einer Minimalethik um allgemein beurteilungsrelevante Gesichtspunkte.

Eine der Minimalethiken, die in letzter Zeit fundamental geworden sind und auch zu den Ausgangspunkten der hier vorgeschlagenen Version der hermeneutischen Ethik geworden sind ist die Bioethik von Beauchamp und Childress (Beauchamp, Childress 1989). Dieser bietet als Prima-Fazie-Prinzipien ethischer Orientierung folgende Grundleitlinien an:

(1) Nichtschädigung;
(2) Selbstbestimmung (Autonomie) respektieren;
(3) Fürsorge und Wohltun und
(4) Gerechtigkeit.

Wir haben hier eine individualorientierte Minimalethik, die besonders wirkmächtig geworden ist und im Rahmen einer modernen Geschichtskonzeption auch durchaus plausibel ist. Es handelt sich nicht um eine deduktive, sondern um eine rekonstruktiv verfahrende Ethik. Es gibt keine obersten Prinzipien sondern Topoi ethischer Beurteilungen, die hermeneutische Ethik würde von Interpretationshorizonten ethischer Art sprechen. Deklamiert wird Konsensfähigkeit die jeweils schwachen Formen einer Moral bzw. Ethik im Sinne einer Minimalethik als Rekonstruktion eines weithin anerkannten Prinzips. Solche Ethiken basieren auf Prima-Fazie-Prinzipien und moralischen Regeln.

Es gibt eine steigende relative Autonomie der Lebensstile. Zu ihnen gehören z. B. urbane Lebensstile und Mischformen zwischen Hoch- und Populärkultur. Der bisher realisierte Lebensstil als ein verinnerlichtes Lebensstilmuster und der angestrebte Lebensstil müssen nicht identisch sein. Lebensstile lassen sich lokalisieren. Entlang der Achse Lage, Milieu, Subkultur und Lebensstile steigen die Subjektivität der Perspektivität und zugleich der Handlungsspielraum der Akteure. Der Lebensstilansatz und die Ausstattung privater Haushalte mit technischen Mitteln und ihre Nutzung lassen sich korrelieren. Die Entwicklung des privaten Konsums ist mit familiendemografischen Faktoren eng verknüpft. Dabei ist der Konsum als eine Verhaltensweise zu charakterisieren. Es geht um die Entwicklung eines spezifischen Geschmacks. In diesem Zusammenhang lassen sich z.B. Ernährungsmuster spezifischer Gesellschaftsgruppen einordnen. Das manifestiert sich im Streben nach Status- und Sozialprestige. Hier handelt es sich zum Teil um einen imaginierten und hedonistischen Konsum. Der moderne Hedonismus ist gekennzeichnet durch eine Zuwendung zu illusionärem zu genussbringendem Tagträumen und zu Emotionen. Die Konsumsymbolik ist eine soziale und kulturelle Symbolik. In fast allen Kulturen fungieren Gegenstände als Medien zur Darstellung von Fähigkeiten, Eigenschaften oder der sozialen Stellung einer Person. Dies ist eine Gütersymbolik (Rosenkranz/Schneider 2000, 173-177).

Kompensation geschieht häufig in Form von Konsum. Genuss und Lustgefühle zu haben, wird in modernen Gesellschaften geradezu zur gesellschaftlichen Pflicht. Konsum dient also nicht allein der Bedürfnisbefriedigung, sondern hat eine durchaus symbolische Bedeutung (Rosenkranz/Schneider 2000, 183). Die Ausgaben für den Konsum hängen von der Familienstruktur eines Haushaltes ab. Die Unersättlichkeitstheorie widerspiegelt nicht die Realität. Die Bereitschaft der Konsumenten, immer neue materielle Güter attraktiv zu finden, ist nicht unbegrenzt. Kommerzialisierung ist die andere Seite des Konsums. Die Konsumgüter wurden zum Symbol des sozialen Fortschritts. In ihnen dokumentieren sich gewisse Werte und Bewusstseinswandel. Wertwandelprozesse können als Hinwendung zu Selbstentfaltungswerten verstanden werden. Dabei stellt sich die Frage, ob der Konsum auch zu einem nachhaltigen Konsum umgewertet werden kann. Bislang ist Güterwohlstand der wesentliche Ausdruck von Konsum. Es geht darum zu fragen, ob die Freizeit selber in ihrer Konsumstruktur erkannt werden kann. Dabei ist passiver oder aktiver Konsum zu unterscheiden. Eigenarbeit und produktive Freizeit sind als Konsumgüter erst neu zu entdecken. Dabei sind der Überfluss und das Überflüssige zu unterscheiden. Demografische Daten und Kundenbedürfnisse ermöglichen ein demografisches Marketing. Auch eine entsprechende Angebotsgestaltung kann nachhaltigen Konsum vorbereiten.

Fragt man heute einen Westeuropäer nach der Motivation seines Strebens, erhält man nicht selten Anworten, welche Begriffe wie Selbstverwirklichung, Lebensqualität und Lifestyle beinhalten. Weder Glück noch Glückseligkeit sind käuflich zu erwerben. Wie steht es jedoch mit Wohlbefinden, Lebensqualität und Lifestyle? Kann man Lifestyle tatsächlich kaufen? Oder handelt es sich vielmehr um eine nicht wirklich zu kaufende „Aura", durch die Produkte mit Hilfe von Marketingstrategien „aufgeladen" werden? Unsere Lebensstile und Konsumgewohnheiten scheinen lokal und global betrachtet nicht nachhaltig zu sein. Wir verbrauchen begrenzte Ressourcen, als seien sie unbegrenzt vorhanden (Meinhold 2001, 7f). Insofern sind Konsummuster Jugendlicher zu beleuchten, um zu erklären, warum konsumiert wird. Es gilt den Versuch zu wagen, einige Hintergründe aufzudecken (Meinhold 2001, 11).

Lifestyle korreliert mit Konsum, insbesondere mit demonstrativem Konsum. Eine Funktion der Kleidung ist damit der öffentliche Beweis der Zahlungsfähigkeit, die auch als Machtdemonstration interpretiert werden kann (Meinhold 2001, 13). So lebt die Jeans vom Mythos der Stabilität der Trapper und Cowboykleidung und von dem der Jugendkleidung des 20. Jahrhunderts. Auch das Handybeispiel zeigt, dass ein Teil des Lebensstils des Geschäftsmanns nun als Vorbild für den Jugendlichen dient und umgekehrt (Meinhold 2001, 16). Selbstverwirklichung und überindividuelle Wünsche stehen im Widerspruch (Meinhold 2001, 23). Lifestyle steht im Vergleich zu Lebensstil für eine noch weiter gesteigerte Veränderbarkeit und Oberflächlichkeit. Lebensstile weisen u. a. zwei ambivalente, gegenläufige, aber sich nicht gegenseitig ausschließende, sondern ergänzende Funktionen auf: Erstens Abgrenzung gegenüber Gruppen und zweitens Signalisieren bzw. Demonstrieren von Zugehörigkeit zu Gruppen. Diese beiden Faktoren treffen insbesondere auch für Lifestyle zu. Konsumgüter manifestieren ihren Gebrauchs- und Verbrauchswert in Kleidung und Körperpflege, Ernährung, Wohnen, Freizeit und Urlaub, Mediennutzung und kultureller Praxis. Im Konsum materieller Werte demonstriert sich die Funktion der Identitätsvermittlung, der Zugehörigkeit, Abgrenzung und Alltagsbewältigung. Livestyle intendiert Selbstverwirklichung und ist ein (oberflächlicher) materiell-demonstrativer Stil des Konsums, ein „Styling" oder ein Gestalten von gewissen Augenblicken und Situationen bis hin zu ganzen Lebensabschnitten (Meinhold 2001, 25-27).

1. Internet: technische Kultur, gigantische Kopiermaschine, Informationsbörse oder Herrschaftsinstrument?

In der deutschen Technikphilosophie war lange die Frankfurter Schule dominant mit ihrem Verdikt auch über die Kulturindustrie. So argumentierten schon Horkheimer und Adorno in ihrer *Dialektik der Aufklärung*. Technik war nicht Ausdruck von Kultur oder Zivilisation, sondern von Herrschaft und Gewalt (Irrgang 2007d). Mit dem anarchischen Internet scheint die These der Kritischen Theorie ins Wanken zu kommen, dass alle Technik Herrschaft sei und selbst Kunst im Zeichen ihrer technischen Reproduzierbarkeit eigentlich nicht das Attribut der Kultur mehr verdient. Sie verknüpfte sich mit der Position des späten Martin Heidegger. Für beide Konzeptionen hat sich moderne Technik in hohem Maße von den moralischen Verbindlichkeiten der Gesellschaft freigemacht. Es ist die scheinbare Wertfreiheit bzw. Neutralität der Technik, die Heidegger und Marcuse als Grund der Einzigartigkeit und Tragik der Moderne identifizieren (Böhme/Manzei 2003, 40). Es gehört zum Marxschen Erbe der Frankfurter Schule, dass Horkheimer der Technik grundsätzlich eine durchaus positive gesellschaftliche Funktion zuschrieb. Die Entwicklung großtechnischer Systeme zur vorherrschenden und bestimmenden Gestalt der Technik führte jedoch zu jenen grundlegenden gesellschaftlichen Veränderungen, die sich bei der Frankfurter Schule in der Rede vom Staatskapitalismus, später von verwalteten Welt niederschlugen – Begriffen, die freilich in Bezug auf die Technikentwicklung das Zusammen- und Gegeneinander-Spiel von Technik, Wissenschaft, Ökonomie, Politik und Militär noch allzu undifferenziert zusammenfassten (Böhme/Manzei 2003, 57-59). Charakteristisch sind heute Erfahrungen des Unheimlichen und der Aushebelung des Humanismus (Böhme/Manzei 2003, 223). Was verschwindet, das ist die alte Natur des Humanismus und vor allem der neuzeitlichen Naturwissenschaft, die sich über Vorstellungen des Organischen definierte (Böhme/Manzei 2003, 236). Ihr Ausgangspunkt war, dass Natur eine wie auch immer geartete Eigensinnigkeit aufweist (Böhme/Manzei 2003, 240).

Gemäß der Kritischen Theorie ist Technik ideologisch, erzeugt Ideen, Mythen, Hoffnungen und Ängste. Man behauptet, dass der Fortschritt speziell der der Wissenschaft und der Technik bzw. Technologien zu einem Ende der Ideologien geführt habe. Aber die hochtechnisierte Industrie ist die materielle Basis der modernen Gesellschaft, die mehr und mehr unsere Präferenzen und Wünsche konditioniert, unsere Wertschätzung und die Meinungen der umfassenden Majorität der Gesellschaft bestimmt. Sie weist dabei immer wieder auf die illusorische Instrumentalität oder Neutralität der Attribute hin, die häufig mit der Technik verbunden werden (Huerta 1996, 153). Die Technik handelt in der Art einer integrierenden sozialen Macht, die auf diese Art und Weise die traditionellen expliziten Formen der Ideologie deplaziert und selbst an ihre Stelle tritt. Aber die Folge des technischen Fortschrittes ist die soziale Atomisierung und der Triumph des Individualismus (Huerta 1996, 156-158). Die Autonomie der Technik lässt sich am besten dadurch beschreiben, dass es einen Imperativ zum Wachstum der Technik gibt (Huerta 1996, 165). Die Neutralitätsthese der Technik ist als technokratische Ideologie zu entlarven. Aber Wissenschaft ist nicht Theorie, sondern eine andere Form der Praxis. Insgesamt bedeutet die Ideologiekritik ein Infragestellen der technischen Totalisierung (Irrgang 2007d).

Die Gegenthese zur Kritischen Theorie entwickelt sich als Kulturtheorie der Technik, denn Technik ist im Allgemeinen keine blinde Bemächtigungspraxis, sondern reflektierte kulturelle Bewältigung der Überlebensaufgabe. Dies ist zumindest die Position Ortega y Gassets. In seinen *Betrachtungen über die Technik* aus dem Jahr 1933 hat Jose Ortega y Gasset sich die Frage nach dem Sinn, den Vorzügen, Nachteilen und Grenzen der Technik gestellt. Der Selbsterhaltungstrieb, der Lebenswille, uns gegen alle Unbill zu behaupten, umreißt ein System von Notwendigkeiten, denen sich der Mensch gegenübersieht. Der Mensch kann sich aber im Unterschied zum Tier von seinem Repertoire freimachen (Gasset 1978, 13). Technik ist also die Reform jener Natur, die uns bedürftig und Not leidend macht. Technische Handlungen verbessern die Umwelt. Technik ist damit das Gegenteil von Anpassung. Vielmehr passt der Mensch die Natur seinen Bedürfnissen an und dies ist eine kulturelle Leistung. Der Mensch muss sich nicht nur ökonomisch, sondern auch metaphysisch sein Leben erst verdienen (Gasset 1978, 28). Natur, Welt und Umwelt sind bereits Deutungen und damit kulturell geprägte Begriffe. Damit heißt Technik, Mittel zu finden zur Verwirklichung des Programms unserer selbst. Die ursprüngliche Sendung der Technik ist es, den Menschen zu entlasten, damit er sich der Verwirklichung seiner selbst widmen kann (Gasset 1978, 33f.). Die Technik stellt dabei ein außernatürliches Programm der Lebensführung dar, ist daher der Kultur zuzurechnen. Der kulturelle Entwurf erzeugt Technik, die ihrerseits Natur verändert (Gasset 1978, 39). Und dieser kulturelle Entwurf entfaltet sich in geschichtlichen Epochen.

Damit tritt eine gewisse Spannung in die Technikphilosophie: Die Kulturthese legitimiert Technik, die Herrschaftsthese delegitimiert sie. Aber Kultur und Herrschaft sind aufeinander zu beziehen. So wird die Ambivalenz der Geschichte der Transformation technischer Mittel, implizit die von Natur und Technik, deutlich. Das Risiko der kulturellen Naturbearbeitung liegt darin, dass sie in Herrschaft umschlagen kann, aber nicht muss. Es gibt keine Dialektik als zwangsläufiger Prozess im Rahmen der technischen Entwicklung. Das Wagnis der Technik ist der Kern einer heute vertretbaren Geschichtsphilosophie der Technik, ein Konzept kultureller Entwicklung einschließlich einer kulturellen Hermeneutik technischer Symbolik und Metaphern. Dabei erhält das Konzept einer technischen Kultur einen nicht unerheblichen Anstoß Gedanken Martin

Heideggers zum Umgangswissen, welche eine Öffnung für den Pragmatismus von Phänomenologie und Hermeneutik erlaubt. Martin Heidegger entwirft in den §§ 14 bis 18 von „Sein und Zeit" im Rahmen seiner Analyse der „Sorge" eine Philosophie der Technik, die ganz anders ansetzt als die bis dahin bekannte Philosophie der Technik. Er stößt bei der Analyse des menschlichen Daseins als eines „in der Welt Seins" auf das Phänomen der Alltäglichkeit des alltäglichen in der Welt Seins. Die Weltlichkeit als All des Seienden ist durch die Räumlichkeit der Umwelt und des Daseins gekennzeichnet. Der grundlegend neue Ansatzpunkt von Heideggers Existentialanalyse ist der Ausgang des Menschen vom Umgang mit der Welt und vom Umgang in der Welt und mit innerweltlich Seienden (Heidegger 1972, 66-68; Irrgang 2010b).

Die von Heidegger explizierte Umgangsthese lässt sich im Sinne einer Philosophie der Alltagspraxis näher charakterisieren. Es sind die Weisen der Operationen und die Schemata der Handlungen, die interessieren, um das System der operationalen Kombinationen explizit machen zu können. Es geht in der populären Kultur um die Produktivität des Konsumenten, wobei insbesondere der Gebrauch oder der Verbrauch thematisiert werden. Der Verbrauch gilt dabei als eine versteckte Produktion. Rekonstruiert werden soll die tägliche Kreativität des Nutzers und seine Wege zu operieren, die unzählige Praktiken konstituieren. Es geht dabei um repressive, disziplinierende Techniken und Taktiken und letztendlich um die formale Struktur der Praxis. Die populäre Kultur ist eine Art des Machens bzw. eine Kunst des Machens. Praktiken sind eine Mixtur von Ritualen und Machenschaften, Manipulationen des Raumes, Operationen von Netzwerken und Konventionen. Diese kulturelle Aktivität der Nichtproduzenten, die ein Produkt immer wieder nutzen, gilt es hier zu analysieren (Irrgang 2008; Irrgang 2009b). Für Heidegger bedeutet dies, Welt als Ressource zu betrachten. Husserls Praxisbegriff steht in einem größeren kulturellen Kontext. Für Heidegger ist Technologie eine Weise des Denkens und Existierens.

Alle Versuche, die Verhaltensweisen des technologischen Systems als ein Ganzes vorherzusagen, sind einfach gescheitert. Dem technologischen System als Ganzes mangelt die Selbstregulierung. Es kommt zu einer Überbewertung der ökonomischen Faktoren nicht nur im Marxismus, sondern auch im ökonomischen Liberalismus. Globalisierung mündet in eine technologische Homogenisierung mit einer anwachsenden technologischen Lücke. Globalisierung konstituiert einen neuen technologischen Mythos von einer integrierten Welt. Soziale Planung und Programmierung führen zu einer Vereinheitlichung des Menschen (Mitcham 1993, 16-21). In der Technokratie dominiert eine Gruppe technisch-politischer und ökonomischer Intelligenz. Allerdings dominiert der Technologietransfer nicht automatisch ein soziales System. Technologisierung hat ihren eigenen kulturellen Code. Die Symbiose von Technologie und Wissenschaft mit Produktion und Industrie hat Technoscience etabliert im Zusammenhang mit einer kulturellen Bedeutung und mit politischer Macht. Die künstliche Intelligenz wird als Kulminationspunkt der Hegemonie instrumenteller Rationalität über menschliche Vernunft angesehen. Die kritische Theorie und das phänomenologische Lebensweltkonzept verbinden sich mit dem Konzept der instrumentellen Vernunft von Max Weber und der Frankfurter Schule. Die stärkere Komplexität der Lebenswelt wird hervorgehoben. Durch Technik kommt es zur Auflösung der traditionellen Erfahrungswelt und zu einer Formalisierung der Vernunft. Die Idee einer Universalmaschine entsteht. Gemäß Heidegger ist Technik ein integraler Bestandteil der Lebenswelt. Die Herausforderung besteht in der Konzeption eines Lebens unter dem Gestell. Die Kehre besagt bei Heidegger, dass aus dem Technischen selbst das Rettende kommt (Mitcham 1993, 53).

In der Technokratie wird das technologische Argument selbst zur Ideologie gemacht. Dabei sind unterschiedliche Sprachen fundamentaler Bedürfnisse zu unterscheiden. Die ideologische Sprache der Technologie definiert grundlegende Bedürfnisse beginnend mit dem Überleben (Nahrungsmittel) und fügt graduell andere Minimalbedingungen für ein besseres Leben hinzu, um dieses wünschenswerter oder humaner zu machen. So kommen zum Überlebenswert Gesundheit, Wohnung und Erziehung hinzu (Mitcham 1993, 105). Der Kollaps der Sowjetunion und des real existierenden Sozialismus in Osteuropa, aber nicht in der Dritten Welt, hat zu einer sehr unklaren Situation in der Diskussion über den Gebrauch und den Stand der Technik geführt (Mitcham 1993, 108). Es besteht die Gefahr, Technik oder Technologie zu schnell zu definieren. Bei Ortega wird Technik als Überlebensmittel angesehen. Betont wird auch der historische Charakter des Technischen im Anschluss an Ortega. Die Gefahr, die Ortega sieht, ist die, dass der Mensch sich allein auf technische Lösungen verlässt. Der Rückgriff auf Ortega y Gasset ermöglicht eine sozialanthropologisch-geschichtliche Erweiterung der existentialen Perspektive. Für Heidegger heißt heute nach der Technik zu fragen, nach der Wahrheit der Realität zu fragen. Dabei zeigt sich Realität als Bestand. Technik ist nicht gänzlich antihuman, hat aber zwingende Kraft (Mitcham 1993, 278).

Die Frage nach der Akzeptabilität von technischen Lebensformen, technischen Formen des Handelns, technischen Mitteln usw. kann vor diesem Hintergrund nicht mehr gestellt werden. Es bleibt allein der Rekurs auf die je individuelle Nutzenbewertung jedes Einzelnen. Dies macht aber ein gemeinschaftliches Handeln, d.h. technische Praxis unmöglich. Insofern scheint es erforderlich, sowohl den Nutzenbegriff wie auch den Begriff des Bedürfnisses in eine umfangreichere Konzeption des guten Lebens aus sittlicher Perspektive zu stellen. Was nützlich ist, was ein wahres Bedürfnis ist, muss von einem übergeordneten Gesichtspunkt aus bewertet werden. Daher verweisen Kriterien wie Bedürfnisbefriedigung und Nutzenrealisierung genauso wie Schadensvermeidung bereits auf ein sittlich normatives Konzept, so dass sie im Rahmen eines lebensweltlich orientierten Kulturkonzeptes als sittlich relevante empirische Kriterien gewertet werden können. Die kultur- und sozialwissenschaftliche Bedeutung dessen, was Husserl Lebenswelt nennt, wurde bereits von Max Weber klar gesehen. Dieses Anliegen hat die Kulturanthropologie aufgenommen. Die moderne Soziologie und Kulturanthropologie schwenkt in ihren fruchtbarsten Richtungen in eine ähnliche Linie ein, wenn sie wieder an das Einleben appelliert und das Studium des Alltags und seiner fraglosen Gegebenheiten zum Hauptgegenstand macht.

Das Alltagswissen als der unbefragte, aber stets fragwürdige Hintergrund stellt vor allem zwei methodische Probleme: (1) Die Lebenswelt im Sinne Husserls ist immer je meine und damit geschichtlich-kulturell vorgeprägt. Von einer Lebenswelt fremder Kulturen lässt sich daher nur im abgeleiteten Sinne reden. Das macht eine doppelte Operation nötig: Durch Erleben der Fremdphänomene als meine, d.h. gespiegelt in den kulturellen Vorgegebenheiten meiner Lebenswelt, nach phänomenologischer Reduktion, kann auch eine Thematisierung der Fremdphänomene als solche erfolgen. (2) Lebenswelt als Alltagswelt der fraglosen Gegebenheiten ist eine idealtypisch angenommene Konstante. Diese verändert sich aber, sobald radikale Wandlungen historisch-kultureller Art krisenhaften Charakters auftreten, welche die scheinbaren Fraglosigkeiten in Frage stellen oder das Alltägliche langweilig machen und eine Bereitschaft zur Veränderung erzeugen. Lebenswelt umfasst aber auch die Erkenntnis der Güter und Werte, die mit technischem Handeln erreicht werden können (Irrgang 1998; Irrgang 2007a). In lebensweltlicher Einstellung ist der Übergang zwischen technischen Normen und sittlich-moralischen Übergängen fließend. So wird Bedürfnisbefriedigung durch Arbeit im Sinne des technischen Handelns auch sittlicher Wert zugeschrieben, auch wenn der Wert technischen Handelns im Sinne des Arbeitens primär funktional ist.

Die Rationalisierung des Lernens, die Intimität im Umgang mit Maschinen, eine Taylorisierung der Kopfarbeit, das Verschwinden der Wirklichkeit, dies sind alles Befürchtungen, dass der Mensch in der Interaktion mit der Maschine, sozial, emotional und kognitiv verkümmert. Eine Hoffnung auf die Entwicklung der eigentlichen menschlichen emotional und kognitiven kreativen Fähigkeiten ist aber ebenfalls nicht unberechtigt (Famulla u.a. 1992, 23). Der Persönlichkeitsbegriff des Deutschen Idealismus war geprägt vom freien und vernünftig handelnden Menschen im Sinne einer sich selbst bestimmenden Subjektivität. Hier ging es um das Verhältnis von Gesellschaft und Individuum. Einen anthropologisch gehaltvollen Begriff vom Menschen zu bilden, ist eine neue Aufgabe angesichts der Mensch-Maschinen-Interaktion. Es geht darum, grundlegende Fertigkeiten und Fähigkeiten als Vorraussetzungen für Handlungskompetenzen zu identifizieren. Es geht um die Ausbildung von Basiskompetenzen. In diesem Zusammenhang ist eine Sozialisierungsforschung entstanden. Es geht um den lebenslangen Erwerb von Handlungskompetenzen angesichts von Handlungsanforderungen (Famulla u.a. 1992, 35-53).

Beim Vergleich Mensch Maschine herrscht in der Regel eine technikkritische Herangehensweise vor, die Gefährdungspotenziale als der Technologie quasi inhärent begreift. Man kann hier den harten und sanften Stil der Programmierung unterscheiden. Der harte Begriff des Programmierens geht von Rationalitätsunterstellungen aus und folgt dem Paradigma naturwissenschaftlicher Objektivität auch für den menschlichen Geist. Er ist technikorientiert. Der sanfte Programmierstil betrachtet den Computer eher als ein psychologisches Wesen, dem Programm wird eine gewisse Selbstständigkeit zugesprochen und es wird eine persönliche Beziehung hergestellt. Dabei ist die Vorgehensweise weniger systematisch und Identifikation beruht auf einer bildhaft-sinnlichen Computerobjektivation. Der Computer wird eher als Verhandlungspartner betrachtet und dem Programm werden Fehler zugestanden (Famulla u.a. 1992, 66-80). Die Computerfaszination beruht auf Selbstidealisierung, in dem die Computerleistung der eigenen Person zugerechnet wird. Turkle definiert wiederum die Sucht des Computeranwenders als das Experimentieren mit der Möglichkeit, vollständige Kontrolle auszuüben bis zum physischen Zusammenbruch (Famulla u.a. 1992, 82). Der Computer kann zu einem Ideal und damit zu einem Teil der moralischen Struktur der Persönlichkeit werden. Es gibt einen maschinellen Charakter der Interaktion. Die unpersönliche Sprachverwendung und mangelnde Empathiefähigkeit führt zu einer kritischen Distanz. Diese hat Veränderungen in den sozialen Beziehungen zur Folge. Die Spiegelfunktion der Maschine führt zu einer Personalisierung der Maschine (Famulla u.a. 1992, 84-91).

Ein komplexes Beziehungsgeflecht von Persönlichkeiten, Computern und sozialen Kontexten entsteht. Diese Anforderungsstruktur ist von der Körperlichkeit bestimmt. Es gibt aber auch ein computerbezogenes Handeln und Verhaltensweisen von Heranwachsenden, die sich auf die Familienstruktur auswirken. Neue Medien im häuslichen Alltag haben ein Gefährdungspotenzial für familiäre Beziehungsstrukturen. Sie geben Anlass zu Konflikten, wobei Intensivierung der Nutzungsintensität im Alltag möglicherweise zur Entspannung beiträgt und persönliche Kompetenzen verbessert. Der Umgang mit Videospielen z. B. scheint Anforderungspotenziale aufzuweisen, die herausfordern. Überall ist im Umgang mit Computern Emotion, Leistung und Kontrolle angesagt. Die Heranwachsenden legen differenzierte Beurteilungskriterien zum Inhalt und zur Gestalt der Spiele an den Tag und mehr Gewicht auf den instrumentellen Erfolg und die Effizienz. Spiele mit hoher Stressbelastung fördern Aggressionen. Außerdem besteht die Gefahr, dass zwischenmenschliche Beziehungen durch die Mensch-Maschine-Beziehung ersetzt werden. So können Identitätsstörungen vor allem bei heranwachsenden männlichen Jugendlichen auftreten. Mögliche negative Wirkungspotenziale der Computernutzung sind: Vereinzelung und Isolation, Verlust von Kreativität und Phantasie, eine Passivität in Lebensvollzügen, Zunahme des visuellen Lebensstiles, Nachlassen gesellschaftlicher Problemorientierungen und Flucht in eine Scheinwelt (Famulla u.a. 1992, 113-157).

Der Nutzungstyp des Einsteigers ist charakterisiert durch überdurchschnittliche Bildung, er entstammt der Mittelschicht, die Nähe der Eltern zu technischen und kaufmännischen Berufen fördert das Computerinteresse. Diese Jugendlichen orientieren sich an Technik, in geringerem Maße an Naturwissenschaft und Mathematik und haben ausgeprägte Wertorientierungen im Sinne der Leistungs- und Erfolgsorientierung, der sozialen Aufstiegschancen und das Streben nach Erhalt des sozialen Status. Ihre subjektive Zukunftserwartung ist optimistisch, soziale Folgeprobleme der Technologie werden weniger gesehen bzw. nur insofern, als man aufgrund der Qualifikation hofft, nicht zu dem Personenkreis der Dequalifizierten bzw. durch den Computer Substituierbaren zu gehören. Persönlichkeitsmerkmal ist eine ausgeprägte informelle Flexibilität, die sich durch selbstständiges Lernen und soziale Aktivität auszeichnet. Als Persönlichkeitsmerkmal ist eine ausgeprägte informelle Flexibilität festzustellen, die sich durch selbstständiges Lernen und soziale Aktivität auszeichnet. Sie verhalten sich durchsetzungsstark und kontaktfähig (Famulla u.a. 1992, 160).

Bei einer kleinen Gruppe von Einsteigern sind Selbstkontrolle und Kontrollbedürfnis besonders stark ausgeprägt. In seinem Bereich legt ihr Mitglied Wert auf Ordnung, Sauberkeit und Pünktlichkeit. Hier muss alles funktionieren. Die Aufmerksamkeit gilt der Technik, nicht der sich entfaltenden Natur. Dieser Typ Einsteiger möchte Erfolg haben, anerkannt sein, sich durchsetzen, andere übertreffen. Das Sozialverhalten ist auf Anpassung ausgerichtet, die soziale Integration wird über die Computerprodukte gesucht. Die fehlende Sozialintegration basiert auf einer Verengung von beruflichen Perspektiven und sozialen Handlungsspielräumen. Der Computer ersetzt die menschliche Arbeit. Nur diejenigen, die den Computer beherrschen, gehören nicht zu den Substituierbaren. So scheint der Umgang mit Computer Mythen zu transportieren, die der Entwicklung einer kritisch-distanzierten Einstellung zum Computer entgegenstehen (Famulla u.a. 1992, 162 f.). Die geschlechtsspezifische Identitätsausbildung wird verstärkt und der objektivierende Weltzugang bevorzugt. Die Stabilisierung der männlichen Geschlechtsidentität steht im Vordergrund und Reproduktion männlicher Handlungsmuster insbesondere Faszination von Technik wird unterstützt. Die soziokulturell begründete Ideologie der Leistungsgesellschaft ist hier ebenso Teil des Selbstbildes des männlichen Computerexperten, wie diese mit den konkreten Handlungsmustern der Mensch-Computer-Interaktion korrespondiert (Famulla u.a. 1992, 168-175).

Der Umgang mit Computern und mit den neuen informationstechnologischen Strukturen erfordert eine Individualisierung der Umgangskompetenzen und eine neue Pragmatik. Ergänzt wird dieser Ansatz um die Notwendigkeit einer neuen Bildungskonzeption, die zu einem sozialverträglichen und Persönlichkeit fördernden Umgang mit dem Computer befähigen sollte. Dabei ist eine Konzeption einer informationstheoretischen Grundbildung, Weiterbildung und zusätzlichen beruflichen Qualifikation erforderlich. Letztendlich muss man den Computer als Medium der Selbstreflexion begreifen. Dazu müssen technische und soziale Rationalität neu durchdacht werden. Insgesamt geht es um die Legitimation von Lernprozessen und Lernorganisation aus der Verwendungssituation heraus. Dies erfordert eine neue didaktische Integration und die die Strukturierung der Binnenelemente der Lernorganisation. Diese bedürfen des Situationsbezugs, der Handlungsorientierung gegenüber bloßer Wissensorientierung und der Ergebnisorientierung. Dazu bedarf es der Integration der Lernziele und exemplarischer Formen des Lernens als Handlungsorientierung. Lernziele müssen an der Erfahrung der Kursteilnehmer anknüpfen (Famulla u.a. 2002, 321-359).

Besonders bei Kindern und Jugendlichen, inzwischen auch bei jungen Erwachsenen, ist das Onlinemedium ein Stück weit zu einer neuen Kultur der Kommunikation und der Informationsbeschaffung geworden. Allerdings gehört nach wie vor zu den wirklichen blamablen Dingen, dass es keinen realistischen Jugend- und Kinderschutz im Internet gibt. Ein leichter Zugang zu Pornografie und Gewalt verherrlichenden, extremistischen Materialien kommt hinzu. Außerdem können Jugendliche im Hinblick auf Pädophilie und Cyberstalking leichter als andere Opfer von Straftaten werden. Es finden sich aber auch Anleitungen zu Straftaten und zum Drogenkonsum (Decius, Panzieri 2000, 9 f.). Das Internet begann als universitäre Ausstattung mit Emails und Informationspräsentation. Es folgte das Aufrufen von Webseiten. Hier waren Kataloge am Anfang sehr erfolgreich. Für ein redaktionell aufgearbeitetes Suchangebot sind Suchmaschinen und Metasuchmaschinen besonders wichtig. Reiseplanung im Internet, auch Routenplanung macht viel Spaß. Auch das Publizieren wird leicht gemacht: Die eigene Homepage hat eine weltweite Auflage. In Newsgroups geht es um Informations- und Diskussionsaustausch auf den schwarzen Brettern des Netzes. Chats ermöglichen Onlinekonferenzen, aber auch Flirts (Decius, Panzieri 2000, 19-45). Der Dienstleistungssektor gewinnt über Internet zunehmend an Quantität und Qualität. Auch das Arbeitsamt und private Anbieter stellen Jobs ins Netz. Auch Selbsthilfe und Beratung im Netz sind anzunehmen. Aufklärungsangebote, Hilfe bei psychischen Krankheiten, aber auch bei Drogensucht und Drogenkonsum sind genauso zu finden, wie genaue Anleitungen zum Drogenkonsum. Es handelt sich auf jeden Fall um ungefilterte Information (Decius, Panzieri 2000, 51-65).

Das neue Medium bietet Multimedia total: Videos, Sounds, Effekte, die Untermalung von Präsentationen, Mediaplayer, Games, auch Multiplayergames können erfolgreich durchgeführt werden. Allerdings können rechtliche Restriktionen im Sinne des Jugendschutzes von den Kindern und Jugendlichen relativ einfach umgangen werden. Es gibt auch Gamesessions. Das Suchtpotenzial des Internet selbst ist wohl beachtlich. Die Internetsucht wurde 1985 zum ersten Mal als psychologisches Problem erkannt. Das Sammeln von Pornographie oder von bestimmten Informationen, der Konsum oder die Teilnahme an Auktionen oder die Beziehungen werden auf das Internet beschränkt. Dies alles markiert Suchtpotenziale des Internets. Es gibt die Spielsucht als Form dieses Suchtpotenzials, in dem man zu viel Zeit im Internet verbringt (Decius, Panzieri 2000, 69-78).

Bislang gibt es keine Impressumspflicht und keinen verantwortlichen Redakteur. Es ist bis heute nicht möglich, selektiv den Zugang zu einzelnen Webseiten im Netz zu beschränken. Der Jugendschutz im Internet gehört zu den Kehrseiten der Datenautobahn. Gewalt und politische Gewalt im Internet sind ebenfalls vertreten. Die Kinderpornographie ist im Internet allerdings eine Randerscheinung. Zwei Drittel des per Kreditkarte abgerechneten E-Kommerzes ist „sexrelated". Das Problem sind eher die Freesites, die Appetit machen sollen. Bei den kommerziellen Sites ist zumindest vordergründig ein gewisser Kinder- und Jugendschutz garantiert. Über kurz oder lang gerät so fast jeder Nutzer in die Fänge der kommerziellen Pornoindustrie bzw. macht Erfahrungen mit ihr. Ein strafrechtlich relevantes Problem stellen Kinderpornographie und Pädophilie dar. Die leichte Zugänglichkeit für jeden Internetuser machen sexuelle Nötigung und Belästigung via Internet zu einem Delikt, das sprunghaft angestiegen ist. Wenn Kinder und Jugendliche zum Zwecke sexueller Befriedigung ausgenutzt werden, sollte dies auch im Internet unterbunden werden. Die Schwierigkeiten einer Teilnehmeridentifizierung im Netz schützen in dem Fall aber die Täter. Auf der anderen Seite ist es möglich, Software einen Monat lang kostenlos zu testen, um dann per Kreditkarte zu bezahlen. Hacker knacken oft recht schnell den Code und stellen ihn kostenlos ins Netz. Für kleinere Softwarefirmen kann dies die Existenz kosten. Für andere Firmen bedeutet es neue Strategien zu suchen und sich zum Beispiel auf die Schulung zu verlegen. Außerdem ist es möglich, zusätzliche Serviceleistungen anzubieten (Decius, Panzieri 2000, 81-110).

Es gibt auch elektronische Wächter und einen Kinderschutz per Software. American Online (AOL) erlaubt die Installation von Schutzprogrammen, die Kindern und Jugendlichen den Zugang zu bestimmten Bereichen sperrt. Die Anwender bekommen unterschiedliche Namen und haben so unterschiedlich Zugang zu den Internetseiten. Damit ist eine gewisse Chat- und Pornografiekontrolle, aber auch eine Emailkontrolle zum Beispiel für die Anhänge möglich. Ein weiteres Softwareprogramm ist CyberPatrol. Hier werden Internetangebote gefiltert und gemäß Präferenzlisten gesperrt. So können Begriffe wie Sexualität, Drogen und Satanskult usw. grundsätzlich gesperrt werden. Dabei bleibt das Basisproblem des Filters überhaupt, dass nach er nach dem Rasenmäherprinzip funktioniert und nicht selektiert. Außerdem gibt es Programm „CyberSitter" und „NetNanny", die unerwünschte Webseiten von Kindern und Jugendlichen fern halten sollen. Aber beide Programme gibt es nur in einer englischen Version. „Pics" ist der neue Standard für Kinder- und Jugendschutz im Internet. Aber die Kinderschutzprogramme liefern nur einen beschränkten, leicht umgehbaren Kinderschutz. Da Kinder meist mehr Computerkompetenz besitzen, als ihre Eltern, sind passwortgeschützte Programme durch sie leicht umgehbar. Wichtig ist eine zusätzlich kompetente pädagogische Betreuung durch die Eltern (Decius, Panzieri 2000, 118-126).

Die durch die IK-Technologien vorangetriebene weltweite Vernetzung führt zu einem neuen Verständnis von Vernetzung, nämlich von Vernetzung als Syndrom. Dabei wird die Vielfalt der Funktionen eines Netzes besonders deutlich. Zu rekonstruieren ist der Prozess der Strukturbildung. Dabei gilt das Gehirn als natürliches Netzwerk (Berg 2004, 15-22). Es gibt Vernetzung in der Natur und soziale Vernetzungsprozesse. Handelswege und Verkehrssystems sind

50

Beispiele für technikinduzierte Vernetzung. Hinzu kommen Kommunikationssysteme und Versorgungsnetze (Berg 2004, 29-42). Netzwerke bilden eine kleine Welt. Dabei gibt es Cluster und Hierarchiebildung. Es handelt sich dabei um Prozesse der Selbstorganisation. Wer Erfolg hat, der bekommt dazu. Es kommt zu einer Hinzufügung von Knoten. Bei Schädigungen können Kompensationen erfolgen. Zentral für die Netzwerkbildung ist Rückkoppelung. Angestrebt werden jeweilige Gleichgewichtszustände. Phasenübergänge sind möglich, wobei gerichtete und ungerichtete Netzwerke zu unterscheiden sind (Berg 2004, 46-63).

So entwickelten sich auch die Informations- und Kommunikationsnetze und die Medien wie Telefon und Telefax. Die Einführung des Telefons war mit großen Anfangsschwierigkeiten verbunden. Nachdem aber das Telefonnetz erst einmal etabliert war, konnten sich vor allem die darauf aufbauenden Technologien rascher ausbreiten, z. B. das Fax. Das Telefon und das Fax bedeuteten einen Quantensprung in der Vernetzung der Welt (Berg 2004, 69-86). Das Internet als Netzstruktur konnte ebenfalls auf das Telefonnetz aufsatteln. Die Mobiltelefonie, „ubiquitous computing" und intelligente Gegenstände setzen diese Entwicklungspfade fort (Berg 2004, 89-97). Syndromkoppelung ist die Folge. Syndrom bezeichnet einen Zusammenhang von sozialen und ökologischen Entwicklungen (Berg 2004, 115-128). Es ist keine zentrale Regulierung von Vernetzungsprozessen möglich. Netzwerke sind ebenfalls schwer zu bekämpfen. Die Akteure im Netz gehen von der Erfahrung der Machtlosigkeit von Individuen aus. Die Möglichkeit von Rückkoppelung bedeutet dass chaotisches Verhalten auftreten kann. (Berg 2004, 167-186).

Multimedia ist ein wesentlicher Meilenstein von der Massen- zur Individualkommunikation. Das Freizeitverhalten im Sinne der Außerhausorientierung oder das sich Zurückziehen in die eigenen vier Wände wird von Multimedia stimuliert. Es kommt durch Multimedia eher zu einer Programmausweitung als zur Verbesserung der Qualität (Riehm/Wingert 1995, 91). Der Mangel an Benutzbarkeit ist der Hauptgrund für fehlende Internetnutzung. Die Attraktivität des Internetzugangs hängt ab von einer neuen sozialen Umgebung. Soziales Lernen ist erforderlich. Auch die Zulassungspolitik spielt eine gewisse Rolle. In Internetcafes in Großbritannien sind 58% der Nutzer 15 bis 34, 35% 35 bis 54 und 7% über 55. Es findet ein Prozess des Einschlusses in eine Computer- und Internetkultur durch den Gebrauch und durch die Praktiken statt. Der erste Zugang ist keineswegs ein triviales Unternehmen, sondern mit eigenen Schwierigkeiten und erforderlichen Kompetenzen verbunden. Internetcafes sind kommunikative Zentren gemeinschaftlichen Gebrauchs der neuen Technik. Es gibt einen sozialen Einschluss in der virtuellen Gesellschaft, es gibt aber auch soziale Ausschlüsse. Die dabei offenkundig auftretende Dichotomie zwischen Realität und virtuellen Netzwerken ist wohl überbewertet (Woolgar 2002, 79-97). Der Nutzer hat die Wahl zwischen Anpassung und Aussterben. Bestimmte zukünftige Schocks sind einzukalkulieren (Woolgar 2002, 102ff). Die neuen Technologien wollen das Management verbessern und werden als soziale Dienstleistungen konstruiert. Die Einführung der Informationstechniken führt zu einer Distanzierung von überwachten Zonen oder zur Zerstörung der Überwachungsanlagen. Überwachungssysteme für Häuser werden aber immer attraktiver (Woolgar 2002, 115-136). Auch die Überwachung bei der Arbeit ist nun in viel lückenloserem Maße möglich. Die Dezentralisierung und Verteilung von Verantwortung ist ebenfalls erreichbar. Aneignung oder Widerstand gegenüber einer Technologie sind die Grundattitüden (Woolgar 2002, 140-150).

Nichtlineare Systeme sind anpassungsfähiger und ermöglichen mehr Verknüpfungen und Interaktivität, also die Konnektivität der virtuellen Kultur (Woolgar 2002, 189-208). Die Aufbewahrung der elektronischen Post stellt ein Problem dar. Insbesondere die Speicherung ist nicht sicher. E-Mails sind formale Interaktionen und betreffen insbesondere Projektarbeit, Debatten und müssen auch mit Nichtübereinstimmung fertig werden. Auch der freiwillige Ausschluss von der E-Mail Kommunikation ist interessant (Woolgar 2002, 214-229). Es gibt schon richtige Network-Gesellschaften, z.B. die Finanzmärkte (Woolgar 2002, 246). Konsumentenorientierte Angebote, Strukturen virtueller Organisierung und Standardisierung der Kommunikation sind die ersten sozialen Folgen. Neue Formen des Wissensmanagements und die Möglichkeiten eines virtuellen Teamworks sind zu erproben (Woolgar 2002, 250-263). Technik muss in das soziale Netzwerk eingebettet werden. Dies hängt insbesondere zusammen mit der städtischen Erneuerung (Woolgar 2002, 283f.).

Die „virtuelle Gesellschaft" ist keine adäquate Beschreibung der zukünftigen Gesellschaft. Bestimmte Entwicklungspfade können beschritten werde, andere aber sind zu bezweifeln. Eine zu scharfe Entgegensetzung von virtuell und real erscheint eher als problematisch. Veränderungen in der Konzeptualisierung von Mobilität sind wichtig. Das Reisen wird durch die neuen Tätigkeiten aber nicht abgeschafft (Woolgar 2002, 286-300). Zu enthusiastische Ziele im Namen der virtuellen Technologien sind nicht zu erreichen. Posthumanität, autonome Roboter, Designermenschen sind genauso wie virtuelle Realität und virtuelle Leiblichkeit die falschen Visionen für die technologische Revolution, die wir durchleben und durchleiden. Es geht letztendlich um die Entwicklung von Technik-Mensch-Interaktionsmodellen und um Visionen, nicht um Ersatzmodelle (Irrgang 2008).

Was vermisst werden kann im alltäglichen, leiblichen Umgang mit dem Internet, liegt in der Vernachlässigung dieser Alltagsdimension. Es entstehen Gefahren bezüglich eines Lebens one-line. Das Versprechen zumindest für längere Zeit ist dieses, dass das Netz jeden von uns schnell mit so viel Information versorgen kann, dass dieser seine Grenzen überschreitet, die uns von unseren Körpern oder Leibern gezogen sind, die durch unsere Verleiblichung gegeben sind, mit all ihren Aspekten der Endlichkeit und Verletzlichkeit. Der Cyberspace verspricht, die menschliche Evolution zu komplettieren, in dem diese hinter den tierlichen Körper zurückführt. Cyberspace verspricht uns ein entleiblichtes Wesen zu werden, welches an jeder Stelle im Universum sein könnte. Die Revolution in den Informations- und Kommunikationstechnologien (ICTs) macht eine sozialwissenschaftliche Forschung erforderlich. Dabei sind insbesondere die Visionen der Zukunft dieser Technologie interessant. Die Realität der Informationsökonomie und der Informationsgesellschaft im Hinblick auf Gebrauch oder Konsum ist allerdings bei weitem noch nicht so weit, wie die Visionen bereits vorangeeilt sind (Dutton 2001, 1-5). Keine Technik determiniert ihren Gebrauch, wobei nicht zu übersehen ist, dass die digitale Revolution des Informationszeitalters vorerst keiner erkennbaren sozialen Innovation entspricht. Verbesserte Software liefert nicht automatisch bessere Kommunikationsinhalte. Informationssuche wird als effektive Dienstleistung begriffen. Die Neuerungen der medialen Praxis zeigen bereits ihre Auswirkungen auf die etablierten Kulturtechniken. Das Buch gilt als klassisches Medium der Aufklärung, wobei sich eine Revolution des prozessualen Charakters des Buches abzeichnet. Mittlerweile dauert das Erscheinen eines Buches bis zur Einordnung in die Bibliothek viel zu lange. Die effizientere Form einer Organisation des Wissens haben fraglos die elektronischen Medien übernommen. Im Zeitalter seiner elektronischen Verfügbarkeit bildet der Text jenseits des kulturtechnischen Dualismus von Schrift und Bild eine neue, hybride Form. Insofern kann man vom Ende der Gutenberg-Galaxis sprechen. Das Zeitalter mit nur einer verbindlichen Kulturtechnik ist damit vorbei. Die damit verbundene Transformation kultureller Praktiken ist heute noch nicht vollständig abzuschätzen (Hartmann 1999, 11-29).

Die Notwendigkeit eines tief greifenden sozialen Wandels wird gespürt. Die Netz-Generation verändert auch Unternehmensstrukturen. Neue Managementfunktionen entstehen. Es gibt aber auch die digitale Kluft, eine digitale Zweiklassengesellschaft, die sich möglicherweise bis zu einem Generationenkrieg auswirken könnte (Tapscott 1998, 27-32). Das Netz ist das Gegenstück zum Fernsehen. Erstmals in der Geschichte übernehmen die Kinder die Kontrolle über wesentliche Elemente einer Kommunikationsrevolution. Das Netz frisst das Fernsehen auf. Der Rückgang des Fernsehkonsums bei den 18- bis 24-jährigen ist massiv. Dieser Generation ist Fernsehen zu passiv. Aktive Suchmaschinen und Softwareagenten machen das Rennen (Tapscott 1998, 37-54). Kinder sind die neuen Autoritäten. Sie können mit dem Computer besser umgehen als ihre Eltern. Kinder sind also daher auch die neuen Experten. Sie sehen am anderen Ende keinen Bildschirm, sondern die Nachricht ihrer Freunde. Kinder lernen viel leichter auch den Umgang mit dem Computer. Computer und Internet sind heute wesentliche Elemente der Jugendkultur. Die Generation der Erwachsenen fühlt sich angesichts der neuen Technologien unbehaglich, während Kinder und Jugendliche begeistert reagieren. Die ältere Generation fühlt sich mit den neuen Medien nicht wohl. Daher stehen auch im Zentrum der heutigen Jugendkultur eben andere Techniken. Alte und neue Medien vertragen sich schlecht. Die digitale Revolution wird nicht nur von Erwachsenen angeführt. Die Enkelin hilft der Großmutter ins Internet, das ist ein neues Leitbild für kulturelle Entwicklung (Tapscott 1998, 59-82).

Die neue Internetkultur hat eine freie Zone geschaffen. Zehn kulturelle Merkmale der Netzgeneration lassen sich herausarbeiten: (1) Unabhängigkeit, (2) emotionale und intellektuelle Offenheit, (3) Integration des sozialen Lebens, (4) freie Meinungsäußerung und keine Tabus, (5) Innovation, (6) Sorge um die eigene Reife, (7) Forschergeist. (8) Unmittelbarkeit und Echtzeit, (9) Abneigung gegen Unternehmensinteressen.

(10) Echtheit und Vertrauen. Insgesamt bestimmt das Medium die Kultur (Tapscott 1998, 90-117). Wichtig sind bei der Netzgeneration die Akzeptanz der Andersartigkeit und die Neugierde. Selbstbewusstsein und Eigenständigkeit, Selbstwertgefühl und die multiple Persönlichkeit greifen ineinander. Praktiziert wird ein Denken auf mehreren Ebenen (Tapscott 1998, 129-151). Das Lernen in der Wissensgesellschaft und Wege zum interaktiven Lernen gehören nun zusammen (Tapscott 1998, 175). Zentral aber ist das Leitbild Spaß im Cyberspace. Spiele sind produktiv und interaktiv. Es gibt auch das Phänomen des Flirtens und sich Verliebens im Netz (Tapscott 1998, 218-230). Netkids wollen Alternativen. Alles sollte maßgeschneidert sein. Netkids ändern gern ihre Meinung. Es geht darum: erst testen, dann kaufen. Die Technik beeindruckt sie nicht – es zählt die Funktion. Das Wachstum des Cyberhandels ist eine der Folgen dieser neuen Einstellung (Tapscott 1998, 245). So werden neue Konsumgewohnheiten geschaffen. Insgesamt basiert diese Kultur auf Glaubwürdigkeit und Vertrauen (Tapscott 1998, 277).

Navigation macht eine große Anzahl von Entscheidungen erforderlich und diese Entscheidungen sind im Internet fast alle von einem nicht perfekten Verständnis der verfügbaren Wahlmöglichkeiten durch die Individuen betroffen, die sich in der virtuellen Landschaft befinden, die sie gerade zu durchqueren versuchen. All diese Typen von informationellen Landschaften können Cybertexte genannt werden. So ist die These nicht von der Hand zu weisen, dass die Navigation in diesen Texten eine spezifische Art des Vorgehens erforderlich macht, die weit komplexer ist, als das Sender-Empfänger-Modell. Vielmehr könnte man diese Art der Navigation oder des Sich Orientierens in die Nähe menschlicher Arbeit rücken. In diese gehen die Einbettungsfaktoren von Arbeit oder technischem Handeln ein, wie Erfahrung, frühere Erfolge oder Misserfolge, kulturelle Meinungen, Kräfte und das Gedächtnis, sowie Lernprozesse bzw. Informationsgewinnungsprozesse (Mitchell, Thurtle 2004, 10). Die Entwicklung von smarten Umgebungen macht es wesentlich überzeugender, dass man Erkenntnis nicht nur als Platznahme im Gehirn begreift, sondern dass Kognition auf ihre Art und Weise eine systemische Aktivität ist, die durchaus über die gesamte Umgebung ausgebreitet wird, in denen Menschen sich bewegen und arbeiten (Mitchell, Thurtle 2004, 232).

Medien gelten als seelenlose Körper- und Geistfresser. Oder helfen sie menschlicher Welterschließung erst au die Sprünge? Die Komplexität der Welt, Kreativität in der Selbstgestaltung, nichtberechenbare Lebensvollzüge, waren früher der elementaren Sorge des Menschen um sich selbst und schweißtreibender Arbeit vorbehalten. Computer erleichtern das Leben, scheinen allerdings Probleme eigener Art zu schaffen bis hin zum Absturz in das digitale Nichts. Die Verheißung eines sorgenfreien Lebens mit der neuen Technik scheint genauso unbegründet wie technologische Verheißungen früherer Zeiten. Medien sind im strengen Sinne keine Werkzeuge. Wer Medien vermenschlicht, verhindert ihre klare Erkenntnis. Die Werkzeugtheorie verliert mit der Medientheorie ihre Bedeutung (Palm 2004, 33-39). Eine Ausweitung des Medienbegriffs erscheint erforderlich, damit er auch technische Artefakte umfassen kann. Die Bedeutung eines Mediums ist sein Gebrauch in der Gesellschaft. Die alte Medienkritik im Sinne der Manipulationsthese ist veraltet. Mediale Virtualität manipuliert nicht per se, sondern kann eine eigentümliche Kreativität erst frei setzen. Letztendlich geht diese Sichtweise auf Platons Verdikt gegen das Märchen zurück. Dort wird das Virtuelle und Imaginäre als Kulturverfall und Schein abgeurteilt. Auch Frühformen der Zerstreuungskultur fallen unter dieses Verdikt einer präskriptiven Medienpädagogik. In der Unterhaltung verbirgt sich eine Kritik an den Zwangsmechanismen der Zivilisation. Es führt zu phantastischen Zuschauerkonstruktionen und zu diesen gehört die Entertainment Gesellschaft. Die neuen technisch erzeugten Formen von Virtualität verunsichern selbst Medientheoretiker. Die Evolutionsmetaphorik suggeriert ein vorbestimmtes Ende. Aber der Computer bleibt wesentlich in der Bildebene und löst so keine Revolutionen aus. Das Mediale hat sich deshalb vornehm verselbstständigen können, weil sein Tempo bisher an keine Grenzen zu stoßen scheint. Medientheorie droht zu einem nacheilenden Modus der Welterschließung zu werden (Palm 2004, 48-58).

Die Email ist zu einem Lebensstil geworden, der langsam in die Jahre kommt. Die Gründe für unsere Kommunikationsmanie sind vielfältig und haben neue Gesten der Kommunikation erzeugt. Wie es einen Zusammenhang vom kindlichen Spiel und Gehirnentwicklung gibt, gibt es auch einen Zusammenhang zwischen Spielen als virtueller Wirklichkeitsaneignung und Gehirnentwicklung. Allerdings gibt es auch die Painstation. Hier kann man leiden und leiden lassen. Kants lektüreorientierte, mithin virtuelle, Art des Reisens ist ein Vorläufer virtueller Realität. Heute werden Museen als Erlebnis und Erfahrungsbiotope konzipiert. Außerdem können wir historische Plätze rekonstruieren (Palm 2004, 124-146). Auch die wissenschaftliche Welterschließung ist abhängig von virtueller Realität. Es gibt geschlossene Simulationswelten, die der Forschung den gefährlichen (um-)Weg über die Wirklichkeit ersparen. Modelliert und simuliert werden können Zukunftsszenarien. Cyberspace gilt als universell anwendbares Forschungsinstrument auch geeignet als Ersatz für Tierversuche. Simulierte Nerven und simulierter Schmerz sind in diesem Zusammenhang sehr wichtig. Aber kann eine Simulation einen echten Versuch überhaupt ersetzen? Das Arbeiten mit digitalem Gewebe zu Lernzwecken ist aber jeweils etwas anderes. In diesem Zusammenhang können knappe Präparate durch Simulationen ersetzt werden (Palm 2004, 148-153).

In der Medienlandschaft ist der Kampf um Aufmerksamkeit zentral. Es geht dabei um den Zusammenhang zwischen Aufmerksamkeit und Zerstreuung. Aufmerksamkeitsherrschaft in der virtuellen Werbewelt ist höchst charakteristisch, genau wie Aufmerksamkeitsfeldzüge z.B. bei der Beschreibung von Produkteigenschaften. Das System medienerzeugter Stars wird durch Vermassung untergraben. In dem Film *Total Recall* (1990) wird die virtuelle Urlaubsindustrie dargestellt und beschrieben (Palm 2004, 155-161). Im Zusammenhang mit dem Internet hat die Macht der Suchmaschinen gigantische Ausmaße angenommen. Suchmaschinen sind der Schlüssel zu einer wachsenden Bibliothek. Damit haben die Anbieter die Macht über die Vorgaben bei der Suche, wobei die Suchanfragedaten höchst interessant und höchst wichtig für das ökonomische Geschehen werden können. Google hat einen direkten Kontakt zum Zeitgeist als das klassische Verbreitungsmedium. Dieser Zugang ersetzt beschwerliche und täuschungsanfällige Meinungsumfragen. Es ist eine richtige Zeitgeistmaschine. Aus flüchtigen Datenschatten könnte man aus diesem Zusammenhang auch später veritable Persönlichkeitsprofile zurechtschneidern. Auf der anderen Seite sind auch differenziertere Konsumententopographien möglich (Palm 2004, 164-172).

Zu unsicher, zu umständlich, zu teuer – bislang hielt sich die Begeisterung der Deutschen für das mobile Internet in Grenzen. Doch mit schnelleren Übertragungsraten und sinkenden Preisen ändert sich die Stimmung. Ob als Küchenassistent, Navigationsgerät, Kontaktbörse oder als Forum für Literatur – immer mehr Menschen nutzen das mobile Web als Informationsquelle, Helfer oder einfach als Unterhalter. Vor allem junge Leute hat die neue Lust am Online-Sein inzwischen so gepackt, dass sie auf den Dauerzugang zur virtuellen Welt kaum mehr verzichten wollen. Und das nicht nur in Deutschland. Jungen Japanern sind internetfähige Handys sogar schon wichtiger als ein eigenes Auto. Wenn am 11. Juni 2010 die Fußball-WM in Südafrika beginnt, ist das auch der Anfang für eine neue Ära des mobilen Internets. Planen, Organisieren, Spielen, Chatten, das alles geht dann zu jeder Zeit und an jedem Ort (Technology Review 3/2009, 60f.). Mit der Übertragungsgeschwindigkeit nimmt die Akzeptanz des mobilen Internets zu. Wenn die Menschen mobil sind, wird es auch das Internet sein. Das mobile Internet wird vermutlich das stationäre Internet nicht vollständig ersetzten, sagt eine alte Regel. Es wird in Zukunft auch immer mehr gemeinsame Bestandteile von mobilen und stationären Internet geben. Mehr Mitmachmöglichkeiten freuen den Verbraucher. Offen ist, ob er bereit ist dafür zu bezahlen – über Zugangsgebühren hinaus. Das alles setzt voraus, dass ein Mikro Payment System mit geringen Transaktionskosten verfügbar ist. Man kann vermutlich im mobilen Internet günstig vor allem mit zwei Arten Geld verdienen: mit speziellen Services, die uns suchen helfen, also mit Navigationshilfen und digitalen Gütern, für deren Handhabe der Nutzer zahlen muss wie für einen realen Gegenstand. Ein solches Gut sind beispielsweise die Bewohner virtueller Welten, Avatar genannt. Tierliebhaber bekommen so die Chance, sich ein virtuelles Haustier für unterwegs anzuschaffen (Technology Review 3/2009, 63-65).

Das mobile Internet erweitert die Möglichkeiten der Nutzung, bringt auch Risiken mit sich. Denn genau wie im stationären Internet gibt der Nutzer im mobilen Web viele seiner persönlichen Daten preis, was sich relativ leicht missbrauchen lässt, z.B. für einen Angriff auf sein Online-Bankkonto oder mit zielgerichteter Werbung. Das Vertrauen in Web-Technologien dürfte noch wichtiger werden als die dies heute schon der Fall ist. Wir sind dann auch bei einem größeren Verbreitungsgrad des mobilen Internets mit Viren, Spyware und anderen Gefahren ausgesetzt, zugleich werden die Folgen solcher Attacken schädlicher für die Gesellschaft (Technology Review 2009, 65). Das Telefon der Zukunft sucht sich die schnellste und billigste Verbindung automatisch aus – der Nutzer muss sich um lästige Details nicht mehr kümmern. Das größte Problem bei dieser Technologie ist nicht technischer, sondern wirtschaftlicher Natur. Technisch ist das alles lösbar, aber praktisch ist es schwierig, weil sehr viele verschiedene Unternehmen daran beteiligt sind. Man braucht neue Bezahlsysteme und gegenseitige Verträge. Gefragt seien völlig neue Vertragssysteme.

Erste Untersuchungen des Verlaufs der Internet-Nutzung zu Einkäufen zeigen, dass Onlineeinkäufer mit größerer Wahrscheinlichkeit Männer als Frauen sind. Dies korreliert nicht dem allgemeinen Kaufverhalten (Institut für Mobilitätsforschung 2004, 47). Das Internet ist als Einkaufsplattform in absehbarer Zeit noch nicht etabliert. Die Potentiale von Bündelungseffekten beim Endkunden aufgrund von logistischen Innovationen wie BigUpPoint oder DropBox sind derzeit eher als gering einzustufen. Die letzte Meile könnte sich insofern zum qualitativen und quantiven Engpassfaktor des E-Commerzes entwickeln und die Kostenproblematik der Unternehmen verschärfen (Institut für Mobilitätsforschung 2004, 148). Die Geschichte der Online-Supermärkte beginnt 1989 mit der Gründung des Unternehmens Peapod in Boston. Die Liste der Anbieter, die seitdem für sich in Anspruch nehmen, dem Konsumenten Lebensmittel ins Haus zu liefern, könnten Seiten füllen. Gegen Ende der 1990er Jahre spricht eine Studie von mehr als 80 Dienstleistern. Der Zusammenbruch des neuen Marktes lässt diese Zahl schlagartig zusammenschrumpfen. Von den 25 Diensten, die Ende 2000 in einer Studie der Fraunhofer Gesellschaft näher untersucht werden, überlebten ein Drittel die nächsten Wochen und Monate nicht, eine weiteres Drittel kämpft mit finanziellen Problemen. Inzwischen hat sich das Angebot an Online-Supermärkten deutlich konsolidiert (Institut für Mobilitätsforschung 2004, 155). Das größte Potential zur Substitution von physischem Verkehr durch IOK Technologien liegt tatsächlich nach wie vor in der Telearbeit (Institut für Mobilitätsforschung 2004, 207).

Anders als beim E-Commerce mit physischen Produkten, der lediglich eine andere Form des Versandhandels ist, scheint E-Commerce mit digitalen Informationsprodukten nach besonderen Gesetzmäßigkeiten abzulaufen. Leichte und qualitätsverlustfreie Kopierbarkeit, günstige Onlinedistribution, hohes Automatisierungs- und Rationalisierungspotential, sowie Netzwerk und positive Rückkoppelungseffekte sind spezifische Eigenschaften der digitalen Informationsprodukte, die einerseits wirtschaftliche Chancen, andererseits auch Probleme und Risiken begründen. Beim E-Commerce mit digitalen Gütern werden neben zusätzlichen Umsätzen, vor allem auch Kostensenkungen in der Onlinedistribution digitaler Informationsprodukte erwartet. Wie solche technischen Systeme letztendlich ausgestaltet sind, wirkt sich auf die Kundenakzeptanz digitaler Produkte aus. Für diese ist auch die Lösung des Problems der Qualitätsbeurteilung von Informationsprodukten im Internet von Bedeutung (Orwat 2002, 3). Angesichts der insgesamt zu erwartenden eher ausgeglichenen Arbeitsmarkteffekte ist die Hoffnung auf das Jobwunder der digitalen Ökonomie in diesem Wirtschaftsbereich zu relativieren (Orwat 2002, 21). Für die Umsetzung der wirtschaftlichen Potentiale stellt die nur langsam wachsende Zahlungsbereitschaft für digitale Inhaltsprodukte aus dem Internet ein Problem dar. Eine Ursache kann in einer generell begrenzten Zahlungsbereitschaft der deutschen Privathaushalte für Medienprodukte aller Art gesehen werden, denn der Anteil am Konsumbudget ist seit Beginn der 1980´er Jahre lediglich von 2,3% auf 2,7% im Jahr 1998 gestiegen. Ein weiterer Grund ist die Unsicherheit bezüglich der Produktqualität. Auf der Anbieterseite werden Möglichkeiten des kostenlosen Ausprobierens der digitalen Informationsprodukte vorgehalten (Orwat 2002, 29-31).

Das Internet wurde bekanntlich nicht für den E-Commerce entwickelt und genügt deshalb nur in begrenzten Maßen dessen spezifischen Anforderungen. Auch für Dienste mit hohen Qualitätsanforderungen und Übertragungsraten wie der Internet-Telefonie, Internet-Radio und gar dem Internet TV ist das Internet ein brauchbares, aber kein optimales Kommunikationsnetzwerk. Das Internet in seiner derzeitigen Form gilt als sehr robust, aber bei hohen Anforderungen auch als unzuverlässig. Seine Offenheit ist einerseits Vorraussetzung seiner Erfolgsgeschichte, andererseits aber auch seine Achillesferse, mit Einfallstüren für Viren und Hacker (Riehm 2002, 25). Unter E-Commerce wird ein Handelsgeschäft verstanden, das öffentlich zugänglichen Märkten und über ein interaktives elektronisches Medium abgeschlossen wird. Der elektronische Handel ist somit ein Bestandteil des eBusiness (elektronischer Geschäftsverkehr). E-Commerce grenzt sich aber ab von Formen des Fernhandels, bei denen die zu Einsatz kommenden Medien nicht interaktiv sind, wie dies z.B. bei TV-Shopping der Fall ist. E-Commerce findet hauptsächlich zwischen Unternehmen, zwischen Unternehmen und der öffentlichen Hand, zwischen Unternehmen und Privathaushalten und zwischen Privathaushalten satt. Der Anteil derjenigen, die häufiger im Internet einkaufen, ist allerdings mit rund 6% gering. Am erfolgreichsten sind die neutralen Marktplätze zwischen Herstellern und Händlern. Der traditionelle Groß- und Zwischenhandel hat besonders gut die Chancen des E-Commerce genutzt und wird dadurch gestärkt. Im Automobilbereich ist der Vertriebskanal für Neuwagen nicht besonders etabliert, im Gebrauchtwagensegment ist das Internet fest etabliert (Riehm u.a. 2002, 5-8).

Im Arzneimittel-Handel wird die Dynamik der technischen Entwicklung in Deutschland im Augenblick durch rechtliche Bestimmungen (Apothekenmonopol) gebremst. Der Versandhandel mit Arzneimitteln ist in Deutschland auf der Ebene des Endkunden verboten. Tatsächlich findet er aber – im begrenzten Umfang – durch Nutzung von Onlineversand-Apotheken im Ausland statt. Der elektronische Handel mit Medienprodukten ist da wesentlich erfolgreicher, der Anteil des Onlinebuchhandels ist nicht zu unterschätzen Im Onlinehandel mit Tonträgern und Videos sind jedoch noch nicht alle Potentiale realisiert. Eine Reihe von Faktoren hemmt die Etablierung eines Marktes für digitalisierte Medienprodukte. Prinzipiell scheint das Leitungsgebundene und mit automatisch erfassten Liefer- und Nutzungsdaten versehene Gut Strom besonders für den elektronischen Handel geeignet. Trotzdem ist dieses Potenzial bisher nur wenig ausgeschöpft. Dies liegt vor allem an einer ungenügenden Umsetzung der Markliberalisierung. So bleibt die engagierte Nutzung der neuen Möglichkeiten und die in ihnen schlummernden Potenziale, was etwa die Rationalisierung der Kommunikation mit den Klienten, den Einsatz als Instrument der Profilierung und des Zugangs zu neuen Märkten bedeutet. Eine E-Commerce Revolution wird es aber nicht geben. Die von ihm ausgehenden Impulse für den Strukturwandel sind zwar in einzelnen Bereichen deutlich erkennbar, fallen aber insgesamt doch eher moderat aus (Riehm u.a. 2002, 8-15).

Generell ist das Internet für den Privatnutzer in erster Linie ein Kommunikations- und Informationsmedium und erst in zweiter Linie ein Transaktionsmedium. So ist es keineswegs überraschend, dass sich im klassischen Versandhandel das Telefon zum dominierenden Bestellmedium entwickelt hat und nicht das Internet. Das Konzept der erweiterten Kundensouveränität hat seine Tücken und seine Grenzen. Denn in nicht geringem Umfang werden dem Kunden im Selbstbedienungsmodus des Internets Aufgaben auferlegt, die er weder gewohnt noch gewillt ist, selbst zu erledigen (Riehm u.a. 2002, 17). Die besonderen Herausforderungen in klassischen Fertigungsindustrien bestehen darin, die Handels-, insbesondere die Beschaffungsprozesse in die Fertigungsplanung nahtlos zu integrieren und zeitig so wie kostenseitig zu optimieren. Die elektronische Beschaffung ist deshalb auf Grund der starken Konkurrenz für viele Unternehmen unausweichlich (Riehm u.a. 2002, 22). Zu den häufigsten genannten wirtschaftspolitischen Herausforderungen gehören leistungsfähige E-Commerce Infrastrukturen und harmonisierte technische Standards, elektronische Zahlungssysteme, ein verlässlicher rechtlicher Rahmen, Weiterentwicklung des Datenschutzes und des Schutzes der Privatsphäre, so wie des Verbraucherschutzes, Schutz geistigen Eigentums, die Lösung wettbewerbspolitischer Probleme und nicht diskriminierende Zölle und Steuern (Riehm u.a. 2002, 427). Barrieren bei der Adaption des elektronischen Handels in kleinen und mittleren Unternehmen sind vor allem geringe Kenntnisse über E-Commerce, insbesondere bei Rechtsfragen, das Fehlen einer Internetstrategie, Unsicherheit über den Nutzen des elektronischen Handels, Defizite beim Humankapital, Unsicherheit bezüglich des notwendigen Investitionsvolumens, Zweifel an der Sicherheit des E-Commerce und anderes (Riehm u.a. 2002, 435). Wichtig sind dabei die Richtlinien zur Umsatzbesteuerung (Riehm u.a. 2002, 449).

Mit dem Internet sind völlig neuartige Geschäftsmodelle entstanden. Aus dem Angebot aller Finanzdienstleister kann sich der Kunde die jeweils besten Angebote aussuchen. Dies führt zu einer Verschärfung der Konkurrenz und zu einem Plus für die Kunden. Solche Foren, in denen eine Grundlage neuer Geschäftsmodelle geschaffen worden ist, ist OnMoney, Ebay, MP3com, Priceline, Insweb. Angeboten wird ein offener Standard, den alle nutzen können. Die Musikindustrie gilt als Beispiel und erstes Opfer des Umbruchs. Napster erlaubte über das Internet die Suche und das Herunterladen von Musikstücken im Dateiformat MP3. Napster stellte selbst keine Titel bereit, sondern ermöglichte nur den Austausch. Dies führte zu einer raschen Verbreitung des neuen Geschäftsmodells. In 1,5 Jahren waren mehr als 50 Millionen Amerikaner Nutzer (Stähler 2001, 3-6). Der Anstieg der Informationsarbeiter und steigende Datenhaltung führten dazu, dass der Produktionsfaktor Wissen an Bedeutung gewinnt. Es entsteht eine digitale Netzwerkökonomie. Dematerialisierungs-Phänomene führen zur Schrumpfung der Musik-, Video-, Fernsehanlagen und Bibliotheken. Es entstehen Kommunikationsnetzwerke. Außerdem kommt es zu einer Beschleunigung der ökonomischen Entwicklung. Klassisch war die wichtigste Einheit die Branche als Zusammenfassung einer Gruppe von Unternehmen mit ähnlichen Produkten. Nun stehen Organisationssysteme und die Produktion von Dienstleitungen im Mittelpunkt. Ein Geschäftsmodell als solches kann zur Innovation werden, indem eine neue Form des Informationsmanagements eingeführt wird. Interne und externe Strukturen der Leistungserhebung verändern sich im neuen Geschäftsmodell. Das Geschäftsmodell für die Beschreibung und Modellierung innovativer Ökonomie ist besser geeignet als die Konzepte Unternehmen, Branche usw. Nun stehen Businesspläne, Geschäfte als Projekte und die Wahl der Strategie im Vordergrund. E-Commerce ist ein sehr heterogener Begriff. Man kann dabei eine Kategorisierung nach Geschäftspartnern vornehmen: (1.) zwischen Unternehmen selbst, (2.) zwischen Unternehmen und Kunden, (3.) zwischen der öffentlichen Verwaltung und Unternehmen und (4.) innerhalb von Unternehmen selbst. Elektronische Märkte sind nicht Organisationssysteme, sondern Hybridformen (Stähler 2001, 24-56).

Die Userinnovation geht davon aus, dass der Kunde vieles besser kann. Sie sieht Kunden als Innovatoren. Kite-Surfing gilt als neue Trendsportart und meint Drachensegeln. Die Kunden haben gerade bei diesem Produkt ein viel größeres Potenzial zur Verfügung und keine Werksgrenzen zu beachten. Die Kites können mit Hilfe von CAD (Computer Aided Design) produziert werden. Auch ist es heute zum Beispiel bei Zahnärzten möglich, Inlays in der eigenen Praxis mit Hilfe von CAD produzieren zu können. Die Hersteller konstruieren auf der Basis von Bedürfnisinformationen über den Markt, die Anwender orientieren sich gleich an Lösungsinformationen. Kunden sind nicht nur passiv im Innovationsprozess. Kunden und teilweise Konkurrenten arbeiten bei der Erprobung von neuen Technologien zusammen. Die Mitwirkung von Kunden in der Produktion wird von den Unternehmern initiiert. Neue Formen der Userinformation sind entstanden, in der Kunden unabhängig von Unternehmen tätig werden. Die herstellerinitiierten Kundeninformationen gehen von der Bereitstellung von Kapazitäten aus. Der Rückgriff auf implizites Wissen kann die Kundeninformation deutlich abkürzen. So geht es um die Entwicklung von Toolkits für Userinformation und Ko-Design. Produktspezifikation ist eine zentrale Aufgabe. Im Vordergrund steht das Anwendungs- und Nutzungsbedürfnis des Kunden. Ziel ist die Erhöhung der Kundenzufriedenheit. Die Preisgabe von Information bei gemeinschaftlichen Unternehmen ist eines der Probleme. Es geht darum, ergänzende Strategien zu erarbeiten, nicht um substituierende Strategien (Drossen u.a. 2006, 85-95).

In einer globalisierten und hochgradig vernetzten Weltwirtschaft hängt die Innovationskraft eines Wirtschaftsstandortes weniger von der nationalen Verfügbarkeit internationaler Technologie ab, als vielmehr von ihrem Potenzial an innovationsfähigen und innovationsbereiten Menschen. Hier haben wir eine Flaschenhalssituation, die die Kompetenz, innovative Forschungsergebnisse in ihrer technologischen Relevanz einordnen zu können voraus setzt. Dabei kann Machtausübung auch als Innovationsbremse auftreten. Technikorientiertes Denken ist jedoch als Schwäche vieler Unternehmer anzusehen. Die technikzentrierte Denkweise hat in Deutschland eine lange Tradition. Neue Strukturen im Betrieb sind als eine Voraussetzung für eine innovationsfördernde Unternehmenskultur anzusehen. Individuen wandeln sich rascher als Organisationen. Darauf beruht die Demokratisierung des Wissens. Neue Öffentlichkeit ist in diesem Zusammenhang als Wegbereiter einer neuen Wirtschaftsweise zu sehen. Open Source als Modell zur Demokratisierung von Innovationen ist zu berücksichtigen. Hier haben wir einen Basar von Ideen vor uns. Jedes vierte Unternehmen nutzt heute Kunden als Ideengeber (Drossen u.a. 2006, 98-117). Das Internet ist sicherlich ein gutes Stück daran beteiligt, dass der gesetzlich garantierte Urheberschutz immer schwerer durchzusetzen ist. Die rasante Verbreitung von illegalen Kopien und urheberrechtlich geschützter Musikstücke im MP3-Format ist dafür ein Indikator. Außerdem gibt es eine ganze Reihe illegaler Kopien von Softwareprodukten. Die Verfolgung der Nutzer von illegalen MP3-Files ist kaum möglich. Strafrechtlich zu verfolgen sind nur die Anbieter urheberrechtlich geschützter Musikstücke. Etliche der Musikstars stellen inzwischen ausschließlich für das Internet produzierte Werke kostenfrei ins Netz. Gerade jugendliche Nutzer sollen in ihrem Musikkonsum nicht frühzeitig kriminalisiert werden. Die Anleitungen zu Straftaten gegen Leib und Leben und zu Eigentumsdelikten, wie zu Drogenkonsum und zum illegalen Medikamentengebrauch sollten aber durchaus im stärkeren Maße auch mit polizeilichen und mit staatlichen Methoden verfolgt werden (Decius, Panzieri 2000, 112-116).

Die Finanzberatung, die Information bei der Koordination der Wertschöpfung, die Automatisierung von Einzelaufgaben, die Automatisierung von Funktionsbereichen und integrierte Geschäftsprozesse führen zu neuen Formen der Vernetzung (Stähler 2001, 129-153). Skaleneffekte bei der Erstellung der Erstkopie machen dieses neue Geschäftsmodell attraktiv und schrecklich zugleich. Es gibt Lerneffekte und exponentielles Wachstum der Nutzerpotenziale. Bei all dem liegt ein entscheidungsorientiertes Modell zugrunde. Digitale Geschäftsmodelle gelten als Innovation für den Nachfrager und bieten die Möglichkeit, neue Erfahrungen machen zu können. Es kommt zu einer Veränderung des Annahme- und Konsumprozesses selbst. Multiplikationen verstärken den Adoptionsprozess. Die Weiterempfehlungsprozesse müssen modelliert werden, man kann sogar von einer gewissen Demokratisierung der Marktinformation sprechen. Konsumentenwissen wird gefragt und ist gefragt. Dabei entsteht eine Aufmerksamkeitsökonomie und Informationsüberlastung (Stähler 2001, 198-229). Das Vorbild ist Amerika und die dort stattfindende Digitalisierung der Musik. Der Musikmarkt ist ein relativ junger Markt. Die meisten Käufer sind unter 19 Jahre alt. Ab 40 nimmt die Kaufbereitschaft für Tonträger merklich ab. Die Käuferschicht ist fast identisch mit der neuen Internetkultur. Die Musikindustrie ist eine hochinnovative Branche. Von Piraterie spricht man bei bewussten Verletzungen von Urheberrechten auf kommerzieller Basis. Mit der neuen Technologie ist eine Direktvermarktung für Künstler möglich. Napster führte Nutzer zusammen und lebte von der Mund-zu-Mund-Propaganda. Ein neues Geschäftsmodell im Vergleich mit herkömmlichen Modellen erleichtert den Markteintritt, da Konkurrenz vermieden wird (Stähler 2001, 257-287).

Nicht mehr in Produkten, sondern in Geschäftsmodellen sollten wir angesichts der digitalen Ökonomie denken. Es gibt hier Geschäftsmodell-Innovationen. Das Geschäftsmodell sollte in den Köpfen der Kunden verankert werden. Allerdings gibt es eine begrenzte Aufnahmekapazität von Menschen für Neuerungen (Stähler 2001, 291-297). Die Internetökonomie ist die Verwirklichung der Marktwirtschaft im Sinne von Adam Smith. Es kommt zu einer Art Verschärfung der Konkurrenz zugunsten des Nachfragers. Diese neue Form kommerziellen Wettbewerbs wird „Agile Competition", agiler Wettbewerb, genannt. Breitere Produktpaletten, kürzere Lebenszyklusmodelle und die Fähigkeit, Aufträge in beliebigen Losgrößen zu erfüllen, werden in diesen Märkten zur Norm. Die Fähigkeit, durch Informationsverarbeitung in Kundenmassen Individuen zu erkennen und diese als solche zu behandeln, gestattet immer mehr Unternehmen, individualisierte Produkte anzubieten, während gleichzeitig hohe Produktionsvolumina hergestellt werden können. Die Konvergenz durch die Arbeit mit Computernetzwerken und Telekommunikationstechnologien ermöglicht es Unternehmensgruppen, geografisch und institutionell verteilte Fähigkeiten zu einem einzigen virtuellen Unternehmen zu koordinieren und dadurch entscheidende Wettbewerbsvorteile zu erlangen. Diese Marktcharakteristika haben strukturelle Veränderungen in der Organisation von Unternehmen ausgelöst. Agilitätsorientierter Wettbewerb ist also dafür prädestiniert, massenproduktionsorientierten Wettbewerb als Norm für den globalen Handel abzulösen

(Goldman u.a. 1996, XI). Für ein Unternehmen bedeutet Agilität die Fähigkeit, in einer Wettbewerbsumgebung gewinnbringend zu operieren, die charakterisiert ist durch ständige, aber unvorhersehbar sich verändernde Kundenwünsche (Goldman u.a. 1996, 3).

Durch diese Form des Wettbewerbs entdecken immer mehr Firmen, dass sie kundengestaltete Produkte auf Abruf herstellen können (Goldman u.a. 1996, 12). So wird eine neue Sicht der Produktion und der Kundenzentrierung möglich (Goldman u.a. 1996, 37). Eine Folge ist die Auflösung des Massenproduktionsunternehmens (Goldman u.a. 1996, 44), es kommt zu einer Evolution der Qualität (Goldman u.a. 1996, 46). Mit der neuen Organisationsform lässt sich auch aktiver Umweltschutz und ethische Entscheidungsfindung in die Produktion und die Organisation des Unternehmens aufnehmen (Goldman u.a. 1996, 52f). Agilität ist das Rahmenkonzept für die Bewältigung des ökonomischen Wandels im Zeitalter der Globalisierung (Goldman u.a. 1996, 59). Unternehmerische Kooperationen werden eingesetzt, um die Wettbewerbsfähigkeit zu erhöhen. Kommunikation ist wichtiger als Barrieren (Goldman u.a. 1996, 78). Dabei kommt es darauf an, die Fähigkeit zu optimieren, auf Gelegenheiten zu reagieren (Goldman u.a. 1996, 74). Für Agilität gibt es kein Konzept, weil Agilität eine Form des impliziten Wissens darstellt, welches Experten durch jahrelange Erfahrung gewinnen (Goldman u.a. 1996, 164).

Bislang entscheiden fast immer Computer, welche Webadressen als Antwort auf eine Suchanfrage aufgelistet werden. Die nächste Generation von Suchmaschinen aber nutzt auch Einschätzungen von Menschen, und die müssen nicht einmal etwas davon wissen. "PeerSpective" nutzt soziale Netzwerke für die Internetsuche. Hier profitiert man bei der Internet-Suche von der sozialen Umgebung, in der man surft. Wann immer einer der am Projekt beteiligten Wissenschaftler eine Webseite aufruft, wird deren Bezeichnung und auch der Inhalt der Seite im institutseigenen Netzwerk gespeichert. Bei Suchanfragen wird dann nicht nur Google herangezogen, sondern auch, nach Popularität geordnet, eine Liste aller vom Forschungsteam besuchten Internetseiten (Grötker 2008b, 26-28). Kandidaten für solche Gruppen sind die so genannten Social Networks – online-Gemeinschaften wie Facebook, MySpace oder Xing, aber auch Flickr oder Del.Icio.os, wo Leute ihre digitalen Bilder und Internetbrowser-Lesezeichen mit Kommentaren versehen archivieren und anderen zur Verfügung stellen. Eines der Instrumente die ebenfalls hergestellt werden trägt den Namen „Suggest Bot" – Software, die helfen soll menschliche Expertise dort zum Einsatz zu bringen, wo sie gebraucht wird (Grötker 2008b, 28 f.).

Suchdienste, die betreffende Ergebnisse und die Surfhistorie von Freunden oder Gleichgesinnten auswerten, kommen ohne ganz absichtliche Aufmerksamkeit aus – die Filterhilfe fällt schlicht als Nebenprodukt ganz normaler Internetnutzung an. Dafür aber tritt ein neues Problem auf, nämlich das des Datenschutzes. Suchmaschinenanbieter könnten möglicherweise vorsichtig damit sein, bis zu welchem Grad sie die Privatsphäre ihrer Benutzer beeinträchtigen wollen, um auf dem Wege der Personalisierung zu besseren Treffern und besseren Trefferlisten zu gelangen. So war ein Versuch der praktischen Umsetzung nur von geringem Erfolg beschieden. Zu wenige Nutzer waren bereit, die von ihnen zum Zwecke der „congenial search" geforderten aktiven Mitarbeit zu leisten und ihre Suchergebnisse und dessen Interessensschwerpunkte mit anderen zu teilen. Dafür aber seien sie bei etlichen Unternehmen auf offene Ohren damit gestoßen, „congenial search" innerhalb ihres Betriebes zur Anwendung zu bringen. Man setzt doch eher darauf, solche Suchinstrumente auf einen definierten Benutzerkreis einzuschränken, den man bei der Preisgabe seiner Suchinformationen auch vertrauen kann. Vieles, was bereits vor zehn Jahren unter der Flagge des Wissensmanagement im Gespräch war, kommt jetzt vielleicht wieder und könnte tatsächlich auch mit relativ simplen Mitteln realisiert werden (Grötker 2008b, 31f.). Bislang gibt es also auf dem Feld der sozialen Suche vor allem viele Projekte, aber noch recht wenige fertige Produkte. Doch die weite Verbreitung sozialer Netzerwerke wie MySpace und Face Book, deren massenhaft Nutzer aller Datenschutzbedenken zum Trotz großzügig eigene Interessen und Kontakte verraten, hat definitiv das Feld für eine neue Generation von Suchmaschinen bereitet (Grötker 2008b, 34).

Die Idee der freien Software wurde vor 20 Jahren mit der Free Software Foundation vom MIT Forscher Richard Stallman aus der Taufe gehoben. Freie Software ist ein Programmcode, der ein Versprechen enthält, genauer gesagt sind es fünf Versprechen, vier explizit und eines als Folgerung, aufgeführt in der stiftungseigenen Definition für freie Software: Sie umfasst 1. die Freiheit, das Programm für jeden Zweck einzusetzen, 2. die Freiheit, die Funktionsweise des Programms zu studieren und es den eigenen Bedarf anzupassen, 3. die Freiheit, Kopieren weiter zu geben, um anderen zu helfen und 4. die Freiheit, das Programms zu verbessern und die Verbesserungen zu veröffentlichen, so das die gesamte Gemeinschaft davon profitiert. Die 2. und 4. Freiheit impliziert eine weitere, nicht weniger wichtige Freiheit: den Zugang zum Quellcode des Programms. Nur Software, die allen fünf Forderungen gerecht wird, ist als frei zu bezeichnen. Mitte der 1990´er Jahre verbreitete sich ein vollständiges, funktionsfähiges und freies Betriebssystem durch das Internet. Ende der 1990´er Jahre war DNU/Linux zu einem mächtigen und freien Konkurrenten für das Microsoft Betriebssystem Windows geworden (Technology Review 7/2005, 67-68).

Lawrence Lessig parallelisiert freie Software und freie Kultur. Die Anfänge des Urheberrechtes waren moderat, allerdings wurde im Jahre 1909 der Ausschließlichkeitsanspruch des Urheberrechtes durch einen Formulierungsfehler nicht nur für das Recht zu veröffentlichen oder wieder zu veröffentlichen festgesetzt, sondern auf das Recht zu vervielfältigen, ausgedehnt. Diese Veränderung spielte 1909 keine sonderliche Rolle. Die Maschinen zur Vervielfältigung waren noch immer Druckpressen. Niemand glaubte, dass ein Schulkind, das ein Gedicht zum Auswendiglernen 50mal aufschreibt, das Recht bricht. Doch als sich die Vervielfältigungsmaschinen immer weiter verbreiteten, weitete sich auch der

Gültigkeitsbereich des Urheberrechtes aus. Zunächst bremste das Gesetz kommerzielle Maschinen: Automatische Klaviere, Radio, Kabelfernsehen. In den 1970´ern geriet dann erstmals die Druckpresse des gemeinen Volkes – der Kopierer – in einen Rechtsstreit. Wer ein Buch liest oder verleiht, der erzeugt keine Kopie und bleibt vom Urheberrecht unberührt. In der digitalen Welt jedoch verschwindet diese Immunität. Es liegt in der Natur digitaler Technologien, dass durch jeden Gebrauch eine Kopie entsteht. So liegt es in der Natur eines Urheberrechtwesens wie des US-amerikanischen, das für die Regulierung von Kopien konzipiert ist, das jeder Gebrauch in der digitalen Welt urheberrechtliche Fragen aufwirft. Die Perfektion und Freiheit der digitalen Technologie, insbesondre des Internets, hat zu einer Orgie des Urheberrechtsbruchs geführt, wenn das Internet den Copyright-Inhabern die perfekte Kontrolle gibt, dann wird jeglicher Gebrauch genehmigungspflichtig. Ein Remix nutzt die Früchte fremder Kreativität, ohne dem neu abgemischten Werk notwendigerweise einen Gefallen zu tun. Es gibt keine Bedingung, das Werk respektvoll oder freundlich zu behandeln. Nicht Fairness, sondern Freiheit ist der Maßstab. Eine Kultur, die dem Menschen diese Freiheit verweigert und dennoch gedeiht, ist undenkbar (Technology Review 7/2005, 78-80).

Gegen diese Position erhebt Richard Epstein Einspruch. Er geht davon aus, dass ein vorübergehendes Patent oder Copyright üblicherweise für Kunden wie für Hersteller ein gutes Geschäft ist, da der Kunde gleich jetzt vom Nutzen eines neuen Produktes profitiert, ohne auf eine kostenloses Produkt warten zu müssen. Diese Auffassung des Eigentumsrechtes sieht keinesfalls im Gegensatz zur Idee der freien Software oder freien Kultur, sondern bildet vielmehr deren eigentliche Basis. Eine General Public License (GPL) ist genau das, was der Name bereits andeutet – nämlich lizensiert. Unter GPL verbreitete Software darf also nicht verwechselt werden mit Ideen, Texten und Erfindungen, die glücklich unters Volk gebracht wurden. Sie verpflichtet nämlich den Nutzer von Linux, jegliche Verbesserungen kostenlos ins Internet zu stellen. Einige Urheber motiviert ausschließlich ihr Wunsch, etwas zu schaffen, und sie wären glücklich, ihre Arbeit unter einer Gemeinschafts-Kreativitäts-Lizenz weiter zu geben. Die meisten traditionellen Autoren jedoch verlangen eine Entschädigung für ihre Mühe und wollen die Rechte anderer einschränken, ihre Werke zu kopieren. Daher wäre für eine faire Nutzung ein Ausgleich zwischen beiden Interessen anzustreben. Die Copyrightgesetzgebung in den USA enthält eine umfassende Aufzählung all jener Faktoren, die festlegen, ob eine bestimmte Nutzung eines als urheberrechtlich geschützten Werkes als faire Nutzung aufzufassen ist. So plädiert Epstein für die Standardmeinung, die sich für einen vernünftigen und gleich eingeschränkten Schutz geistigen Eigentums einsetzt. Warum eine freie Kultur von freier Software abhängen soll, ist immer noch unklar (Technology Review 7/2005, 84-86).

Die Schlachten um das Copyright im Internet und andere intellektuelle Eigentumsrechte heizen den Streit um das Internet an. Das Copyright wurde 1709 in England als „Statute de Anne" kodifiziert. Allerdings ist dies insgesamt noch eine recht neue Entwicklung. Sie ist Teil der amerikanischen Verfassung. Das Internet ist eine globale Ansammlung von Kopiermaschinen. Wenn Kopieren Unrecht ist, dann ist Unrecht in diesem Kontext nicht zu vermeiden. Im Begriff der Raubkopien steckt der Hauch des Verruchten und Gesetzlosen als Teil der Jugendkultur. Patente und Copyright sind nur ein zeitlich befristetes Monopol. Literarische Werke, Musik, dramaturgische Werke, Pantomime und choreographische Werke, Gemälde, Graphiken, Skulpturen, bewegte Bilder, audiovisuel Werke, sowie Platten und Architektur sind geschützt. Allerdings hat man manchmal den Eindruck, dass im Zusammenhang mit der Copyrightdiskussion erneut Straftaten einfach erfunden werden. Betrug und Diebstahl sind unter den Bedingungen des Internets anders zu sehen, als außerhalb. Charakteristisch dafür ist der Prozess der Scientology Sekte gegen Google. Also stellt sich die Frage nach Pressefreiheit oder Zensur im Internet. Man kann sogar von geheimen Waffen des Copyrights sprechen (Godwin 2003, 187-214).

Lawrence Lessig besteht darauf, dass er nicht grundsätzlich gegen jede Art von prioritärer Software argumentiert hat, sondern eher skeptisch ist gegen die ausufernde Regulierung namens Copyright. Bei seiner Argumentation gehe es letztlich um die Frage: Welchen Grund könnte es für das Gesetz geben, den Remix von Elementen gemeinsamer Erfahrung zu beschränken? (Technology Review 7/2005, 87). Musik unterstützt das Gefühl für die Zusammengehörigkeit und übt eine Kultur stabilisierende Wirkung aus. Dabei ist Volks- und Kunstmusik zu unterscheiden. Die Marktstrukturen in der Popmusik haben sich in der letzten Zeit radikal geändert. Die klassische Unterscheidung zwischen Musiker, Produzent, Techniker und Distributeur sind unbrauchbar geworden. Ein neuer Typ des Musikschaffenden entsteht. Die Kunstmusik basiert noch immer auf dem vererbungsgenetischen Mythos des Genies. Aber insgesamt sollte doch für eine Professionalisierung plädiert werden. Das Ende der traditionellen Tonträgerindustrie ist vorhersehbar. Der Markt könnte in Zukunft von kreativen Quereinsteigern beherrscht werden. Voran geht die Suche nach einer lohnenden Niedrigpreisstrategie für Onlinemusik, die zu höheren Umsätzen führt. Ob weiterhin Charts erforderlich sind, um den Verkaufserfolg von Musiktiteln zu erhöhen, ist durchaus fraglich geworden. So ist eine Spannung zwischen dem künstlerischen und dem ökonomischen Wert von Musik entstanden. Außerdem haben sich die neuen Livekulturen der Musik dem Internet zugewandt (Gentsch ua. 2008, 3-17).

Der Lebensstil ist mit dem Musikgeschmack eng verbunden und hängt auch von Freizeitaktivitäten ab. So gib es eine Bildungsstrukturierung zwischen dem Trivial- und dem Hochkulturschema. Vorlieben für Pop und Rock für die Geburtsjahrgänge 1936-1955 sind leicht, ab 1956 erheblich höher. Es gibt kein Abschmelzen der Bildungshierarchie des Hochkulturschemas. Außerdem lässt sich immer nur ein begrenzter Ausschnitt des Szenespektrums darstellen. Musik hat viel mit Sozialisation zu tun (Gentsch ua. 2008, 27-47).

Mitte der 1990er Jahre fand eine Mediamorphose digitaler Art statt. Wichtige Schritte auf dem Weg dahin waren die Einführung der CD 1982/83, des WWW 1993, des Internetbrowsers Netscape Navigator 1994, des Downloadportals I-Tunes im Jahre 2000, der Musiktauschbörse Napster 1999 und das portable Abspielgerät I-Pod (2001). Die Digitalisierung und Komprimierung von Musik machen Tonträger obsolet. Hinzu kommen die Verbesserung der Tonqualität und die Eliminierung von Nebengeräuschen. Bis dahin war der Erwerb des Tonträgers die Voraussetzung für den Konsum von Musik. Die unautorisierte Vervielfältigung von Musik über Internettauschbörsen wird zum Massensport. Alle Strategien, die das illegale Filesharing zu bekämpfen versuchen, erweisen sich als letztlich unwirksam, da der Kopierschutz von Spezialisten in der Regel schnell geknackt wird. Das legale Downloadportal I-Tunes kann als Kompromiss gelten, die zweite Strategie waren Schadensersatzklagen. In der Öffentlichkeit entsteht der Eindruck der Unverhältnismäßigkeit der Mittel (Gentsch ua. 2008, 163-165).

Dann wurden Peer-To-Peer-Netzwerke entwickelt. Das Filesharing ist ein Symptom für die Krise der Tonträgerindustrie schlechthin. Die digitale Musikdistribution ist das Modell für die Zukunft. P-2-P-Netzwerke sind unkompliziert, ubiquitär und billig. Digital distribuierte, legale Musik muss allerdings an Benutzerfreundlichkeit (Legalität des Zugangs und transparente Bezahlmöglchkeiten) noch gewinnen. Auch an einen kostenpflichtigen Downloadservice kann man denken. Die einzige praktikable Lösung in diesem Fall könnte die Flatrate werden. Außerdem gibt es neue Versuche, mit Digital Right Management Software. Aber es gibt hier noch zu viele eingeschränkte Downloadmöglichkeiten. Die Urheber können festlegen, welche Nutzungsrechte sie freigeben möchten. Die Plattformen sind gut für die Verbreitung der elektronischen Musik. Es ist eine Art Grundgebühr denkbar, eine so genannte Flatrate, für die Breitbandinternetanschlüsse mit freiem Recht für Downloads für private Zwecke. Streams sind aus einem Computernetzwerk zu empfangende und gleichzeitige wiederzugebende Audio- und Videodateiannahmen, also als „Radio"-Sendung beschreibbar, die über das Internet transportiert wurden. Es besteht das Ziel, die Interessen und Vorlieben konsumfreudiger Zielgruppen direkt anzusprechen (Gentsch ua. 2008, 166-177).

Mit den Filesharing Netzwerken können sehr große Gruppen erreicht werden. Der unbekannte Musiker, der kaum Erträge aus dem Verkauf seiner Musik erwarten kann, will diese möglichst kostengünstig verkauft wissen. Sie wollen keine teuren Downloadserver bezahlen. Außerdem brauchen sie Informations- und Verkaufswebseiten. Schnell und unkompliziert die gewünschte Musik zu liefern, dies ist Sache des Internets. Die Tonqualität ist derzeit noch nicht besonders wichtig, was daran liegen könnte, dass Klingeltöne bislang den Umsatz dominieren. Aus einem Verkäufermarkt wurde in kurzer Zeit ein Käufermarkt. Die marktbeherrschenden Vermittler haben ihre Macht verloren. Der Wettbewerb ist hart, der Markt übersättigt. Alben werden ihre Bedeutung verlieren. Neue Musikvermittler werden auftreten und die digitale Musikdistribution ist bislang nicht kontrollierbar. Das Urheberrecht wird in Anpassung an die veränderten Bedingungen erfahren. Dies impliziert neue Chancen für Musikschaffende. Wer kein Star ist, muss sich seine Abnehmerschaft erst schaffen. Dabei ist die entscheidende Rolle des Publikums hervorzuheben. Unpraktische Lösungen werden sich nicht durchsetzen können. So könnte in der Tat eine neue Jugendkultur entstehen (Gentsch ua. 2008, 178-184).

Technische Kopierschutzmaßnahmen für kommerzielle Software lassen sich wohl auch ethisch rechtfertigen. Eine technische Abschaffung der Privatkopie allerdings ohne gesetzliche Grundlage ist in diesem Zusammenhang nicht zu befürworten. Der Digital Millennium Copyright Akt (DMCA) von 1998 regelt hier die Kopiermöglichkeiten. In diesem rechtlichen Akt erhalten die Anbieter immer mehr Vorteile und Legalisierung ihrer Zugangskontrollen. Deshalb wird Zensur durch Copyright ausgeübt. Insofern ist hier bedeutsam, dass z. B. Scientology Google verklagt hat, weil sich diese als Opfer bestimmter Zensurmaßnahmen durch die Suchmaschinen gesehen hat. Ein anderer Faktor ist, dass die Unterhaltungsindustrie eine bestimmte Technologieentwicklung durch Gesetzesmaßnahmen erreichen möchte. Die Kommerzialisierung des Internets hat dazu geführt, dass heute die meisten Modelle Klient-Server-Modelle sind. Die Peer-Two-Peer-Technologie (P2P) ermöglicht eine gleichberechtigte Kommunikation zwischen Endnutzern. Ursprünglich war das Internet eine P2P-Technologie. Die P2P-Technologie erlaubte es, Musikdateien über das Internet auszutauschen. Allerdings wurden Anbieter, die eine solche Technologie zugrunde legten, um Tauschbörsen zu organisieren, wie z. B. die Firma Napster, verklagt und gingen Bankrott. Die Internettelefonie z. B. funktioniert über eine P2P-Technologie. Solange der Vertrieb von Information an teuer zu produzierende und transportierende materielle Artefakte gebunden war, waren große Verlagsunternehmen unentbehrlich. Sie wurden unwichtig, als die Kosten des Vertriebs von Information gegen Null tendierten. D. h. also wenn Bücher, Schallplatten usw. nicht mehr erforderlich sind, braucht es weder Verlage noch die Unterhaltungsindustrie. Die Unterhaltungsindustrie versucht allerdings heute, Technologiewandel durch angebliche Urheberrechtsverletzungen zu unterbinden. Die Reaktion der Industrie läuft auf eine Illegalisierung der Technologie hinaus, wobei dezentrale P2P-Netzwerke und ihre Betreiber verklagt wurden. Die Illegalisierung einer Technologie wie die von P2P-Netzwerken mit juristischen Mittel führt dazu, dass bestimmte Technologien nicht gefördert werden, obwohl sie im Interesse der ursprünglichen Internetkonzeption liegen.

Strittig ist, ob das von der Industrie behauptete Filesharing tatsächlich der Musikindustrie schadet. Tatsache ist, dass 20-25 % weniger CDs seit 2002 verkauft wurden. Möglicherweise schadet Filesharing tatsächlich der Musikindustrie, die entscheidende Frage aber ist, ob sie den Musikern als den eigentlichen Urhebern schadet. Aber schaden die Monopole in der Unterhaltungsindustrie nicht auch den Musikern? Es sollte auch im Internet in geeigneter Weise dafür gesorgt werden, dass Künstler von Musikdownloads ihrer Werke etwas haben.

So ist ethisch fundiert ein Urheberrecht zu fordern. Die Unterhaltungsindustrie betrachtet Information als Ware. Aber ist Information Besitz oder ist es öffentliches Gut? So ist die Frage nach der Informationsfreiheit im Sinne eines kulturellen Allgemeinguts zu stellen. Allerdings ist die Frage nicht einfach und eindeutig zu beantworten. Eine Ideologisierung der Informationsfreiheit kann eigentlich nicht aus ethischer Perspektive befürwortet werden. Das globale Ungleichgewicht ist ebenfalls zu bedenken, dass es armen Ländern an Möglichkeiten fehlt, für Wissen zu bezahlen. Wenn Software sowieso nicht bezahlt werden kann, entsteht durch Raubkopien auch kein finanzieller Schaden.

So ist für eine Ethik freier Software, freier Musik, freier Fotografie und Filmen, Videos usw. wie auch freier Publikationen zu arbeiten. Hier könnte das Modell eines selbst bestimmten kreativen Erzeugung und Schaffung geistiger Produkte im Sinne geistiger Arbeit gedacht werden. Freie Software hat zur explosionsartigen Entwicklung des Internets beigetragen. Wird also die Informationsökonomie durch Leute bedroht, die ihre eigenen Werke kostenlos zur Verfügung stellen? Ein unmittelbareres Verhältnis zwischen Produzenten und Nutzern wäre jedenfalls der Vorteil einer solchen neuen Struktur des Downloadens von geistigen Produkten unterschiedlichster Art. Diese müssen aber bereitgestellt werden. Insofern könnte man natürlich auch über Institutionen nachdenken, die für die Nutzung geistigen Eigentums aus dem Internet einen kleinen Beitrag und Obolus eintreiben, sozusagen stellvertretend für die Produzenten und geistigen Urheber, die im Internet veröffentlichen, da sich insbesondere auch die Produzenten geistiger Produkte am Leben erhalten müssen, die sonst kein weiteres Einkommen haben. Dies spricht natürlich nicht gegen die Bereitstellung von frei genutztem geistigem Eigentum im Internet wie die entsprechenden Nutzungsmöglichkeiten z. B. durch Wikipedia.

Die Zeichen stehen auf Wachstum und das schon wieder seit mehreren Jahren: Nach dem Platzen der Internet Blase zu Beginn dieses Jahrtausends ist eine neue Generation von Webdiensten entstanden, die es besser machen will. Vor allem soziale Netze erfreuen sich höchster Beliebtheit. Doch wenn sie versuchen, Geld zu verdienen, wird es schwierig. Ausgerechnet die potentiell lukrativsten Webeformen kommen bei den verwöhnten Nutzern schlecht an. Es gibt viele Ansätze, das zu ändern. Doch welches Model - wenn überhaupt - die Nutzer gewinnt, ist noch offen. Die wachsende Webbegeisterung belastet zudem die technische Infrastruktur. Vor allem Onlinevideos sind so bandbreitenhungrig, dass sie vielleicht einen grundlegenden Umbau nötig machen. Nichts im Web wächst derzeit so schnell wie soziale Netze, um Freundschaften zu pflegen und Kontakte zu finden. Doch bislang lässt sich das große Interesse an diesen Diensten kaum zu Einnahmen machen (Technology Review 8/2008, 56).

Allerdings birgt dieses Wachstum Risiken. Ein Sicherheitskonzept muss auf verschiedenen Ebenen ansetzen. Es gibt Integritätskonzepte, die ebenfalls auf verschiedenen Ebenen ansetzen. Dies zu managen ist Aufgabe der Systemingenieurkunst. Im Computerwesen gibt es Irrtümer entdeckende und verbessernde

Codes. Dazu müssen neue Programmierpraktiken, Kriterien für die Systemevaluation und für das Systemdesign entwickelt werden. Systeme müssen robust sein. Dabei sind die Risiken in der Risikoanalyse selbst nicht zu vernachlässigen (Neumann 1995, 215-155). Insbesondere sind die vielfältigen Formen des unberechtigten Vertrauens in computerbasierte Systeme sowie der blinde Glaube an Expertensysteme eine ungeheure Fehler- und Risikoquelle für den Umgang mit Computersystemen (Neumann 1995, 265-267).

Der Verlust der menschlichen Kontrolle und Initiative hängt ab von dem unbegründeten Vertrauen sowohl in Menschen wie in Technologien. Die Computertechnologie verleitet zur Technokratie und zu einem unbegründeten Vertrauen in die Technik. Hinzu kommen die Gruppendynamik, die Risiken verstärkt, und das falsche Vertrauen in die Professionalisierung (Neumann 1995, 268-281). Der wichtigste Grundsatz ist im Zusammenhang mit Risiken von Technologien, dass das Unerwartete erwartet werden soll. Gute Software und erfahrene Ingenieurpraxis helfen ebenfalls, hinzu kommt die Notwendigkeit, schwache Kettenglieder zu vermeiden. Aus Schadensfällen müssen wir lernen können und so ist eine gewisse Abschätzung von Risiken möglich. So lassen sich Risiken vermeiden, auch bei miteinander verknüpften Technologien. Intellektualtechniken stellen in zentralen Punkten Erinnerungssysteme dar. Der entscheidende Durchbruch liegt in dieser neuen Idee vom Computer als einem symbolischen System, einer Maschine, die mit Darstellungen oder Zeichen umgeht, statt mechanisch mit Ursache und Wirkung zu arbeiten. Die Metapher vom virtuellen Ordner auf einem virtuellen Schreibtisch, dem Desktop, war der Anfang. Diese Metaphern sind im Kern-Idiom die heutige graphische Benutzeroberfläche. Beim Interface geht es um die Schnittstelle bzw. um die Oberfläche, konkret um die Benutzerfreundlichkeit von Systemen. Die breite Akzeptanz der grafischen Benutzeroberfläche hat die Interaktion zwischen Mensch und Computer dramatisch verändert. Immer mehr Menschen können daher mit Computern umgehen. Die zunehmende Bedeutung des Internets und der Benutzeroberflächen liegt an der Visualisierung digitaler Muster. Geformt wurde das Bild vom Forschungsreisenden durch die neue Wildnis der Information (Johnson 1997, 22-30).

Mit der Bilderwelt verbunden ist auch eine direkte Manipulation. Statt unverständliche Befehle in die Maschine zu tippen, konnte der Benutzer einfach auf etwas zeigen. Statt den Computer anzuweisen, eine bestimmte Aufgabe auszuführen, schienen die Benutzer das jetzt selbst zu tun. Entgegen dem Anschein wird der Nutzer eine weitere Schicht von der Information getrennt. Die Maus als Stellvertreterin des Benutzers im Datenraum ist ein weiterer dieser Schritte. Damit ist der Begriff der Informationslandschaft verbunden. Die Vorstellungen von Maschinen als Prothese werden damit immer weiter zurückgedrängt. Der Computer ist die erste Maschine, in der es sich zu leben lohnt. Die neuen Medien erzählen keine Geschichten mehr. Die allgemeine Mittelmäßigkeit medialer Inszenierungs-Formen nimmt zu. Zu ihnen gehören häufig Talkshows, Infogeiz und Videoaktivisten, Zeichentrick- und Zwischenrufer sowie Medienkritiker.

Einen Ausweg könnte die Entwicklung flexibler Metainformation bieten. Unterhaltung, Politik, Journalismus und Bildung sind aufeinander verwiesen (Johnson 1997, 31-48).

Apple und Macintosh waren die ersten Computer für Jedermann. Der eine einfallsreiche faszinierende Computeransatz mit Desktopmetaphern besaß mit dem Menü (Computer-Icons) Ikonen der digitalen Welt mit Ordnern und Papierkörben. Der Macintosh zeigte Persönlichkeit, war verspielt und zeigte eine meisterliche Integration von Form und Funktion. So wurde zum ersten Mal die visuelle Sensibilität des Computers hervorgerufen. Der Computer wurde zu einem digitalen Medium, das die Denkmuster einer ganzen Generation veränderte(Johnson 1997, 54-62). Die Markteinführung geschah mit Mediengetöse. Nun ging es um Lifestylevorlieben. Die Benutzeroberfläche des Mac sprach ganz andere Bevölkerungsschichten an: moderne, kreative Typen, neue Denker und Bilderstürmer, es war eine Demonstration von Individualität. Der Aufstieg von Windows bestätigte die Desktop-Metapher. Der Streit um die neue Benutzeroberfläche wirkt heute lächerlich. Es geht darum, Textverarbeitung und Graphikprogramm gemeinsam zu betreiben. Damit setzte sich auch ein textgesteuertes Modell des Internet durch, die architektonische Metapher feierte Erfolge (Johnson 1997, 63-89).

Windows wurde das neue Fenster zum Informationsraum. In räumlicher Information lässt sich leichter navigieren als in Textinformation. Es gab viele Werbekampagnen für Windows. Benutzt wurde die angeborene Fähigkeit des Menschen zur visuellen Erinnerung. Windows konnte als Werkzeug mit dem man diesen Raum betrachten kann angesehen werden. Es handelte sich um räumliche Gedächtniskunst. Viele wurden nun ganz anders konstruiert. Die dauernde Veränderung der Fenster ist allerdings unbrauchbar. Man organisiert Information insgesamt doch sehr textlich. Die Ordner, unter denen die Dinge abgelegt werden, müssen letztlich auch wieder gefunden werden und dabei können Probleme auftreten. Die textliche Beschränkung eines von Fenstern gesteuerten Dateisystems ist aber offenkundig. Der Steuermodus hat sich geändert. Früher wurden kommandogesteuerte Steuermodi verwendet, die nun durch das Fenster ersetzt wurden. Das Fensterparadigma hat sich allerdings am wenigsten weiterentwickelt. Es ist nur eine gestiegene Komplexität der Landschaft zu verzeichnen (Johnson 1997, 91-101).

Karten, z. B. Straßenkarten, erlauben Orientierung und Navigation. Auch die elektronische Datenverarbeitung bedarf der Orientierung und Anleitung zur Navigation. Dass kein adäquates Urheberrecht für den digitalen Rahmen geschaffen wurde, wirkte sich auf die Interfaces für Homepages aus. Browser sind ein internetfreundliches Derivat des ursprünglichen Computerfensters, eine Möglichkeit, das Unsichtbare sichtbar zu machen. Hier war der erste der Netscape Navigator. Browser sind Agenten, die für einen im Internet nach Informationen suchen. Damit werden neue Informationsfilter eingerichtet. Es entsteht eine neue Art des Journalismus. Dabei müssen verschiedene Nachrichten und

Meinungsquellen kombiniert werden (Johnson 1997, 103-120). Links sind Verweise und Verknüpfungen. Der Begriff des Surfens wird nicht dem gerecht, was es heißt, im Internet zu navigieren. Das Surfen ist ursprünglich eine Fernsehmetapher, abgeleitet vom Kanalsurfen nach aufkommender Fernbedienung. Allerdings ist das nervöse Zucken der Internetfans kaum mit dem Surfen in der Natur zu vergleichen. Das Internetsurfen wird damit als etwas Gewohntes im neuen Hightechgewand unterstellt. Er verlor jedoch in der neuen Umgebung viel an Präzision. Das Internetsurfen und das Fernsehsurfen sind völlig verschiedene Tätigkeiten. Es gibt tatsächlich eine Reise im Internet bzw. im Hypertext. Das engagierte und intensive Erlebnis, Links nachzugehen, wird durch dieses Missverständnis verhindert. Es verhindert auch Verbesserungen bei den Suchmaschinen. Eigentlich geht es um die Verfolgung von Gedankenpfaden weltweit. Der Hypertext lässt eine ganz neue Grammatik von Möglichkeiten erahnen. Eine neue Art des Schreibens und des Geschichten Erzählens, vor allen Dingen aber der Gedankenverbindungen, entstand. Digitale Links können als Pfade gesehen werden, als Reise von Dokument zu Dokument, als Hypertext ohne Ende, wobei Surfen mehr wissen Wollen impliziert. Die Links waren aber ursprünglich nur Ergänzungen (Johnson 1997, 125-153).

Erst die Reinschrift wurde früher in den Computer getippt. Dies ist die alte und konservative Arbeitsweise mit dem Computer. Dabei werden neue Technologien schon bei ihrer Geburt missverstanden. Die Computerschnittstelle war eine Stelle für Texteingabe, Befehleingabe und sonstigen Eingaben. Teile der Aufgaben übernimmt der Dateimanager. Die Bildersprache ist dabei immer innovativer geworden. Die alte Textsprache hat sich jedoch kaum verändert. Dabei müssen Computer ein Dokument nicht verstehen, um nützliche Dinge damit tun zu können. Es gibt aber auch sterile Fähigkeiten des PC, Zahlen zu verarbeiten. Das Erkennen bestimmter Muster anhand von Schlüsselworten ist durch Suchbefehle zu eruieren (Johnson 1997, 157-187). Die Grundidee des Agenten (Programme für Suchmaschinen) stammt aus den 50er Jahren. John McCarthys Software hat ein entsprechendes System vorgelegt, doch der Begriff kam erst mehrere Jahrzehnte später in Gebrauch. Apple hat 1989 den „Knowledge Navigator" entwickelt. Agenten sind digitale Kammerdiener. Die Butlermetapher hat sich hier als günstig erwiesen. Es geht um den digitalen Butler, um den Info-Butler und um Agenten in Menschengestalt. Die visuelle Metapher ist weich und formbar. Agenten aber stellen eine bedrohliche Erweiterung der Macht der Werbeagenturen dar. Es kann immer mehr auf den persönlichen Geschmack des Benutzers eingegangen werden (Johnson 1997, 198-212). Die Entdeckung des Informationsraumes und die Entstehung einer Interfacesubkultur hat die Avantgarde gegen den Mainstream gestellt. Die Metapher tritt an die Stelle der Simulation (Johnson 1997, 241-259).

Die massenhafte Verbreitung des Internet hat das Internet radikal verändert. Was nach der alten Freiheit des Internet kommt, ist ökonomische und politische Macht. Dabei herrscht immer noch die cyber-liberalistische Ideologie.

Computernetzwerke sind nicht länger ein Insiderphänomen, sondern in der Zwischenzeit die IT-Industrie. Ein Beispiel dafür ist der Cyberterrorismus und das Auftraten von cyberegoistischen Liberalen. Die nacheuphorische Periode im Internet ist angebrochen. Die Möglichkeit, im Internet von einem Mobiltelefon aus zu surfen, hat die Welt nicht revolutioniert. Der fundamentale Glaube an die progressive Macht der Onlinezusammenarbeit ist letztendlich nicht unbedingt begründet. Das freie und offene Internet kommt aus der Mode. Außerdem ist das Netz nicht ein monolithisches Medium (Lovink 2002, 2-18). Das Internet stellt eine populäre Kultur dar. Die „elektronische Einsamkeit" erschafft eine kybernetische Wüste und eine neue Elite. Man kann dies auch Cyberhalluzinationen nennen. Allerdings gibt es kaum Intellektuelle für die neuen Medien. Sie sind intellektuell virtuell (Lovink 2002, 31-37).

Im Internet geschieht die Erschaffung eines kritischen Diskurses über die neuen elektronischen Medien nur ansatzweise. Zwar werden Meetings virtueller Art abgehalten zu bestimmten Themen, die das Internet betreffen. Die soziale Galaxie der neuen Meetings löst die Gutenberg-Galaxie (Papierpublikationen) ab und die Turing-Galaxie tritt an die Stelle der Gutenberg-Galaxie. Onlineinitiativen und die neue Ökonomie generieren den neuen nomadischen Europäer (Lovink 2002, 68-95). Die digitale Sphäre benutzt die englische Sprache. Die Übersetzung ist jedermanns eigenes Geschäft bzw. Aufgabe. Eigentlich wäre es erforderlich, eine Art von virtueller Übersetzungsleiste mit zu entwickeln und mit zu liefern (Lovink 2002, 122-127). Ein radikaler Medienpragmatismus und eine Dynamik der Internetkultur sind entstanden. Hier gibt es viele Arten, unabhängig zu sein. Die zunehmende Komplexität der Technik hat den Wunsch nach einfacher und benutzerfreundlicher Technik immer lauter werden lassen. Überall kann man die Grenzen des Menschen angesichts der Technik bemerken, wie dies die Katastrophen zeigen. Computer und Smart Devices sind auch im privaten Haushalt immer mehr anzutreffen. Einen ökonomischen Erfolg gibt es nur bei der Benutzbarkeit für alle. Nachdem Funktionalität und geringer Preis ausgereizt waren, verlegte man sich auf das Design des „Joy of Use". Die einfache Benutzbarkeit eines Gerätes wird immer wichtiger. Von der Hardware- ging es zur Softwareentwicklung. In diesem Zusammenhang wird oft von der Softwarekrise und der Standardisierung als Antwort gesprochen. Es geht um die Gestaltung der Bedieneroberfläche. Die Konsequenz war die Höherbewertung der Useware-Entwicklung. Zentral ist in diesem Zusammenhang die Mensch-Maschinen-Interaktion. Der Nutzer mit seinen Fähigkeiten, Grenzen und Wünschen sollte bekannt sein. Es wird höchste Zeit, dass sich der Mensch als Maß der Dinge in der Technikgestaltung begreift (Zühlke 2005, 7-12).

Der Austausch von Computern in Netzwerken ist ebenfalls höchst problematisch. Die Offenheit des Internet führte zu immer mehr Inkompatibilitäten. Das Problem der Vielfalt und der Anforderungsbandbreite entstand mit dem Problem der Kompatibilität und der Vermarktung. 1985 mit dem Apple-Macintosh wurde die Wendung zum normalen PC vollzogen. Dies geschah durch die Wendung des Nutzer-Leitbildes vom Technik-Freak zum Nutzer, der mit dem Gerät möglichst einfach seine Aufgaben erledigen möchte. Häufig aber wurde ihm eine Technologiekeule angeboten, die er gar nicht verwenden konnte (Zühlke 2005, 44-50). Ein ähnliches Problem ist das des Fahrscheinautomaten. Die Gestaltung solcher Automaten ist schwierig. Ein Fahrkartenautomat in einer japanischen U-Bahn ist für einen Europäer nicht benutzbar. Auch die Paketabholstation der Deutschen Bundespost war nicht für alle Nutzer geeignet. Kinder konnten z. B. Pakete im oberen Fach nicht erreichen. Vor der Industrialisierung war der Mensch mit seinen Sinnen und technischen Möglichkeiten das Maß der Dinge auch im Bereich der Technik. Mit der Industrialisierung und Automatisierung von Fähigkeiten wurde dies anders. Nun wurde der Mensch den Maschinen angepasst. Computer und die Steuerung von Anlagen gehören ebenfalls in diesen Bereich (Zühlke 2005, 52-58). Nur die Deutschen lesen die Betriebsanleitung. Die meisten Kunden in anderen Ländern befragen Freunde und Bekannte. Dies nennt man Lernen durch Nachahmung. Am besten wäre es, wenn man gar keine Anleitung benötigte. Auch dies läuft auf die Anpassung der Technik an den Menschen hinaus (Zühlke 2005, 73-75).

Viele Grenzwerte basieren auf der menschlichen Informationsaufnahmekapazität. Festliegende Fähigkeiten des Menschen und die damit verbundenen Grenzen sind anzuerkennen. Das menschliche Hirn ist bestens dafür angelegt, neue Gegenstände zu erfassen. Die Entwickler neigen nicht selten dazu, die Fähigkeiten des Menschen zu überschätzen. Eine Konsequenz dieses Ansatzes in der Technik ist der vermessene Mensch. Es werden Leistungsparameter des menschlichen Gehirns z. B. was die Informationsaufnahme betrifft. Kennwörter sind häufig nicht merkbar, egal ob es sich um die Eingabe bei Computern oder dem Einlass in Gebäuden oder zu sonstigen Dienstleistungen handelt. Es geht um erlernte Handlungsschemata und die Bedeutung mentaler Modelle. Der Mensch erwartet ein Feedback (Zühlke 2005, 79-103). Menschliches Versagen ist häufig ein Versagen der Mensch-Maschine-Kommunikation. Die Automatisierung umfasst viele Routinefunktionen. Der Zugewinn an Flugsicherheit trotz reduziertem Cockpitpersonal ist ein Aspekt. Heute nimmt ein Pilot nicht mehr alle Rohdaten seiner Maschine wahr, da nun viele Routinerechnungen vom Computer übernommen werden. Die neuen Systeme sind zumindest in ihrer Einführungsphase so fehlerbelastet, dass sie Hunderte von Falschmeldungen produzieren. Das verleitet Piloten wiederum dazu, unsinnige Werte eher auf einen Computerfehler zu schieben, als auf ein reales Problem. Die Automatisierungseuphorie der 80er Jahre ist ein wenig abgeklungen. Nach einigen größeren technischen Desastern in den 80er und 90er Jahren musste man erkennen, dass die Menschen nicht einfach wegzuautomatisieren sind. Fehler müssen von Maschinen in gewissem Rahmen toleriert werden. Die Intransparenz ist ein typisches Phänomen moderner technischer Systeme. Soviel Transparenz wie möglich und Reduktion von Komplexität erhöhen die Benutzerfreundlichkeit von technischen Systemen (Zühlke 2005, 104-111).

Die Macht der Emotionen für menschliche Techniknutzer ist zu berücksichtigen. Es gibt keine menschengerechte Technik, die ohne ausreichende Berücksichtigung der Emotionen konstruiert werden könnte (Zühlke 2005, 119f.).
Das Produktdesign ist entscheidend für die Durchsetzung einer Innovation. Die
Durchsetzung einer Innovation wird von folgenden Gruppen in der entsprechenden Reihenfolge vorgenommen (1) Innovatoren, (2) Frühanwender (Früh-
begeisterte), (3) frühe Mehrheit, (4) späte Mehrheit, (5) Zauderer. Die Phasen 1
und 2 machen 1/6 des Marktes aus. Produkte müssen heute sehr differenziert
vermarktet werden. Zauderer sind oft die Niedriglohnempfänger, die ihre Limitierung der Kaufkraft ständig erfahren. Kaufkraftverluste kommen auch bei hö-
herem Einkommen vor, aber hier scheint dies nicht so stark zu limitieren, jedenfalls was die Einführung von Innovationen und deren Nutzung betrifft. Aber
immer mehr sind andere Marketingstrategien gefragt, die nicht den Nutzenas-
pekt in den Vordergrund stellen. Der Appell an die Emotionalität wird immer
wichtiger. Wenn die Funktionalität der Produkte ähnlicher wird, wird die
Mensch-Maschinen-Schnittstelle immer entscheidender (Zühlke 2005, 129-142).
    Einfache Bedienbarkeit und nutzergerechte Geräte sind das Ziel von Soft-
ware-Ergonomie. Die Bedienebenen müssen klar unterschieden werden können.
Dabei ist zu unterscheiden zwischen (1) Einfachnutzer, (2) erfahrenen Nutzer,
(3) Fachmann oder Monteur. In den 50er bis in die 70er Jahre herrschte das
Hardware Engineering vor, in den 80er Jahren erfolgte eine Softwarekrise und
der Wechsel zur Softwareproblematik. Es gibt keine nachvollziehbare Strukturierung, keine bewährte Entwicklungsmethodik und keine Qualitätssicherungsver-
fahren in diesem Bereich. Heute kann von einer Bedienkrise gesprochen werden.
Die Entwickler haben Benutzerfreundlichkeit nie gekannt. Nutzeruntersuchun-
gen in großem Maße fehlen ebenfalls. Entwicklungsprozesse verursachen Kosten, und so werden viele Dinge nicht untersucht. Im Hinblick auf die Useware
geht es um Bediensystemgestaltung (Zühlke 2005, 161-173). Die Innovation und
die Nutzbarkeit von Geräten orientieren sich immer noch an den ersten Nutzer-
und Käufergruppen. Man versucht mittlerweile auch durch aggressive Werbung
eine Art Hypnose zu erzeugen, die dem Kunden suggerieren soll, dass er sofort
auf den Zug aufspringen muss, wenn er nicht zu den bedauernswerten Ewiggest-
rigen gehören möchte. Die Innovatoren und die ersten Anwender lieben den
Hype. Der *Joy of Use* ist verbunden mit einem einfachen Gebrauch und letztendlich auch mit menschengerechter Technik (Zühlke 2005, 174-177).
    Kulturelle, wissenschaftliche und technologische Studien über das Internet
haben herausgehoben, dass das Internet ein komplexes soziotechnisches System
ist, dass sowohl symbolische wie praktische Bedeutung hat. Alternative Kommunikationsformen waren vorhanden. Ihr Zusammenbruch in den 90er Jahren
aufgrund von Geschäftsinteressen führte zum Anwachsen der neuen Technologien. Es ist aber ein Fehlschluss, dass das gegenwärtige Wachstum des Internets
unbeschränkt weiter anhält. Der zweite Fehlschluss ist der, dass der eingeschla-
gene Entwicklungspfad beibehalten wird. Die Benutzerstruktur ist aber recht

unklar. Ein exponentielles Wachstum der Internetnutzer ist seit 1991 zu konstatieren. Der stereotyp angeführte Benutzer wird dargestellt als jung, weiß, an Universitäten erzogener Mann. Die Aufweichungen des Stereotyps aber haben begonnen. Die Zahl der Nutzer wird tatsächlich wachsen, doch ob es ein exponentielles Wachstum sein wird, lässt sich derzeit noch nicht abschätzen. Auch die Frage, wer das Internet nicht nutzt, ist wichtig. Die Wachstumsraten flachen weltweit jedoch ab. Die Aussteiger sind ärmer und schlechter ausgebildet. So wächst die Lücke zwischen der Kommunikation zwischen Reich und Arm aufgrund von Mobiltelefonen weiter stark an. Die Muster des Gebrauchs enthalten auch die Gründe für den Nichtgebrauch (Woolgar 2002, 23-32).

Der Mangel an Benutzbarkeit und persönliche Betroffenheit sind der Hauptgrund für fehlende Internetnutzung. Die Attraktivität des Internetzugangs hängt ab von einer neuen sozialen Umgebung. Soziales Lernen ist erforderlich. Auch die Zulassungspolitik spielt eine gewisse Rolle. Es findet ein Prozess des Einschlusses in eine Computer- und Internetkultur durch den Gebrauch und durch die Praktiken statt. Der erste Zugang ist nicht ein triviales Unternehmen, sondern mit eigenen Schwierigkeiten und erforderlichen Kompetenzen verbunden. Internetcafes sind kommunikative Zentren gemeinschaftlichen Gebrauchs der neuen Technik. Wir haben vor uns liegen situierte Praktiken des Lernens und der Unterstützung von Lernen. Es sind Packungen, in denen selbst gelernt werden kann. Gelernt wird durch den Erwerb von Kompetenzen, durch Partizipation an einer bestimmten Praxis. Formale Kurse als Zugang zum Internet spielen nur eine untergeordnete Rolle. Es gibt einen sozialen Einschluss in der virtuellen Gesellschaft, es gibt aber auch soziale Ausschlüsse. Die dabei offenkundig auftretende Dichotomie zwischen Realität und virtuellen Netzwerken ist wohl überbewertet (Woolgar 2002, 79-97).

Die Virtualisierung der höheren Erziehung wirkt sich durch die Beeinflussung der Inkulturation anderer aus. Die emotionale Nachfrage nach formalem Lernen ist relativ gering. Aber all diese Faktoren hängen von einem erzieherischen positiven Umfeld ab. Wichtig ist dies z.B. für studentisches Lernverhalten. Ein leichter Zugang zu diesen Technologien stimuliert aber nicht eine größere akademische Produktivität. Der Reichtum einer Gesellschaft und die soziale Unterstützung bedingen einander. Die Konzeption sozialer Unterstützung verändert sich aber. Es gibt virtuelle soziale Unterstützung. Daher unternehmen viele den Versuch, das eigene soziale Netzwerk mit Hilfe der Informationstechnologie zu unterstützen und auszubauen. Wichtig in dem Zusammenhang ist die Senkung der Kommunikationskosten. Ratschläge zur Erlangung von Unterstützung können ausgetauscht werden, auch die Partnersuche und neue soziale Leitbilder lassen sich so vermitteln (Woolgar 2002). Die Erziehung ist in den globalen Mahlstrom gezogen worden und wird nun weltweit grundlegend verändert. Die Lernstruktur muss integriert werden und Erziehungsmonopole aufgebrochen werden. Erziehungsmonopole fallen und die Erziehung bedarf weiterer Virtualisierung. Dies läuft auf eine Revolutionierung der Erziehung hinaus. Multimedia verstärkt und unterstützt Erziehung. Virtuelle Universitäten können als real angenommen werden. Der Prozess der Virtualisierung dehnt sich immer weiter aus (Dutton 2001). Die Aufbewahrung der elektronischen Post stellt ein Problem dar. Insbesondere die Speicherung ist nicht sicher. E-mails sind formale Interaktionen und betreffen insbesondere Projektarbeit, Debatten und müssen auch mit Nichtübereinstimmung fertig werden. Auch der freiwillige Ausschluss von der E-Mail Kommunikation ist interessant. Es gibt schon richtige Network Gesellschaften, z.B. die Finanzmärkte. Konsumentenorientierte Angebote, Strukturen virtueller Organisierung und Standardisierung der Kommunikation sind die ersten sozialen Folgen. Neue Formen des Wissensmanagements und die Möglichkeiten eines virtuellen Teamworks sind zu erproben. Technik muss in das soziale Netzwerk eingebettet werden. Dies hängt insbesondere zusammen mit der städtischen Erneuerung. Die Informationsstadt ist das neue Leitbild und diese lebt vom Technologiewechsel (Woolgar 2002).

2. Inszenierung der eigenen Biographie und sozialer Kontakte im Internet: Selbstbestimmung, Privatheit und Gefährdung persönlicher Identität

Cyberspace ist vor allem ein diffuser Ort, der Menschheitsphantasien anregt. Technische Entwürfe waren von ihren Realisierungen oft Jahrhunderte getrennt. Cyberspace geht zurück auf Kybernetik als die Lehre vom Führen, Steuern und Lenken. Dahinter steht der Anspruch, eine bessere Welt zu schaffen (Palm 2004, 59-62). Goedart Palm unterscheidet fünf Versionen von Cyberspace: Cyberspace (1) als Datenbank der Wirklichkeit, als Internet, Websites, Netzwerke, Festplatten, ein globaler, anschlussfähig konstruierter Wissensspeicher; Cyberspace (2) als virtueller Kommunikationsraum; Internet, Email, Multi-User-Dungeon (MUD), Chat-Rooms, Mailing-Listen; Cyberspace (3) als geschlossener Simulationsraum; technische Modelle, Cyber-Laboratorien, militärische und zivile Simulationen; virtuelle und künstliche Erlebnisbiotope; Cyberspace (4) als technisch-virtuelle Imprägnierung der Realität. Enhanced-Reality; erweiterte Wahrnehmungsmöglichkeiten; diese Virtualität zielt auf eine Modellierung persönlicher Wahrnehmungswelten; Cyberspace (5) als selbstständige Schöpfung und Visionen (Palm 2004, 63-65).

Computerschach ist das Experimentierfach der KI und die Bewährungsprobe für transklassische Maschinen gewesen. Das Vorurteil gegen bloßes Rechnen und Kalküle sitzt tief. Der Computer arbeitet hartnäckig daran, seine Erscheinung als Rechner zu verbergen. Aber tatsächlich hat ein Wandel von Programmierbefehlen stattgefunden (Palm 2004, 175-180). Das Problem des Computers soll sein, dass er nicht weiß, dass er es ist, der denkt und handelt. Mit anderen Worten, er weiß nicht, dass er ein Computer ist – und rechnet aber trotzdem. Turing meinte, es spiele überhaupt keine Rolle, ob der Computer ein Bewusstsein habe. Entscheidend sei alleine, ob wir, wenn wir den Computer nicht sehen und nur seine Reaktionen bewerten, ihn für einen Menschen oder eine Maschine halten. Der Science-Fiction Film „Colossus" beschreibt die Geschichte von zwei riesigen Überhirnen in Ost und West, die ihre Geheimnisse austauschen (Palm 2004, 185-189).

Harold Cohane, Künstler und Kunstprofessor an der Universität von Kalifornien in San Diego arbeitet seit 1973 an dem Kunst produzierenden Malprogramm AARON. Das Programm hat den Turing-Test in seiner Kreativitätsvariante bestanden, so ist sein Autor zumindest überzeugt (Palm 2004, 197f). Der Stand der Technik bestimmt die historischen Imaginationen des Künstlichen. Bei der virtuellen Kunst könnte es sich um eine Imagination handeln, der noch die technischen Mittel fehlen. Die digitale Wirklichkeitsüberbietung und digitale Filmproduktion stehen noch am Anfang. Häufig wird diesen Produkten die Art des seelenlos agierenden Helden vorgeworfen. Aber letztendlich könnte virtuelle Realität darauf hinauslaufen, den Menschen trotz seines Universalwerkzeuges Hirn endgültig als ein Mängelwesen zu beschämen. Die gründliche Diskreditierung des cartesianischen Vergleichs des Menschen mit einer Maschine zeigt sich immer mehr. Die Hybridisierung des Menschen im Cyborg ist ein verzerrter Cartesianismus (Palm 2004, 202-209).

Vor allem aber ist das Netz eine soziale Maschine geworden. Die Verfügbarkeit preisgünstiger, mobiler Geräte und drahtloser Internetzugang für alle schaffen ein neues Internet. Plötzlich werden Computer in erster Linie zu Werkzeugen der Kommunikation. Continuous Computing entsteht. Die allgegenwärtige Verfügbarkeit des Internets hat die Art und Weise, wie wir an Konferenzen und Meetings teilnehmen, gründlich geändert. Chaträume, Blogs, Wikis, Seiten zum Austausch digitaler Fotos und ähnliche Technologien legen für jeden eine Art elektronische Wolke von Kommentaren und Interpretationen anderer Teilnehmer um das Treffen in der realen Welt, den „Backchannel". Gewissermaßen knapp unter unserem geistigen Radar hat sich uns etwas genähert, das man Continuous Computing nennen könnte. Continuous steht dabei nicht nur für kontinuierlich im Sinne von ununterbrochen, sondern auch für die nahtlose Integration in unser alltägliches Leben in all seiner unordentlichen, interaktiven, sozialen Fülle. Continuous Computing bedeutet, dass Menschen, die in dicht besiedelten Gegenden entwickelter Industrienationen leben und mehr und mehr gilt dieses auch für Entwicklungsländer, ganze Tage ununterbrochen in einer Art von unsichtbarem, transportablem Informationsfeld verbringen können. Dieses Feld wird geschaffen durch die konstante, weitgehend automatische Interaktion von 1. mobilen Geräten wie Laptops, Media-Playern und Kamerahandys, 2. drahtgebundenen und drahtlosen Netzen, die den Standort des Users feststellen und 3. dem Internet mit seinen vielen Web basierten Werkzeugen um Information zu finden und mit anderen Menschen zu kommunizieren und zusammenzuarbeiten (Roush 2005, 57-59).

Continuous Computing ist mittlerweile praktische Realität geworden, hat aber einen langen Weg hinter sich. Die ersten ernsthaften Arbeiten dazu begannen vor 1988 am berühmten Palo-Alto-Forschungszentrum von Xerox. Dort hatte der Wissenschaftler Marc Weiser begonnen, Ubiquitous Computing zu untersuchen, etwas das er als Aktivierung der Welt definierte. Ein Netzwerk von kleinen, drahtlos vernetzten Computern, das unsere physische Umgebung durchdringen sollte, ohne dass wir uns dessen bewusst sind, unsere Bedürfnisse erkennen und darauf reagieren zu können. Hinter Continuous Computing stehen drei große Technologietrends. Der 1. ist einfacher billiger Internetzugang. Der 2. ist die Verbreitung billiger drahtloser Rechner. Vor allem bedeutet das drahtlose Laptops. Nur ein Computer, der einen vollwertigen Webbrowser betreiben kann, erlaubt Zugang zu dem ganzen Spektrum webbasierter Software-Applikationen, die Computer sozialer macht. Der 3. Trend ist wahrscheinlich der wichtigste: die Entwicklung des Webs zu einer Plattform für persönliches

Publizieren und soziale Software. Die Beispiele sind so vielfältig wie Informationsseiten, wie Blogs, der Internet-Kleinanzeigen-Dienst Craigslists, Wikipedia und Dienste wie G-Mail, LinkedIn, Flickr und Delicious. All diese sind Beispiele für das, was Softwareentwickler und Internetexperten das Web 2.0 nennen, die Transformation des ursprünglichen Webs statischer Dokumente in eine Sammlung von Seiten, die zwar immer noch wie Dokumente aussehen, aber tatsächlich Schnittstellen zu vollwertigen Computerplattformen darstellen (Roush 2005, 59-61).

Einige der radikalsten Ideen zu Web-basierter Software entstehen in einem Gebiet, das man als soziales Wissensmanagement bezeichne könnte. Dazu zählen soziale Netzwerke. Sie funktionieren wie menschliche Suchmaschinen: Sie sollen Menschen dabei unterstützen Kontakte mit den Freunden von Freunden von Freunden zu knüpfen, die vielleicht ähnliche Interessen oder Geschäftsziele haben. So lassen sich elaborierte soziale Dienste bauen, die das Wissen größerer Gruppen von Menschen sammeln und verteilen. Je mehr Menschen diese neuen Dienste nutzen, desto leistungsfähiger werden sie. Das liegt schlicht daran, dass es bei ihnen allen um Kooperation geht: Menschen teilen gern ihr Wissen, ihre Erklärungen und Erfahrungen, sowie Schöpfungen und Pläne, wenn dies bedeutet, dass sie daraus jemanden lernen können, was Menschen, die sie schätzen Denken und tun. Umgekehrt hat die Mobilität eine Nachfrage nach Software geschaffen, die auf Ortswechseln reagiert. Viele Mobiltelefone in den USA haben bereits GPS-Empfänger, die den Aufenthaltsort des Nutzers bei Notrufen mitteilt. Bis jetzt gibt es zwar erst wenige Angebote, die diese Ortsinformation für andere Zwecke nutzen, aber in absehbarer Zeit werden Navigations-Tools und ortsabhängige Einkaufs- oder Restaurationsinformationen für Mobilfunkkunden selbstverständlich sein (Roush 2005, 61f).

Der Cyberspace ist tot, im Web hält das echte Leben Einzug: Soziale Software bringt Menschen zusammen und macht Schluss mit der Anonymität im Netz. Es geht um Jobs, um Business oder einfach nur um nützliche Kontakte. Man bahnt Geschäftsbeziehungen an, knüpft Netzwerke und Seilschaften, man tauscht Adressen aus, vermittelt Ansprechpartner, öffnet anderen Türen und hofft selbst auf den entscheidenden Zugang. Auf die richtigen Beziehungen kommt es an. Soziale Software nennt sich der neue Trend. Im weitesten Sinne sind damit alle Anwendungen gemeint, die menschliche Kommunikation, Interaktion und Zusammenarbeit unterstützen, also auch Groupware, E-Mail oder Instant Messenger. Das neue Leben im Web ist nicht zu übersehen: Überall schießen Weblogs aus dem Netz, jene Online-Journale, in denen sich Menschen der Welt mitteilen und mit anderen kommunizieren. Soziale Netzwerke bringen Geschäftspartner, Hobbyisten oder die Freunde von Freunden zusammen. Andere Dienste ermöglichen den Nutzern, ihre Fotos, Browser, Lesezeichen, Musikempfehlungen oder Websuchergebnisse mit andern auszutauschen. Schon rufen die Visionäre das Web 2.0 aus. Man begeistert sich für radikal neue Formen sozialer Interaktion, für virtuelle Mehrheiten und Schwarmintelligenz (Sixtus 2005, 45f).

Mit Blog-Software ein Journal im Web zu führen, ist in etwa so einfach wie eine E-Mail zu verschicken. Blogs sind Gespräche, die im Internat angeboten werden. Auch Netzpartys können so veranstaltet werden. Auf diese Art und weise entstehen soziale Netze und eine neue Offenheit. Die Zukunft der neuen Netzwerke wird sich freilich daran entscheiden, ob es ihnen jemals gelingt, Geld zu verdienen. Die entscheidende Frage lautet: Wie docke ich mich an die richtigen Netzwerke an? Die Web-Netzwerke könnten zur Bildung neuer Eliten führen, zu einer neuen digitalen Spaltung: Wer nicht dazugehört, verliert wohlmöglich den Anschluss an die globale Wissensgesellschaft. Isolation im Web könnte zu Ausgrenzungen und zu Ungleichheit in der realen Welt beitragen. Die optimistischere Alternative ist ein von Menschen geprägtes, ein menschliches Web, dass immer mehr mit der Realität zusammen wächst – und zugleich auch eine Art Gegenentwurf bietet, neue Perspektiven und Horizonte eröffnet. Das Web 2.0 wird ein Ort für echte Menschen sein. Man wird sich dieser Welt nicht so leicht verweigern können. Es wird bei manchen aber auch Ängste wecken, es wird Verlierer und Gewinner geben, neue Chancen, aber wahrscheinlich auch neue Ungleichheit. Herzlich Willkommen in der Wirklichkeit (Sixtus 2005, 48-52).

Immer mehr Menschen veröffentlichen im Internet kurze private Botschaften, die von jedem gelesen werden können. Jetzt entdecken Unternehmen Twitter als Instrument für Werbung und Kundenkommunikation. Das Pseudonym Perez Hilton ist bekannt und berüchtigt. Keiner heizt Gerüchte über Prominente so an wie er. Das bewies der US amerikanische Blogger anlässlich des Todes von Michael Jackson. Unter die Kurznachrichten Plattform Twitter hatte Hollywoods schrillste Klatschbase im Internet verlauten lassen, dass der „King of Pop" den Schlaganfall nur vorgetäuscht hätte. Das war sogar für die tolerante Internetgemeinde zu viel. Sie rief die Twittergemeinden dazu auf, Perez Gerüchte nicht mehr mitzulesen. Um so mehr müssen sich die Rund 1,4 Millionen verbliebenen Anhänger von Perez Hilton die Augen gerieben haben, als dieser folgenden "tweet" veröffentlichten: „Gesponsert: Ich kombiniere gern kräftige Farben mit klassischen Stil, um das Leben etwas auf zumischen." Tweete Modetips verbunden mit einem Link. Das taten dann darauf mehrere hundert seiner Leser und machten so Werbung für die US amerikanische Modemarke The Gap, die den Blogger für die Twitterreklame bezahlte. Perez Hiltons Schleichwerbung ist weder Einzelfall noch Ausrutscher, sondern Produkt eines neuen Geschäftsfeldes. Anders als bei E-Mails besteht keine Gefahr, von Twitter Spam überrollt zu werden, da die Nutzer selbst festlegen, wessen Tweets sie kontinuierlich lesen – und dies mit einem Mausklick beenden können. Für die aktiven Twitterer scheint sich der Ansatz zu lohnen. Wer genügend Anhänger hat, kann schnell ein paar tausend Dollar verdienen (Heuer 2009b, 52-54). Trotz solcher Erfolgsmeldungen gelten die Sponsortweets für viele Experten als falsche Antwort auf die

Frage, die alle Twitter Beobachter umtreibt: Wie können sich Unternehmen den chaotischen, schnelllebigen Strom aus Trivialem und Tiefsinnigem zu Nutze machen? Ein größerer Nutzen könnte entstehen, wenn Firmen über den Kurznachrichten-Dienst Kunden zuhören und herausfinden, was diese interessiert oder in Rage bringt – und darauf zu Antworten. So kommt man zu dem Schluss: mit keinem anderen Medium kann ich schneller herausfinden, was los ist (Heuer 2009b, 54).

Ein anderes Phänomen ist Second Life, eine virtuelle Welt, in der man sein eigenes Ich neu erfinden und leben kann, am besten mit finanziellen Mitteln aus der realen Welt. Die virtuelle Welt von Second Life soll ermutigen, virtuelle Realität aktiv mitzugestalten. Second Life ist ein Spiel mit einer interessanten Benutzeroberfläche und eine virtuelle Welt, die von der Firma Linden Lab geschaffen wurde, die 2007 ca. 5000000 Bewohner hatte. Im September 2006 waren erst 100000. Es ist kein Spiel, sondern eine eigene Welt. Es handelt sich um eine virtuelle Welt, in der allerdings kein Spielziel vorgegeben ist. Man kann im Second Life auch Geld verdienen. Das Second Life ermöglicht in bisher kaum gekannter Weise das Ausleben von Möglichkeiten und Phantasien. Es gibt die Möglichkeit, sich selbst neu zu erfinden, mit Rollen und Masken zu spielen. So kann man zum Beispiel ein Schloss bauen (Pohlke 2007, 1-5). Der Anfang ist das Schwierigste. Es geht um die Registrierung und die Erstellung eines Accounts auf der Webseite. Der Basic Account ist kostenlos, der Premium Account kostet 9,95 US-Dollar. Die Volljährigkeit ist Voraussetzung, Teenager haben eine eigene Welt. Sexuelle Inhalte im Erwachsenenbereich sind nicht verboten. Kinder unter 13 Jahren dürfen gar nicht spielen. Insofern beginnt man mit der Festlegung des Namens der Spielfigur, des Avatars. Der Vorname ist frei wählbar. Jeder Name ist einmalig. Die Angabe einer Bezahloption ist nicht erforderlich, erhöht aber die Glaubwürdigkeit. Man muss die Software herunterladen und kann starten mit der Orientierung einer Insel etwa unter Berücksichtigung der Geschäftsbedingungen. Es gibt das Verbot der Intoleranz, der Belästigung, der Angriffe, der Indiskretion, anstößigen Verhaltens und die Störung der öffentlichen Ordnung. Fehlverhalten kann gemeldet werden und wird bestraft. Die Auswahl eines Avatars bedarf der Sorgfalt. Landesinformationen und die Anzeige des Guthabens gehören zum Spielverlauf. Dann muss man die Bewegung des Avatars lernen, nämlich laufen, rennen oder fliegen. Manchmal ist es gut, nicht den Avatar, sondern die Kamera zu bewegen. Man kann das Aussehen seines Avatars verändern. Haar, Kleidung usw. lassen sich momentan oder dauerhaft verändern. Es gibt ein Inventar und man kann mit Dingen und Personen interagieren (Pohlke 2007, 8-18).

Im Second Life kann man Freundschaft anbieten. Das Talkmenu für Avatare zeigt Gruppe, Profile, Erscheinung, Gesten, Freunde und das Ablegen von Kleidung an. Man kann des Modus „Touch", „Create", „Open", „Pay" und „Buy" betätigen. Es gibt auch ein Head Up-Display mit Instand Messages und Chatträumen, in denen zum Beispiel Geschichten aufgerufen werden (was zum

Beispiel verhandelt wurde) wie rufen, reden, flüstern usw. E-Mails können versandt werden und es gibt Listen von Freunden, die online sind. Auch die Wahl der Gesten, mit denen der Avatar gerade ausgestattet werden soll, ist möglich. Allerdings können Fehler beim Darstellen des Avatars geschehen. Der letzte Schliff ist immer eine Frage auch der eignen Finanzen. Gehobenere Ausstattung erfolgt gegen zusätzliche Bezahlung, das heißt, es muss echtes Geld eingesetzt werden, um ein akzeptables Leben in der virtuellen Realität für seinen Avatar möglich zu machen. Durch die Animation „Laufen" und „Körperhaltung" kann dem Avatar ein realistisches Leben eingehaucht werden (Pohlke 2007, 20-30). Dann beginnt man, die Welt in Second Life zu erkunden. Die geographische Region, Landmarks und im Reisebüro können diese Landmarks gekauft werden zu denen man sich transferieren lassen kann, also eine Art Grundstück, auf dem man sein Zentrum des Lebens für den Avatar einrichten möchte (Pohlke 2007, 34-38).

Das nächste sind Events, um Leute kennen lernen zu können, Veranstaltungen zu einem bestimmten Thema. Der Eventkalender und der Besuch von Clubs gehören zusammen. Veranstalter lassen Gäste zu, der Veranstaltungsort und eine klar abgegrenzte Dauer gehören dazu. Auf Partys gibt es Tanzmaschinen und Musikmaschinen. Auch kann man Freundschaften anbieten, man kann sie aber auch wieder beenden. So gibt es eine Art Freundesliste und Gruppen entstehen. Land und Gegenstände können einer Gruppe gehören. Auch Partnerschaft ist möglich, Second Life ist ein Ort zum Ausleben von Phantasien und Träumen mit romantischem Grundton. Auch ganz ungewöhnliche Partnerschaften sind möglich, inklusive Familiengründen und Babys haben. Sex spielt für viele Nutzer eine große Rolle. Wichtig ist es, den richtigen Ort, die richtige Zeit und die richtigen Personen zu treffen, mit denen man seine Phantasien ausleben kann. Wichtig ist die Ausstattung des Ambientes, die Möbel zur Unterstützung der Situation. Es gibt Sex kostenfrei oder gegen Bezahlung. Auch hier sind die Veranstaltungen ein möglicher Rahmen für mögliche Angebote (Pohlke 2007, 42-57).

Im Second Life kann man auch ohne Geld viel machen, mit Geld natürlich mehr. Es gibt im Rahmen von Second Life so genannte Linden-Dollar. Man kann Campen, das heißt an einem Ort bleiben, um Geld zu verdienen, allerdings sind es keine normalen Arbeitskräfte und Arbeitsplätze. Wichtig ist die Bezahlung pro Auftrag, die die Regel ist. Dazu bedarf es persönlicher Vorstellungen und man muss jemanden finden, für den man eine Dienstleistung erbringen kann. Es gibt also das Berufsfeld Bauen, Herstellen, Entwerfen, Planen, als Designer oder für Animatoren. Hier sind Dancer, DJ, Escort, Hostmodel usw. Berufsbilder, wobei es jeweils darauf ankommt, sich selbstständig zu machen. Designer verkaufen ihre Produkte selbst. Für den Verkaufserfolg ist es entscheidend, dass die Ware optisch ansprechend präsentiert wird. Man muss Texturen erstellen und den Verkauf über Webseiten organisieren (Pohlke 2007, 59-72). Selbstverständlich kann man auch einkaufen. Einkaufen gehört zu den Lieblingsbeschäftigungen und ist ausschließlich lustbetont. Es geht um die Deckung des Spezialbedarfs und um die Präsentation eigener Subkulturen. Shoppingparadiese sind Zentren von Second Life. Ladenpassagen, spezialisierte Mals, sind vorhanden. Bezahlen begründet ein Verschieben ins eigene Inventar. Man kann Ordner anlegen für das eigene Inventar. Es gibt Kleidung, wobei Spezialbedarf bei der Einordnung von GLBT (Gay, Lesbian, Bisexual, Transsexual) angeboten werden. Neben Haaren sind Jeans, Tatoos, Shapes usw. möglich. Der Spezialbedarf umfasst auch Gothic und Vampire. Auch Schuhe und Schmuck werden angeboten. Daneben gibt es den Spezialbedarf Gangster und Waffen. Den Spezialbedarf Nekro, elektronische und andere Geräte, Möbel, Animationen und Gesten (Pohlke 2007, 74-99).

Auch das Wohnen kann ausstaffiert werden. Hier spielt eine Rolle, ob man mieten oder kaufen möchte. Es gibt private Inseln, wo immer ein Stück Land zu finden ist. Man kann Land verwalten, das eigene Heim realisieren, den Bauplatz vorbereiten, eine gewisse Privatsphäre entwickeln, aber auch Luftschlösser bauen. Möbel und Privatsphäre und das Einrichten des eigenen Hauses sind genauso schön und wichtig, wie das Überwachen der Umgebung. Alles aber ist mit einem gewissen Aufwand verbunden. Man kann sich die eigene Umgebung durch den Einsatz von realem Geld kaufen (Pohlke 2007, 102-116). Natürlich kann man auch Dinge selbst herstellen wie Kleidung und Texturen. Dazu bedarf es aber Tools für Designer. Gesten und Bewegungen sind zu nennen, deren Grundausstattung man sich aber ebenfalls erst erwerben muss. Bauen ist im Second Life eine Grundfunktion. Dazu gibt es Anleitungen zum Nachschlagen und Skripte zum Beispiel für Verkäufer (Pohlke 2007, 120-144). Der erfolgreichste Versuch, jene virtuelle Realität zu erschaffen, ist diese Form von Second Life. Es wurde das Möglichste getan, um Kreativität und Eigeninitiative zu stärken. Second Life hat das Potenzial, mehr zu werden, und ist nicht nur die neueste und verrückteste Methode. Aber es ist noch keine Welt für alle. Auch in diesem Bereich sind allerdings kommerzielle Interessen bislang federführend (Pohlke 2007, 154-156).

Die Heilung aller sozialen Probleme wird uns vom Internet versprochen. Das, was allerdings von einem Menschen auf eine Maschine übertragen werden kann, ist immer nur eine Abstraktion. Diese Grundhaltung der Abstraktion zeigt sich uns klar im dem Denken, das Privatheit mit irgendetwas wie technisch erzeugter Anonymität identifiziert (Talbott 1995, 5). Wenige Computernutzer scheinen die schädigenden Effekte des Scannens zu bemerken, die eine künstliche, abstrakte und assoziationsorientierte Leseweise von unterschiedlichen Texten, die im Internet präsentiert werden, verbunden sind (Talbott 1995, 13). Wir bannen unsere Intelligenz in Computern, übertragen sie auf Chips, die aus Silikon gemacht werden. Es ist eine Zukunft, die uns versprochen wird, in denen Roboter uns selbst als ihre Herren sowohl im Hinblick auf Intelligenz und Können übertreffen werden, intelligente Agenten, die das Netz in unserem Auftrag auf der Suche nach Information als dem Lebenselexier durchforsten, welches uns zu ganzen Menschen macht (Talbott 1995, 29). Die radikale Transformation von Werkzeugen impliziert eine parallele Transformation desjenigen, der die Werkzeuge nutzt. Wir sind daher nicht überrascht von der Notwendigkeit, dass wir im Alter einer großen mechanischen Erfindungswelle viel über Mechanik lernen müssen. Dass wir dieses Zeitalter gerade hinter uns gelassen haben, stellt uns vor die Notwendigkeit, dass wir den Umgang mit intelligenten Agenten im Sinne von autonomen Robotern ebenfalls lernen müssen (Talbott 1995, 31).

Internet ist eine Welt, in der alle Menschen Zugang zu einem globalen Kommunikationsnetz haben, in dem Informationen aller Art ohne Einschränkung, verändert, verbessert und verteilt werden dürfen, in einer Welt, in der jeder Mensch nicht nur Konsument, sondern auch Produzent von Wissen und Kultur ist. Es sollte mit dem Internet zum Aufbau einer realdemokratischen Mediengesellschaft kommen können. Das Internet als scheinbar absolut freies, anarchisches und offenes Medium hat nicht gleich die Weltrevolution ausgelöst. Aber als Massenmedium ist das Internet keine 15 Jahre alt. Mit der Wiki-Idee entstand auch eine Konzeption eines alternativen Online-Journalismus (Möller 2005, V-VIII). Ted Nelson verkündete 1960 die Idee von Xanadu. Es handelt sich um ein dezentrales Speichersystem für Dokumente und wichtige Texte und ist durch eine Hypertextstruktur gekennzeichnet. Sie sollte ein billiges Herunterladen von Texten und eine eindeutige Zuordnung ermöglichen. Allerdings scheiterte Xanadu an seiner Komplexität. Realisiert wurden dann andere Systeme. Technik erreichte zunehmende Bandbreite. Verbote einzelner Seiten oder der Aufruf, bestimmte Seiten nicht mehr zu nutzen, führten zu internen Zensurmaßnahmen. Langfristig hat sich das Usenet aufgrund seiner sehr redundanten und dezentralen Architektur als extrem zensurresistent herausgestellt. Im Usenet entstand eine eigene Kultur, mit eigenen Geflogenheiten wie Humor, Jargon und mehr oder weniger strengen Regeln oder die Newsgroup auf der Basis sozialer Beziehungen und Präferenzen, Nachrichten zu filtern und anzuordnen. Das Usenet entwickelte sich zur Wissensmaschine. Die offene Wikipedia-Enzyklopädie entstand im Oktober 1993 (Möller 2005, 24-31).

Im Jahr 1988 erfand der Finne Jarkko Oikarinen das „Internet-Relaychat" (IRC), einen Textzeilen-Kommunikationsdienst, der themenspezifische Kanäle anbot. Hier ließen sich die getippten Gespräche publizieren und abrufen. In den 90er Jahren wurden unterschiedliche Unternetze gebildet. Chatrooms erwiesen sich als geeignet für die Vorbereitung und Verbreitung von Tauschaktionen sowie zu der Dokumentation von außergewöhnlichen Ereignissen. Das WWW hat das Usenet fast vollständig verdrängt. Das Usenet ist ein Textmedium geblieben. Allerdings hat das WWW viele Nachteile. Mit dem HTML (HyperText Markup Language) Protokoll können Texte beliebig zwischen Surfern versandt werden. Pay Pal als Zahlungssystem ist ebenfalls von Vorteil. WWW ist jedenfalls eine Applikationsplattform geworden. Es gibt Diskussionsforen mit spezieller, frei erhältlicher Software. 2004 waren 55% der deutschen Bevölkerung online. Die beliebtesten Websites wurden von Suchmaschinen aufgesucht. In diesem Zusammenhang sind auch Zentralportale als Eingangsstätten mit Nachrichten. Allerdings gibt es einen Mangel an offenen Diskussionsforen aufgrund von techni-

schem Unverständnis. Dabei gibt es Kommentare und Bewertungen. Medien-
monopole wurden aufgedeckt z. B. von Günther Wallraff über die BILD-
Zeitung. Die kulturellen Auswirkungen des Fernsehens sind bis heute nicht
wirklich verstanden. Gleiches gilt natürlich für das Internet. Fernsehen ist hoch-
effizient bei der Verbreitung von Propaganda. Das Buch allerdings verliert als
Massenkommunikationsmittel (Möller 2005, 33-49).

Im WWW kommen Foren, Wikis, Blocks, Portale, Galerien, Datenbanken
und tausende von anderen Anwendungen zusammen. Ein Webblog wurde 1997
zum ersten Mal von Jorn Beerner verwendet. Gestaltet wurde dieser als Plattform zur regelmäßigen Onlinemeinungsäußerung es gibt auch Verweise auf andere Seiten. Aufgrund der Explosion des Webs gibt es verschiedene Versuche der
Katalogisierung. Ein explosionsartiger Zugriff auf aktuelle Nachrichten kann zu
einem Zusammenbruch der Server führen. Die Möglichkeiten zur Veröffentlichungen eigener Dateien bis hin zu eigenen Journalen sind mit dem Verfahren
von Slash dot verbunden. Hier gibt es auch Kommentierung. Für Trolle und
Spamer können zusätzliche technische Schranken eingebaut werden. Blogs werden meist von weiblichen Teenagern verwendet, die zwei bis drei Mal im Monat
über ihr Leben berichten. Die MP3-Blogs können auch Rezensionen enthalten,
die auf die Originale verweisen. Blogberichte gab es z. B. auch aus dem Irakkrieg.
Meist wird keine eigene Nachricht angeboten, sondern nur der Verweis auf eine
andere Nachricht gegeben. Die größten investigativen Erfolge feiert die
Blogsphäre bei der Entdeckung von Fälschungen, die sie selbst erst produziert
hat. Erfundene Lebensgeschichten und die Identitäten im Netz und die Netzdis-
kussionen sind zu berücksichtigen. So gab es Indymedia als Organisationsplatt-
form für linke Aktivisten. Ab 1991 explodierte die Popularität von Webseiten.
Die offene Moderation der Artikel z. B. bei KuroShin oder DailyKos ließen Zeitungen neuen Typs entstehen. Erfolg haben Webblocks auch beim Sammeln von
Geld so z. B. für Präsidentschaftskandidaten. Blogs tragen zur dezentralen Meinungsbildung bei (Möller 2005, 115-153).

Der Siegeszug der Onlinerollenspiele, der kollaborative Reiseführer und die
wundersame Welt der Wikis brachten ab 1995 neue technische Möglichkeiten.
Im Hinblick auf die Wikienzyklopädie konnten Texte jetzt direkt im Browser
bearbeitet werden Links ließen sich leicht legen. Die lebendigen Wikis in denen
dauernd Änderungen stattfinden und die Entwicklung einer freien Enzyklopädie
die selbstverständlich Probleme mit der falschen Information und dem Versuch
Propaganda zu verbreiten den Deckmantel der Enzyklopädie stellten die selbst
organisierende Gemeinschaft vor neue Probleme. Es gab viele Bilder und genug
rechtliche Problematik mit der Wiederveröffentlichung von vorhandenem Material. Außerdem ist der Zusammenhang zu anderen enzyklopädischen Datenbanken herzustellen. In der Zwischenzeit gibt es eine Wikimediastiftung (Mediawi-
ki) und Open-Sourcesoftware von Wikipedia die allerdings ständig überarbeitet
werden musste. Wikipedia zeigt das gewaltige Potenzial kollaborativer Medien
auf sie zeigt aber auch das Problem der Qualitätskontrolle auf. Es geht hier dabei

nicht nur um Expertenbeteiligung. Neue Methoden der Konfliktlösung müssen ausprobiert werden jedenfalls ist eine Verknüpfung mit dem Multimedia möglich (Möller 2005, 161-192).

Liquid Threads führt zu einer Verknüpfung klassischer Webseiten mit denen von Wikipedia. Kommentierungen gibt es nur bei ausgewählten Spalten. In der Enzyklopädie ist es tabu, eigene Forschungen anzubringen. Es gibt einen Akkreditierungsprozess für Wikireporter. Auch die Herausgabe von Filmen ist möglich. Daneben gibt es Quellendatenbanken wenn mehrere Nutzer gleichzeitig eine Datei bearbeiten entstehen selbstverständlich nicht nur technische Probleme. Trotzdem ist dies kein Einwand gegen eine Open-Source-Programmierung und die Ausarbeitung des semantischen Webs. Das Social Networking das Bilden von Vertrauensnetzen und P2P-Systemen d. h. der Aufbau von Netzen und die Erweiterung unseres Personenkreises um Menschen, denen z. B. unsere Freunde vertrauen und gemeinsame Interessen haben führen zu einem Ausbau des Freenet (Möller 2005, 193-205).

Ein sicheres, anonymes System der Informationsübertragung wie bei eCash sowie die permanente Speicherung von Vertrauensinformation sind sehr wichtig und umstritten. Emotionen sind Teil einer Vertrauensmatrix. Wie kann eine demokratische Gesellschaft auf der Basis dieser Technologien aufgebaut werden. Die basisdemokratischen Gedanken werden auf der Basis heutiger Technologien realisierbar. In Zukunft werden alle Menschen über eine hoch qualifizierte Information verfügen können. Wer sich genügend Mühe gibt, über die grundlegende Wissensbasis verfügt, wird im Internet zu fast jedem Hintergrund Infos finden können. Die Medienrevolution ist eine Voraussetzung für eine bessere Gesellschaft, für ein Ende des Kapitalismus im Internet steht die Open-Sourcesoftware. Das Ende des klassischen Urheberrechtes wird eine neue Ära der Freiheit bringen. Musik Filme und Spiele haben ein gewaltiges soziales Potenzial. Wir müssen unsere Gesellschaft grundlegend reformieren, bevor wir die Risiken der neuen Technologien eskalieren und ihre Chancen verspielt werden. Das Internet ist dafür erforderliche Infrastruktur. Wir sollten daher Wikipedia unterstützen, die Benutzung freier Software forcieren und so zur Drehscheibe einer neuen Kultur i. S. einer Medienrevolution beitragen. Dafür soll dabei nicht ein Verfallen an die ständige Suche nach immer neuen multimedialen Stimulationen propagiert werden, sondern eine kritische Reflexion. Aber Pessimismus ist nicht angebracht, niemals waren unsere Chancen größer (Möller 2005, 207-216).

Eine Faszination ging auch zunächst von romanhafter Verarbeitung der neuen Medien und neuer technischer Möglichkeiten aus. 1984 wurde *Neuromancer* geschrieben, 1999 der erste Teil der Matrix, in der eben die virtuelle Realität wie in VR und *Simulacron 3* dargestellt wird. Es kommt zum pathologischen Internetgebrauch, in dem Depressivität und andere psychische Störungen sich in den Vordergrund stellen. Die Frage stellt sich, ob hier Suchtcharakter auftritt und vorliegt. Besonders Depressionen und Angststörungen, die allerdings keine neuen, unbekannten psychischen Probleme sind, werden durch solche Spiele möglicherweise verstärkt. Abhängigkeit und Impulskontrollstörungen, wie das pathologische Glücksspiel können ebenfalls bei diesen Spielen auftreten. Allerdings lässt sich ein Entzugssyndrom im spezifischen Sinne nicht ausmachen (Lober 2007, 63-70).

Die exzessive Internetnutzung und das Alternativeworldsyndrome führten zu Störungen von Identität und Interpersonalität im Cyberspace. Der Umgang von psychisch labilen Menschen mit dem Internet ist ebenfalls problematisch. Dissoziationsstörungen, multiple Persönlichkeitsstörungen und Depersonalisation können verstärkt werden. Insofern braucht man unter gewissen Umständen eine Cybertherapie, wobei therapeutische und experimentelle Nutzung von Internetrollenspielen eine Rolle spielt. Hier wird das Leben in einer Parallelwelt geübt. Die psychotherapeutische Ausnutzung des letztlich ungefährlichen virtuellen Lebensraumes dieser Parallelwelten bietet auch therapeutische Ansätze. Denn Handlungen in dieser Welt haben keine realen Folgen, wie beim Flugsimulator oder bei anderen Simulatoren, mit denen menschliche Fertigkeiten erlernt werden können. Möglicherweise können so auch Ängste und Phobien behandelt werden (Lober 2007, 70-76).

Hier sind spannende, auch soziologische Versuchsaufbauten denkbar. Es wird befürchtet, Avatare könnten sich in gewisser Weise von den ihnen zugeteilten Rollen befreien. Zweifellos wird der Cyberspace das Selbstverständnis und das Zusammenleben der Menschen paradigmatisch verändern. Und Betrug im Spiel ist keineswegs auszuschließen. Der Verkauf von minderwertigen und abgenutzten Aufrüstungsgegenständen gehört zu den Betrugsdelikten und Leichtsinnigkeit im Internet wird bestraft. Inzwischen haben es aber Betrüger in Onlinewelten schwer (Lober 2007, 76-86). Es gibt verschiedene Wege zu Grenzerfahrungen zu kommen. Seherfahrungen im Sinne einer erweiterten Realität sind durchaus realistisch. Es kommt zu einer Zersetzung der Kategorien von Wahr und Falsch. Ersatzmodelle für das eigene Leben und seine Unübersichtlichkeit können attraktiv und damit auch zu einer Gefahr werden, das eigene Leben nicht mehr selbst leben zu wollen (Lober 2007, 90-100).

Die Entwickler von Internetspielen versuchen, immer neue Welten zu erfinden und dann zu erobern. Es ist gutes Spieldesign, was Spieler anzieht. Die ersten Nutzer sind für die Qualität eines Spieles entscheidend. Der Designer eines Spiels hat in der Regel mehr Weitblick. Spieler sollten an der Ausgestaltung des Spiels beteiligt werden (Lober 2007, 100-116). Spiele sind Teile einer Volkswirtschaft und die virtuelle Volkswirtschaft wird offenbar immer mehr zu einem Teil der realen Volkswirtschaft. Dabei geht es um die Optimierung und Effizienz in virtuellen Welten. Es gibt hier Einnahmen aus dem Verkauf von virtuellen Gütern. Der Wettbewerb mit den anderen Nutzern und den anderen Herstellern virtueller Welten setzt die Anbieter von Spielen unter Druck. Es gilt Erlöse zu sichern durch wirksame Markteintrittsbarrieren. Echtes Geld wird hier für eine virtuelle Ware ausgegeben. Dies bewirkt natürlich auch Risiken. Das Second Life ist ein Experimentierraum für zukünftige virtuelle Welten. Man muss echtes

Geld für virtuelle Welten ausgeben. Dies stellt natürliche rechtliche Fragen für den Umgang mit solchen Spielen. Gibt es eine Haftung der Betreiber virtueller Welten? Wichtig sind die auch die Teilnahme und die Kündigungsbestimmungen. Sind wir also in diesem Bereich auf dem Weg zu einem eigenen Rechtssystem? Mit dem Strafrecht schützt der Staat eine Minimalethik. Auch im Bereich der virtuellen Realität scheinen solche Schutzvorrichtungen erforderlich zu sein. Allerdings besteht vertragliche Haftung schon heute im Internet (Lober 2007, 123-155).

„Digital natives" werden Kinder und Jugendliche in der einschlägigen Literatur genannt, „digitale Eingeborene", in Abgrenzung zu den „digitalen Immigranten" der über 30-Jährigen, Die jungen haben ein Leben ohne Internet und Handy nicht kennen gelernt. Es ist also die Generation der nach 1980 Geborenen, die einen ganz anderen Umgang mit Computern kennen gelernt haben als die Älteren. Diese neue Jugend bringt Fähigkeiten mit, die sie sich in tausenden von Stunden bei Computerspielen perfektioniert haben. Das verändert die Art und Weise, wie Business in den nächsten Jahren funktionieren wird und zwar ganz grundsätzlich. Solche Erfahrungen hat zum Beispiel IBM gemacht. Vor etwa 20 Jahren begann dort ein Lernprozess dahingehend, dass es nicht mehr ausreichend ist, gute Technologie anzubieten, sondern man kann unter Umständen sehr gute Technologie anbieten, aber es ist trotzdem nicht das Richtige, weil die Bedürfnisse der Kunden aus der Wirtschaft mittlerweile ganz andere sind. Diese Tatsache hätte IBM 1993 fast die Existenz gekostet. Ganz wichtig für einen erfolgreichen Spieler ist nämlich die Fähigkeit, in Echtzeit zu entscheiden, welche Information wesentlich ist, was notwendig ist, um zu gewinnen und was unwichtig ist. Spieler müssen außerdem bereit sein Risiken einzugehen (Stieler 2009, 43f).

Der Einfluss der „digital natives" ist bereits heute spürbar. Früher ist ein Kunde, wenn er einen neuen DVD-Player kaufen wollte, in einen Laden gegangen. Da standen eine ganze Menge Geräte herum und der Kunde ist zu einem Verkäufer gegangen und hat sich beraten lassen. Heute könnte das ganz anders aussehen. Die Macht würde sich vom Verkäufer zum Käufer verschieben. Auch Digital Natives kommen in den Laden und lassen sich ein Gerät empfehlen. Aber dann machen sie mit dem Smartphone ein Foto davon und rufen eine Webseite mit Rezensionen oder ein Forum auf. Dort lesen sie direkt, was andere für Erfahrungen damit gemacht haben. Und dann sehen sie noch, dass es ein paar Kilometer weiter einen anderen Laden gibt, wo man dieses Gerät für 100 Euro weniger kaufen kann. Die Firmen würden natürlich versuchen, sich dagegen zu wehren. Etwa durch Zurückhalten von Informationen. Aber das wird nicht funktionieren. Sie müssen schneller werden, sonst werden sie von den jungen Leuten als Dinosaurier angesehen. Wichtig ist dabei die Offenheit und Vernetzung der digital natives. Sie gehen aus von Vertrauen in das eigene Netzwerk mit dem sie kommunizieren. Hier machen sie die Wahrnehmung, dass es keine Grenzen gibt, weder zeitlich noch räumlich. Digitalnatives hören in geschäftlichen Dingen wahrscheinlich eher auf Menschen aus ihrem persönlichen Netzwerk, als auf Kollegen aus dem eigenen Betrieb. Auf der einen Seite ergeben sich dadurch natürlich Probleme bei der Sicherheit und bei dem Umgang mit geistigem Eigentum. Regierungen, Versicherungen und Banken machen sich darüber eine Menge Sorgen. Aber es gibt wohl auch Unternehmen, die jene neuen Möglichkeiten, die sich durch die Jungen auftun, sehr positiv aufnehmen. Denn neue Ideen könnten so sehr schnell und kostengünstig getestet und diskutiert werden (Stieler 2009, 44).

Erstmals wächst eine Jugend inmitten digitaler Medien heran. Die Kinder kommen mit der neuen Welt leichter zurecht als ihre Eltern. Im Kontakt mit den neuen Medien wird die neue Generation ihre eigene Kultur entwickeln. Sie arbeiten und spielen ganz anders als wir und entwickeln ein neues Gemeinschaftsmodell. Die Kinder des digitalen Zeitalters sitzen deutlich weniger vor dem Fernseher. Die Netzgeneration ist 1999 zwischen 2 und 22 Jahre alt. Sie benutzen Videospiele und das Internet (Tapscott 1998, 15-18). Die digitalen Medien werden hauptsächlich für die Unterhaltung genutzt. Die Nutzung der digitalen Medien zur Kommunikation oder zum Einkaufen oder im Bereich digitaler Foren ist erst im Aufbau begriffen. Die interaktiven Medien können die kindliche Entwicklung beschleunigen. Im Cyberspace nehmen die Kinder unterschiedliche Persönlichkeiten an. Digitales Spielen macht ihnen Spaß. Aber nicht alle Kinder sind Engel. Im Gefolge des Internets entsteht eine neue Wertordnung. Die neue Generation will ihre eigenen Wege gehen. Sie bezweifelt sowieso, dass die früheren Generationen ihnen ein angenehmes Leben garantieren könnten, so dass sie selbst persönliche Verantwortung für ihr Leben übernehmen müssten. Dabei ist ihnen die Wahrung der Privatsphäre und des Rechtes auf Information wichtig. Ihnen geht es nicht um eine individualistische Ethik, sondern um ein interpersonelles Netzwerk (Tapscott 1998, 20-27). Ein tief greifender sozialer Wandel vollzieht sich. Die Netz-Generation verändert auch Unternehmensstrukturen. Neue Managementfunktionen entstehen. Es gibt aber auch die digitale Kluft, eine digitale Zweiklassengesellschaft, die sich möglicherweise bis zu einem Generationenkrieg auswirken könnte (Tapscott 1998, 27-32).

Die digitale Revolution kann als vernetztes Unternehmen begriffen werden. Vorausgegangen ist die Generation der Baby-Boomer der Jahre 1946 bis 1964. Die Baby-Boomer werden zur Fernsehgeneration. Es ist die Generation des Kalten Krieges, die Wirtschaftswundergeneration. Zwischen 1965 und 1976 liegen die geburtenschwachen Jahrgänge. Sie sind extrem medienfixierte, aggressive Kommunikationsanhänger. Das Netz ist das Gegenstück zum Fernsehen. Erstmals in der Geschichte übernehmen die Kinder die Kontrolle über wesentliche Elemente einer Kommunikationsrevolution. Das Netz frisst das Fernsehen auf. Der Rückgang des Fernsehkonsums bei den 18- bis 24-jährigen ist massiv. Dieser Generation ist Fernsehen zu passiv. Aktive Suchmaschinen und Softwareagenten machen das Rennen (Tapscott 1998, 37-54). Kinder sind die neuen Autoritäten. Sie können mit dem Computer besser umgehen als ihre Eltern. Kinder sind daher also auch die neuen Experten. Sie sehen am anderen Ende keinen Bildschirm, sondern die Nachricht ihrer Freunde. Kinder lernen viel leichter auch den Umgang mit dem Computer. Computer und Internet sind heute wesentliche Elemente der Jugendkultur. Die Generation der Erwachsenen fühlt sich angesichts der neuen Technologien eher unbehaglich, während Kinder und Jugendliche begeistert reagieren. Daher stehen auch im Zentrum der heutigen Jugendkultur eben andere Techniken als bei Erwachsenen. Alte und neue Medien vertragen sich schlecht. Die digitale Revolution wird nicht nur von Erwachsenen angeführt. Die Enkelin hilft der Großmutter ins Internet, das ist ein neues Leitbild für kulturelle Entwicklung (Tapscott 1998, 59-82).

Die neue Internetkultur hat eine freie Zone geschaffen. Zehn kulturelle Merkmale der Netzgeneration lassen sich herausarbeiten: (1) Unabhängigkeit, (2) emotionale und intellektuelle Offenheit, (3) Integration des sozialen Lebens, (4) freie Meinungsäußerung und keine Tabus, (5) Innovation, (6) Sorge um die eigene Reife, (7) Forschergeist, (8) Unmittelbarkeit und Echtzeit, (9) Abneigung gegen Unternehmensinteressen, (10) Echtheit und Vertrauen. Insgesamt bestimmt das Medium die Kultur (Tapscott 1998, 90-117). Für die Netzgeneration sind die Akzeptanz der Andersartigkeit und die Neugierde charakteristisch. Selbstbewusstsein und Eigenständigkeit, Selbstwertgefühl und die multiple Persönlichkeit greifen ineinander. Praktiziert wird ein Denken auf mehreren Ebenen (Tapscott 1998, 129-151). Das Lernen in der Wissensgesellschaft und Wege zum interaktiven Lernen gehören nun zusammen (Tapscott 1998, 175). Zentral aber ist das Leitbild Spaß im Cyberspace. Spiele sind produktiv und interaktiv und mehr als frühere Brieffreundschaften. Es gibt auch das Phänomen des Flirtens und sich Verliebens im Netz (Tapscott 1998, 218-230). Newkids wollen Alternativen. Alles sollte maßgeschneidert sein. Netkids ändern gern ihre Meinung. Es geht darum: erst testen, dann kaufen. Die Technik beeindruckt sie nicht – es zählt die Funktion. Das Wachstum des Cyberhandels ist eine der Folgen dieser neuen Einstellung (Tapscott 1998, 245). So werden neue Konsumgewohnheiten geschaffen (Tapscott 1998, 269). Insgesamt basiert diese Kultur auf Glaubwürdigkeit und Vertrauen (Tapscott 1998, 277).

Private Aktionen in Ambiente Intelligence (AmI) können eine Invasion oder Vergewaltigung unserer persönlichen Privatsphäre bewirken. Das Recht auf Privatheit besteht dann darin, das Recht auf den Zugang zu unseren eigenen persönlichen Daten zu bewahren. Dazu muss aber eine Person erst einmal wissen, welche Daten über sie denn an andere übertragen werden. Der Netzwerkcharakter dieser smarten Technik und der smarten Objekte macht es erforderlich, dass der Informationsaustausch mit anderen smarten Technikkomponenten oder anderen Personen von einem selbst in seiner Privatheit kontrolliert werden kann. Wir brauchen ein sehr robustes Regime unseres Privatheits-Managements, um unautorisierten Zugang zu unserer Privatsphäre zu verhindern. Durch die Technik wird die Aufgabe erheblich erschwert (Brey 2005, 99). Eigentlich müsste man zwei Arten von Vertrauen und Glauben unterscheiden. Vertrauenssituatio-

nen sind charakterisiert durch einen Mangel an Dynamik. In einem Vertrauens-
akt unterstelle ich einfach, dass das Objekt meines Vertrauens sich gemäß meinen Erwartungen verhält. Wenn mein Vertrauen stärker wird, kommt mehr Dynamik ins Spiel. Ich gebe mich tatsächlich in die Hand von anderen. Verletzbar-
keit ist das Kennzeichen dieser Art von Vertrauen, die Glaube genannt werden
kann (Brey 2005, 136).

Vertrauenswürdigkeit hängt davon ab, dass es Quellen der Evidenz für diese
gibt. Es gibt zunächst mal eine Evidenz des Gegenübers. In der persönlichen Interaktion habe ich viele Kontrollmöglichkeiten für die Wahrhaftigkeit des anderen. Wenn ich aber das Internet und andere technische Quellen dazwischen
schalte, fallen viele Kontrollmöglichkeiten weg, die Vertrauen erzeugen können.
Das Internet ist durch Anonymität gekennzeichnet. Die Nachricht, die ich von
einem anderen erhalte, sagt überhaupt nichts aus über seine persönliche Vertrauenswürdigkeit. Insofern neigt das technische Medium des Internets dazu, Vertrauenswürdigkeit nicht zu erzeugen, sondern eher Misstrauen in die Wahrhaftigkeit des Informationsgehaltes, welcher mir durch das Internet übermittelt
wird. Das Problem des Internets besteht darin, dass es unmöglich ist, persönliche Kontrolle über dieses System zu erfahren, und jeder weiß, dass es so ist. Jemand, der Vertrauen in unbekannte virtuelle Andere investiert, muss entweder
ein Idiot sein oder selber einer, der trickst. Dies gilt für Usernetgruppen, persönliche Netseiten, Chatrooms und ähnliches. Das gleiche gilt auch für virtuelle
Märkte. Man muss vorher bezahlen und bekommt die Produkte erst später. Dies
erzeugt letztendlich durchaus berechtigtes Misstrauen (Brey 2005, 140). Auf
Grund des Mangels des Erwerben Könnens primärer Vertrauensqualitäten und
Vertrauensquellen in das Internet bedarf es Mechanismen, die Vertrauenswürdigkeit erzeugen, dass ein Handel im Sinne der Internetregeln letztendlich gewährleistet ist. Ein solches sekundäres Vertrauen in die Organisation des Internets ist erforderlich, da die normale erste Vertrauensquelle für das Internet als
einer anonymen Technologie ausfällt. So bedarf es für das Internet sozialer Mechanismen der Reputation und der Vertrauensbildung (Brey 2005, 151).

Vertrauen in eine Technologie spielt zum Beispiel eine Rolle, wenn man die
modernen Möglichkeiten einer elektronischen Demokratie wahrnehmen möchte. Zum Beispiel muss das Vertrauen in die Anonymität der Stimmangabe gewährleistet sein wobei nicht nur das Faktum gewährleistet sein muss, sondern
auch das entsprechende Vertrauen beim Wahlerfolg geweckt werden muss. Vertrauen existiert normalerweise als Selbstevidenz und beruht auf der Generalisie-
rung von gemachten Erfahrungen. Aber bei der Neueinführung einer Technik
sind solche Generalisierungen nicht möglich, weshalb Vertrauen in moderne
Technologien auf eine andere Art und Weise erzeugt werden muss. Neben der
Identifikation des Stimmabgebenden, der Überwachung der Stimmabgabe und
anderen die Stimme verteilenden Prozeduren, gehören zum demokratischen
Wahlvorgang weitere Verfahren dazu, deren Sicherheit auch garantiert werden
müssen, wenn das Verfahren per Internet geschieht (Brey 2005, 309-311). Zu

unterscheiden sind verschiedene Typen von Privatheit, nämlich 1. die Privatheit der persönlichen Entscheidung, 2. die Privatheit der Informationserhebung, 3. die lokale bzw. regionale Privatheit, die mit dem eigenen Haus und der eigenen Umgebung bzw. der Heimat verbunden sind (Brey 2005, 398-400). Im Hinblick auf das Internet und die moderne Technologie stellt sich die Frage nach der Legitimität des Vertrauens in diese Softwareagenten, die gewöhnlich autonom genannt werden (Brey 2005, 407).

Heutige Suchmaschinen basieren auf den Erkenntnissen aus dem Bereich des Information Retrieval (Wiederfinden von Informationen), mit denen sich die Computerwissenschaften schon seit über 50 Jahren befassen. Bereits 1966 schrieb Ben Ami Lipetz im „Scientific American" einen Artikel über das Speichern und Widerfinden von Informationen. Damalige Systeme konnten freilich nur einfache Routine- und Büroanfragen bewältigen. Lipetz zog den hellsichtigen Schluss, dass größere Durchbrüche im Information Retrieval erst dann erreichbar sind wenn Forscher die Informationsverarbeitung im menschlichen Gehirn besser verstanden haben und diese Erkenntnisse auf Computer übertragen. Es würde wesentlich länger dauern, wenn dabei die Schlüsselwörter der Anfrage nacheinander mit den Inhalten all dieser Webseiten verglichen werden müssten. Um lange Suchzeiten zu vermeiden, führen die Suchmaschinen viele ihrer Kernoperationen bereits vor dem Zeitpunkt der Nutzeranfrage aus (Mostafa 2006, 83). In den ersten Schritten werden potentiell interessante Inhalte identifiziert und fortlaufend gesammelt. Spezielle Programme vom Typ so genannter Webcrawler können im Internet publizierte Seiten ausfindig machen, durchsuchen und die Seiten an einem Ort gespeichert sammeln. Im zweiten Schritt erfasst das System die relevanten Wörter auf diesen Seiten und bestimmt mit statistischen Methoden deren Wichtigkeit. Drittens wird aus den relevanten Begriffen eine hocheffiziente baumartige Datenstruktur erzeugt, die diese Begriffe bestimmten Webseiten zuordnet. Gibt ein Nutzer eine Anfrage ein, wird der gesamte Baum – auch Index genannt – durchsucht und nicht jede einzelne Webseite. Um die relevanten Fundstellen an den Anfang der Ergebnisliste zu stellen, greift der Suchalgorithmus auf verschiedene Sortierstrategien zurück. Eine verbreitete Methode – die Begriffshäufigkeit – untersucht das Vorkommen der Wörter und errechnet daraus numerische Gewichte, welche die Bedeutung der Wörter in den einzelnen Dokumenten repräsentieren. Hier geht es um das Auftauchen von Wörtern mit einer höheren semantischen Relevanz (Mostafa 2006, 83).

Sechs Jahre benötigte Google, um sich als führende Suchmaschine zu etablieren. Zum Erfolg trugen vor allem zwei Vorzüge gegenüber der Konkurrenz bei: zum einen kann Google extrem große Webcrawling-Operationen durchführen. Zum anderen liefern seine Indizierungs- und Gewichtungsmethoden überragende Ergebnisse. In letzter Zeit jedoch haben andere Suchmaschinenentwickler einige neue, ähnlich leistungsfähige oder punktuell bessere Systeme entwickelt. Viele digitale Inhalte können mit Suchmaschinen nicht erschlossen werden, weil die Systeme, die diese Verwalten, Webseiten auf andere Weisen speichern, als die Nutzer sie betrachten. Erst durch die Anfrage des Nutzers entsteht die jeweils aktuelle Webseite. Die typischen Webcrawler sind von solchen Seiten überfordert und können deren Inhalte nicht erschließen. Dadurch bleibt ein Großteil der Informationen – schätzungsweise 500 Mal so viel, wie das, was das konventionelle Web umfasst – für Anwender verborgen (Mostafa 2006, 83f). Mooter ist eine innovative Suchmaschine, die ebenfalls diese Kopiertechnik verwendet, sie stellt die Gruppen zudem graphisch dar. Das System ordnet die Untergruppen, buttons, radförmig und um einen zentralen button an, der sämtliche Ergebnisse enthält. Ein Klick auf die Untergruppenbuttons erzeugt Listen relevanter Links und zeigt neue, damit zusammenhängende, Gruppen. Ein ähnliches System, das ebenfalls visuelle Effekte nutzt, ist Kartoo. Es handelt sich dabei um eine so genannte Metasuchmaschine: sie gibt die Nutzeranfragen an andere Suchmaschinen weiter und präsentiert die gesammelten Ergebnisse in graphischer Form. Kartoo liefert eine Liste von Schlüsselbegriffen von den unterschiedlichen Webseiten und generiert daraus eine Landkarte. Auf ihr werden wichtige Seiten als Icons (Symbole) dargestellt und Bezüge zwischen den Seiten mit Labeln und Pfaden versehen. Jedes Label lässt sich zur weiteren Verfeinerung der Suche nutzen. So sind die Fähigkeiten zu einer impliziten Suche vorhanden. Damit lassen sich auch personalisierte Anfragen beantworten (Mostafa 2006, 84).

Ein Beispiel für diese Technologie bietet anonymizer-com, die ein Inkognitowebsurfen ermöglicht. Ein weiteres Beispiel ist die Software freedomwebsecure, die mehrere Proxyserfer und viele Verschlüsselungsebenen anbietet. Diese Tools erhöhen die Sicherheit um Einiges. Es gibt zurzeit allerdings noch keine Suchmaschine, die dem Anwender Personalisierungen ermöglichen und gleichzeitig ein hohes Maß an Privatsphäre bieten. Datenschutz mit persönlichem Profil zu kombinieren bleibt eine Herausforderung (Mostafa 2006, 88). Softwareentwickler werden die Wünsche der Anwender möglichst schnell und bequem erfüllen, obwohl sie tatsächlich mit riesigen Informationsmengen umgehen (Mostafa 2006, 88). Neue Suchmaschinen mit sozialen oder semantischen Verfahren kommen auf den Markt. Irgendeine davon könnte Google beerben – doch auch in Nischen findet sich ein Auskommen. Suchwortvermarktung hat sich in den vergangenen Jahren zur größten Werbekategorie im Internet überhaupt entwickelt. Google kann nicht jede Nische besetzen – das ist die Chance für kleine Firmen. Die größten Erwartungen werden allerdings der so genannten semantischen Suche entgegengebracht. In Ansätzen zählen dazu schon die Verfahren der halbautomatischen Themenzuordnung von Texten, an denen Lycos arbeitet. Die weitergehende Revision aber ist eine Suchmaschine, die etwa in der Lage ist, auf die Anfrage „Bücher von Kinder" eine Liste aller im Web zu findenden Bücher auszuwerfen, die von Kindern geschrieben wurden (Grötker 2008a, 60-64). Eine neue Programmiersprache entsteht nicht durch eine unerforschliche Vielzahl winziger evolutionärer Schritte über einen langen Zeitraum, sondern durch einen bewussten Akt mit der Absicht, etwas Vorhandenes zu verbessern.

Wir kennen offenbar noch nicht die beste Schreibweise – oder auch nur eine hinreichend gute –, um einen Algorithmus auszudrücken oder eine Datenstruktur zu definieren (Hayes 2007, 98).

Programmiersprachen werden üblicherweise in 4 Gruppen unterteilt: in (1.) imperative Sprachen. Diese basieren auf Befehlen wie „mach dies oder „mach das" oder „mach das nächste". (2.) Hinter den funktionalen Programmiersprachen steckt die Idee der mathematischen Funktion. (3.) Beim objektorientierten Programmieren werden Befehle und die dazugehörigen Daten zu einer geschlossenen Struktur verbunden. Die (4.) Gruppe von Programmiersprachen wird als logische, relationale oder deklarative Sprachen bezeichnet. Programmiersprachen unterscheiden sich in Zielgruppe und Anwendungsgebiet. Fortan begann als Sprache für wissenschaftliche Berechnungen, Kobol dient der geschäftlichen Anwendung. Etliche interessante Sprachen waren ursprünglich für Lehrzwecke oder für Kinder gedacht. Basic, Pascal und Smalltalk gehören dazu, ebenso Logo. All diese Sprachen mussten zunächst darum kämpfen, von den Erwachsenen ernst genommen zu werden. Damit eine Sprache gedeiht, muss sie eine Anwendergemeinde haben und finden. Das Gute, einmal fest etabliert, ist immer der Feind des Besseren (Hayes 2007, 101-103).

Internetprovider und ihre Kunden passen nicht zusammen. Die Provider müssen darauf achten, dass ihre Netze nicht mit zuviel Datenverkehr belastet werden – sonst wird es teuer oder es kommt zu Verstopfungen. Die Kunden aber haben exakt das gegenteilige Ansinnen: Heutzutage bezahlen Sie pauschal für ihren Internetzugang und vernünftigerweise versuchen sie aus der fixen Monatsgebühr herauszuholen, was geht. Lange war das kein großes Problem, denn nur die wirklich harten Nutzer waren überhaupt in der Lage beim Datenvolumen in kritische Regionen vorzustoßen – zum Beispiel mit dicken Downloads der immer neuesten Linuxversionen oder auch mit illegal bezogenen Filmen aus Tauschbörsen wie Emule. Jetzt aber wird legales Internetvideo zunehmend zum Standard. Die Clip-Plattform You Tube hat den Anfang gemacht, mittlerweile gibt es reichlich deutsche und andere Abnehmer und auch Verlage versuchen sich verstärkt an bewegten Bildern als Beigabe ihrer Online-Artikel. Auf Kapazitätsengpässe kann man mit zweifelhaften Methoden reagieren. In Branchenkreisen ist es ein offenes Geheimnis das Provider überaktive Kunden schon mal gezielt ausbremsen. In mehreren Regionen klagten Nutzer, dass Downloads über das Tauschbörsenprotokoll BitTorrent abends rapide an Geschwindigkeit verloren (Mattke 2008, 87 f.).

Als Anbieter, der das Internet über Fernsehkabel ins Haus bringt, hat Kabel Deutschland noch ein spezielles Problem: Übermäßig datenhungrige Kunden, lassen nicht nur die Kosten steigen, sondern drohen ihrerseits andere Nutzer auszubremsen. Denn anders als DSL-Telefonleitungen von denen jedes Haus und jede Wohnung eine eigene hat, ist das Fernsehkabel jeweils für einige tausend versorgte Haushalte in geteiltes Medium. Damit wird aus der Flatrate ein Tarif mit explizitem, wenn auch vergleichsweise großzügigem Deckel. Tatsächlich kann man mit 5 Gigibyte Datenvolumen um die 500.000 Text-Emails versenden, aber nicht nur vergleichsweise bescheiden aufgelöste, sondern auch Filme im HD-Format sind im Internet im Kommen, davon ließen sich mit 5 Gigabyte Downloadlimit kaum noch drei auf den heimischen Computer ziehen. Dass die Provider auch deshalb lieber heute als morgen zu Volumentarifen zurückkehren würden, versteht sich von selbst. Trotzdem sieht es so aus, als seien die Tage des ungehemmten Internetkonsums allmählich gezählt. Denn extreme Poweruser mögen in verkehrsarmen Zeiten niemanden stören, weshalb es auch ökonomisch sinnvoll ist, sie gewähren zu lassen. Zu anderen Zeiten aber konkurrieren sie mit anderen Kunden um letztlich begrenzte Kapazität. Solange es noch keine Möglichkeiten gibt, beide Situationen technisch sicher zu unterscheiden, sehen Volumentarife oder harte Limits im Vergleich zu willkürlichen Protokollsperren aus wie das kleinere Übel – sowohl für die Kunden als auch für die Innovationskraft es Internet (Mattke 2008, 88). Außerdem könnte die zeitliche Begrenzung des Internetzugangs zu mehr Kontrolle führen, z.B. wenn jetzt Eltern den Internetzugang für ihre Kinder nicht mehr pauschal abgelten müssen, sondern gemäß dem real genützten Zugang.

Virtuelle Selbste und aktuelle Verleiblichungen sind durchaus unterschiedlich. So gibt es Workstation Projekte, virtuelle Realität und „virtual environment" (Munster 2006, 86-110). Es gibt das Inhumane, den fremden Computer, aber auch den künstlerischen Umgang mit dem Computer, freundliche Gesichter und das Verschwinden des Humanen liegen in der virtuellen Realität genauso beschlossen. So haben wir unterschiedliche Pole der Mensch-Maschinen-Schnittstelle und der Interaktion. Das Interfacedesign sollte zu einer leichten Steuerbarkeit der Geräte und zu einer leichten Benutzbarkeit führen. Insgesamt sollte digitale Methodik als Erleichterung konzipiert sein und zur Vereinfachung führen. So könnte die virtuelle Realität ein Übergangsstück zum Posthumanen werden. Das autonome, liberale Subjekt jedenfalls scheint in gewisser Weise der Vergangenheit anzugehören (Munster 2006, 117-134). Die Mensch-Maschinen-Schnittstelle wird immer mehr entleiblicht, eigentlich dematerialisiert, sensomotorisch reduziert oder auf Visualisierung mit einem Minimum an Motorik beschränkt. Die Verbildlichung hilft unsere Vorstellungen zu lernen und abzuspeichern. So kommt es zu einer Ausnutzung des leiblichen Potenzials durch transhumane Umwandlungen. Den Hintergrund dafür aber geben Navigation und Topographie ab.

Die Vorgriffe auf posthumane virtuelle Wesen belegen die menschliche Lust, die Schöpfung selbst in die Hand zu nehmen. Die Forderung nach Aufrüstung des menschlichen Gehirns z.B. mit genetischen Hilfsmitteln ist eine Konsequenz davon, um die Konkurrenz mit den Computern zu bestehen. Damit wird für ein posthumanes Maschinenzeitalter plädiert. Sollten wir also bereits die Gefangenen der Matrix sein? Dieses stellt eine Simulationsphantasie dar. Darin manifestiert sich die Lust an Spekulationen über Simulationen. Klar scheint jedenfalls zu sein, dass wir in der von Menschen und Programmen gestalteten Welt

Authentizitätsverluste erleiden. Wir bauen uns unsere eigene Matrix. Ist Gott dann nichts anderes als eine Simulation höherer Ebene? Der Schöpferprogrammierer wird das neue Ziel. In der Matrix werden die logischen Unzulänglichkeiten des filmisch inszenierten Befreiungskampfes der Menschheit deutlich gemacht. Auf der anderen Seite wird klar, welche Macht Simulationsherrschaft haben kann. Der Diskurs über die virtuelle Realität ist selbst ein imaginärer Diskurs. Er handelt von Traumwelten und von Abenteuern der Virtualität (Palm 2004, 221-226).

Der gegenwärtige Kampf um die Privatheit ist eng verbunden mit den dramatischen Veränderungen in der Technologie, die wir in den letzten Jahren erlebt haben. Privatheit hat fundamental mit der Macht des Individuums zu tun. Die 1970er Jahre waren ein gutes Jahrzehnt für Datenschutz und den Schutz der Privatheit wie von Konsumentenrechten (Garfinkel 2000, 5-7). Allerdings sind nicht nur Kassandrarufe angebracht, sondern es gibt auch Hinweise darauf, dass Privatheit auf dem Weg dazu ist, ein Comeback zu feiern. Technologie ist nicht autonom, es sind einfach Entscheidungen von vielen, die in der Regierung, in Unternehmen und durch Einzelne getroffen werden, welche Entwicklungspfade eingeschlagen und Richtungen unterstützt werden. Eine der großen Lektionen, die wir von der Umweltbewegung lernen können, ist die, dass es möglich ist, diese Wahlmöglichkeiten für Entwicklungspfade durch politische Prozesse zu beeinflussen. Dies rechtfertigt die Involviertheit der Regierung in die Frage nach Privatheit (Garfinkel 2000, 9f).

Big Brother ist eine eindrucksvolle Metapher. Überwachungskameras wirken ähnlich wie Benthams Panoptikum: Jeder Platz des virtuellen Gefängnisses kann vom Überwachungsturm eingesehen werden. Es ist eine Kultur der Überwachung inklusive einer erweiterten Selbstzensur entstanden. Die Macht von Überwachungstechniken ist zu betonen. Überwachungstechniken führen zu Konformität, Zwang und Selbstbewertung in Situationen, in denen es am wichtigsten wäre, ein angemessenes menschliches Urteil zu zeigen. Die Überwachung durch Computer und Datenverarbeitung verringern die Heftigkeit des Drucks auf die Privatsphäre. Franz Kafkas' „Prozess" drückt diese Stimmung aus, in der Bürokratie und Macht mit Formen der Enthumanisierung verbunden sind. Machtlosigkeit und Mangel an Partizipation greifen ineinander. Privatheit involviert die Fähigkeit, Machtlosigkeit zu vermeiden, die dadurch erforderlich wird, dass andere bei der Kontrollinformation im Vorteil sind (Solove 2004, 27-52). Fotografien stehen für öffentliche Präsentation privater Tatsachen und Zonen. Zu deren Schutz müssen Gesetze geschaffen werden, z. B. im Bereich des Telefons. Dabei gibt es unfaire und täuschende Praktiken, die ihrerseits identifiziert werden müssen (Solove 2004, 56-72). In einer funktionierenden Marktwirtschaft wird der Wert persönlicher Information relativ schnell, sachlich und nüchtern durch den Markt festgestellt. Bei persönlichen Daten funktioniert der Markt. Dabei ist ein Effekt der zunehmenden Ansammlung zu beachten. Das Problem ist der Mangel an Kontrolle über die eigenen persönlichen Daten. Daher gibt es

Schutzbemühungen, die möglicherweise zuviel Paternalismus enthalten (Solove 2004, 76-92).

Freiheit meint zunächst die Freiheit von irgendwelchen beeinträchtigenden Bedingungen. Das normale bürgerliche Gesetz sichert dem Individuum das Recht zu, sich selbst zu bestimmen. Dies geschieht gewöhnlich bis zu einem bestimmten Grad der Meinungen und Emotionen, die mit anderen kommuniziert werden können muss (Warren, Brandeis 1890). Samuel Warren und Louis Brandeis haben das Recht auf Privatheit schon im 19. Jh. gefordert. Es geht um Schutz. Ausgegangen wird von der Verletzung von Privatheit und dem Schutzkonzept vor kriminellen Übergriffen dem Schutz der Individualität. Das Strafrecht ist häufig Ausdruck von Reaktivität. Das Problem digitaler Dossiers ist der ständige Angriff, der permanent abgewehrt werden muss. Es handelt sich nicht um vereinzelte Attacken. Gerichte suchen nach spezifischen Verletzungen, nach zugefügten Schäden oder Missbräuchen und beziehen sich auf Verstärkungsmechanismen. So kommt das Architekturkonzept zum Zug, das Strukturen untersucht. Das Internet hat ein Design. In diesen Strukturen drücken sich Ideen aus (Solove 2004, 93-98). Die herkömmliche Datenstruktur hat die Architektur eines Panoptikums. Privatheit muss durch Architektur-Formen geschützt werden, so die These von Daniel Solove. Die Architektur hat die Beziehungen zwischen der Bürokratie und der Privatheit zu regulieren. In diesem Zusammenhang ist Vertrauen erforderlich, dass im Rahmen des Informationsaustausches die Praktiken fair sind. Opfer erfahren aber oft erst Jahre später vom Identitätsdiebstahl und sind häufig machtlos. Schlechte Architekturen erhöhen die Verletzlichkeit für solche Verbrechen. In diesem Zusammenhang müsste die Sicherheit erhöht werden (Solove 2004, 99-115; Irrgang 2009d).

Es gibt Spannungen zwischen Transparenz und Privatheit. Transparenz aber ist die Voraussetzung für das Funktionieren einer Gemeinschaft. Das Privatheitsparadigma ist das verbreitetste Leitbild für Selbstgestaltung. Dabei wird die digitale Biografie immer wichtiger (Solove 2004, 140-155). Der antiterroristische Kampf des FBI z.B. hat zur Anlage verschiedener kriminalistischer Datenbanken geführt. Wirtschaftskriminalität und Internetnutzung für kriminelle Aktivitäten, Kriminalität bei finanziellen Transaktionen werden dokumentiert. Aber noch mehr unbedeutende Alltagsdaten werden gesammelt und zwar ohne ethische Rechtfertigung. Überreaktionen sind in Zeiten der Krise nicht selten (Solove 2004, 167-182). Die Informationstechnologie erhöht die Kontrolle über uns, nicht unsere über die Dinge, wie sonst bei moderner Technologie. Die Privatheit wird kontinuierlich ausgehöhlt. Aber Privatheit ist nicht primär eine Frage der Technik (Solove 2004, 223f.).

Privatheit ist zu einem Standardgrundwert in der Computerethik geworden. Aber warum Privatheit so bedeutsam ist und warum eine Informationsethik bzw. eine Ethik der Informationstechnologie sich auf diesen Wert gründen sollte, ist keineswegs klar (Thompson 2001, 13). Privatheit als Wert steht keineswegs auf derselben ethischen Ebene wie Autonomie, Personalität und ethische

Selbstverwirklichung. Es handelt sich aber auch nicht um einen Lifestyle-Wert, der bloß modisch kodiert ist. Wer Politiker oder Schauspieler geworden ist, kann eine absolute Privatsphäre für sich nicht reklamieren, obwohl es auch für diese Menschen Zonen von Privatheit geben muss, die vor anderen Augen zu schützen sind. Moderne Technologie ist aber kein einfaches Werkzeug, sondern ein komplexes Netzwerk, das sich so ähnlich verhält wie ein Ökosystem, das nicht von einem Einzelnen oder einer Gruppe kontrolliert werden kann. Wenn wir diesbezüglich ein technisches Problem gelöst haben, führt uns die Lösung unvermeidlicherweise zu neueren und komplexeren technischen Problemen (Stichler, Hauptmann 1998, 1).

Im Zusammenhang mit den neuen Informationstechnologien wurde vom Ende der Privatheit gesprochen. Beim Anruf mit dem Handy entgehen wir der Kontrolle durch die Familie, sind aber über das Funksignal unseres Handys jederzeit ortbar. Damit findet eine Verschiebung in der Überwachung statt. Die Schaffung immer privaterer Räume erfolgt um den Preis neuer Möglichkeiten der Einsichtnahme. Ganz brisant werden Themen der privacy und des Datenschutzes im Zusammenhang mit Genanalysen. Privatheit bedeutet ebenso „Ruhe" und „Ungestörtheit" wie „Persönlichkeits"- und Datenschutz. Privatheit ist die Angelegenheit eines Gesellschaftstyps, der auch Privateigentum zulässt. Computerskepsis und Angst vor dem Überwachungsstaat greifen ineinander. Überwachung wird als Angriff auf die informationelle Selbstbestimmung gesehen. Autonomie bedeutet: Man muss den Zugang zur eigenen Person kontrollieren können; es bedarf der Räume geschützter Privatheit. Dies gehört zum Selbstverständnis des Menschen. Der Anspruch auf Selbstverwaltung verbindet sich heute allerdings mit der Pflicht zur Selbstvermarktung. Daher wird in der letzten Zeit immer häufiger Privatheit in eine Handelsware verwandelt und sich damit ein neues Geschäftsfeld auftut (Grötker 2003, 9-13).

Man kann von drei Dimensionen des Privaten sprechen und meint die informationelle Selbstbestimmung, das Recht auf eigene Entscheidungen (dezisionistische Privatheit) und das Recht auf die eigene Wohnung als Rückzugsgebiet, das ohne Zustimmung nicht betreten werden darf (die lokale Privatheit). Privatheit meint, frei zu sein für das eigene Leben, zu autonomen Entscheidungen und für informationelle Selbstbestimmung. Es geht um den Schutz intimer Beziehungen und Bezugsmöglichkeiten. Informationelle Privatheit umfasst das: Wer, was, wie über eine Person weiß. Belauschen und Ausspionieren sind Formen der Informationskontrolle. Voyeurismus gab es auch früher, auch Verletzungen der informationellen Privatheit durch ungewollte Beobachtungen. Die Übermittlung von Daten und die Kontrolle über meine Selbstdarstellung gehören ebenfalls dazu. Mit der Erhebung von Daten geht auch immer die Gefahr ihres Missbrauchs einher. Überwachungskameras können aber auch positive Effekte, z.B. als Beweismaterial, haben. Die Sendung „Big Brother" zeigt, dass ein zumindest zeitweiliger vollständiger Verzicht auf Privatheit ein gesellschaftlich ernst zu nehmendes Phänomen sein kann. Aber ein genereller Verfall des Privaten kann nicht behauptet werden (Grötker 2003, 15-31).

Die liberale Perspektive sieht die Überwachung traditionell über die Konfrontation Individuum vs. Staat und spricht von einer Überwachungsgesellschaft. Privatheit kann damit auch als Effekt von Macht betrachtet werden. Individualität und Privatheit sind nicht vorgegeben, sondern müssen verteidigt werden (Grötker 2003, 34-38). Der Schutz von Privatheitsinteressen setzt Interesse an Privatheit voraus. Der Lauschangriff im Haus verletzt dieses. Privatheit gehört in gewisser Weise zu den Eigentumsrechten und verpflichtet dazu, dass die Legitimität gewisser Durchsuchungen und Beschlagnahmen bewiesen werden müssen. Nutzungsrechte öffentlicher Gefilde legitimieren keine übereifrigen Beobachtungen. Es gilt darum, ein vernünftig konstruiertes Recht auf Privatheit zu schaffen. Dieses sollte das Verbreiten berichtenswerter Nachrichten nicht behindern. Allerdings ist die Verbreitung illegal beschlagnahmter Information nicht statthaft. Insgesamt muss über die Weitergabe von Information nachgedacht werden (Grötker 2003, 47-59). Die Betonung der privaten Transparenz bei Politikern und Menschen, die in der Öffentlichkeit stehen und die Überwachungstendenzen hängen mit Vorstellungen einer risikofreien Gesellschaft zusammen. Das Verschwinden des Geheimnisses ist Voraussetzung für Risikofreiheit (Grötker 2003, 68-73). Kommerziell verwertet ist Intimität einfach nicht mehr intim (Grötker 2003, 83).

Überwachungsapparate und Aufzeichnungsgeräte können Gewalt erzeugen anstatt sie zu verhindern (Grötker 2003, 91f.). Es wurde als Skandal empfunden, dass zwei zehnjährige Jungen unter den Augen von Videokameras einen Zweijährigen entführten und ihn umbrachten (Grötker 2003, 99). Datenbanken gelten als eine Art kultureller Seismograph. Techniken zur Überwachung und zur Informationssammlung haben immanente Gefahren. Die Unternehmen stehen den Bedrohungen, die von ihren Geräten ausgehen, gleichgültig gegenüber. Man könnte die Kreditkarten und die durch ihren Einsatz ermöglichten Datensammlungen z.B. durch eine Art digitales Bargeld ersetzen. Damit bleibt die Kontrolle persönlicher Daten beim Nutzer. Selbstkontrolle der Unternehmen wird vor gesetzlichen Regelungen bevorzugt. Dennoch kommt es zur Erosion der Privatheit. Mit dem Anonymisierungsgeschäft wird der unberechtigte, aber auch der berechtigte Zugriff auf persönlich Daten verhindert. Verschlüsselung ist eine Alternative. Die Presse insgesamt kann als eine Art Angriff auf die Privatheit aufgefasst werden. Mit Kundenprofilen können Agenten und Broker mit persönlichen Daten Geschäfte machen. Sie können aber auch zu einer Art Privatheits-Berater oder -Manager werden (Grötker 2003, 121-136). Der P3P-Policy-Editor ist ein kostenloses Programm von IBM. 1995 gründeten 22 Firmen die PICS (Platform for Internet Content Selection), um Kinder vor dem Rotlichtmilieu im Internet zu schützen. Der Browser vergleicht die Daten mit den Benutzereinstellungen. So könnten Metasuchmaschinen installiert werden, die Jugendlichen das Aufrufen von Pornografie-Seiten unmöglich macht (Grötker 2003, 139-144).

Privatheit und Datenschutz sind in den meisten Fällen Angelegenheiten für Experten. Es entstehen Kosten der Überwachung, aber auch Kosten des Schutzes der Privatheit. Suchautomatik hilft bei der Rasterfahndung. Es entsteht dabei die Gefahr der Diskriminierung und der Unverhältnismäßigkeit der Datenerhebung. So werden Muster und Profile von Menschen in der Privatheit erstellt, die keineswegs richtig sein müssen. Und Verfahren der Automatisierung haben ihre eigene Dialektik (Grötker 2003, 183-186).

Privatheit lässt sich verstehen (1.) als Ermächtigung (Zugang zu persönlichen Daten), (2.) als Nützlichkeit (Schutz vor Störungen), (3.) als Würde (Haltung bewahren) und (4.) als Regulativ (Grötker 2003, 201-204). Es gibt Grenzen des Überwachens. Allerdings werden durch das allgegenwärtige „Computerisieren" die Möglichkeiten der Verletzung unserer Privatsphäre vergrößert. Die Überwachung des Warentransportes wird durch allgegenwärtige Computertechnologien verstärkt werden. Diese unterstützt die spontane Preisbildung und Ansätze zu einem perfekten Markt. Man kann einkaufen, ständig und überall. Das Leasing wird in seiner Bedeutung anwachsen und man beschäftig sich mit permanentem Verkaufen (Grötker 2003, 205-218). Die Verlässlichkeit, die Beherrschbarkeit, die Vorhersagbarkeit und Diagnostizierbarkeit des Alltages werden zunehmen. Gleiches gilt für die Zuverlässigkeit der alten wie der neuen Technologien. In diesem Zusammenhang wird eine Delegation von Kontrollen und Zurechenbarkeit genauso wie von Haftbarkeit erfolgen (Grötker 2003, 222-225).

Die Frage nach unserer Lebensform zu stellen heißt, die Frage nach der personalen Identität zu stellen. Der Begriff der Person findet in der deutschen Alltagssprache wenig Verwendung. Es geht um autonome Personen, auch um die anderen autonomen Personen. Mit dem Personsein werden zentrale Eigenschaften des Menschen verbunden. Dabei gibt es eine deskriptive und eine präskriptive Verwendung des Personenbegriffes. Im Personenproblem kulminieren eine Reihe von Problemen: (1) das Leib-Seele- oder Körper-Geist-Problem, (2) das Freiheitsproblem, (3) das Problem des Selbstbewusstseins, (4) das Problem der Begründung der Ethik. Eine zentrale Frage ist dabei die Frage nach den Identitäten menschlicher Personen. Die Frage nach der personalen Identität ist nicht gerade wohl bestimmt (Quante 2007, 1-6).

Der Personalitätsbegriff ist genauso unklar wie der Autonomiebegriff. Der Personalitätsbegriff setzt ein evaluatives Selbstbild voraus und führt zu dem Begriff eines Lebens, das subjektiv und objektiv wert ist, gelebt zu werden. Der Begriff der Person ist am besten zu begreifen als ein Bündelbegriff, der eine offene Liste von konstitutiven Kriterien für Personalität enthält. Personalität ist letztendlich also ein Schwellenwertkonzept (Quante 2007, 18-33). John Locke entfernt die Begriffe Mensch und Person voneinander. Locke verlegt die Einheit von Personen ausschließlich ins Selbstbewusstsein. Selbstbewusstsein wird in dem Sinne zur Substanz der Person. Damit stellt sich die Frage nach der Einheit der Person in systematischer Perspektive (Quante 2007, 41-55). Das Zusammenspiel von Personalität, Mensch und Personheit unter Einbezug eines biologischen Ansatzes, nämlich der Einheit des menschlichen Organismus, wirft neue Fragen nach dem Organismusbegriff auf, der der menschlichen Person zugrunde liegt (Quante 2007, 103-112). Es gibt eine interne Struktur dieser Persönlichkeit. Persönlichkeitsentwicklung und Persönlichkeitswechsel sind Möglichkeiten, die im Rahmen derselben Personalität möglich bleiben müssen (Quante 2007, 135-156). Ein wichtiges Element ist auch die biografische Kohärenz.

Autonomie wird gebraucht in einem unendlich großen Bedeutungsfeld (Dworkin 1988, 6). Autonomie funktioniert als ein moralisches, politisches und soziales Ideal (Dworkin 1988, 10). Es meint den willentlichen Charakter einer menschlichen Handlung mit der Fähigkeit der Person, seine Art und Weise des Lebens auswählen zu können. Insofern ist es eine Charakterisierung von Personen, die in gewissem Umfang Authentizität genannt wird. In diesem Zusammenhang kann von einer prozeduralen Unabhängigkeit gesprochen werden. Dabei sollte der Autonomiebegriff gegen gewisse intellektualistische Verkürzungen verteidigt werden (Dworkin 1988, 14-18). Autonomie bezeichnet auch, sich unabhängig zu fühlen. Selbstverständlich schließt dies nicht den Gebrauch von Sanktionen in einem Gesetzessystem aus (Dworkin 1988, 22). Autonomie hat einen größeren Begriffsinhalt als Freiheit, welche mehr oder weniger als Abwesenheit von Zwang, bzw. als Anwesenheit von Alternativen interpretiert wird. Autonomie scheint eine ausschließlich menschliche Fähigkeit zu sein und sie befähigt uns, darüber zu reflektieren und bestimmte Haltungen einzunehmen gegenüber Wünschen, Intentionen und Lebensplänen. Dworkin definiert Autonomie als die Fähigkeit, über die motivationale Struktur einer Person nachzudenken und Wandlungen in dieser Struktur vornehmen zu können. Freiheit, Macht und Privatheit sind nicht äquivalent mit Autonomie, aber sie haben Beziehungen damit und stellen notwendige Bedingungen für Individuen dar, ihre eigenen Ziele und Interessen entwickeln zu können, ihre Werte effektiv für die Gestaltung und das Leben ihrer Leben werden zu lassen (Dworkin 1988, 107-109).

Selbstbestimmung manifestiert sich auch in der Selbstständigkeit des mündigen Menschen (Gerhardt 2007, 107). Dabei ist sowohl die Sorge für sich selbst wie die Herrschaft über sich selbst zu erwähnen. In der Antike und in der Moderne gibt es unterschiedliche Traditionen dieser Sorge um sich selbst. Insbesondere in der Neuzeit geht man von der Selbstzweck-Formel zur Beschreibung der menschlichen Personalität aus. Letztlich steht dahinter die Selbstbestimmung aus eigener Vernunft (Gerhardt 2007, 139). Selbststeigerung und der Impuls des Lebens gehören ebenfalls zusammen (Gerhardt 2007, 231). Die Virtualität, also die erlebte Potenzialität, die sich mit dem Selbstbewusstsein eröffnet, ermöglicht Lerneffekte aus bloß gedachten Erfahrungen. Hinzu kommen die kumulativen Effekte des sozialen Lernens. Eingeschlossen ist die Potenzierung der Individualität nicht zuletzt aufgrund der Möglichkeiten zur individuellen Distanzierung. Der Wille führt zu einer ausdrücklichen Verstärkung des Selbst. Dabei ist Freiheit als Freiheit in der Determination zu begreifen. Freiheit kommt zwar nur bei Naturwesen vor, darf aber nicht selbst als Natur begriffen werden.

Die Freiheit wird niemals gegen die Natur beansprucht, sondern sie drückt eine Beziehung eines Individuums zu sich selbst und - darin- zu seinesgleichen aus. Entscheidend ist das Kriterium des selbstbewusst erfahrenen Entscheidungsspielraums (Gerhardt 2007, 231-245). Individuum und Subjektivität gehören zusammen und begründen Selbstverantwortung. Dazu gehört die Selbstvergewisserung der eigenen Position (Gerhardt 2007, 278). Selbstverantwortung hat viel mit Selbstverpflichtung zu tun (Gerhard 2007, 307).

Die Unverletzlichkeit des Hauses und das Recht der Verletzung der Privatsphäre durch die Polizei, die informationelle Privatheit einerseits, der gläserne Mensch andererseits und privater Widerstand gegen zu viel Obrigkeit gehören zusammen. Es geht um die Historiographie des eigenen privaten Lebens. Dabei ist die Entstehung unserer Privatheit zu berücksichtigen. Kinder haben keine Privatheit. Privatheit wird in verschiedenen Kulturen unterschiedlich bewertet. In Afrika ist Individualität eher sekundär. Japan kennt Privatheit, aber Japaner sprechen normalerweise nicht darüber und spezifizieren sie nicht. Privatheit wird nicht überall gleich als Wert geschätzt. In diesem Zusammenhang kann von einem westlichen Konzept von Privatheit gesprochen werden (Gutwirth 2002, 13-30). Privatheit wird durch ihren Kontext definiert. Es gibt einen absoluten oder relativen Schutz von Privatheit. Freiheit ist niemals absolut. Privatheit ist weder ein persönliches noch ein subjektives Recht. Zur Begründung von Privatheit brauchen wir eine Freiheitsperspektive. Privatheit ist ein Wert von Demokratien und bezieht sich auf individuelle Freiheit. Freiheit steht nicht notwendigerweise über allen anderen Werten. Bisweilen ist Ausbalancierung erforderlich und eine begrenzte Verletzung der Privatheit daher auch ethisch zu begründen (Gutwirth 2002, 33-46).

Das Konzept der Privatheit ist relativ neu. Privatheit wird oft assoziiert mit egoistischen und bürgerlichen Tugenden, wie der Emanzipation. Aber was meint Privatheit für Arbeitslose oder gar Wohnungslose? In einem ethischen Konzept, das an der Stärkung der Schwächeren orientiert ist, ist Privatheit möglicherweise nicht der oberste Wert. Marxisten halten das Konzept von Privatheit sogar für nutzlos, weil es nur das bürgerliche System stärkt. Der Wohlfahrtsstaat und Privatheit stehen ebenfalls in einem gewissen Spannungsverhältnis. Auf der anderen Seite steht das emanzipatorische Potenzial des Privatheitsgedankens. Nicht zuletzt ist ein Problem die Weigerung, Privatheit positiv zu definieren. Es gibt Verbindungen zwischen der materiellen und der kulturellen Gesundheit (Gutwirth 2002, 50-60). Die postindustrielle Gesellschaft schafft Gefährdung für die Privatheit nicht zuletzt durch eine maximale Sicherheitsgesellschaft. Die Massenkommunikation verstärkt das kontrollierende Rahmenwerk für eine sicherheitsorientierte Gesellschaft. Außerdem gibt es nationale Einschränkungen der Privatheit durch das Pochen auf kollektive Rechte und die Majorität. Gegen diese müssen fundamentale Freiheiten erkämpft werden (Gutwirth 2002, 61-81).

Zu den beunruhigendsten Resultaten der so genannten Überprüfungsprogramme der Kreditunternehmen im Hinblick auf die Vergabe von Kreditkarten gehört, dass sie umfangreiche Datenbanken angelegt haben, die auch ein detailliertes elektronisches Mosaik des Konsumentenverhaltens ermöglichen. Und sie haben dies getan mit der Partizipation der so Überwachten (Garfinkel 2000, 15). Herman Hollerith hat in den 1880er die Lochkarte erfunden, die die Arbeit der Volkszählung effektiver machte (Garfinkel 2000, 19). Niedergelegt ist in diesen Datenbanken die Fähigkeit und Bereitschaft von Menschen, ihre Schulden zu bezahlen. Die Kreditvergabeorganisationen erleichtern den Austausch von Konsumkreditinformationen (Garfinkel 2000, 22). Unabhängig von den Reformen, die 1971 in diesem Bereich des Datenschutzes gemacht wurden, haben sich eine ganze Reihe von Konsumenten darüber beklagt, dass ein signifikanter Anteil der Informationen, die in den nationalen Kreditbankendateien abgespeichert sind, missverständlich oder einfach falsch sind und Menschen aus diesen Gründen zu Opfern von Kreditvergabeinstrumenten werden (Garfinkel 2000, 25).

Identitätsdiebstahl wird möglich gemacht, weil Kreditkartenunternehmen immer und überall auf der Suche nach neuen Kunden keinen guten Weg gefunden haben, die Identität einer Person zu identifizieren, die einen Kreditkartenantrag über das Telefon oder E-Mail stellt. So machen Kreditkartenunternehmen gefährliche Annahmen: sie halten es für ausgemacht, dass wenn jemand den persönlichen Namen, Adresse, Telefonnummer und Sozialidentifizierungsnummer sowie den Mädchennamen der Mutter kennt, dieselbe Person sein muss, die auch den Antrag stellt, und wenn Güter gekauft und die Rechnungen nicht bezahlt werden, dann diese Personen dafür verantwortlich sein müssten. Identitätsdiebstahl ist nicht eine fundamental neue Art und Weise des Verbrechens (Garfinkel 2000, 31). Große Unternehmen und Organisationen machen häufig eine Reihe von technischen Fehlern und werden i. d. R. für ihre Fehler nicht zur Verantwortung gezogen. Konfrontiert mit Datenbasenfehlern, Identitätsdiebstahl, illegaler Einwanderung und ungeklärten Kriminalfällen haben viele Politiker ihren Glauben an das technologische Versprechen biometrischer Identifikation gesetzt. Absolute Identifikation ist eines der politischen Ziele, die kurz vor ihrer Erreichbarkeit zu stehen scheinen. Aber absolute Identifikation ist eine verführerische Idee es ist allerdings schade, dass sie offenbar nicht in absoluter Weise realisiert zu werden vermag (Garfinkel 2000, 37).

Schon in früheren Zeiten waren anthropometrische Zeichen und Standards für Maßeinheiten körperlicher Invarianten angeführt worden. Dann wurde die Methode des Fingerabdruckes entwickelt, welche die Kriminalistik deutlich voran brachte, vor allem dann, als mit AFIS (Automatisierte Fingerabdruckidentifizierungssystem) ein System des Datenaustausches von Fingerabdrücken eingerichtet wurde, das zur Täteridentifikation in erheblichem Maße beitrug. Durch die DNA-Identifikation wurden diese Methoden nun auf andere Bereiche außer Fingerabdrücken erweitert. Auch hier haben DNA-Datenbanken ein erhebliches Potenzial beim Aufspüren von Verbrechern und Personenidentifikation. Noch mehr Möglichkeiten scheinen gegeben, wenn mehrere biometrische Verfahren in Datenbanken miteinander vernetzt werden können. Allerdings gibt es auch hier

Verfahren, biometrische Piraterie zu betreiben. Biometrik ist in der Tat ein mächtiges Mittel, um jemands Identität sicher zu stellen, aber nur für die Person oder die Maschine, die aktuell handelt. Bei der Übertragung von Daten können selbstverständlich Fehler entstehen (Garfinkel 2000, 62-65).

Wir stehen in der Nähe einer Informationskrise. Es gibt die neuen Möglichkeiten der Vernetzung, aber die Vernetzung enthält auch neues Missbrauchspotential und neue Fehlermöglichkeiten (Garfinkel 2000, 70). Der erste Schritt, um eine weltweite Datensphäre zu erschaffen, ist, die Information zu sammeln, die des Sammelns Wert ist. Ein Schritt hierzu ist die automatische Datensammlung, die in verschiedensten Arten eingerichtet werden kann. Dabei sind nicht nur staatliche Stellen Interessenten, sondern häufig auch Unternehmen, die Konsumentenprofile erstellen wollen. Wahrscheinlich ist die größte Datenbasis in der Welt zurzeit die Sammlung von Webseiten im Internet (Garfinkel 2000, 84). Die Überwachungsarchitektur mittels Satelliten und die dadurch ermöglichte Standpunktorientierung von Mobiltelefonen sind ins Gigantische angewachsen. Da der Satellitenüberblick über die Erdoberfläche so umfassend und so leicht handhabbar ist, schaffen Satelliten einen Überblick über die Erdoberfläche, der so plastisch ist, wie niemals zuvor in der Erdgeschichte (Garfinkel 2000, 101).

Videokameras sind zudem zum konstanten Bes<tandteil unserer städtischen Umwelt geworden. Viele Videokameras sind in der Zwischenzeit versteckt, da sie auf die Größe einer Streichholzschachtel zusammengeschrumpft sind. Überwachungskameras in Banken, Bankautomaten, von Verkehrssituationen und Plätzen wurden aus Sicherheitsgründen eingerichtet, aber die konstante Videoüberwachung macht Menschen für diese Überwachung immer weniger sensibel. Damit verliert sie auch einen Teil ihres präventiven Charakters. Überwachungskameras von Gärten, Plätzen und Straßen sind alltäglich geworden (Garfinkel 2000, 104-106). Hinzu kommen die Möglichkeiten von Webcams, in denen sich Menschen im Internet präsentieren können, die aber auch für Telefongespräche eingesetzt werden können, in denen sich die Teilnehmer gegenseitig sehen können. Neue Möglichkeiten ergeben sich durch tragbare Webkameras, die den Blick einer spezifischen Person ständig im Internet für andere nachvollziehbar machen können (Garfinkel 2000, 115). Das Überwachungssystem nimmt auf diese Art und Weise gigantische Ausmaße an (Garfinkel 2000, 121).

Medizinische Befunde sind erhellend für unsere Vergangenheit, aber auch finster für unsere Zukunft. Sie betreffen daher in vielfacher Art und Weise unsere Privatheit. So können Suizidversuche nicht nur bei der Bewerbung um ein politisches Amt dann von Bedeutung werden, wenn sie in der Presse veröffentlicht werden (Garfinkel 2000, 125). Daher liegt die Privatheit in der Verantwortlichkeit des Hausarztes der betreffenden Person. Privatheit ist nicht eine Sache der Verantwortung meines Versicherungsunternehmens. Hier sind die Datenschutzverhältnisse anders verteilt. Die Verbraucherrechte, die Verbrauchsgewohnheiten und die Privatheit des Konsumenten gehören zusammen (Garfinkel 2000, 138). Jeder Mann hat ein Recht auf sein eigenes Selbst, seine eigene Vergangenheit und seine eigene Zukunft. Die Versprechen vernetzter Patienteninformationen liegen darin, dass besser und leichter behandelt werden kann, wenn alle Diagnosen der Vergangenheit zur Verfügung stehen. Dies mag richtig sein, aber es gibt auch infauste Diagnosen, die niemand gerne an andere weitergibt. Außerdem ist es mit Datenvernetzung möglich Konsumentenprofile einzurichten die verbunden mit dem richtigen Kreditangebot immer mehr Konsumenten dazu verleiten in die Schuldenfalle zu tappen. Es sind mit Hilfe der Internetrecherche aussagefähige Konsumentenprofile möglich (Garfinkel 2000, 158).

Insbesondere die Vermarktung von Produkten an Kinder stößt auf ethische Probleme (Garfinkel 2000, 163). Wichtig sind auch versteckte Angaben, die Verwendung finden können: Zum Beispiel die Angabe über das jeweils verfügbare Familieneinkommen. Bei der Datenerhebung handelt es nicht selten um versteckte kriminelle Taten. Diese können zum Teil auch von staatlichen Organisationen und Institutionen vorgenommen werden. Ganz entscheidend ist, dass im Internet auch Anonymität hergestellt werden kann. Allerdings ist Anonymität nur ein defensives Recht zum Schutz von Privatheit und muss mit positiven Inhalten ausgefüllt werden. Anonyme Kommunikation ist eine Eigentümlichkeit von sozialen Beziehungen und umfasst eine Reihe von Dimensionen. (1) Relational: Mindestens zwei Parteien, Sender und Empfänger, die eine Beziehung eingehen. (2) Vertrauen: Vertrauen innvolviert eine bestimmte Beziehung bei der gemeinsamen Nutzung von Information mit der Erwartung, dass diese nicht vor Dritten offenbart wird. (3) Pseudonymität: Die Erschaffung einer direkten Internet Personalität. (4) Pseudoanonymität: Pseudoanonymität entsteht dann, wenn eine Person einen Account eröffnet mit einem zurückmailenden Provider Service. Dabei gibt es eine Reihe von anonymen Rücksendern. Anonyme Rücksender wurden ursprünglich im Jahr 1988 entwickelt, damit sie in die Lage versetzt werden, bestimmte Nachrichten an geeignete Usernet Forschungsgruppen zu senden, indem sie ihre Identität offen legen. Heute erlaubt das Internet eine freie Nutzung, die von Bezahlung absieht, um anonyme Nachrichten an virtuelle Internetnutzer zu überwachen und möglicherweise den Nutzer zu einer Zahlung zu veranlassen (Baird ua. 2000, 109f.).

Der Internetbeobachter ist ein Bürger ohne Verantwortlichkeit, getrennt von der übrigen Gemeinschaft. Er ist fähig zur Mobilität und frei, ohne die Einschränkungen und Verpflichtungen der Gemeinschaft. Er gewinnt Vergnügen aus der Form der Beobachtung und Überwachung, die teilweise auf dem Experiment menschlicher Gemeinschafen beruht. Es handelt sich dabei um eine Form von Nähe. Es ist daher erstaunlich, aber durchaus charakteristisch für die Art seiner Beziehung mit andern, die ohne irgendwelches Engagement erfolgt. Privatheit ist kein Zweck an sich selbst, sondern der eigentliche Wert, welcher hinter dem Schrei nach Privatheit steht, ist die Suche nach einer nichtschmerzhaften, nichtverpflichtenden und nichterschreckenden öffentlichen Beziehung mit anderen (Baird ua. 2000, 180-183). Privatheit im Internet als Anonymität verstanden bedeutet eigentlich einen atomistischen Solipsismus ohne Verantwortung, Bindung und gemeinschaftlichen Bezug, der auf ein Spiel ohne Verbindlichkeit abzielt. Experimentell kann man dieses Spiel nicht nennen, denn es fehlt jede Ernsthaftigkeit, die im Experimentieren steckt. Im Experiment stelle ich mich selbst in Frage, letztlich um mich selbst zu gestalten. Im Internet spielt man noch nicht einmal eine Rolle, außer für sich selbst.

Diebstahl geistigen Eigentums ist mit den modernen Methoden der Informationstechnologie leichter als früher möglich geworden, so dass Autoren das Material von anderen unter ihrem eigenen Namen leichter als je zuvor veröffentlichen können (Garfinkel 2000, 196). Unveröffentlichtes Material wie persönliche Daten, die man einem Gerät anvertraut, können ausspioniert und veröffentlicht werden. Auch terroristische Tätigkeiten werden durch das Internet begünstigt, nicht nur wissenschaftliche Konferenzen. Die umfangreichsten Möglichkeiten aber ergeben sich im Hinblick auf die Täuschung von anderen. Man hat im Internet überhaupt keine Kontrollmöglichkeiten, ob der andere die Wahrheit sagt, wenn er mir eine E-Mail schickt oder bestimmte Informationen. Wir haben hier die Wurzeln eines neuen Konfliktes. Die neuen Technologien erschaffen umfangreiche und erschreckende neue Möglichkeiten für gewaltsame Gruppen, Wut und Zerstörung über eine ganze Gesellschaft zu bringen. Zur selben Zeit aber können Technologien bestimmte Institutionen stützen neue rechtliche Rahmenbedingungen zu schaffen, um einen universellen Umgang mit neuen Technologien erfolgreich gestalten zu können. Die Überwachungsmöglichkeiten wachsen auf der anderen Seite ebenfalls an. Also stellt sich die Frage ob man mit Hilfe des Gesetzes die Ausbreitung einer Technologie verhindern oder in bestimmte Bahnen lenken sollte, vor allem dann, wenn die Durchsetzung dieser Gesetze nur mit Hilfe eines umfangreichen Überwachungsapparates zu realisieren sind (Garfinkel 2000, 236).

In der letzten Zeit ist es zur Problematisierung des Privaten im Zuge der neuesten Modernisierungsprozesse gekommen. In diesem Zusammenhang wurde auch das Recht auf informationelle Privatheit neu formuliert. Älteren Ursprungs allerdings sind die Zusammenhänge zwischen Privatheit, staatlicher Bürokratie und juristischem Diskurs. *Privatheit* müsste zunächst einmal abgegrenzt werden von dem Bedeutungsbereich des *Intimen*. *Intim* hat zumeist sexuelle Konnotationen und geht nicht im Begriffsbereich des Privaten auf. *Privat* hat auch etwas zu tun mit *Geheimnis*, wobei es jedoch auch Staatsgeheimnisse gibt. Insgesamt ist *privat* ein komplexes Prädikat. *Privat* nennen wir im Sinne einer Begriffsbestimmung 1. Handlungs- und Verhaltensweisen, 2. ein bestimmtes Wissen und 3. damit verbundene Räume. Es geht um die Sphäre des Hauses, der Reproduktion, der biologischen Notwendigkeiten und wird als Recht formuliert, alleine gelassen zu werden. Die frei gewählte Ruhe und Einsamkeit und die Kontrolle über seine Umgebung entsprechen der Privatsphäre (Rössler 2001, 13-21).

In einem liberal-demokratischen Rahmen gibt es individuelle Freiheitsrechte. Dabei kann Privatheit auch kulturelle Differenzen umfassen, gemäß dem Ideal der Autonomie und der Authentizität. In einem ethischen Sinne meint es aber gleiche Freiheit und gleiche Privatheit, wobei *Freiheit* und *Privatheit* inhaltlich je verschieden definiert werden können und müssen. Im Zusammenhang mit der Privatheit des Familienlebens spielt die Geschlechterdifferenz, die damit verbundenen unterschiedlichen Rollen und auch die unterschiedliche Teilhabe am Arbeitsleben eine zentrale Rolle. Freiheit, Privatheit und Autonomie gehören wie Selbstbestimmung und Selbstidentifikation zu ein und demselben Begriffskreis. Außerdem wird ein Zusammenhang zwischen dem autonomen und dem gelungenem Leben, also zwischen Freiheit und Sittlichkeit gesehen (Rössler 2001, 21-125).

Privatheit ist also die Voraussetzung der Realisierung von Freiheit, Selbstbestimmung und Selbstgestaltung. Verletzungen von Privatheit schränken eine Person und ihre Freiheit also ein. Im Begriff der Privatheit wird auch die kulturelle Verankerung ethischer Selbstverwirklichung deutlich. Im Übrigen ist darauf hinzuweisen, dass das Internet keine unbegrenzte Kommunikationsgemeinschaft im Sinne von Habermas ist, sondern eine technische Struktur, die bereitgestellt wird. Häufig wird zum Beispiel der Schwangerschaftsabbruch als ein Recht auf dezisionale Privatheit angesehen. In diesem Zusammenhang ist auch die kommunitaristische Kritik an der dezisionalen Privatheit hinzuweisen, die nicht vollständig unberechtigt ist. Angesichts der neuen Technologien und des Übergangs von der Moderne zur Hypermoderne reicht der traditionelle Begriff der entscheidungsorientierten Privatheit oder dezisionalen Privatheit nicht mehr aus. Vor allem sollte berücksichtigt werden, dass informationelle Privatheit auf begrenztem Wissen beruht, da das Internet nicht überschaut werden kann. Es ist auch nicht mehr ausreichend, nur auf sein Recht auf Entscheidungsfreiheit zu pochen, sondern realistischerweise von einer ganzen Reihe von Bedrohungen der eigenen Entscheidungsbefugnis und Privatheit angesichts der neuen Kommunikations- und Informationstechnologien auszugehen. Informationskontrolle ist daher ein neuer und wichtiger Aspekt der Privatheit, da es sich um die Kontrolle über die Selbstdarstellung handelt. Die Privatheit und der Respekt vor dem autonomen Subjekt gehen ineinander (Rössler 2001, 137- 211).

Privatheit meint also *geschützt, unbeobachtet, unidentifizierbar* und *nicht zugänglich* und wird in der Regel technisch durch Anonymisierungsstrategien realisiert. Auf der anderen Seite aber sollte ein positiver Begriff von Privatheit und Autonomie etabliert werden, der letztendlich auf die Befriedigung von Neugierde, auf Spiel und Experiment beruht, wobei Selbstdarstellung eine Bedingung für die neue Form von Privatheit und Autonomie darstellt. Ein Zimmer für sich allein, im wörtlichen Sinn, aber auch im Internet, gibt die Möglichkeit für Selbsterfindung, Selbstdarstellung und Autonomie. Die autonome Ausbildung einer praktischen Identität führt aber letztendlich auch zu einer gewissen Privatisierung der Öffentlichkeit und einer Veröffentlichung des Privaten. Damit wird *Verbergen* einerseits zur Methode im Internet, andererseits aber auch eine seiner Schwierigkeiten und man sollte auch den anderen Aspekt betrachten, dass nicht alles Private für die Öffentlichkeit von Interesse oder von Nutzen ist, so dass auch die Öffentlichkeit vor zu viel Privatem, vor allem auch im Sinne des Intimen, geschützt werden muss. Viele Fehler im Umgang mit dem Internet entstehen aus Mangel an Reife, aus den Dissonanzen zwischen privater und öffentlicher Person. Zudem ist der Schutz des Privaten auch immer ein Schutz von Beziehungen (Rössler 2001, 218-244).

Die Ausbildung der Idee und des Wertes der Privatheit, überhaupt von Werten, ist im Internet nur begrenzt möglich. Die entscheidende Basis für die Ausführung einer Persönlichkeit wird auch nicht im Internet grundgelegt werden, sondern die personale Begegnung zwischen Menschen, genannt *Erziehung*, bleiben. Erziehung hat immer technische Komponenten gehabt, die sich in einer technisierten Lebenswelt noch verstärkt haben. Gerade für die menschliche Gehirnentwicklung ist menschliche Geborgenheit wichtig. Sie beginnt bereits im Mutterleib und wird in der Familie fortgesetzt, auch in Rumpffamilien. Ohne die Wertebasis aber gibt es kein gelingenden *Joy of Use* und auch keine lebensweltliche Praxis. Technik gelingt nur bei Einbettung in menschliche Praxis. Menschliche Praxis aber wird durch das Internet allein nicht erzeugt. Öffentlichkeit setzt Lebenswelt voraus, Lebenswelt ist aber menschheitsgeschichtlich signiert durch zwei Komponenten, nämlich durch Gemeinschaftlichkeit in kleinen Gruppen und durch den Umgang mit Technik, zunächst handwerklicher Art. Erst mit der Urbanisierung entsteht ansatzweise Öffentlichkeit zunächst durch den Handel und den Markt (die *Agora* oder das *Forum Romanum* usw.). Die Familie bzw. kleine Gemeinschaften, die Sippschaften oder der Klan ist der Ort, in dem zunächst einmal Lernen und Experimentieren in einem geschützten Raum gelernt werden muss. Wenn man dann ins Internet geht, sollte man Lernen und Experimentieren eigentlich schon können und nicht erst versuchen, dieses im Umgang mit dem Internet selbst zu lernen.

Eine Internetethik plädiert für die Einbettung der traditionellen Privatheitskonzeptionen und für ein neues Umgangsmodell, nämlich den *Joy of Use* auch mit dem Internet. Aber Kompetenzen müssen eingeübt und gelernt werden, sie entstehen natürlich auch durch den Umgang mit dem neuen Medium selbst. Die Privatheit als Kontrolle ist allerdings nur das moderne Privatheitsmodell, insofern es auf die Internetsphäre angewendet wird. Es ist das Paradigma des *Big Brother* ins Individuelle gewandt. Eine solche Konzeption von Privatheit als Kontrolle ist ethisch gesehen nur als Minimalrecht akzeptabel und nicht geeignet als Basis für eine Internetethik. Das Entscheidungsmodell von Autonomie und Privatheit ist ein Modell des Entweder-Oder, ist ein Abgrenzungsmodell von Autonomie. Wir brauchen aber ein neues Einbettungsmodell, das sich transkulturell öffnet. Das Entscheidungsmodell von Autonomie definiert Privatheit als Kontrolle, die technisch zum Beispiel mit Anonymisierung gelöst zu werden vermag. Privatheit heißt für mich aber Experimentieren, Spielen, Imaginieren, Fantasieren und Wissen Wollen. Internetethik eine selbstkritische Grundhaltung wie die Kritikfähigkeit gegenüber dem Netz erwerben helfen. Insofern läuft eine Internetethik auf ein Kompetenzmodell im Umgang mit Technologien hinaus, wobei eine gewisse Kompetenz im Umgang mit den Dingen selbst erworben werden muss. Man kann nicht schwimmen lernen, ohne ins Wasser gegangen zu sein. Insofern müssen die Elemente eines *Joy of Use* durch den Umgang mit dem Internet selbst gelernt werden. Die ethischen Probleme in diesem Zusammenhang stellen sich mit einer Ethik der Information, der Unterhaltung, der Anregung für eigenes Freizeitverhalten, aber auch für Shopping und E-Kommerz (Irrgang 2007a).

Autonomie hängt eng - wie Privatheit auch - mit der menschlichen Leiblichkeit und körperlichen Bedürfnissen zusammen. In der Moderne war Privatheit das Recht auf eine eigene Entscheidung, also das Vertragsmodell bzw. der *Informed Consent* die Basis für Eigensein, das von Hobbes sogar zur Grundlage des Staatsvertrages gemacht wurde. Heute ist eine Erweiterung des Konzeptes von Privatheit erforderlich, um den Begriff von Privatheit auch für das Internet fruchtbar machen zu können. Privatheit hat zumindest im Internet immer weniger mit Intimität zu tun. Privatheit muss im Internet öffentlich gemacht werden, um eine Arbeit, Freunde usw. zu finden, oder auch nur die Freizeit gemeinsam gestalten zu können. Die Kritik an einer dezisional verstandenen Konzeption von Privatheit und Autonomie übt auch mein Buch *Hermeneutische Ethik* (Irrgang 2007a). Öffentlichkeit ist traditionell eine Frage des Zugangs und des Zuganghabens von Medien. Sie ist verbunden mit einer technischen Infrastruktur, die ihr Träger war. War dies für längere Zeit die ökonomische Institution des Marktes und des Tauschplatzes, an dem nicht nur Waren, sondern auch Ideen ausgetauscht wurden, so entwickelte sich seit dem Buchdruck zumindest ein immer größer werdendes öffentliches Schreib- und Lesepublikum, welche nicht zuletzt auch die Musik und das gespielte Theater umfassten. Internet ist allerdings im Unterschied zu anderen Medien, durch die Experten und Laien, Produzenten und Konsumenten getrennt wurden, ein Medium, das Laien und Experten vereinigt. Insofern sind Trendwenden nicht zuletzt ökonomischer Art zu erwarten.

Jeder mit dem Internet verbundene Rechner ist über die so genannte IP-Adresse identifizierbar, damit der Nutzer auch eine Antwort auf seine Internetanfrage erhalten kann (zum Beispiel die angeforderte Webseite). Ideal wäre, wenn die Vernetzung innerhalb der Gesellschaft von vornherein so konstruiert worden wäre, dass Anonymität technisch grundsätzlich gewährleistet und nur im Bedarfsfall eine Selbstidentifikation durchgeführt wird. Da es jedoch unrealistisch ist, dass ein entsprechendes Redesign erfolgt, ist Folgendes die Aufgabe des technischen Datenschutzes: wenn anonymer Austausch von Informationen innerhalb einer vernetzten Gesellschaft erfolgen soll, ergibt sich aufgrund der Konstruktion der Netze die Notwendigkeit, die eindeutig identifizierenden Merkmale, die das eigenen Gerät im Netz überträgt, in einer Anonymisierungsschicht zu entfernen. Die Nutzung traditioneller Medien wie Zeitungen, Zeitschriften, Radio und Fernsehen, aber auch des Telefons waren anonym. Die Verlagerung der klassischen Medien jedoch ins Internet führt dazu, dass standardmäßig der Zugriff auf Information nicht mehr anonym erfolgt. Insofern ist Kommunikation über Umwege erforderlich. Eine weitere Konsequenz daraus ist die Forderung nach einem Identitätsmanagement (Pfitzmann, Steinbrecher 2003).

Früher war die Anonymität das Gegebene, sozusagen die untere Schicht bei der Nutzung von Medien. Bezahlt wurde mit anonymem Bargeld, Informationen wurden über Medien wie Radio und Fernsehen verteilt, die eine Zuordnung, wer welche Information empfangen hat, unmöglich machte. Daneben wurde mit Briefen oder mit dem Telefon kommuniziert, auch hier war die Grundform der Anonymität gegeben, schwierig war es, diese zu umgehen, und aufwendige Maßnahmen waren notwendig. Mit dem Internet besteht allerdings die Grundannahme nicht mehr, dass Anonymität gegeben ist, die durch Identifikation aufgehoben werden muss, vielmehr ist nahezu sämtliche Kommunikation mit identifizierenden Merkmalen verbunden, die die Anonymität erschweren, wenn nicht gar unmöglich machen und gleichzeitig Verkettungen von Kommunikationsvorgängen erlauben, die früher nur mit sehr großem Aufwand herstellbar waren. Die IP-Adresse ist Grundlage dieser Identifikation, allerdings auch die Voraussetzung dafür, dass ich genau die Information vorfinde, die mich interessiert – gleichzeitig weiß derjenige, der diese speziell auf mich zugeschnittenen Informationen bereit stellt, natürlich auch, wofür ich mich interessiere. Es existieren einige Verfahren, die Anonymität im Internet garantieren. Treuhänder ermöglichen Schadensregulierung im Streitfall. Betrachtet man heute E-Kommerzlösungen im Internet, so wird schnell klar, dass datenschutzfreundliche Technologie zu einem Gewinn für beide Seiten führt. Der Nutzer der, wie viele Studien immer wieder zeigen, heute eine diffuse Angst vor dem Missbrauch seiner Daten hat, wäre geschützt. Die Dienstanbieter, die immer wieder erleben, dass unter falschen Identitäten mit gestohlenen oder erfundenen Kreditkartendaten usw. Einkäufe getätigt werden, hätten die Gewissheit zu ihrem Recht zu kommen. Das eigentliche Problem ist daher: wie viel Verkettbarkeit will man, und wer hat die Kontrolle über diese Verkettbarkeit (Köpsell, Pfitzmann 2003)?

Das europäische Konzept der Autonomie und der Privatheit wird durch Identität konstituiert, japanische Subjektivitätskonzeptionen sind diskontinuierlich und so in gewisser Weise zu klassischen Westkonzepten gegensätzlich. Eine diskontinuierliche Identität meint, dass Subjektivität der Effekt eines Netzwerkes von Relationen und Situationen darstellt. Haben wir in westlichen Gesellschaften mit strengen oder substantiellen Subjekten zu tun die kontinuierlich sind, so meint Privatheit und Respekt vor Privatheit etwas grundsätzlich individuelles, d . h. kontinuierliches Substantielles, etwas das geschützt werden soll, egal in welcher Situation und gleichgültig was auch passiert ist. In der Tat meint Respekt vor Autonomie und Individualität diese Basismoral und die grundsätzliche westliche Norm in der westlichen Kultur. Wenn die japanische Konzeption von Subjektivität nicht permanent, sondern abhängig von Situationen und einem Netzwerk von Relationen, ist, dann gibt es keine Möglichkeit, Privatheit im westlichen Sinne als eine permanente Qualität eines substantiellen Subjektes zu respektieren (Capurro 2005, 37f.). Heideggers Auslegung und Übersetzung des berühmten heraklitischen Fragments: „ethos anthropos daimon" mit dem Satz: „der gewöhnliche Platz, an dem Menschen sich aufhalten, ist die Offenheit" könnte ein Überbrückungsversuch zwischen der Tradition der westlichen und der östlichen Welt darstellen (Capurro 2005, 38; Irrgang 2007a). Privatheit wird also in einem Sinn verstanden, der über westliche und östliche Traditionen hinausgreift, und zwar als Wohnen im Sinne leiblichen Daseins in Situationen und charakterisiert durch Offenheit für Situationen. Dies wäre ein Verständnis von Privatheit auf der Basis von leiblicher Subjektivität und nicht nur von Selbstbewusstsein (Irrgang 2009a; Irrgang 2009d). So könnte eine transkulturelle Öffnung eines cartesisch-westlichen Subjektivitätsverständnisses eine Interpretationshilfe leisten.

Die Kundenkarte, das Handy, die Kreditkarte, alles hinterlässt Spuren, so genannte digitale Fingerabdrücke. Der Besuch einer Website, das Abheben von Geld, all dies ist Anlass für Überwachung. Der Überwachungsstaat ist das Gegenteil und der Gegensatz von Anarchie. Dabei werden ursprüngliche Elemente des Internets zweckentfremdet. In der Zwischenzeit ist die Technologiegesellschaft in ihrer hypermodernen Gestalt eine Spitzel- und Schnüffelgesellschaft geworden. Dabei gibt es Amateure und professionelle Schnüffler. Die M2M-Kommunikation (Maschine-zu-Maschine-Kommunikation) ermöglicht die perfekte Überwachung einzelner Komponenten und ihre Zusammenfassung. So gibt es zum Beispiel schon eine Automatisierung der Justiz bis hin zur Strafzumessung für Bagatelldelikte. Das hat man sich so vorzustellen, Falschparken wird automatisch festgestellt und ohne die Einsicht eines Menschen, ob das Verwarnungsgeld richtig festgesetzt ist. So kann es z. B. zu einer Abschaltung der Zündung kommen, wenn die Steuer nicht bezahlt ist oder der Wagen als gestohlen gemeldet wurde. Automatische Benzinabschaltung kann bei Geschwindigkeitsüberschreitung, Ortung via Satellit, bei Alkoholkonsum oder wenn man falsch in eine Einbahnstraße einbiegt, erfolgen. Die Erfassung von Studenten und ihres Lernverhaltens bis hin zur Kartierung ihrer Liebesbeziehungen anhand des Laptop und Kundenüberwachungen aufgrund Kartennutzung sind die Möglichkeiten der neuen Informationsgesellschaft (Ström 2003, 13-22).

Die digitalen Fingerabdrücke ermöglichen es somit, sich Informationsvorteile, und das heißt Machtvorteile zu verschaffen. Dies kann unter anderem zu wesentlichen wirtschaftlichen Vorteilen führen. Es gibt drei Hauptkategorien von Schnüfflern: Einzelne Individuen, bestimmte Unternehmen, sowie der Staat. Bisher gehören die beiden letztgenannten Gruppen – Unternehmen und Staat– zu den eifrigsten Schnüfflern, während Individuen häufig als sogenannte Hacker auftreten, um eventuell Schaden zu verursachen. Es gibt entsprechend drei Hauptgruppen von Opfern, nämlich Individuen, Firmen oder andere Staaten. Ein solcher Datenabgleich geht leichter vonstatten, wenn man über einen eindeutigen Identifikator verfügt, der mit einem Hauptschlüssel verglichen werden kann. Die Personennummer, die jeder Mensch in Schweden bei der Geburt oder bei der Zuwanderung ins Land zugewiesen bekommt ist ein solcher eindeutiger Identifikator. Deshalb ist die Personennummer in vielen Ländern äußerst umstritten bzw. verboten. Leider besteht ein Gegensatz zwischen Schutz der Privatsphäre und Anwenderfreundlichkeit. Will man das eine haben, kommt häufig das andere zu kurz. Jedoch ist es mittels gut durchdachter IT-Lösungen durchaus möglich, diesen Gegensatz aufzuheben (Ström 2003, 22-24).

Auch an unseren Arbeitsplätzen beginnt das Schnüffeln, das angeblich dem Kampf gegen den Terrorismus dient. „Echelon" ist ein solches Überwachungssystem. Außerdem findet eine Fernsteuerung unserer Computer durch Microsoft statt. Diese Firma hat sich mit ihren Programmen digitale Hintertüren aufgetan, die von Industriespionage bis zur Spionage ihrer Kunden reicht. Schuld daran sind Sicherheitslücken in Softwareprogrammen. So stellt sich die Frage: Lässt autonome Überwachung Privatheit überhaupt noch zu? Im Zweifelsfalle müsste eigentlich der Nutzen der Überwachung bewiesen werden, wenn solche Maßnahmen durchgeführt werden sollen (Ström 2003, 26-30). Im Zusammenhang mit unserem Thema ist ein Ansteigen der Rohdaten zu verzeichnen. Auf der Kreditkarte können zum Beispiel Alkoholeinkäufe, Spieleinsätze, Gesundheitsprobleme, letztendlich auch das Gehalt und der Finanzstand abgefragt werden. So entstehen wachsende Berge persönlicher Daten (Ström 2003, 35f.).

Die Total-Information-Awareness (TIA) von 2001 wurde 2003 in seiner Finanzierung gestoppt. Auch die Europäer sind unter die Lupe genommen worden. Der Grundgedanke war, Verbrechen bereits im Keime zu entdecken und zu verhindern, anstatt sie erst dann zu lösen, wenn sie bereits begangen waren. Dies sollte durch so genannte Profilerstellung erfolgen, d. h. durch die Schaffung von bestimmten Verhaltensmustern verdächtiger Personen. Anhand dieser Muster könnten Terroristen erkannt und unschädlich gemacht werden, bevor sie zur Tat schritten. Das amerikanische Amt für Informationskenntnis hätte dann die Aufgabe, im Rahmen des TIA-Projektes Informationen in Echtzeit zu sammeln - Informationen über den Alltag von Personen die in tausenden von privaten und behördlichen Datenbanken innerhalb der USA registriert sind. Interessante Informationen betreffen: Welche Waren wo gekauft werden, welche Videofilme in Bibliotheken geliehen werde, wie viel Geld sich auf dem Bankkonto befindet, in welchem Geldautomaten Geld zu welchem Zeitpunkt und in welcher Höhe abgehoben wird, welche sonstigen finanziellen Transaktionen getätigt werden, woher Geldüberweisungen auf das Konto stammen, welche Wertpapiere man besitzt, in welchen Kaufhäusern die Kreditkarte benutzt wird, welche Arzneimittel verschrieben werden, welche Personen via Email angeschrieben werden, welche Websites besucht werden, welche Reisen mit welchem Gepäck getätigt wird, welche Gebäude oder Grundstücke man besitzt und wo man früher gewohnt hat, wo welche Fahrzeuge gemietet werden, welche Ausbildung und Lehrgänge man absolviert hat, frühere Straftaten oder Bußgeldbescheide, Ehepartner, frühere

Ehen und Scheidungen, welche Kamera mit biometrischer Gesichtserkennung man wann und mit wem passiert (Ström 2003, 38-40).

Die erwähnten Hilfstechnologien sind Folge-EARS (Effective Affordable Reusable Speach to Text) Programme, für die Umwandlung von Rede in Text. Ein System das der besseren Spracherkennung dient TIDES (Translingual Information Detection Exstraction and Summarization): Programm für die Übersetzung und inhaltliche Zusammenfassung nicht-englischer Texte EELD (Evidence Extraction and Link Discovery): Programm zum Aufspüren und Sammeln schwer zu entdeckender Indizien und Beweismittel aus Datenbanken, HID (Human Identification at a Distance): Programm zur Identifizierung von Personen die sich in einigem Abstand von der Überwachungskamera befinden und an ihrer Gesichtsform und an ihrer Gangart erkannt werden können, MDS (Misinformation Detection System): Programm für die automatische Analyse von Texten, um falsche oder irreführende Informationen zu entdecken (Ström 2003, 41). Allerdings gibt es große praktische Schwierigkeiten bei der Datensammlung, die vor allen Dingen in einer zu großen Fehlerhäufigkeit bestehen. CAPPS II (Computer Assisted Passengers Prescreening System): Wer hier auf eine schwarze Liste gerät wird lebenslang mit Sonderuntersuchungen beim Besteigen eines Flugzeuges bestraft. Das Secure-Flight Nachfolgemodell betrifft letztendlich auch Europäer (Ström 2003, 48-55).

Echelon ist eine Geheimpolizei des Cyberspace. Es gibt hier Überwachung mit ungeheurer Präzision, die auf Spionagesatelliten, Parabolantennen und Abhörschiffe zurückgreifen kann. Hier geht es um Wirtschaftsspionage für amerikanische Firmen. Dabei ist ein Missbrauch von Echolon durchaus möglich. Die Spionage gegen Greenpeace, Amnesty und einzelne Politiker sind bisweilen an die Öffentlichkeit gekommen. Die geheime Cyberpolizei geht gegen wehrlose Individuen vor ohne dass die Möglichkeit besteht, ihre Unschuld zu beweisen. Sie greifen auf Anonymisierung und Chiffriertechnologie zurück (Ström 2003, 58-81). Einkäufe werden systematisch überwacht und zu Kundenprofilen zusammengefasst. Dabei können Kundenprofile durchaus auch positive Folgen haben. Warenprofile werden in den USA schon sehr genau durchgeführt. Daraufhin ist angepasste Werbung möglich, von der auch der Kunde profitieren kann. Z. B. können bei Essprofilen Versicherungsrabatte gewährt werden. Auffälliges Kaufverhalten allerdings wird dokumentiert und kann bei Gelegenheit gegen die Konsumenten verwendet werden. So werden neue Formen von E-Commerce möglich (Ström 2003, 82-90).

Auch die Fahrgewohnheiten im öffentlichen Nahverkehr werden gespeichert. Es gibt PKW-Wegüberwachung, als Black-Box in Autos (genannt Fahrtenschreiber) und Telematik, GPS-Navigation und Fahrerassistenten. Alle können Daten die im Automobil anfallen speichern und gegebenenfalls weitervermitteln, so dass die Feststellung von Fahrerprofilen möglich ist. Die Entwicklung intelligenter Fahrzeuge kann dazu führen, dass automatische Bußgeldbescheide zugunsten der Leihwagenfirma erhoben werden können. Diese gestalten ihre Verträge so, dass Geschwindigkeitsübertretungen an die Firmenleitung weitergeleitet werden und diese dann automatisch die fälligen Bußgelder eintreibt, die allerdings dann auf dem Unternehmenskonto landen und nicht im Staatssäckel. Bei der Versicherungsform könnte allerdings positiv eingewendet werden, dass Versicherungsschutz nur noch erforderlich ist für die Strecken, die man tatsächlich gefahren ist und dabei die Umstände der Fahrt und das Risiko bestimmter Fahrten individuell durch eine Maschine kalkuliert werden kann, so dass auch nur die tatsächlich angesprochene Risikovorsorge bezahlt werden muss. Mautsysteme werden so zu Überwachungssystemen (Ström 2003, 93-108).

Ein Handy verrät den eigenen Standort, ein Mikrochip unter der Haut und GPS für Kinder können Überwachung leisten. Ein weiterer Schritt bedeutet hier die RFID-Technologie zur Identifikation von Personen. Die Videoüberwachung des Eigentums und von öffentlichen Plätzen ist schon Realität. Gesichtserkennung in Läden wird ebenfalls ausprobiert, allerdings mit zahlreichen Fehlschlägen. Kameras die Delikte voraussehen können, Bewegungsmuster von Vandalen vorherberechnen können, eine Reihe von Kameras verfolgen Menschen und Autos. Und schließlich erkennt ein Geldautomat seine Laune (Ström 2003, 114-140).

Auch Software kann neugierig sein. Der digitale Verkehr ist aufschlussreicher als Telefongespräche. Digitales Fernsehen registriert Zuschauerverhalten. Und der Verkauf von Daten über das Verhalten von Fernsehzuschauern ist für bestimmte Firmen durchaus lukrativ (Ström 2003, 167-189). Neue Software vermittelt illoyales Verhalten. Private Emails, Webseiten, Fahrten, Warenklau alles kann festgehalten werden. Wer einmal im Netz war ist immer im Netz, wenn man Namen googelt oder früher kritische Aufsätze ins Netz gestellt hat, liefert man Material für seine Feinde (Ström 2003, 193-199). RAT ergreift das Kommando über den eigenen Computer. Dagegen sollen Crypto-APIs mit Chiffriertechniken helfen. NSAKEY in Windows: Ein Besitzer dieses Schlüssels kann über Fernsteuerung ohne Wissen des Anwenders Änderungen im Betriebssystem vornehmen. Ein offener Quellcode ist die einzige Garantie gegen Hintertüren (Ström 2003, 220). Außerdem könnten intelligente Geldscheine Meldung abgeben über das, was mit ihnen passiert (Ström 2003, 240).

Der Kampf um das Recht auf Dechiffrierung ist einer der wesentlichen Indikatoren. Opportunismus höhlt Demokratie aus. Die Rechtssicherheit ist bedroht. Die zunehmende Möglichkeit, die Fahndung und die Strafverfolgung, an Polizei und Gerichten vorbei durchzuführen wachsen dabei. Verkehrskameras können automatischen Gesetzesvollzug befehlen. Allerdings ist das Risiko einer solchen gesellschaftlichen Überwachung in Fremdbestimmung zu sehen. Polizei, Steuerbehörden und Versicherungsgesellschaften bedrohen in besonderem Maße die Privatsphäre. Dabei gibt es vier Versuchungen nämlich Bequemlichkeit, Sicherheit, finanzielle Vorteile und imaginäre Gerechtigkeit (Ström 2003, 275-289). Also ergeben sich Rahmen für ihre Internetethik folgende Verhaltensvorschriften: 1. Personendaten dürfen nur dann gesammelt werden, wenn die Vorteile die Nachteile klar überwiegen, 2. die Menge der gesammelten Daten ist auf das absolut notwendige Maß zu beschränken, 3. betroffene Personen müssen erfahren können, welche Informationen über sie gespeichert sind, 4. Informationen müssen korrekt und vollständig sein und dem aktuellen Stand entsprechen, 5. Betroffene Personen haben das Recht, falsche Angaben berichtigen zu lassen, 6. die Informationen müssen bestimmungsgemäß verwendet werden, andere Verwendungszwecke sind nicht zulässig, 7. Informationen sind hinreichend zu schützen, 8. Daten dürfen nur für den vorgegeben Zeitraum gespeichert werden, danach sind sie zu löschen, 9. Ausnahmen von diesen Regeln dürfen nur mit Einwilligung der Betroffenen erfolgen, 10. der Inhaber/ Betreiber einer Datenbank bzw. eines Registers ist verantwortlich für die Einhaltung dieser Regeln. Insgesamt ist festzulegen, auch die Überwacher zu überwachen. Die Systeme sind in Zonen einzuteilen, wobei jeder Sachbearbeiter nur Zugang zu den Daten hat, die er wirklich benötigt. Die Befugnis einzelner Personen auf einzelne Daten muss deutlich dokumentiert sein. Die Verwendung von Datensystemen durch Beamte und Angestellte des öffentlichen Dienstes ist zu überwachen und in Log-Dateien zu protokollieren, damit gegebenenfalls genau nachgewiesen werden kann, wer wann wo seine Befugnisse überschritten und mangelnde Sorgfalt im Umgang mit Daten gezeigt hat. Lauschangriffe dürfen nur bei konkreten Verdachtsmomenten erfolgen und nur gegen Personen, die unter dringendem Verdacht stehen. Eventuelle Maßnahmen müssen nach dem Prinzip der Verhältnismäßigkeit erfolgen, das heißt der Überwachungsumfang muss in angemessenem Verhältnis zur Gefahr stehen. Lauschangriffe müssen unter demokratische Kontrolle gestellt werden. Ein Verantwortlicher für die Befolgung dieser Regeln ist zu ernennen (Ström 2003, 312-316).

Warum Schutz der Privatsphäre propagieren, wenn jemand nichts zu verbergen hat? Das wird immer wieder gefragt. Neue Technologien machen es sowieso unmöglich, Privatsphäre zu schützen. Außerdem nutzen die Technologien, die die Privatsphäre bedrohen, und der Schutz der Privatsphäre ist zu kostspielig, das alles sind Argumente, die immer wieder angeführt werden, um Überwachung zu rechtfertigen. Die Angst vor der Überwachung erscheint krankhaft. Aber eine Überwachung der Überwachenden ist erforderlich, sonst wächst deren Macht ins Unendliche und Undemokratische. So versucht man seit dem Aufkommen des Internets die technischen Schutzmittel zu vergrößern (Ström 2003, 326). Datenschutzskandale erleben wir mittlerweile fast im Wochentakt. Das eigentliche Problem bei der Überwachung ist nicht die Überwachung selbst, sondern ihre Rückwirkung auf den Überwachten. Man nennt dies den Panoptikum Effekt. Dieser wirkt kontrollierend, weil Menschen, die unsicher sind, ob sie überwacht werden ihr Verhalten an die Erwartungen des vermeintlichen Beobachters anpassen. Vor allem polizeiliche Überwachungsmaßnahmen nehmen deutlich zu, denn es gibt einen konzeptionellen Wandel in der polizeilichen Arbeit: Statt Verbrechen nach der Tat aufzuklären, will man sie neuerdings vor der Tat verhindern. Der Datenschutz hat versagt. Er behebt den Panoptikum Effekt nicht, sondern verstärkt ihn. Es gibt daher nur einen Weg, um die informationelle Selbstbestimmung wieder herzustellen: Die Rückkehr zur vollständigen Datenvermeidung. Wir müssen uns daher dafür entscheiden, was uns wichtiger ist: ein bequemes Kommunikationsverhalten mit Internet und totale Überwachung oder Freiheit und Nutzungsverzicht. Wir sollten wählen, solange man noch kann (Gaycken 2009).

Ob es den Datenkraken wirklich gibt, der die Datenspuren aller Menschen verfolgt und sie damit bis ins letzte ausspioniert, bleibt das Geheimnis der Geheimdienste. Aber wenn er existiert, hat er die größten Schwierigkeiten, seine Dossiers in Ordnung zu halten. Die meisten Leute unterstellen vermutlich, dass all diese Daten, die es von uns in irgendwelchen Datenspeichern gibt, miteinander verknüpft sind. Hollywood Filme wie „Staatsfeind Nr.1" oder die „Jason Bourne Trilogie" haben in uns die Vorstellung gefestigt, Geheimorganisationen hätten direkten Zugang zu allen Datenbanken, in denen wir registriert sind, und könnten mit wenigen Tastendrücken unser Leben in allen Einzelheiten nach verfolgen. Dazu müsste aber erst ein technisches Problem gelöst werden, welches mit Datenfusion umschrieben wird. Der Name Datenfusion erscheint in der Fachliteratur erstmals 1984 in zwei Artikel aus der Forschungsabteilung des Waffen- und Raumflugzeug Herstellers Lockheed Martin. Datenfusion wird auch betrieben in der Genomforschung, der Marktforschung und vor allem im Kampf gegen den Terror. Der Schlüssel für das Aufspüren von Terroristen ist die Suche nach Aktivitätsmustern, die auf terroristische Verschwörungen hinweisen. Es gab Meinungen, dass sowohl der Bombenanschlag auf das World Trade Center von 1993 als auch der von Oklahoma City 1995 zu verhindern gewesen wären, wenn die Regierung kommerzielle Datenbanken nach der Tätigkeit von Terroristen abgesucht hätte. Allerdings hätte dazu wohl jeder Beschäftigte der USA auf seine Aktivitätsmuster überprüft werden müssen, was viel zu aufwendig gewesen wäre, deshalb stoppte der Kongress das Forschungsprogramm *Total Information Awareness Project* im Jahr 2003. Das bedeutet allerdings nicht dass die amerikanische Regierung keine Datenfusion mehr betriebe. Die offizielle Mauer der Geheimhaltung ist nicht geeignet die Besorgnis der Freiheitsverfechter zu zerstreuen (Garfinkel 2007, 90f).

In der Diskussion gehen alle Beteiligten selbstverständlich davon aus, dass Systeme zur Datenfusion tatsächlich funktionieren. Die Wirklichkeit ist davon weit entfernt. Eines der technischen Hindernisse ist die Qualität der Daten. Viele der Informationen in Datenbanken werden ursprünglich für rein statistische Zwecke erfasst und taugen daher nicht für automatisierte Urteile mit möglicherweise strafrechtlichen Konsequenzen. Viele Leute meinen, ein Programm zur Datenfusion, das einen großen terroristischen Anschlag im Planungsstadium aufdeckt und verhindert, sei jeden Preis wert. Leider sieht es so aus, als sei ein solches Programm überhaupt um keinen Preis zu haben. Datenfusion ist schwierig, weil wir in Daten aus zahllosen Quellen ertrinken, jeder davon mit einem eigenen Maß an Reichhaltigkeit und Korrektheit. Das Problem besteht nicht darin,

Daten zu bekommen, sondern aus ihnen klug zu werden. Hat man eine große Menge Daten, muss man zunächst das Wichtige vom Belanglosen trennen und bisher benötigte man dazu Informationen, die nicht in den Daten selbst enthalten sind. Ein weiteres Problem für die Datenfusion ist das der Identitätsklärung. Wer zu Bob, Rob oder Robert gehört, erst die Identitätsklärung macht Datenfusion möglich (Garfinkel 2007, 92-94).

Aber selbst wenn sie Daten völlig korrekt sind, können durch Datenfusion entdeckte Beziehungen bedeutsam sein oder auch nicht wie z.B. die Tatsache, dass unter ungefähr 30 Menschen in einem Raum zwei am selben Tag Geburtstag haben. Vielleicht planen die vier Leute, die sich jede Woche für eine lange Autofahrt treffen, ja wirklich ein Verbrechen. Oder sie gehören einfach zu demselben Sportverein und fahren gemeinsam zu ihrem allwöchentlichen großen Spiel. Die Erwartungen der Gesellschaft an die Datenfusion sind in der Tendenz übertrieben. Was die öffentliche Debatte über die Datenfusion als Wissenschaftler frustrierend macht, ist die Tatsache, dass so wenige Fakten über die tatsächlich verwendeten Datenfusionsysteme an die Öffentlichkeit gelangen. Das erinnert an die Kryptographie-Debatte der 1990er Jahre, als die US Regierung die Anwendung der Kryptographie einschränken wollte, aber bereits die öffentliche Diskussion dieser Gründe angeblich eine Bedrohung der Nationalen Sicherheit darstellte. Diese Debatte um Überwachungsmöglichkeiten muss dringend in der Öffentlichkeit geführt werden, um weiteren Schaden zu verhindern (Garfinkel 2007, 95).

Selbst wer keinen GPS-Chip in seinem Handy hat, lässt sich orten. Während sich die massenhafte Auswertung solcher Positionsdaten in den USA zum nächsten großen Wachstumsmarkt entwickelt, warnen Experten vor einem Datenschutz-GAU. Unternehmen könnten mit Unterstützung von renommierten Akademikern die Bewegungsmuster von Millionen Menschen in Echtzeit erfassen und auswerten. Erfasst wird sozusagen das Hintergrundrauschen im Alltag des vernetzten Lebens: Logdaten von Mobilfunk-Basisstationen, an denen sich ein Handy an- oder abmeldet, wann immer es eine Funkzelle betritt oder verlässt, die Broadcast-Pakete, die Geräte mit WLAN-Fähigkeit aussenden, wenn sie versuchen, sich mit einer Basisstation zu verbinden, Bluetooth-Gerätekennungen, die GPS-Koordinaten eines Taxis, das einen Kunden aufnimmt oder absetzt, oder die Routenplanung von modernen Assisted-GPS-Geräten, die sich ständig aktuelle Informationen aus dem Netz laden. Aufgrund dieser Daten ist es möglich einen so genannten Mobilitätsgraphen für Verbraucher und bestimmte Orte zu errechnen (Heuer 2009, 44 f.).

Denn, und das ist für große Unternehmen wie z. B. Banken am interessantesten, *Sense* kann innerhalb relativ kurzer Zeit die Daten der anonymen Masse in handliche Segmente schneiden und über deren Mitglieder erstaunlich präzise Aussagen treffen. Wer etwa regelmäßig an einem Flughafen auftaucht, wird im Verbund mit anderen Kriterien als Geschäftsreisender eingestuft, und der Netzwerkbetreiber kann ihn als wertvollen "Lead" an die Werbeabteilung einer Flug-

118

gesellschaft verkaufen. Eine ähnliche Strategie verfolgt die britische Firma Path Intelligence, die sich darauf spezialisiert hat, Handys innerhalb von Einkaufszentren, Bahnhöfen und anderen Versammlungsorten zu verfolgen. Sie kann Einzelhändlern in einer Fußgängerzone so minutengenau verraten, wie viele Kunden sich wie lange in welchem Geschäft aufhalten und wo sie davor und danach waren. Das Unternehmen sammelt dazu nach Angaben von Managerin Sharon Biggar die so genannte Temporary Mobile Subscriber Identity (TMSI) ein – eine Nummer, die allen gerade aktiven Geräten in einer Mobilfunkzelle zugewiesen wird und deswegen für sich allein noch keinen unmittelbaren Rückschluss auf die Telefonnummer zulässt (Heuer 2009, 45f.).

Path Intelligence berät mit dieser Technik bei der Renovierung von Bahnhöfen in London, beim Design von Sicherheitskontrollen in Flughäfen, beim besseren Vermarkten von Einkaufszentren – und hilft zuweilen auch der Polizei, die herausfinden will, ob Häftlinge Handys in den Knast geschmuggelt haben oder wo in einem Gebäude sich Geiseln aufhalten. Pentlands neuestes Buch trägt den treffenden Titel "Honest Signals" – ein Blick auf die unverfälschten, ehrlichen Signale, die jeder Mensch unwillkürlich aussendet, wie ein Hund, der mit dem Schwanz wedelt. Sense Networks ist die logisch zu Ende gedachte Konsequenz von Pentlands Forschung zu sozialen Signalen, denn jeder Anruf, jede Besorgung, jedes Abendessen außer Haus verrät ein Stückchen mehr über einen Menschen, sein soziales Gefüge – und auch seine Zukunftspläne. Koppelt man die Bewegungsprofile mit den anderen Daten, die Firmen entweder intern besitzen oder sich mit automatischen Fischzügen durchs Web besorgen können, wird schnell klar, auf welch wackligen Beinen das Argument der anonymisierten Bewegungsdaten steht. Der Trend aber geht längst in die andere Richtung. Für immer mehr Smartphones gibt es Anwendungen, die Nutzern einen fairen Tauschhandel vorgaukeln, um ausgiebig Nutzerdaten absaugen zu können: Verrate mir, wo und wie du dich bewegst, wer deine Freunde sind, und ich helfe dir beim Einkaufen oder bei der Unterhaltung. Doch wie kann diese Entwicklung gestoppt werden? Beim Datenschutz lassen sich vermutlich nur nachträglich gesetzliche Stolpersteine einbauen, um Firmen und Behörden beim technisch Möglichen zu bremsen (Heuer 2009, 47-50).

Die technische Realisierung von Privatheit im Internet heißt Anonymität. Aber ist ein Nicht-Erwischt-Werden-Können denn bereits Privatheit? Angesichts hypermoderner Technologie können wir Privatheit nicht mehr nur solipsistisch realisieren, sondern durch neue Formen von Solidarität, die nicht mehr institutionell, wie zum Beispiel die Sozialversicherung, sondern technisch-institutionell vermittelt werden (Sozialversicherung ohne Gesundheitsprüfung). Die Grundabsicherung als Staatsleistung (Kranken- und Sozialversicherung inkl. Rentenversicherung) ist das neue Modell. Das Internet macht aber die Privatmedien nicht überflüssig. An mehreren deutschen Universitäten forschen Informatiker an Methoden, wie man Schnüffler aus Datennetzen fern hält. Einst waren sie gefragt als Berater der Politik, doch in einem Umfeld voller Terrorangst verliert ihre Stimme an Gewicht. Als Leiter der Datenschutz- und Sicherheitsgruppe an der TU Dresden beschäftigt sich Professor Pfitzmann seit vielen Jahren mit Dingen wie Kryptographie, Biometrie oder Anonymität im Internet. Pfitzmann ist davon überzeugt, dass staatliche Überwachung und Bürgerrechte nicht zusammenstimmen. Wer argumentiert, er braucht mehr Überwachung, um die Demokratie zu schützen, der hat Demokratie nicht verstanden. Sein Datenverschlüsselungs-Projekt AN.ON verschleiert, was das Internet in seiner Transportschicht (TCP/IP) normaler Weise gern preisgibt: Wer kommuniziert mit wem. Surfer, die Anwender über AN.ON, ansteuern, kann ein Internetserviceprovider weder erkennen noch feststellen, welche Seiten seine Kunden aufsuchen, noch kann ein Serverbetreiber diese Daten abspeichern (Bolduan 2007a, 57).

Natürlich können auf diese Art und Weise bestimmte Verbrechen anonym im Netz durchgeführt werden. Es gibt allerdings noch genug andere Möglichkeiten, den Bösen auf die Schliche zukommen. Entscheidend ist vor allen Dingen die Balance der Interessen, die durch die technische Entwicklung, billiges Aufzeichnen und Auswerten und neue Gesetze schon zu weit in Richtung Überwachungsstaat hin verschoben worden sind. Was in Deutschland völlig fehlt, ist eine Diskussion über die Verbrechen ermöglichende Wirkung von Überwachung, kritisiert der Forscher. Gehört wird er nicht mehr. Das Gesetz ist inzwischen in Kraft getreten. Kriminelle werden nun peinlich genau darauf achten, dass einer der Knoten in einem Land steht, wo keine Vorratsdatenspeicherung existiert. Mit dem verdächtigen Datenverkehr würden sich dann auch gleich Sicherheitsdienstleister aus den anonymitätsunfreundlichen Ländern verabschieden – die Vorratsdatenspeicherung in der EU und in den USA würde damit völlig ausgehebelt. Der entscheidende Faktor für die kontinuierliche Existenz von Anonymisierungsnetzwerken TOR liegt jedoch nicht in der Kombination aus aktiver Entwicklergemeinde und vertrauenswürdiger Open-Source-Software: Entscheidend ist der freie Zugang zur Infrastruktur des Internet (Bolduan 2007a, 58f).

Das Abhören von Funknetzen ist heute beinahe alltäglich. Mit den so genannten IMSI-Catchern nutzen staatliche Angreifer Sicherheitslücken im GSM-Standard und ermitteln die netzinternen Rufnummern aller Nutzer in einer bestimmten Funkzelle. Sie verdächtigen einen überwachen aber alle. Viele der Datenschützer wollen in keinem Fall die Aufklärung schwerer Straftaten behindern. Aber nach wie vor kann man die Überzeugung geltend machen wenn schon, dann müssen diese Maßnahmen so teuer sein, dass es damit völlig indiskutabel ist, eine Massenüberwachung zu praktizieren. Das erlaubt nicht nur die Lokalisierung des Nutzers zu einem bestimmten Zeitpunkt, sondern auch das Erstellen kompletter Bewegungsprofile über die gesamte Speicherungsdauer. Es gilt zu verhindern, dass Bewegungsprofile erstellt werden (Bolduan 2007a, 59f). Der Staat muss akzeptieren, dass in einer freien Gesellschaft jeder einen Kern der privaten Lebensführung besitzt, in dem der Staat nichts zu suchen hat. Wenn ich diesen Grundsatz aufgebe, dann bleibt nichts mehr vor staatlichen Eingriffen geschützt und gesichert. Daher soll zum Widerstand gegen zunehmende Überwachung aufgefordert werden. Insofern bedarf es technischer Kenntnisse, um sich der Überwachung zu entziehen: Verschlüsselungen, Wechsel von Festplatten und Firewalls. Allerdings wäre es noch wichtiger, als diese technischen Lösungen, Einfluss auf das politische System zunehmen, um die Gesetze in einer für den Datenschutz freundlicheren Art und Weise umbauen zu können (Bolduan 2007, 60f).

Die Datenschutzinteressen aller Beteiligten sollten gewahrt bleiben und gleichzeitig eine Strafverfolgung ohne Überwachung möglich sein. Dazu bedarf es allerdings einer ausgefeilteren Sicherheitsarchitektur als sie bislang offenbar installiert werden konnte. Bundestrojaner ist der offizielle Begriff für technische Tricks, mit denen Ermittler über das Internet auf die Computer von Verdächtigen zugreifen und sie durchsuchen. Darüber, wie das vor sich gehen soll, existieren bislang kaum Informationen, bei entsprechenden Nachfragen verweist das BKA nur auf die aktuelle politische Diskussion und weiter ans Justizministerium. Dabei findet sich der Begriff Onlinedurchsuchungen bereits im Programm zur Stärkung der inneren Sicherheit, das Innenminister Wolfgang Schäuble im Oktober 2006 vorgestellt hatte. Das Entscheidende ist daher nicht nur die Software, sondern eine Schulung, die genau sagt, was man am Computer machen darf und was man nicht machen darf. Als kleine Hilfe entwickelt der Forscher mit seinen Studenten Werkzeuge, die Anwendern zeigen, was sicherheitstechnisch im Inneren ihres Computers vorgeht. In diesem Sinne soll *Prime* dem Bürger das Vertrauen in seine digitale Privatsphäre zurückgeben und setzt dabei auf die Minimierung personenbezogener Daten und auf *„Privacy bei Design"* – Datenschutz soll also von Vornherein mit eingebaut werden. So sollen die Bürger technisch in die Lage versetzt werden, eigenständig mit Dienstanbietern auszuhandeln, bis zu welchem Grad sie Daten offen legen – im Rahmen der europäischen Gesetze und dennoch unter dem Schutz von Pseudonymität und Anonymität (Bolduan 2007a, 61-63). Die JonDos GmbH in Regensburg ist ein Nachfolgeunternehmen von universitären Entwicklungen. Denn der Wunsch nach Anonymität ist seine Geschäftsgrundlage: Die Kunden bezahlen dafür, dass sie beim Surfen im Web mit hoher Wahrscheinlichkeit nicht identifiziert werden können. Das JonDos-System arbeitet auf der Basis der Anonymisierungssoftware JAP, die im Forschungsprojekt Anon von der Universität Regensburg, der Technischen Universität Dresden und dem unabhängigen Landeszentrum für Datenschutz Schleswig-Holstein entwickelt wurde. Wendolski war daran als Doktorand der Universität Regensburg beteiligt. Als im Oktober 2006 die öffentliche Förderung auslief, fasste er den Entschluss, die Kommerzialisierung zu wagen. Die JAP-Software steht unter einer Open-Source-Lizenz. Als ernsthafte Konkurrenz betrachtet er nur das kostenlose Anonymisierungsnetzwerk Thor. Gegen das will er mit Qualität und Transparenz punkten (Bolduan 2007b, 24).

Was ist wahr hinsichtlich der Online-Untersuchung? Die Diskussion über die Online-Untersuchung in Deutschland ist nicht nur ein politischer, sondern

auch ein Medienskandal. Gibt es denn überhaupt ein Herumschnüffeln auf privaten Computern durch so genannte Bundestrojaner? Was hinter der Diskussions-
kultur in verschiedenen Publikationsmedien steht ist mangelnde Recherche-
Kultur. Denn behördliches Hacken scheint auf Phantasietechniken zu beruhen,
welche auf breiter Ebene gar nicht durchgeführt werden kann (Schröder 2008,
3f.). Wenn man der Frage nachgeht: Gab es überhaupt einsatzfähige Überwa-
chungsprogramme, die der Debatte um die Bundestrojaner zugrunde gelegt werden können, so muss man mit vielen Fragezeichen antworten. Jedenfalls behauptete die Spiegel- und die Fokusreportage Dinge, die technisch gar nicht möglich
waren. Schäuble wollte im Prinzip keine Aufklärung über die Methode, die Frage, ob Fernzugriffe auf ein Computersystem überhaupt möglich sind, interes-
sierte ihn nicht. Eine Reihe von Falschmeldungen war jedenfalls die Folge einer
überhitzten Debatte (Schröder 2008, 8-16).

Was heißt denn aber überhaupt Kontrolle des Internets? Selbstverständlich
gibt es den Antiterrorkampf im Internet, aber die Frage ist, mit welchen technischen Mitteln er überhaupt durchgeführt werden kann. Natürlich sind verschiedene Arten der Internet-Untersuchung möglich (Schröder 2008, 25-33). Die
Meldung auf Webseiten ist an bestimmte Vorrausetzungen gebunden, vor allen
Dingen an eine IP-Adresse. Selbstverständlich muss ein Überwachungsinstru-
mentarium auch behördlicher Art diese Nummer kennen und auch wissen auf
welchem Rechner diese gerade realisiert wird. Es gab jedenfalls ein entsprechendes Vorgehen bei so genannten Bundestrojanern gegen einen afghanischen Mi-
nister. Dort waren aber die Bedingungen eng umschrieben und die Abhörmaß-
nahmen im engen Umfeld des Bespitzelten angesiedelt, auch die Online-
Durchsuchungen. Es gibt de facto keine Angaben über das technische Spionage-
programm. Eine geheimdienstliche Tätigkeit oder ein Hackerprogramm war jedenfalls nicht im Spiel bei jenem konkreten Fall (Schröder 2008, 41-46). Häufig
kann man in der Presse lesen, dass ein Hacker einen Computer in eine Bombe
verwandeln kann. Damit wird der Hacker zum Schamanen des Internetzeitalters.
Ein Hacker ist ein junger Mann am Rande des Autismus und der Hacker als Be-
amter im öffentlichen Dienst, der Daten stiehlt: All dies sind Varianten des Mythos Hacker. Man tut also in der Presse so, als ob man das machen könnte was
man wollte, obwohl man schlicht keine Ahnung hatte, wie man das polizeiliche
Hacken bewerkstelligen wollte. Terroristen lassen sich durch solch wolkige For-
mulierungen wohl kaum beeindrucken (Schröder 2008, 49-53).

Der Begriff „Online-Durchsuchung" suggeriert, dass Daten auf einen
Rechner übertragen werden, während der Computer „online" ist. Wer die IP-
Adresse eines Nutzers kennt, weiß aber noch nicht immer, mit welchem Com-
puter er unterwegs ist. Ein großes Problem stellt die Paketlösung der Informati-
onsübertragung dar. Will man Informationen von einem fremden Computer
herunterladen, muss man zunächst die richtige Software finden, um diesen
Download zu bewerkstelligen. Wichtig ist die Kenntnis der dafür erforderlichen
Protokolle. Dazu muss als erstes der Protokollstapel durchgearbeitet werden.

Die Konfiguration eines Rechners entscheidet, was mit einem ankommenden Informationsbündel geschieht (Schröder 2008, 55-58). Der Zugang zu einem Computer ist nur durch Ports möglich, dann wenn die Nutzer online sind, sind auch unterschiedliche Zugänge möglich. Allerdings ist es nicht so leicht den richtigen Zugang zu finden (Schröder 2008, 60 f.). *Exploit* ist ein schädliches und gefährliches Programm. Diese Programme setzen aber Sicherheitslücken voraus. Diese muss man ebenfalls kennen. Wichtig ist also das Ziel eines Angriffs, was mit dem Angriff den ausspioniert werden soll. Also ein erfolgreicher Angriff auf einen privaten Computer setzt eine Sicherheitslücke voraus, und diese muss dem Angreifer bekannt sein (Schröder 2008, 63-71). Die behördliche Zwangseinleitung eines Spionageprogramms auf einem Windowsupdate ist allerdings abwegig (Schröder 2008, 73).

Die Aura, die das Internet umgibt, und die symbolischen Formen und Mittel, die mit dem Internet zusammenhängen, beziehen sich insbesondere auf den freien Fluss der Information und die freien Möglichkeiten des Handels. Die Doktrin des freien Flusses von Informationen aber hängt nicht nur mit der Technologie zusammen, sondern stellte eine Ideologie dar, die sich bereits außerhalb des Internets und seiner Entwicklung konstituiert hatte. Sie manifestiert sich im freien Zugang zu allen Datenbanken, die durch weltweite Verträge über freie Telekommunikation gesichert werden. Die Fähigkeiten, privatisierte Netzwerke zu benutzen, um Daten zu übermitteln, setzt die Ideologie des freien Marktes und im Rahmen einer neuen internationalen Handlungstheorie voraus. Jahre der Expansion der Demokratisierung und selbst eines subjektiven Umnutzung von Kommunikationswerkzeugen liegen dahinter mit dem Potenzial eine globale Kommunikationssphäre zu schaffen. In diesem Zusammenhang wirken auch Nichtregierungsorganisationen. Die digitale Konnektivität kann auch für Erziehungszwecke benutzt werden (Sarikakis, Thussu 2007, 1-7).

Allerdings könnte statt digitaler Demokratie auch digitale Apartheid entstehen. Das römische Alphabet und die englische Sprache haben sich durch das Internet weltweit durchgesetzt. Die 5% in Indien, die in Englisch arbeiten und kommunizieren können, gehören zu den Gewinnern. Das Internet kann damit in gewisser Weise auch als Instrument des US-Imperialismus interpretiert werden. Das Internet kann auch als anarchisch angesehen werden, in dem Chaos, Pornografie, Pädophilie, Hacker und Terroristen es sich gemütlich gemacht haben (Sarikakis, Thussu 2007, 1-10). Das Internet ist eine unmittelbare Konsequenz des Informationszeitalters. Es hat zur Voraussetzung (1) das Verschwinden der Distanzen und die Dimensionslosigkeit, (2) den Kollaps des Privaten und des Öffentlichen und (3) die Proletarisierung des Konsums. Taktisches Medium sind das Fernsehen und das Internet insofern, als sie den Fall der Berliner Mauer mitbeschleunigt haben. Die Medien ermöglichen eine Massenbeteiligung an Entscheidungsprozessen (Sarikakis, Thussu 2007, 37-39).

Das Internet ist aber auch ein Werkzeug der Kontrolle und der Herrschaft. Wir haben neue Anlässe für Widerspruch, Kritik und Widerstand. Zensur, Überwachung, Eingrenzung, das Filtern von Software, die implizite Zensur und der Zugang zu bestimmten Webseiten, der durch Regierungen reguliert werden kann, führen zu Formen der Selbstzensur aufgrund äußeren Drucks. Der durchschnittliche Benutzer hat zwei Abwehrmöglichkeiten: die Gegenüberwachung zum Schutz der Identität involvierter Personen im Rahmen der Onlinekommunikation und der Schutz des Inhaltes dieser Kommunikationen. Ein Safeweb ist bis zu einem gewissen Rahmen möglich, allerdings nicht umsonst zu haben. Zentral in diesem Zusammenhang sind Suchmaschinen. Außerdem gäbe es eine Methode, die Startseiten zu personalisieren. Die Überwachung der eigenen Privatheit ist das gemeinsame Interesse von Regierungen und Unternehmen. In diesem Zusammenhang hat sich im Internet der Profit über die Prinzipien durchgesetzt (Sarikakis, Thussu 2007, 63-74).

Seit 1945 oder seit 1950 ist ein tief greifender Umbruch der modernen industriellen Gesellschaft beobachtbar, der häufig und in vielfältiger Form die Rede von einer technologischen Revolution hervorgerufen hat. Die Produktion von Massengütern stellte neue Sicherheitsfragen und die Massenanwendung der Kommunikationstechnologien ebenfalls im gleichen Maße. Massenkonsum erfordert eine Kotrollrevolution nicht zuletzt die Massenanwendung der Kommunikationstechnologisierung. Die Digitalisierung verspricht, die Informationsgesellschaft zu verändern (Beniger 1986, 7-25; Irrgang 2008). Die Organisation der Kontrolle, gesellschaftliche Kontrolle, Kontrolle durch Programmierung und programmiertes Verhalten führen soziale Technologien der Entscheidungsfindung zusammen (Beniger 1986, 34-57). Die Kontrolle der Reproduktion in der Evolution, die Programmierung der menschlichen Kultur, die Überbetonung von Kontrollverhalten und verschiedene Kontrollebenen erhalten nun besondere Wichtigkeit. Die genetische Kontrolle und Designerbabys sind in diesem Kontext nur die notwendige Konsequenz (Beniger 1986, 65-115). Kontrolle und die Rationalisierung des Common Sense führten zur Tradition der Rationalität. Es geht darum, die Kontrolle zu verteilen. Die Kontrolle der Verteilung führt zu einer Rationalisierung des Jobsystems. Die industrielle Revolution hat auch die Krise der Revolution beschleunigt. Schreibmaschine und Telegraf sind weitere Bestandteile einer Kommunikationsrevolution (Beniger 1986, 121-158). Die automatische Kontrolle und Kontrolle durch Automatisierung sind ebenfalls Bausteine einer neuer Kontrollsystemarchitektur. Supermärkte und Shoppingcenter in Verbindung mit Kreditkarten machen den Kunden immer gläserner (Beniger 1986, 341). Die Entstehung des Rundfunks war ebenfalls der Anfang einer neuen Beeinflussung der Öffentlichkeit durch Massenmedien. Auch die Professionalisierung der Marktforschung führte zu besseren Überwachungsinstrumenten der Bevölkerung (Beniger 1986, 388). Die bürokratische Überwachung von Innovationen hängt ebenfalls nicht mit eigentlicher und echter Innovation zusammen (Beniger 1986, 433).

Kontrolle verhindert computerbezogene Risiken nicht. Diese entspringen der Verletzlichkeit der Informationsinfrastruktur. Dabei ist Verletzlichkeit (1)

124

eine Schwäche, die zu unerwünschten Konsequenzen führen kann, (2) eine Gefahr, die aktuell zu unerwünschten Folgen haben kann und (3) ein Risiko, das potentiell unerwünschte Problem hervorbringt. Sicherheit impliziert die Freiheit von Gefahr, dass ein System so funktioniert, wie man es erwartet. Integrität impliziert, dass gewisse erwünschte Bedingungen über die Zeit hin erhalten bleiben. Der Fehler oder das Fehlschlagen eines Systems in einer bestimmten Anwendungsumgebung kann aus verschiedensten Gründen erfolgen. Es gibt eine ganze Reihe inhärenter Begrenzungen sowohl der Technologie wie der Menschen, die mit ihr arbeiten. Bestimmte Grenzen können überwunden werden, weil sie nicht intern sind (Neumann 1995, 1-3). Folgende Ursachen von Risiken sind denkbar: Systemkonzeptualisierungen, falsche Anforderungen an das System, das Systemdesign, die Hardware- und Softwareimplementierung, Hilfssysteme, die Analyse des Systemkonzeptes und des Systemdesigns, die Analyse der Implementierung z. B. durch das Testen oder die Verifikation nach einer bestimmten Methode, Evolution und Missbrauch von Zugangsberechtigungen. Probleme können auftauchen auch während der Systemoperation und im Gebrauch des Systems durch Tiere, Infrastrukturfaktoren, fehlerhafte Hardware, Softwaremissbrauch, Fehler im Kommunikationsmedium und in menschlichen Grenzen bei der Benutzung eines Systems im Hinblick auf die Installation und im Hinblick auf den Missbrauch der Systemumgebung. Gegen all diese Risiken können Gegenmaßnahmen getroffen werden (Neumann 1995, 6-9).

1980 kollabierte das ARPA-Netz, das bevorzug Forschungscomputer miteinander verbunden hatte. Ein Hardwarefehler, entstand durch die Verknüpfung bestimmter Bits, die im Gedächtnis gespeichert waren, ein redundanter Code, der einzelne Fehler entdecken sollte, wurde benutzt für die Transformation und ein spezifischer Algorithmus für die Löschung alter Nachrichten mit verschiedenen unterschiedlichen Zeitangaben führte zum Systemkollaps. Diese spezifische Kombination von Umständen war nicht vorhergesehen worden. Ähnlich ist das Chicago Telefon Desaster vom 19. 11. 1990 zu sehen. Außerdem gibt es Probleme mit der Flughafen-Luftkontrolle. Probleme in der Raumfahrt wurden hervorgerufen durch Softwareprobleme. Mehrere der Probleme involvierten die Softwareimplementation oder Hardwarefehlfunktionen (Neumann 1995, 13-31). Fehlerursache ist häufig das menschliche Fehlverständnis von technischen Funktionen. Redundanz ist ein wichtiger Faktor, um die Sicherheit zu vergrößern. Im Rahmen der Militäraktion ist insbesondere das so genannte „freundliche Feuer" ein Risikofaktor. Risiken entstehen beim automatischen Pilot in der Zivilluftfahrt, im Management der Flüge und in der Flugkontrolle. Auch Zugunglücke sind sowohl auf menschliches wie technisches Versagen zurückzuführen, genauso wie Probleme in der Schifffahrt. Sicherheitsmaßnahmen schaffen ihre eigenen Kontrollprobleme und es kommt zu Unfällen bei Aufzügen, Türen usw. Ein spezieller Risikobereich ist die Sicherheit von Robotern, insbesondere von industriellen Robotern. Im medizinischen Bereich können falsche Bestrahlungsdosen von Maschinen verabreicht werden. Auch klassische elektrische Kraftwerke und Versorgungssysteme haben Sicherheitsprobleme, nicht nur Nuklearsysteme (Neumann 1995, 13-74).

Sicherheits- und Integritätsprobleme hängen oft zusammen. Dabei ist ein absichtlicher Missbrauch von fehlerhafter Bedienung zu unterscheiden. Hinzu kommen mögliche terroristische Akte und einzelne schwache Glieder in einer Kette von Operationen. Es gibt einen Missbrauch durch nicht autorisierte oder nicht erwartete Nutzer wie Cracker oder Hacker, aber auch durch autorisiertes Personal. Sicherheitsunfälle und der Betrug durch Diebstahl per Computer sind ebenso möglich. Außerdem kommen zufällige finanzielle Verluste hinzu. Risiken bei Wahlen, die auf Computer basieren, müssen ebenfalls realisiert werden. Wahlbetrug ist möglich, genauso wie Fehler bei der Sicherheit von Gefängnissen (Neumann 1995, 132-174). Identitäts- und Identifizierungsprobleme gehen bei der Computertechnologie ineinander. Es gibt Versuche, universeller Identifikationsmethoden einzuführen und die Nutzer auf ihre Berechtigung hin zu überprüfen. Hier sind Authentizitätskontrollen möglich. Im Hinblick auf eine Systemperspektive der Computerentwicklung geht es insbesondere um die Ausgestaltung von Interfaces. Nicht vertrauenswürdige Benutzer müssen identifiziert und authentifiziert werden, nicht zuletzt, um Datenschutz zu garantieren. Die Datenintegrität muss gewährleistet werden. Außerdem sollte im Hinblick auf Kommunikation Vertrauenswürdigkeit überprüft werden. Fehlertoleranz und die Robustheit von Algorithmen sind erforderlich (Neumann 1995, 203-212).

Die Überwachung der Internetkommunikation ist ein florierendes Geschäft, vor allen in autoritären Staaten. Wer entwickelt und implementiert solche System und wie funktionieren sie? Es gibt eine ganze Abhörindustrie, aber auch ihre Auftraggeber. Z.B. im mittleren Osten, wo ein Überwachungssystem zu laufen gebracht werden sollte. In Dienst des Kriegs gegen den Terror beteiligen sich viele Staaten nicht zuletzt aus eigenem Interesse. Sie berufen sich auf gesetzlichen Grundlagen bei der Überwachung der Internetkommunikation ihrer Staatsbürger. Es handelt sich also um legale Überwachung. Das macht allerdings kein Staat mehr selbst, außer vielleicht Nord Korea, sondern kauft sich diese Dienstleistung bei großen internationalen Herstellern ein, die ihre Systeme nur noch an die jeweiligen legalen Rahmenbedingungen und Anforderungen an ein Land anpassen. Vier mal im Jahr kann man solche Anlagen auf einer großen Messe besichtigen – bei ISS World Training sind praktische alle großen Hersteller vertreten. Als Privatmensch kommt man allerdings dort nicht hinein (Stieler 2010, 55).

Warum aber viele der Überwachungsansätze nicht funktioniert haben? Im Wesentlichen lag es daran, dass die meisten Hersteller von Internet Überwachungsanlagen aus der Telefonbranche kommen. Dort ist alles noch einiger maßen einfach: man überwacht einen bestimmten Teilnehmer, der aus irgendwelchen Gründen verdächtig ist. Bei der Internetkommunikation ist das anders, wenn man den Absender der Nachricht hat erwischt man automatisch auch den Empfänger. Das gesamte Gespräch geht über eine Leitung. Die Datenmenge, die ich aufzeichnen muss, bleibt überschaubar. Aber wenn man versucht, diese Strategie einfach auf das Internet zu übertragen, funktioniert das nicht. Denn (1) hat man nicht von Anfang an seine Verdächtigen – man will ja vielmehr die allgemeine Kommunikation belauschen, um zu sehen, ob jemand etwas Verbotenes macht. (2) hat man es nicht mit einer Punkt-Punkt Verbindung zu tun, sondern einer Paket basierten Vermittlung. Die zusätzliche Schwierigkeit bestehet nun darin, diese IP Adresse mit der Identität der Nutzer in Verbindung zu bringen (Stieler 2010, 56). Das nächste Problem ist, dass sämtliche Decoder nur den AS-CII Zeichensatz verstanden, also nur lateinische Buchstaben (Stieler 2010, 56).

Die Kommunikationsrevolution der 1990er Jahre hat das Internet verändert und Cyberstalking als eine relativ neue Art und Weise des Angriffs hervorgebracht. Cyberstalking scheint kein gravierendes Problem zu sein und nur wenige Personen zu betreffen. Es kann aber zu ernsthaften Schädigungen und Beeinträchtigungen bis hin zum Mord kommen. Jayne Hitchcock wurde als Autorin Opfer von Cyberstalking, Gegenstand von Spamattacken und im Internet als Sadomasochistin diffamiert. Nicht zuletzt ein Teil der Strategie war die Bombardierung mit E-Mails. Manche modernen Verhaltensweisen hängen von einer gehobenen menschlichen Technologie ab. Cyberstalking benutzt Informationen und bestimmte Umgangsformen, die auf Technologie beruhen. So kann Technologie Individuen terrorisieren. Stalking ist in diesem Fall eine Beeinträchtigung der Persönlichkeit und der Privatsphäre. Es ist nicht nur eine Form des schlechten Benehmens, sondern führt dazu, dass Opfer gejagt, verfolgt und erschreckt bzw. beeinträchtigt werden. Cyberstalking erzeugt eine paranoid erscheinende Welt von unheimlichen und bösartigen sowie zerstörerischen Aktivitäten im Internet. Zum Cyberstalking wird (1) private Information gesammelt und (2) mit dem Opfer kommuniziert, um implizit oder explizit Angst oder Furcht hervorzurufen (Bocij 2004, 1-7).

Datendiebstahl und damit der Angriff auf die Persönlichkeits- und Freiheitsrechte einer Person ist der Anfang, um Verfolgungswahn zu erzeugen. Cyberstalking erzeugt wiederholte Vorfälle und Übergriffe mithilfe technischer Hilfsmittel des Internets, z. B. Software zum automatischen Versand von Mails. Der Versuch, Fälle von Cyberstalking zu identifizieren, ist oft nicht leicht. Meist stehen Rachemotive dahinter und die Benutzung falscher Identitäten beim E-Mailen. Cyberstalking wird normaler Weise von Männern durchgeführt, die Frauen verfolgen, oder von Pediasten, die Kindern nachstellen. Internet ist als Ort zu sehen für diese Gruppen von Männern, um Kinder und Frauen zu treffen. Verbreitung von Schrecken und das Erheben falscher Anklagen sowie der Missbrauch des Opfers sind die Ziele. Ausgangspunkt sind die Versuche, Informationen über das Opfer zu sammeln. Das Ziel ist die Entpersönlichung des Opfers. Dabei werden andere ermutigt, auch das Opfer zu verfolgen. Die Bestellung von Waren und Dienstleistungen im vermeintlichen Auftrag des Opfers gehören ebenfalls zu dieser Strategie. Es gibt auch Arrangements, um das Opfer zu treffen. Diese Form von Cyberstalking kann bis zu physischen Attacken gehen.

Auch Gruppen können zu Stalkern werden und Organisationen zu Opfern. Wir brauchen neue Definitionen oder eine exakte Definition für Antistalking-Gesetzgebung, z. B. um den Account des Stalkers zu schließen. Der Versand von E-Mails mit sexuell belästigendem Inhalt muss unter Strafe gestellt werden. Cyberstalking veranlasst Fluchtverhalten, z. B. Wohnungswechsel (Bocij 2004, 8-17).

Der Fall von John Robinson, der unter dem Decknamen „Slavemaster" über das Internet Frauen suchte, die zu unterwürfigem Verhalten bereit waren, also zu sadomasochistischem Sex, ist hier signifikant. Er ermordete mindestens 6, wahrscheinlich aber 11 Frauen, die er auf diese Art und Weise kennen gelernt hatte. Er wurde überführt und zum Tode verurteilt. Die relative Leichtigkeit, mit der das Internet gebraucht werden kann, um Opfer zu lokalisieren, ist hier ein Teil der Methode. Hat also Cyberstalking eine andere Qualität als Stalking überhaupt? Cyberstalking ist keine Erweiterung des normalen Stalkings. Cyberstalkers kennen auch nicht immer ihre Opfer. Außerdem erzeugen Cyberstalkers auch nicht weniger Schaden als andere Stalker. Stalker nutzen auch nicht vorwiegend Distanzverfahren. Falsch ist es auch, dass Cyberstalker keine glaubhaften Angriffe starten können. Cyberstalking hat dieselben Motive wie Stalking. Cyberstalking ist auch nicht notwendig mit dem Missbrauch von Kindern verbunden. Die Konfrontation zwischen Stalkern und Opfern ist allerdings nicht so direkt wie beim normalen Stalking (Bocij 2004, 19-30).

Cyberstalker sind Erotomanen, psychisch kranke, obsessive und häufig auch zurückgewiesene Menschen. Charakteristisch für Cyberstalking ist (1) eine Hyperintimität, (2) Nähe und Überwachung, (3) Eindringen in die Privatsphäre des anderen und Bedrängen bzw. Erschrecken, (6) Zwang und Gewalt und (7) Aggression (Bocij 2004, 49-58). Die meisten Opfer kennen ihre Stalker, etwa 25% der Frauen werden von Fremden attackiert. Singles und Studenten haben das größte Risiko. Je größer die Kompetenz in der Informationstechnologie wird, umso geringer waren die Einflussmöglichkeiten der Stalker. Stalking nimmt einen erheblichen Raum im Leben der Opfer ein. Bei manchen Opfern führt dies zu Suizidversuchen (Bocij 2004, 73-83). Das Internet ist ein Abbild der Gesellschaft, auch der negativen Seiten. Manche machen andere auf kriminelle Weise zu Opfern. Sexuelle Gewalt am Arbeitsplatz und gegenüber Kindern sind Ansatzpunkte für Cyberstalking. Es geht im Internet um Partizipation am Leben anderer, ohne Angst haben müssen vor irgendwelchen Sanktionen. Dies ist eine Konsequenz der anwachsenden Zugangsmöglichkeiten zu Internet-Technologien. Die Fähigkeit, Aktivitäten zu verschleiern, senkt das Unrechtsbewusstsein im Umgang mit privaten Daten von anderen. Häufig spielt der Einfluss von Alkohol eine Rolle (Bocij 2004, 89-92).

Die Deindividuierung und Entmenschlichung von anderen ist die eine Seite, die Wahrnehmung von Macht und Kontrolle eine andere. Pornografie als Kontrolle über Frauen und der zugefügte Schmerz gehören ebenfalls in diesen Bereich. Internetseiten mit Rapesex sind hier charakteristisch. Es gibt Parallelen zwischen solchen Formen von Sex im Internet und Cyberstalking, wobei ersterer nur selten die Ursache von letzterem ist. Die Darstellung von Elektroschock im Internet ist eine dieser Ausdrucksformen. Es kommt im Internet zur Formierung von Cyberidentitäten, die auf strategischen Zielen beruhen. Die unterschiedlichen Cyberidentitäten für unterschiedliche Gruppen, mit denen man kommuniziert, müssten beachtet werden. Es gibt auch eine Gruppe oder eine Formierung von Gruppen mit unmoralischen Zielen. Der leichte Zugang zur Computertechnologie und die anonyme Struktur des Internets verführen zu nicht ganz sauberen Handlungen, laden zur Bedrohung von anderen geradezu ein (Bocij 2004, 98-106).

Junge Menschen, die sich im Internet sexuell betont präsentieren, unterstützen indirekt Pornografie und Pädophilie. Der schnell anwachsende Gebrauch des Internets durch Pornografie und Pädophilie sind hier anzumerken. Sextouristen gehören ebenfalls in das potenzielle Umfeld. Pädophile sind potenzielle Cyberstalker für junge Menschen. Chatrooms als Diskussionsforen im Internet können auch für Cyberstalking ausgenutzt werden. Das Peer-to-peer (P2P) Internetverfahren und das Teilen von Files macht es schwierig, die eigentliche Identität und die Verhaltensweisen des Nutzers festzustellen. Es ist nicht leicht, Beweisstücke gegen die zu bekommen, welche im Internet in illegale Aktivitäten verwickelt sind. In diesem Zusammenhang ist das Gnutela-Network zu sehen. So veröffentlichten Teenager ihr Tagebuch im Internet mit vereinfachter Software. Camgirls versuchen, ein Einkommen durch Verbindung mit pornografischen Webseiten zu erzielen. Durch das Internet besteht ein anwachsendes Risiko von jungen Leuten, mit Pädophilen oder anderen pornografisch Interessierten in Kontakt zu kommen (Bocij 2004, 113-134). Institutionalisiertes Cyberstalking und die entsprechenden Firmen sind meist im Besitz von einem einzigen Unternehmer. Computerfachleute können Stalker herausfinden. Es gibt falsche und denunzierende Informationen. Cyberstalking kann als eine Form des Mobben aufgefasst werden, aber auch dazu dienen, um damit Geld zu verdienen (Bocij 2004, 138-144). Können Gesetze Cyberstalking verhindern? Der Wille zu schaden muss dem Stalker nachgewiesen werden, damit man ihn verurteilen kann. Ist also Cyberstalking kriminell? Daher muss in dieser Frage die Effektivität des Gesetzessystems bezweifelt werden (Bocij 2004, 163-174).

Eine strikte Kontrolle über die persönlichen Informationen, die einer dem Internet anvertraut, ist daher die Minimalvoraussetzung als Schutz gegen Cyberstalking. Man muss hier im Wesentlichen auf den Common Sense vertrauen. Es sollte kein Blinddate ohne Begleitung eines Freundes geben. Die persönliche Information muss strikt kontrolliert werden. Wer Newsgroups und Chatrooms benutzt, gibt viel persönliche Information preis. Auch Instant Messaging und Usenet enthalten freiwillig gegebene persönliche Informationen, die Stalker nutzen können. E-Mail-Adressen können zum Ausgangspunkt werden für die Informationssammlung von Stalkern. Trojaner und Viren schädigen Opfer, Hacking und das Eindringen in fremde Computer enthält nur ein geringes Risiko

für den Täter. Allerdings sollten Fälle von Cyberstalking und bekannt gewordene Cyberstalker im Netz publik gemacht werden. Man kann sich auch an Selbst-
hilfegruppen wenden. Chatrooms, Newsgroups und andere Dienste des Internets sollten korrekt genutzt werden, um Missverständnisse und Racheakte zu
vermeiden. Außerdem sollten die Sicherheitsmaßnahmen immer auf dem neus-
ten Stand sein (Bocij 2004, 179-203).

Identitätsarbeit im Internet kann von Öffentlichkeitsarbeit unterstützt
werden. Ein allgegenwärtiges Thema sind die Gefahren des Netzes. Der Kampf
um die digitale Identität ist ein Kampf um die Identität des Individuums. Informationen werden als Waren betrachtet, die Profit bringen. Die sozialen Angebote des Internets sind Blogs, Fotosharing, Datind-Comunities, Studierendenplatt-
formen und SMS-Chats. Vom Technikweb wurde die Transformation zum Ot-
tonormaluserweb vollzogen. Es kommt zu einer zunehmenden Überfrachtung
der Nutzer durch die Technik. Für die digitale Identität entscheidend aber ist
das eigene Handeln. Ein Rückzug aus der Digitalität wäre ein Rückzug aus der
Gesellschaft. Aufgrund der Entscheidung Anderer ist es nicht möglich, der Digitalisierung zu entfliehen. Man muss sich also mit der Digitalisierung auseinander
setzen. Die Identität im digitalen Raum ist heute noch überwiegend technisch
besetzt. Notwendig bleiben auch in der Zukunft umfangreiche technische
Kenntnisse über das Medium und seine kulturelle Einbettung, um eine technische, eine persönliche und eine kollektive Individualität aufzubauen. Identitätsarbeit beruht nicht länger auf Verinnerlichung von Regeln, sondern auf Selbstun-
terwerfung und Fremdbestimmung durch Informationsdienste und Kommunikationstechnologien. So kann man von einer Digitalisierung der Lebenswelt
sprechen (Hunner 2008, 12-19).

Da die Produktzyklen immer kürzer und die Vielfalt der Geräte immer größer wird, ist es mit der Kundensouveränität des Normalverbrauchers nicht weit
her. Der bisher rapideste Generationenbruch in der Geschichte der Menschheit
ist letztendlich durch Technologie induziert. Damit ist das Ende der klassischen
Medientheorie verbunden, weil es keine unterschiedlichen Medien mehr gibt.
Auf der anderen Seite könnte man sagen, dass dadurch gerade eine neue Medientheorie und auch eine neue Ethik erforderlich erscheinen. Der Mensch wird angesichts dieses Systems marginalisiert. Maschinen schaffen sich selbst und somit
die Rahmenstrukturen für menschliches Arbeiten und Kommunikation. Was
hilft denn eine Medienlogik, die den Menschen ausklammert? Die digitale Welt
ist als visuelle Welt in ihrer Wirkung genauso real wie die wirkliche Welt. Medien
haben ihre eigene Realität. Dies nicht zu sehen, ist der Irrtum in der Rede von
der virtuellen Realität. Dabei ist auf die Gefährlichkeit von Identitätsverschleie-
rungen hinzuweisen (Hunner 2008, 24-69). Die Berücksichtigung der technischen Dimension in der Medialität des Internets ist erforderlich und zeigt die
Machtkonzentration im Bereich der Massenmedien. Das Modell der diffusen Öffentlichkeit entsteht als Ergebnis des Strukturwandels der Öffentlichkeit (Hunner 2008, 72-117). Die präformierende Wirkung der Technik ist zu betonen. Die

Technik erlaubt ein immer weiteres Unterlaufen rechtlicher und staatlicher Verbote. Der Raum für Technik erscheint grenzenlos. So werden die Grenzen der Technik nicht gesehen. Wie sehr wir heute der Digitalisierung bereits folgen müssen und gezwungen sind, neue Rollen zu spielen wird uns meist nicht bewusst. Eltern sind ihren Kindern kein richtiges Vorbild mehr. Kinder und Jugendliche müssen ihre Rolle angesichts der neuen technischen Lebenswelt neu definieren. Wo Vorbilder und Rollenangebote fehlen, ist die Tendenz zur zunehmenden Atomisierung nicht weit (Hunner 2008, 120-125).

Der Flirtchat kann als Bereicherung des Lebens begriffen werden. Andererseits sind Verlockung und Risiko im Internet sehr nahe beieinander. Denn jedermann kann sich in der Virtuellen Realität verstellen und sich ganz anders darstellen als er ist. Das Treffen mit Chatroom-Bekannten unbekannter Art birgt eigene Risiken. Sie kann gewachsene familiäre Beziehungen gefährden, aber auch der Anbahnung von Verbrechen, nicht zuletzt von Sexualdelikten führen. Die digitale Identität ist nicht nur ein psychologisches, sondern ein stark soziologisches Thema. Identität ist eine komplexe Struktur, die sich von anderen unterscheidet. So ist ein kognitives und emotionales Selbstkonzept bzw. Selbstwertgefühl zu unterscheiden von sozialer Selbstwahrnehmung, persönlichem Erleben und Selbstwirksamkeit bzw. eigener Handlungsmacht. Die Selbstaspekte der Identität sind genauso wichtig wie die öffentliche Identität. Zum Aufbau von Identitätskernen und Identitätsarbeit gehört biographische Narration (Hunner 2008, 127-138). Eskapismus ist nicht mehr Gefahr, sondern reale Auswirkung der virtuellen Realität auf unsere soziale Wirklichkeit. Er könnte zur Fremdbestimmung führen. Mit der Identität im digitalen Raum sind Fragen des Datenschutzes und der Datensicherheit verbunden. Je mehr Informationen im Netz stehen, umso größer ist die Gefahr der Identifizierung. So birgt effektive Selbstpräsentation sehen von außen genauso real aus wie künstliche Identitäten, die für Außenwirkungen geschaffen wurden. Die Chat- und Spielewelt ist keine künstliche Kommunikation. Identitätsarbeit geht in Identitätsmanagement über (Hunner 2008, 138-205).

Die Möglichkeit der Vorratsdatenspeicherungen hat uns immer bewusster gemacht, dass unser Leben diskret sein muss. Privatheit wird zum Luxusgut, erkauft mit dem Verzicht auf manche Annehmlichkeit des digitalen Zeitalters. Mautdaten können zum Beispiel zur Mobilitätsrekonstruktion herangezogen werden. Verdeckte Maßnahmen, zum Beispiel zur Kontrolle der Mitarbeiter oder zur Verhaftung von Verbrecher setzen die neue Technik voraus. Arbeit an sich selbst wird zum Teil des Alltagshandelns. Eine Digitalität ohne Regeln führt zur Dekonstruktion seiner selbst und des anderen, z.B. bei Killerspielen und ihrem möglichen Zusammenhang mit Jugendgewalt. Wissenschaftliche Befunde in diesem Fall sind jedoch uneindeutig. Häufig manifestiert sich in solchen Verdikten die Unkenntnis über das digitale Medium. Sexuelle Belästigung in Chatrooms kann es auch durch Gleichaltrige geben. Phishing und Identitätsdiebstahl sind als die größten Probleme im Internet anzusehen. Der Identitätsdiebstahl wird auch staatlicherseits mit hohen Strafen bedroht und verfolgt (Hunner 2008, 222-276). Spannungen zwischen Freiheit und Sicherheit werden durch mangelnde soziale Kompetenzen gefördert und ziehen weitere Konflikte nach sich. Die Trends, Moden und Leitbilder, sich im Internet zu bewegen, kommen in zunehmendem Maße nicht mehr aus Europa. Wir müssen allerdings nicht fremden Trends hinterherlaufen, sondern es steht in unserer Macht, eigene kulturelle Standards im Umgang mit Technologien zu setzten. So bedürfen wir einer digitalen Bildung und neuer Erzählungen, in denen auch das Nichtwissen eine angemessene Berücksichtigung findet. Die steigende Eigenverantwortung im Netz macht ein refelxives Selbst immer erforderlicher (Hunner 2008, 292-307).

Identität in der Spätmoderne ist kein beliebiges Kaleidoskop. Ausgangserfahrung ist die Dekonstruktion von modernen Identitätsvorstellungen. Die Thematisierung der Dialektik der Aufklärung erfolgt als Dialektik der Selbsttäuschung. Die Identitätskonstruktionen des neuzeitlichen Subjektes sind von der Dialektik der Aufklärung geprägt. Ein possessiver Individualismus, der die individuelle Akkumulation innerer Besitzstände betreibt, ist modern. Es geht um den männlichen Charakter im frühen Erwachsenenstadium, der sich von allen Zwängen freigesetzt hat. Diese Identität autonomer, isolierter, selbstbezogener Individuen in einem Beziehungsgeflecht bedeutet auch die Emanzipation von aller Kontrolle. Dagegen setzt Ethik das Ideal des wohltemperierten Menschen, der sich gesellschaftlichen Veränderungsdynamiken öffnet. Individualität und solidarische Bezogenheit sind keine Alternativen. Nicht zuletzt spätmoderne Mobilitätsanforderungen haben die Basisprämissen der industriellen Moderne fragwürdig werden lassen (Keupp u.a. 2006, 16-40). Die Lebensmuster und die beruflichen Anforderungen post-traditionaler Gemeinschaften sind andere geworden. Umbruchserfahrungen, neue soziale Formationen und Figurationen, Entgrenzung und Patchwork-Familien führen zu neuen Subjektkonstruktionen. Das Hineinwachsen in eine Gesellschaft wird als Baumeisterleistung des eigenen Lebensgebäudes interpretiert. Dazu gehört die narrative Konstruktion von Kohärenz. Allerdings reicht das formale Modell der Kohärenz nicht aus, um Identitätsanforderungen begründen zu können. Die alltägliche Identitätsarbeit und die reale Erfahrung von Anerkennung gehören angesichts der Verunsicherung bisheriger Lebensmodelle zusammen (Keupp u.a. 2006, 42-60).

Identität wird nun als Werden ausgelegt. Die komplexe Rollenvielfalt, die Eingebundenheit in soziale Kontexte, aber auch gesellschaftliche Entwicklung wie Freisetzung und Entwurzelung greifen Ineinander. Mitte der 70er Jahre bricht die organisierte Moderne auf und bietet erweiterte Wahlmöglichkeiten. Die Bastelexistenz gehört dazu. Identität ist nun nur noch als Prozess zu verstehen. Vom Jugendthema zum biografisch offenen Prozess führen die neuen Identitätsvorstellungen. Dabei bleibt eine Grundspannung zwischen Fremdbild und Selbstbild. Die Auflösung von Kohärenzgarantien, der Verlust des Vertrauens in die Stabilität der Geschlechtsidentität sowie die verloren gegangene Notwendigkeit, die damit verbundene Unterdrückung bekämpfen zu müssen, führen zu ei-

132

ner neuen Identitätssuche angesichts alltäglicher Dissoziation. Kohärenz ist nicht als Faktum, sondern als Aufgabe zu verstehen. Dem entspricht ein Bedürfnis nach Durchstrukturierung des eigenen Lebens. Dies kann zur Rückkehr zu verlorenen Glaubenssystemen führen. Auf der anderen Seite ist die Erfahrung der Identität mit der von Alterität verbunden. Identität wird als soziale Konstruktion sichtbar. Die Einheit der Person muss aus der Vielfalt der Rollen herausgearbeitet werden. So kommt es zu einer dialogischen Wende. Diskurs, Macht und Anerkennung gehören zusammen und machen eine Arbeit an der eigenen Geschichte erforderlich. Die Selbsterzählung wird zum Aushandelungsprozess (Keupp u.a. 2006, 65-103; Irrgang 2007a).

Schlüsselfragen der Identitätsarbeit sind Partnerwahl und Erwerbsarbeit; kontinuierliche und diskontinuierliche Erwerbsverläufe müssen verarbeitet werden. Es kommt auch zu subjektiv begründeten Statuswechseln. Der Wunsch nach sinnerfüllter Tätigkeit und Engagement in der Arbeit ist weit verbreitet, für marginalisierte Jugendliche aber schwer zu realisieren. Identität und Intimität driften immer weiter auseinander. Junge Männer bleiben länger in der Herkunftsfamilie und arrangieren sich dort. Für junge Männer ist Liebe zunächst mit Freizeit verknüpft. Von den jungen Frauen werden Liebesbeziehungen hingegen relativ früh als familiäre Projekte wahrgenommen. Sie wollen Verbindlichkeiten. Bei einer homosexuellen Entwicklung ist das Coming Out schwierig. Die Beziehungsverläufe wie alltägliche Partnerschaft, dramatische Entscheidungen und chaotische Verläufe werden differenzierter. Die narrative Überhöhung von Liebe und Leidenschaft bleibt in gewisser Weise erhalten. Identität hängt in zunehmendem Maße von sozialen Netzwerken ab. Die Partnerorientierung nimmt im modernisierten Familienclan zu. Es gibt individualisierte Freundschaftsnetzwerke (Cliquen) und eine Dominanz des Hobbys, allerdings kaum politisches Engagement. Kulturelle wie Ost- und Westmentalität, Türkenmentalität und Minderheiten führen zu weiteren Ausdifferenzierungen in eher regionale Besonderheiten. Dabei wird der Zusammenhang der Lebensbereiche Beruf und Familie angestrengt. Die Normaloption Familie ist verloren gegangen (Keupp u.a. 2006, 111-182).

Identitätsbildung erfolgt als permanente Verknüpfungsleistung, als retro- und prospektive Identitätsarbeit aufgrund von kulturellen, ökonomischen und sozialen Ressourcen durch Selbstnarration und Handeln im Sinne der Ichkonstitution. Teilidentitäten müssen aufgebaut und zusammengefügt werden, biografische Kernnarrationen und ein Selbst-Kohärenzgefühl eigener Authentizität münden in das Gefühl subjektiver Handlungsfähigkeit. Im Kampf um Anerkennung konstituiert sich Identität aus der Perspektive signifikanter Anderer, Projektrealisierung und Selbsterfahrung, sowie im Umgang mit Unsicherheit, Verletzlichkeit und Krankheit. Aufmerksamkeit von anderen, positive Bewertung durch andere, Selbstanerkennung greifen ineinander (Keupp u.a. 2006, 189-263). Zur Ausbildung von Identitätskompetenz gehört ein aufgeklärter Umgang mit bedrohter und gebrochener Identität (Keupp u.a. 2006, 281). Das Wesen dieses

Selbst ist nicht einheitlich, noch sind alle seine Teile stabile Entitäten. Es ist in seinen Aspekten zu erfassen und diese sind selbst wechselnd und zwar durch die ständige gegenseitige Kommunikation. Daher ist die Idee eines flexiblen Selbst in seinen verschiedenen Ausrichtungen im Sinne einer neuen Theorie des Bewusstseins einzuführen (Leeson 1996, 121).

Nicht nur im Zusammenhang mit dem Internet wird von der Dekonstruktion des Selbst, des Ichs und der Persönlichkeit bzw. Person mit dem Privaten gesprochen. Dabei kann man davon ausgehen, dass die akademische und wissenschaftliche Diskussion tatsächlich nicht im entsprechenden Maße mit dem Verständnis und der Erklärung des Selbstes überhaupt beschäftigt ist. Wie Fragmentiertheit und Beziehungslosigkeit sind die meisten Vokabeln dieser Art im Internet zugänglich. Dies ist die Frage, die sich im Zusammenhang mit dem modernen Selbst stellt. Bedeutet das Internet nicht eine neue Art der Bezogenheit und der Beziehung von eigentümlichen Selbsten durch eine neue Technologie? (Surratt 2001, 214f). Private Homepages sind als notwendige Verhaltensmodi anzusehen, um Identität unter den gesellschaftlichen Bedingungen permanenter Transformation entwickeln zu können. Sie stellen einen Selbstdarstellungsmodus dar (Misoch 2004, 12). Identitätsmerkmale sind Prozesse der Individualisierung. Sie stellen die Einzigartigkeit jedes Individuums heraus. Das Selbst behandelt Probleme und Phänomene, die die eigene Person betreffen. Die individuelle Selbstidentifikation geht von Körpermerkmalen aus und umfasst persönliche Meinungen, Ansichten, Gefühle, Gedanken und Verhaltensweisen. Es gibt eine persönliche und eine soziale Identität. Identität wird hergestellt und ist eine Syntheseleistung des Subjektes. Identität und Selbstdarstellung gehören zusammen. Es besteht ein Wunsch nach Präsentation. Selbstdarstellungen aber bedürfen des Publikums und sind in gewisser Weise eine Selbstinszenierung (Misoch 2004, 17-33).

Im Hinblick auf die Genese von Identität gibt es das psychoanalytische Modell der Persönlichkeitsentwicklung und das Modell der Identitätsarbeit mittels Experimenten, genauer gesagt eines Experimentierens mit Rollen. Das sozialpsychologische Identitätsmodell nach Mead umfasst ein Spiel mit Wettkampf und Rollenspiel (Misoch 2004, 35-43). Die Selbstdarstellung im realen Leben beruht auf Körperpräsenz im Spannungsfeld von Authentizität und Simulation. Der menschliche Körper ist Authentizitätsgarant im realen Leben (Misoch 2004, 51-65). In der Postmoderne vollziehen sich gesellschaftliche Transformationen, die sich auf das Identitätskonzept auswirken. Sie bestehen in einer Pluralisierung von Lebensmustern in der Auflösung traditioneller Familienformen, in Reizüberflutung und in der Zunahme an Kontingenzerfahrung. Auf der anderen Seite wächst der Druck auf Selbstvermarktung (Misoch 2004, 78-86). Postmoderne Identitätstheorien gehen von einer Flexibilisierung des Selbstes aus, von Bastelidentitäten bzw. Patchwork-Identitäten. Die Auflösung des Selbst führt zu multiplen Identitäten und Konzepten eines relationalen Selbstes (Misoch 2004, 93-107). Private Homepages meist von Singles zwischen 20 und 40 präsentieren persönliche Hobbies. Die Autoren haben projektive Authentizitätserwartungen, genauso wie die Leser von solchen Homepages. Es geht um Authentizität in der Selbstdarstellung. Auf der anderen Seite können Motive für die Anlage einer privaten Homepage das Ausleben verborgener Seiten der eigenen Persönlichkeit sein. Hinzu kommt der möglicherweise spielerische Umgang mit der Wahrheit, das Vergnügen an Rollen und Identitätsspielen. Hinter allem steht eine flexible und multiple Identität, aber auch stabile Identitäten, die im Selbstrepräsentationsmodus ihre Probleme ausleben wollen (Misoch 2004, 146-185). Angesichts der Umbrucherfahrung und der Entkörperung aller Prozesse in der virtuellen Realität wird mit der Multiplizität der eigenen Identität experimentiert (Misoch 2004, 201-206). Das Private löst sich ins Individuelle auf.

3. Die neue Dimension in der Verfügbarkeit von Information: E-Learning, Erziehung, Wissenschaft, geistiges Eigentum und Plagiate

Im Internet ist ein riesiges Nachschlagewerk entstanden. Die Mitmach-Enzyklopädie Wikipedia zeigt das Potential von verteilter Geistesarbeit. Doch sie muss sich reformieren, um nicht an ihrem Erfolg zu scheitern. Bemerkenswerter als die Geschwindigkeit der Wikipedia ist ihr Zustandekommen. Sie wächst weitgehend selbstorganisiert, ohne eine zentrale Steuerinstanz. Jeder Besucher ihrer Website kann nach Belieben hineinschreiben, ihre Texte bearbeiten und für andere Zwecke entnehmen. Klick auf das Feld „Artikel Bearbeiten" genügt, und der Leser wird zum Autor. Dass ein loser Haufen von Hobbyschreibern die professionelle Konkurrenz bei der Berichterstattung über eine der größten Naturkatastrophen der Geschichte wie bei dem Tsunami am 26.12.2004 hinter sich lässt, demonstriert das gewaltige Potenzial verteilter Geistesarbeit in Computernetzen. Allerdings gibt es auch einige Nachteile. Da es keine Kontrolle gibt, werden abseitige Themen breitgetreten und Wikipedia Schreiben ist Männersache. Die Wikipedia wird sich demnächst vom Dogma der radikalen Offenheit verabschieden müssen. Sie wird nur dann hochqualifizierte Autoren gewinnen können, wenn sie den Erhalt guter Texte sicherstellt. Ein Ansatzpunkt könnte daher eine Funktion zur Bewertung von Einträgen sein, die für eine demnächst kommende Version der Wikipedia Software vorgesehen ist. Eine solche Funktion macht es möglich, hochwertigen Inhalt vor Verschlimmbesserungen zu schützen, indem man den aktiven Zugriff darauf kontrolliert, während weniger wertiger Inhalt zur Bearbeitung frei bleibt (Hürter 2005).

Der Erfolg von Wikipedia zwingt kommerzielle Anbieter zum Umdenken. Doch auch das scheinbare Zukunftsmodell hat erhebliche Schwächen. Nicht nur die vielen schlechten Artikel bedrohen das Unterfangen, sondern auch mutwillige Fehlinformationen, anstößige Darstellungen, zusammenhangloser Blödsinn, Löschungen und Werbung. Noch ist das Ausmaß gering – die Einführung automatischer Vandalismuserkennung Anfang 2006 hat die Anzahl der Vorfälle gesenkt, rund 40% aller Schäden werden mittlerweile automatisch repariert, bevor sie überhaupt jemand zu Gesicht bekommt. Aber die automatische Erkennung funktioniert nicht für alle Arten der Zerstörung gleich gut. Beabsichtigte Fehlinformation etwa, verantwortlich für etwa 20% aller Schäden, ist schwer aufzuspüren und deshalb eine besonders große Bedrohung. Zudem wächst die Zahl der Zerstörungsversuche nach einem kurzen Knick nach Einführung der automatischen Erkennung jetzt wieder exponentiell. Heute mag es also danach aussehen, dass Wikipedia kommerzielle Informationsdienstleister weiter in die Enge treiben wird. Doch es könnte auch passieren, dass die Mitmachenzyklopädie an ge-

136

nau den Eigenschaften zu Grunde geht, die ihren bemerkenswerten Anfangserfolg erst ermöglicht haben (Grötker 2008c, 85f).

Zentraler Bereich für Lehren und Lernen und die Anwendung von Wikipedia ist die Schule, die Ausbildung von Kindern. Kinder sind keine Maschinen, die man nur ordentlich schmieren muss, damit sie funktionieren. Bildung wird aber häufig so dargestellt und eingeführt. Kulturleistungen werden tradiert. Früher durften nur Partner aus relativ ähnlichen Familien heiraten. Damit war eine gewisse Kontinuität in der Kindererziehung gewährleistet. Nun wird auf solche Traditionen nicht mehr geachtet. Hier haben Egowelle und Spaßgesellschaft ihren Ursprung. Die Auflehnung traf auf keinen nennenswerten Widerstand. Die Welt, in die die Kinder heute hineinwachsen, ist komplizierter geworden. Außerdem gibt es viele allein erziehende Eltern. Erziehung ist damit zum Reizthema geworden. Zur Frage steht nur das Beste für unsere Kinder (Prekop, Hüther 2006, 13-18). Entwicklung ist die Entfaltung von Kompetenzen. Kinder kommen mit einer unglaublichen Lernfähigkeit zur Welt und haben auch die entsprechende Entdeckerfreude. Dabei ist nicht jede Entwicklung wünschenswert. Stark macht die Bewältigung von Problemen. Dabei darf man durchaus Fehler machen. Die Vermittlung von Bildung ist in gewisser Weise auch als Prozess des Verschenkens zu konzipieren (Prekop, Hüther 2006, 21-28). Überall auf der Welt geraten diese ursprünglichen familiären Muster zunehmend unter den Einfluss der sich innerhalb der jeweiligen Gesellschaft ausbreitenden und durch die Medien verbreiteten Strömungen und Moden von Wertvorstellungen und Verhaltensweisen. Die Ausbildung sicherer Bindungsbeziehungen ist die erste und wichtigste Voraussetzung dafür, dass auch die weiteren Schritte eines langen und komplizierten Sozialisationsprozesses gelingen können. Damit es Kindern gelingt, sich im heutigen Wirrwarr von Anforderungen, Angeboten und Erwartungen zurechtzufinden, brauchen sie Orientierungshilfen, also äußere Vorbilder und innere Leitbilder, die ihnen Halt bieten und an denen sie ihre Entscheidungen ausrichten können.

Die neuen Kommunikations- und Informationsmedien wollen den Lernprozess der Kinder und Jugendlichen den Erfordernissen der hypermodernen Technologie anpassen. Zu den wesentlichen Charakteristika des Wandels der beruflichen Bildung zählen gewandelte Funktionsbestimmung: (1.) das diskontinuierliche Lernen auf Vorrat wird abgelöst durch eine kontinuierliche Weiterbildung im Sinne des lebenslangen Lernens. (2.) Verschiebung der Inhalte: neben fachlichen Kenntnissen und Fähigkeiten sind immer stärker Kompetenzen und Anforderungsprofile notwendig, die auf Problemlösung, Selbstorganisationsfähigkeit, Koordinierungs- und Kommunikationsfähigkeit abzielen. (3.) Neue Vermittlungsformen, die Bedeutung von informellen Lernprozessen (z.B. kollegiale Gespräche) und nicht formalisierten Lernen (z.B. Qualitätszettel und Projektarbeit) sowie die Nutzung neuer Medien nimmt zu. (4.) Neue Lehr-/Lernkultur: Als wichtigste Eigenschaft treten das selbst organisierte Lernen und das didaktische Prinzip der individuellen Lernmotivation in den Vordergrund (Georgieff u.a. 2005, 3).

Das E-Learning stellt keine neue Lernstrategie, kein Lernkonzept und auch keine Lernmethode dar, sondern bedeutet zunächst die Unterstützung von Lernprozessen mittels elektronischer Medien. Während unter der Inhaltsorientierten E-Learning-Variante die Distribution von meist multimedial aufbereiteter Lehrmaterialien zu verstehen ist, zielen die prozessorientierten Varianten des E-Learning auf die Nutzung neuer Medien zur Gestaltung und Lenkung von Lernprozessen durch den Lernenden ab. Erfolgreiches E-Learning setzt die Fähigkeit und Bereitschaft zum Selbstlernen voraus. Von Einzelprojekten abgesehen, spielt E-Learning in der Erstausbildung an den Berufsschulen des Dualen Systems noch keine große Rolle. Die Evaluation des Förderprogramms neue Medien in der Bildung hat gezeigt, dass die technologisch angestoßenen Entwicklungen zu qualitativen Verbesserungen in der Ausbildung geführt haben. Mehrwert entstand insbesondere bei der Flexibilisierung der Lernorganisation, der Erhöhung der Weiterbildungsteilnahmen, der Effektivierung des Lernaufwandes, dem Praxisbezug durch Modularisierung und der Entwicklung von Praxisgemeinschaften (Georgieff u.a. 2005, 4-7).

Die Möglichkeiten und Modalitäten des E-Learning werden das berufliche Bildungswesen verändern. Jedoch wird E-Learning andere Bildungsinstrumente nicht verdrängen, sondern vielmehr qualitativ ergänzen. Aufbereitung, Darstellung und Qualität der E-Learning Inhalte bilden die entscheidenden Erfolgsfaktoren so wie für die Vermittler als auch die Lernenden und diesbezüglich gibt es noch reichlich Entwicklungspotenzial. Den weitaus größten Bereich des Berufsausbildungssystems umfasst das Duale System als Kombination von Lernen am Arbeitsplatz und öffentlichen Berufsschulen (Georgieff u.a. 2005, 9). Als ein spannendes Experimentierfeld wird das so genannte kollaborative Lernen angesehen. Es gründet sich in vielen Bereichen auf Formen der kooperativen Selbstqualifikation, nutzt nunmehr jedoch die zur Verfügung gestellten Techniken. Dadurch wird es möglich, virtuell und real in Kooperationen zu lernen und zu arbeiten. Die Ausgestaltung solcher Lern-Communities führt jedoch dazu, das in Teilbereichen die Vorteile von E-Learning – hier: Zeitunabhängigkeit – eingeschränkt werden: Lern-Communities müssen geplant werden. Dabei gibt es produktorientierte und prozessorientierte E-Learning Varianten. Zu den Ersteren gehört programmierter Unterricht, Übungsprogramme und Informationssysteme, zum Zweiten Tele-Tutoring, Tele-Coaching, virtuelles Klassenzimmer und Lerngemeinschaften (Georgieff u.a. 2005, 17-19). Dazu muss eine Theorie des organisierten Lernens entwickelt werden. Sie basiert auf der Einsicht, dass letztlich jeder erfolgreiche Kompetenzvermittlungsprozess gleichzeitig die Organisation herausfordert (Georgieff u.a. 2005, 25). Betriebliche Weiterbildungsorganisationen versuchen diese Entwicklung hin zu lebenslangem Lernen dadurch Rechnung zu tragen, dass sie ihre Weiterbildungsangebote enger an situative Bedarfe und Bedürfnisse ausrichten, selbst organisiertes Lernen mit multimedialen

Angeboten unterstützen und dem informellen Lernen einen hohen Stellenwert beimessen. Selbstorganisiertes Lernen steht für einen neuen Typ von Lernkultur (Georgieff u.a. 2005, 37-40).

Die Nachfrager von E-Learning Angeboten sind vor allem Großunternehmen, aber auch kleine und mittlere Unternehmen und öffentliche Verwaltungen (Georgieff u.a. 2005, 51). Bislang hat in der Berufsausbildung das E-Learning noch keine umfassende Verbreitung gefunden. Vordringlich stellt sich die Frage, wie in einem Praxisfeld sich ständig verändernder Prozesse und Qualifikationsanforderungen Ausbildung überhaupt noch geplant durchgeführt und geprüft werden soll. Das Berufsbildungssystem steht vor einer grundlegenden Herausforderung einer Modernisierungsfähigkeit. Außerdem ist Prozess- und Organisationsmanagement in der Ausbildung gefragt (Georgieff u.a. 2005, 57-61). Ein neues Projekt wäre „Online zum Meisterbrief". Allerdings ist eine wichtige Voraussetzung dafür, dass die Kurse von einem erfahren Kursleiter betreut werden (Georgieff u.a. 2005, 65). Die Entwicklung eines medienorientierten Bildungsmanagements wird durch das integrationsorientierte Bildungsmanagement ergänzt. Seine Kennzeichen sind Integration von E-Learning in die Unternehmensstrategie, Symbiose mit Wissensmanagement, enge Verzahnung von Lern- und Geschäftsprozessen, organisatorisch- technische Abbildung in der betrieblichen IT-Landschaft (Georgieff u.a. 2005, 71). E-Learning sollte wie ein Organisationsentwicklungsprozess behandelt werden, bei dem Arbeiten und Lernen eng aufeinander abgestimmt sind. E-Learning – in welcher konkreten Ausgestaltung auch immer – kann nur dann erfolgreich sein, wenn diese Form der Aus- und Weiterbildung von den Unternehmensleitungen nicht nur anerkannt, sondern vor allem auch in den gesamten betrieblichen Kontext integriert wird (Georgieff u.a. 2005, 76).

Hinsichtlich des Lernens kann man allgemein (1.) formales Lernen unterscheiden, das die systematische Wissensvermittlung in Bildungslehrgängen bezeichnet. Es zeichnet sich aus durch Lehrpläne, Zertifikate und ein ehr Lehrer zentriertes Lernkonzept mit klar definierten Zielen. Den (2.) Bereich kann man als das informelle Lernen bezeichnen, das in der Regel unbewusst und beiläufig im Alltag geschieht, wenn eine Person anlassbezogen nach Informationen zur Lösung einer Aufgabe sucht. Eine weitere Unterscheidung ist die zwischen dem so genannten Blended Learning und dem rein virtuellen Lernen. Blended Learning steht für die Verbindung von Präsentlehrveranstaltungen mit multimedialen Lernangeboten. Es erfordert eine eigene pädagogisch- didaktische Konzeption und Organisation von Lerninhalten, eigene Kompetenzen und Qualifikationsprofile auf der Seite der Lehrenden und geeignete technologische Vorraussetzungen. Zahlreiche Varianten ergeben sich durch die unterschiedliche Verbindung von präsenten und virtuellen Lehranteilen und der Gestaltung von Lernmotivation, Interaktivität und Kommunikationselementen, synchroner und a-synchroner Lernorganisation, Phasen des Selbststudiums und der Zusammenarbeit mit anderen (Revermann 2004, 15-17).

Gerade bei vollständig digitalen Lernformen stehen potenziellen Vorzügen Nachteile gegenüber, die durch die Abwesenheit von Lehrenden und Mitlernenden entstehen können. Nachdem die technologische Dimension von E-Learning lange Zeit im Mittelpunkt stand, wächst inzwischen die Bedeutung der Didaktik bei der Gestaltung von Lerninhalten und der Entwicklung von Kompetenzen. Während Kinder im Internet am häufigsten Informationen suchen, Themen recherchieren und Onlinespiele nutzen, spielt bei Jugendlichen das Internet vorwiegend als Kommunikationsplattform eine Rolle, allen voran beim so genannten Instant Messaging und dem Versenden von e-Mails (Revermann u.a. 2007, 6-8). Aller Orten steht virtuelles Kommunizieren, Lehren, Entwickeln, Lernen und Forschen im Fokus zahlreicher Initiativen und Projekte (Revermann u.a. 2007, 21). E-Learning bietet spezielle Möglichkeiten, Schüler spezifisch und bedarfsorientiert zu fördern. Die inhaltsorientierte e-learning-Variante leistet die Distribution von meist multimedial aufbereiteten Lehrmaterialien. Die prozessorientierte Variante des e-learning geht auf die Nutzung neuer Medien zur Gestaltung und Lenkung von Präsenz-Lernprozessen durch den Lehrenden zurück. So kann von einem virtuellen Klassenzimmer gesprochen werden. Grundsätzlich lässt sich unterscheiden Learning by Telling und Learning by Doing. Letzteres ist eine sehr anspruchsvolle Lernstrategie und bedarf einer grundlegenden Einführung und Betreuung durch den Lehrenden, der unterstützt und bei Problemen Hilfestellungen gibt. Das Kollaborative Learning steht für das gemeinsame Lernen in Gruppen und für die Interaktion der Lernenden untereinander (Revermann u.a. 2007, 24-27).

Computer besitzen aber auch ein erhebliches Ablenkungspotenzial, was sinnvolles bzw. notwendiges Lernverhalten beeinträchtigen und auf Kosten der Schulleistungen gehen kann. Dies ist insbesondere dann der Fall, wenn die Computernutzung durch Eltern oder durch Lehrer nicht überwacht wird (Revermann u.a. 2007, 145). Möglicherweise kommt es mit Blick auf schulische Leistungen, als auch auf den späteren Arbeitsmarkt auch unter ökonomischen Gesichtspunkten in der Schule bzw. bei den Schülern nicht generell auf die Fähigkeiten im Umgang mit PC und Internet an, als vielmehr auf die grundlegende Beherrschung der allgemeinen Basiskompetenzen beim Lernen und Wissenserwerb überhaupt (Revermann u.a. 2007, 156), die bereits vor dem E-Learning vermittelt werden müssen. Für Kinder gilt als erstes Bildungsziel in der frühen Lebensphase die Kompetenzentwicklung. Sie umfasst eine Kombination aus Persönlichkeitsentwicklung, Lernkompetenz, die Fähigkeit des Wissenserwerbs und der Wissensanwendung, sprachliche, soziale und motorische Kompetenzen, sowie Medienkompetenz. Selbstgesteuertes Lernen unter der Nutzung von Medienangeboten stellt für Kinder aus bildungsfernen Lebenskontexten eine zusätzliche Hürde bei der Teilnahme an Lernprozessen dar, denn multimediale Lernangebote verlangen eine hohe Selbstmotivation, kognitive Fähigkeiten für Navigationsaufgaben, eigenständiges Strukturieren von vernetzten Lernangeboten sowie hohe Grade von Selbststeuerung (Kimpeler u.a. 2007, 5f).

Auch für die Zielgruppe der älteren Menschen kommt Mediennutzung in Frage. Ihre Mediennutzung hat sich in den letzen Jahren hin zu einer häufigeren und intensiveren Nutzung von elektronischen Medien verändert. Die höchsten Steigerungsraten bei der Internet Nutzung weisen seit 2005 die ab 50jährigen, speziell die über 60jährigen auf. Bei den jungen Alten und den Hochbetagten stellten Computer und Internet aufgrund ihrer Möglichkeiten, auch weniger mobile Lernende zu erreichen sowie Zugangsbarrieren und Nutzungsbarrieren zu verringern, für die Zielgruppe ältere Menschen interessante Alternativen zu herkömmlichen Bildungsangeboten dar. In Zukunft werden Organisationen, die im Beriech Erwachsenenbildung erfolgreich sein wollen auch nicht mehr sich insgesamt dem Komplex E-Leraning für die heterogene Zielgruppe der Älteren intensiver widmen müssen. Das Lebenslange lernen gewinnt zum einen für die persönliche Lebensgestaltung und Kompetenzentwicklung an Bedeutung. Zugleich entspricht diese Konzept in Wirtschaft und Gesellschaft den zentralen Anforderungen auf dem Weg zur Wissensgesellschaft (Kimpeler u.a. 2007, 9-12). Medien können als Fundus für Persönlichkeits- und Lebenskonzepte angesehen werden (Kimpeler u.a. 2007, 29). Es gibt drei Arten von Kindersoftware: (1.) Computerspiele, umfassen Lernspiele und Spiele ohne intendierte Lerneffekte. (2.) Dieser Art von Spielen ist auch die Lernsoftware zuzuordnen. (3.) Gibt es noch kindgemäße Anwendungsprogramme, so beispielsweise kreative Gestaltungsprogramme, z.B. Zeichen- und Malprogramme oder Textverarbeitungsprogramme. Zu unterscheiden sind such spiel- und aufgabenorientierte Software, interaktive Bildergeschichten, Spielabenteuer und virtuelle Spielplätze (Kimpeler u.a. 2007, 47-49). Darüber hinaus gibt es Internetplattformen, Onlinemagazine und virtuelle Klassenzimmer.

Ältere Menschen zeigen ein wachsendes Interesse an Bildungsangeboten und bilden eine wichtige Zielgruppe in der Erwachsenenbildung, die auf Grund der demografischen Entwicklung weiter an Bedeutung gewinnen wird. Computer und Internet stellen auf Grund ihrer Möglichkeiten, weniger mobil Lernende zu erreichen sowie Zugangs- und Nutzungsbarrieren zu verringern, für die Zielgruppe älterer Menschen interessante Alternativen zu herkömmlichen Bildungsmedien dar. Die Entwicklung der letzten Jahre zeigt einen deutlichen Trend zur stärkeren Nutzung elektronischer Medien auch im Alter (Kimpeler u.a. 2007, 90). Für ältere Menschen ist ebenfalls das informelle Lernen im Gegensatz zum formellen Lernen in vorangegangenen Lebens bzw. Lernphasen die wichtigste Lernform. Dabei sind Erwerb und Erhalt von Selbstständigkeit und Selbstbestimmung in diesem Lebensabschnitt eine wesentliche Zielsetzung des lebenslangen Lernens. Bei der Kompetenzentwicklung hingegen kommt es bei älteren Menschen weniger auf die Aneignung von Fertigkeiten und Fähigkeiten, sondern mehr auf den Erhalt vorhandener Kompetenzen an (Kimpeler u.a. 2007, 125).

Computerbezogenes Handeln führt zu einer Neuorganisation alltäglicher Routinen. Es kommt zu einer Verinnerlichung der logischen Struktur der erworbenen Computerkompetenzen. Diese orientiert sich an regelhaften Verständigungsprozessen. Der Computer gestaltet auch die Lernumgebungen. E-Learning verspricht die Möglichkeit der Selbststeuerung von Lernprozessen, die Unabhängigkeit des Lernprozesses von räumlichen und zeitlichen Fixpunkten, die Loslösung des Lernprozesses aus einem Lernverbund, die Möglichkeit der individuellen und unpersönlichen Lernbeurteilung des Schülers und eine Individualisierung des Lernweges. Computerbezogene Lernrisiken sind bislang kaum fundiert untersucht. Die Lernumgebung erfordert den Umgang mit formal-symbolischen Objekten. Die Entwicklungspotenziale für das mathematisch-logische Denken sind hervorragend. Aber sie prägen geschlechtsspezifische Merkmale stärker aus. Der nüchterne und pragmatische Technikumgang schlägt auf die Erziehungs- und Lernziele durch. Die Computer-Rollenzuschreibung dominiert insgesamt das Paradigma des E-Learning. Das Spielerische gegen das Leistungsorientierte ist unterrepräsentiert. Das Intuitive gegen zweckrationale Handlungsstile unterrepräsentiert. Sanfte gegen harte Beherrschung nicht gleichberechtigt. Der emotional subjektive gegen den kognitiven Zugang benachteiligt. Insgesamt gibt es Probleme bei der Inhaltsanwendung und beim Gebrauchsbezug des Lernens im E-Learning Bereich, gegen die instrumentelle Optimierung und Beliebigkeit. So entsteht durch E-Learning die Gefahr der Überanpassung (Famulla u.a. 1992, 179-214).

Neue Technologien gehen davon aus, dass der Arbeiter nicht nur seine Arbeitskraft, sondern auch seine Lebenskraft in das System einzubringen habe. Die technologische Arbeitslosigkeit könnte verstärkt werden, die Rationalisierungsverlierer anwachsen. Die hauptsächlich an programmgesteuerten Arbeitsmitteln orientierten Arbeiten können im Vordergrund stehen, wobei sich am Stress hier wohl nichts geändert hat. Die Beeinträchtigung von Kommunikationschancen ist vor allem im Dienstleistungssektor ein relevantes Problem. Gefährdet sind insbesondere Frauen. Die Zerstörung traditioneller betrieblicher Strukturen ist besonders für ältere Arbeitnehmer mit Angst und Unsicherheit verbunden. Außerdem kommt ein erhebliches intensivierendes Kontrollpotenzial der neuen Technologien hinzu (Famulla u.a. 1992, 237-255). Gefährdungspotenziale bei computerbezogenem Arbeitshandeln sind Belastung, Kontrolle, Erfahrungsverlust, flexibler Personaleinsatz, größere Konzentrationsanforderungen und Angst und Unsicherheit der Facharbeiter. Hier handelt es sich um Formen erlernter Hilflosigkeit. In der Arbeit mit computergesteuerten Maschinen nimmt das relative Gewicht von Stör- und Sonderfällen zu. Insofern sind jetzt Lernbereitschaft, Eigeninitiative, Flexibilität die neuen Erfordernisse für den Arbeitsmarkt. Selbststeuerungsfähigkeiten werden im Beruf und im Alltag immer dringlicher. Mit steigenden Leistungsanforderungen, einer Intensivierung der Arbeit, höherer Leistungskonkurrenz und Gesundheitsbelastungen entstehen Fragen des Arbeitsschutzes. Die Zunahme von psychosozialen Belastungen wirkt sich auch auf die Gesundheit der Menschen aus. Technische Kontrolle und Überwachungssysteme, Beschränkungen der Kommunikation der Arbeitnehmer erfordern Über-

legungen zu Entwicklungspotenzialen zur Zurückgewinnung von Handlungsspielräumen. Man muss Überschussqualifikationen an den Arbeitsplatz bringen.
Experten und die dazugehörigen Wissensingenieure bedürfen einer zusätzlichen
Ausbildung. Die Umstrukturierung des Anforderungspotenzials durch Arbeitnehmer ist zu berücksichtigen. Die Arbeitsvollzüge an computerisierten Arbeitsplätzen folgen immer weniger den Intentionen der Arbeitenden, sondern
sind immer mehr an die Programmstruktur gebunden. Trotzdem ist implizites
Erfahrungswissen erforderlich. Für die Rationalisierungsgewinner kommt es zu
einem Machtzuwachs. Die Handlungsfähigkeit in den Konflikten des Alltags
muss erhalten bleiben (Famulla u.a. 1992, 258-313).

Ein demokratisches Profil innerhalb des E-Learning muss sich erst noch
entwickeln, denn E-Learning hat in sich selbst ein antidemokratisches, autoritä-
res Potential (Lockard, Pegrum 2007, 1). Mit ihr verbunden sind neben einer Bürokratisierung des Lernens insbesondere Aspekte eines virtuellen Lernens (Lockard, Pegrum 2007, 13-16). Erziehung gilt in einer supermodernen Gesellschaft
als Vorbereitung auf den Einsatz in der Wirtschaft. Daher ist die wirtschaftliche
Brauchbarkeit des Gelernten von ausschlaggebender Bedeutung (Lockard, Pegrum 2007, 35). Das E-Business und die digitale Lücke sind zentrale ethische
Probleme des Internets, die sich auch auf Weisen des E-Learning durchschlagen
können. Höhere Erziehung soll ökonomische Vorteile bringen (Lockard, Pegrum 2007, 71). Insgesamt werden das E-Learning und das Internet die Umstrukturierung der höheren Erziehung durch die Bedürfnisse der Wirtschaft eher beschleunigen (Lockard, Pegrum 2007, 87). Lernen und Erziehung ist immer
schwierig. Dabei gibt es Lernen, um etwas zu wissen, und Lernen, um etwas zu
können. Das Problem besteht darin, Nutzung zu lernen. Außerdem haben wir es
im Zusammenhang mit Computer und Internet mit einer neuen Generation des
Lernens zu tun, nämlich mit der „User self Instruction". Dabei gibt es den Drill
und den Praxiszugang zum Lernen. Die Leute wollen keine Benutzerhandbücher
lesen und daher brauchen wir einen Ansatz, der mit minimaler Belehrung auskommt (Caroll 1990, 1-7).

Mit digitalen Plattformen wie *Edunex*, die das individuelle Zuschneiden des
Lehrstoffs erlauben, zeigen Schüler bessere Lernerfolge. Trotzdem finden diese
Systeme in Deutschland kaum Beachtung. Andere Länder sind weiter. Die Schule funktioniert nach einem neuen Modell. Der Lehrer erklärt die Aufgabe, die
Schüler sammeln im Internet Informationen darüber, stellen sie in die Datenbank und schreiben ihre eigenen Gedanken dazu auf. *Edunex* steht für Education
Next Geneartion und ist eine von *T-Systems* entwickelte multimediale Lernplatt-
form, die Schülern und Lehrern einen individualisierten Unterricht über das Internet ermöglicht. Die Anwesenheit in der Schule während der Durchführung
der Aufgabe ist nicht mehr erforderlich. So können die Trainingseinheiten als
Hausaufgaben konzipiert werden für Schüler, die zusätzliche Hilfe brauchen e-
benso wie z. B. für Zirkuskinder, von denen es in Deutschland rund 1200 gibt,
und die nicht immer vor Ort sind. Ihre Lehrer sitzen oft hunderte von Kilome-

tern entfernt in ihrer Privatwohnung und steuern den Unterricht für ein Dutzend und mehr Heranwachsende, die bei der Gestaltung des Unterrichts mitbestimmen können. Charakteristisch sind das offene Lernfeld und die individuellen Lernpläne des Projektes. Die Schüler melden sich über einen integrierten USB-Stick mit integriertem Fingerabdruckscanner bei *Edunex* an. Dieser *Edukey* genannte Schlüssel speichert gleichzeitig auch alle persönlichen Einstellungen. Der Vorteil dabei ist, dass die Schüler nicht zwingend über einen eigenen Laptop oder PC verfügen müssen, sie können von überall auf die Lerninhalte zugreifen. Hat sich der Schüler identifiziert, lädt der *Edukey* direkt über den Browser des Rechners und eine verschlüsselte Verbindung die Schulumgebung herunter. Dort überwacht der Edukey darüber das der Schüler im Internet für seine Aufgaben nur die durch die Schule freigegebenen Webseiten besucht (Ilg 2010, 34-36). Skandinavier und Angelsachsen sind viel pragmatischer als Deutsche und lassen sich ehr auf neue technische Lösungen ein. Den in Deutschland mangelt es nicht nur an fehlenden Inhalten für die E-Learning Systeme oder an fehlenden Investitionen der Bundesländer, sondern vielfach auch an deren Bereitschaft von Lehrern, moderne Unterrichtsmethoden anzunehmen (Ilg 2010, 36-39).

Der übergreifende Zusammenhang, in dem Leiblichkeit entsteht, ist normativer Natur, sowohl sozial institutioneller wie moralisch normativer Art und damit auf Tradition angewiesen. Die Gehirnexplosion ist die Quelle menschlicher Leiblichkeit, sie ist zugleich die Quelle unserer Kultur. D.h. menschliche Körperlichkeit muss im Lichte der Fähigkeit des menschlichen Gehirns interpretiert werden, um das Phänomen Leiblichkeit physiologisch und anthropologisch, d.h. objektiv und von außen her begreifen zu können. Diese objektive Annäherung an menschliche Leiblichkeit aber ist der zweite Weg. Menschliche Leiblichkeit ist conditio sine qua non für die Entwicklung menschlicher Personalität. Ihr ist daher eine indirekte moralische Würde angemessen und zuzuschreiben. Die eigene Freiheit wird nicht im Hinblick auf Natur, sondern auf das eigene Machenkönnen erlebt. Leiblichkeit ist Bedingung der Möglichkeit von Machenkönnen und Moralität. Das Gehirn, speziell die menschliche Großhirnrinde, ist der Ort für die biologische Seite des Tier/Mensch-Unterschiedes und der biologische Ort für Leiblichkeit. Leiblichkeit ist konstituiert durch Zeitlichkeit und Räumlichkeit, durch Veränderung und Endlichkeit, durch Entwicklung, Geburt und Tod. Die Einheit menschlich-leiblicher Entwicklung als Ort der Selbst- und Ich-Empfindung wird anthropologisch durch die Gehirnentwicklung dominiert. Leiblichkeit ist zuförderst ein Erlebens- und Wahrnehmungsphänomen, ein Selbsterlebensphänomen.

Leiblichkeit ist konstituiert durch menschlich-leiblichen Geist, also durch das Ineinander von Erkennen und Handeln. Zentral hierfür ist Reflexivität und implizites Wissen. Leitend ist die implizite Verankerung der Personalität des Menschen in seiner Leiblichkeit. Es kann daher von einer Intentionalität der menschlichen Leiblichkeit gesprochen werden. Leiblichkeit kann aus der Teilnehmerperspektive selbst erlebt werden, aus der Beobachterperspektive kann

Leiblichkeit nur rekonstruiert werden und ist dann Interpretationskonstrukt und kann in der Außenperspektive auf Körperlichkeit reduziert werden. Leiblichkeit ist aber auch eine bewusstseins-unabhängige phänomenale Einheit, wenn menschlicher Körperlichkeit Subjektivität unterstellt wird. Diese Subjektivität garantiert ein Integrationsvermögen und letztendlich die Erinnerungsfähigkeit mit Bezug auf die Totalität eines Leiberlebens. Die Ganzheit des Vollzugs ist für Subjektivität und damit für den Leib konstitutiv. Somit gehört Leiblichkeit des Menschen letztlich in den nicht objektivierbaren Bereich, der der naturwissen-schaftlichen Forschung allein nicht zugänglich ist. Es muss Reflexionswissen-schaft, d.h. letztendlich Philosophie dazu kommen, um eine Anthropologie der Leiblichkeit des Menschen sowie die des verleiblichten Geistes konstituieren zu können. Die Gestaltung der eigenen Leiblichkeit z. B. hinsichtlich Gesundheit und Krankheit, aber auch in gewisser Weise auf ihre mehr oder weniger durch-trainierte Gestalt hin, ist abhängig von einer Selbstinterpretation, d.h. abhängig von einer Vorstellung, die der Mensch von seiner eigenen Körperlichkeit und Leiblichkeit hat bzw. entwickelt (Irrgang 2007b; Irrgang 2009a).

Die Webutopisten versprechen preiswertes Distanzlernen, virtuelle Univer-sitäten, Videokonferenzen und neue Kommunikationsformen zwischen Profes-soren und Studenten, Lehre und Lernen in neuen Umgebungen, elektronische Klassenzimmer, wobei das Ziel erfolgreiches Lernen bleibt. Der Entwurf eines Kurses im Sinne von aktivem Lernen und persönlichem Forschen und Befragen ist nicht so leicht zu bewältigen. Das Lernen soll in neue Erziehungs-Technologie-Konzepte integriert werden. Dieser Ansatz des Lernens erleichtert die Teamarbeit. Die Zusammenarbeits-Erziehung wird besonders dringlich. Im Sinne von „distance learning" gibt es Videos und Kurse, auch eine Online-Bibliothek mit visualisierter Informationsumgebung. Die meisten der jetzt ange-griffenen Projekte sind noch offen. Wie lassen sich aber hohe Standards bei der Internetbenutzung sichern? Die Hinweise auf umfangreiches Material im Inter-net machen dieses Problem besonders dringend. Allerdings zögern manche Pro-fessoren und Studenten angesichts des ungewohnten Materials und der neuen Techniken, mit dem der Umgang erst noch erlernt werden muss. Und dies miss-lingt meist am Anfang. Dabei gibt es hier die Chance, neue Formen der Motiva-tion einzuführen sowie neue Formen der Kreativität einzuüben (Sneiderman 1998, 10-14).

E-Learning ist technologiebasiertes Lernen. Mit Hilfe der neuen Medien (Multimedia) kommt es zur Verteilung jeglichen multimedialen Inhalts über un-terschiedliche elektronische Distributionskanäle. E-Learning verspricht eine zeit- und kostensparende Fortbildung in jeweils lernbezogenen Arbeitsumge-bungen, die der Adressat freiwillig wählen kann. Lernen im Park ist genauso möglich wie auf dem Balkon oder im Garten. E-Learning macht Wissen, Bildung und Training unabhängig von Zeit und Ort. Die Nachteile bestehen darin, dass das Feedback der Lernenden eingeschränkt ist. Außerdem sind Multimediakurse schwierig zu realisieren und es kommt zu einer gewissen Isolierung beim Lernen.

Nicht alle Schulen, Universitäten usw. haben zudem die richtige Technik und die richtigen Zugänge, um ein virtuelles Klassenzimmer bzw. einen virtuellen Hörsaal zu erzeugen. Eine Unterabteilung des E-Learnings ist das mobile learning (M-Learning), das Lernen auf Reisen bzw. unterwegs. Kern dieser Art des Lernens ist ein mobiles Endgerät im mobilen Umfeld z. B. in einem Verkehrsmittel. Diese Form des E-Learnings ist ein Web basiertes Lernen. Lerninhalte kommen über das Internet, das Intranet bzw. das Extranet, der Audio, Video, Satelliten, Rundfunk und interaktives Fernsehen oder einfach per CD-ROM. Lernsoftware wird in vielfältiger Form angeboten und soll Wissen übermitteln. Ein virtueller Klassenraum soll entstehen, wobei es noch keine Standards für E-Learning und M-Learning gibt. Die Software ist oft höchst unterschiedlich.

Es herrscht eine weit verbreitete Skepsis über den erzieherischen Wert des Internets. Dies ist die Meinung nicht zuletzt wegen der innigen Verknüpfung mit dem Geschäft. Internettechnologien entscheiden sowohl über unsere Begriffe des Wissens und der Erkenntnisse sowie über unsere Konzepte des Lehrens. Als generelle Charakteristiken des E-Lernens können gelten

(1) dass das Internet keinen realen Einfluss auf andere Medien hat und uns nur helfen kann, einige Dinge zu tun, allerdings sehr viel effizienter;

(2) dass es einige neue Praktiken geben mag, die unser erzieherisches Repertoire ausweiten können, Videokonferenzen oder die elektronische Suche nach Texten;

(3) die Meinung, dass das neue Medium einen Unterschied macht, ja sogar einen fundamentalen Unterschied, indem es neue Konzepte von Textübermittlung, neue Formen der zwischenmenschlichen Beziehungen und Perspektiven von Identität und Gemeinschaft sowie neue Wege zur Manipulation von Bildern eröffnet;

(4) Die offenkundige Billigkeit und Effizienz des Internets als ein Medium zur Auslieferung von Lernmaterial bietet Möglichkeiten von hoher Partizipation in der Erziehung im Zusammenhang mit der lernenden Gesellschaft. Gefordert sind in erster Linie Lehrer und Konstrukteure von Lernmaterial (Blake/Standish 2000, 2-11).

Der eigentliche Begriff des Lernens ist theoretisch unterbestimmt. Die Benutzung des Internets durch Kinder verdient Beachtung. Internetseiten sind zur Standardquelle der Information für Kinder bei ihren Hausaufgaben geworden. Sie konsultieren hier die entsprechenden Webseiten. Hervorzuheben ist der hermeneutische Charakter des Internet. Der phänomenologische Charakter der Interfaceerfahrung passt hier hinein. Allerdings gibt es Strukturen und Voraussetzungen des Verstehens. Ein kulturelles Vorurteil ist oder besteht in einem eigentümlichen Set von Glaubensinhalten, Interessen und Konzeptionen. Davon abhängig ist das Verstehen des Menschen. Es liegt ihm ein perspektivisches Verständnis zugrunde. Insofern fordert sich ein Konzept eines hermeneutisch konzipierten Lernens. Hervorzuheben ist ebenfalls der Perspektivismus von Interfacezentren und das visuelle Feld. Die perspektivische Natur des menschlichen Verständnisses an sich wird durch das Internet noch hervorgehoben (Blake/Standish 2000, 80-91). Dabei lernen Kinder den Umgang mit dem Internet spielend und offenbar die Fähigkeit zur Maschinenschrift in erheblichem Maße auch ohne Kurse gleich mit.

Unsicherheitsfaktoren sind das chaotische Wachstum des Internets, seine ungeheure Größe und die Kommerzialisierung – es geht nicht um Wahrheit. Auch ist die Qualität der nichtkommerziellen Seiten nicht immer garantiert. Kann man daher das Web als eine Bibliothek bezeichnen oder gar nutzen? Digitale Bibliotheken erfordern bessere Suchmaschinen, sie bieten aber letztendlich nur Information. Die Anleitung dazu, die richtigen Fragen zu stellen, ist nicht überflüssig geworden. Insofern stellt die Verknüpfung der Webseiten ein gewisses Problem dar. Die Kunst, Texte zu erschließen, muss eingeübt werden, mit und ohne Internet (Blake/Standish 2000, 109-120). Das Internet gibt Anregungen zur Suche und zum Erproben bzw. Erforschen. Anleitung und Autonomie beim Lernen werden vom Internet berücksichtigt und betont. Demokratischer oder postmoderner technologischer Zugang zum Internet ist möglich. Erfahrungen mit Führung und Leitung sind ebenfalls erforderlich (Blake/Standish 2000, 124-132). Im Internet treten Wellen von Information auf. Informationssammlung entsteht statt Evaluierung des Kontextes, der Struktur und von Kritik. Die Architektur und die Wohnung des Wissens sind erst zu schaffen. Eine Lernumgebung muss ebenfalls erst geschaffen werden und Computerkonferenzen haben nur Erfolg, wenn sich die entsprechenden Teilnehmer schon von vorher kennen (Blake/Standish 2000, 135-143).

Wird also der elektronische Text das Buch ersetzen? Die Ideen einer neuen Generation brauchen ein neues Medium, aber das Buch wird wohl nicht ersetzt werden. Eine nicht zu unterschätzende Gefahr ist die Reduktion der Kenntnis auf Information (Blake/Standish 2000, 185). Für die Erziehung über größere Distanzen hinweg ist insbesondere die Präsentation des eigenen Ich in der Onlineinteraktion von Bedeutung (Blake/Standish 2000, 203-207). Die Informationssuperautobahn der Zukunft, in der sich E-Learning realisieren kann, ist mehr als das heutige Internet. Es ist eine ganze Reihe von Komponenten einschließlich einer Ansammlung von öffentlichen und privaten Hochgeschwindigkeits-, interaktiven verschlungenen und breit angelegten Netzwerken, die bereits ansatzweise heute existieren und morgen expandieren werden (Tripathi 1998, 90). Virtuelle Universitäten ohne Klassenzimmer gibt es bereits seit 1998 in einer ganzen Reihe von Fällen. Sie befinden sich aber weitgehend noch in einem Experimentalstadium. Die Informationssuperautobahn fördert Lehrer und Studenten jenseits der Mauern ihrer Klassenzimmer und ermöglicht den Zugang zu Menschen, verteilt über die ganze Welt, und eine immense Möglichkeit von Zugängen zu Information (Tripathi 1998, 96). Das Internet schult das selbständige Suchen, setzt aber Kompetenzen zu eigenständigem Suchen voraus. Die Methode von Suche und Finden, von Versuch und Irrtum setzt aber ein zumindest vages Wissen vom Ziel voraus. Dieses selbst aber muss gefunden werden und kann in der Regel nicht vom Internet selber vermittelt werden.

Die Gebrüder Dreyfus haben ein Modell menschlichen Lernens als Kompetenzerwerb entwickelt. Sie unterscheiden dabei fünf Stufen des Kompetenzerwerbs. Es handelt sich um die Stufen: 1) Neuling, 2) Fortgeschrittener, 3) Kompetenz, 4) Gewandtheit und 5) Experte. Daher sind Computermodelle menschlichen Nicht-Experten durch ihr Regelwissen überlegen, den Experten jedoch unterlegen. Denn der Experte folgt keinen Regeln, sondern erkennt Tausende von Einzelfällen (Dreyfus/Dreyfus 1987, 151). Daher sind Computer höchstens nützliche Werkzeuge (Dreyfus/Dreyfus 1987, 167). Hubert Dreyfus hat jüngst im Rahmen eines Konzeptes leiblichen Lernens eine 6. und 7. Stufe der Kompetenz eingeführt. Ein neuer Zugang zur Erziehung erscheint als möglich. Es geht jetzt um das Training für die Durchführung bestimmter Handlungen. Dazu brauchen wir kontextualisierte Information, um das gegebene Material organisieren zu können. Der Kompetente kann auch mit Unsicherheit umgehen. Kontextualisierte Information ist die Basis, um diese Handlungen zu organisieren, genauer gesagt, das dazu erforderliche Material bereitzustellen. Der verleiblichte emotionale Mensch ist das neue Erkenntnisideal. Experten lernen von mehreren Meistern. Die 6. und 7. Stufe, Meisterschaft und praktisches Wissen arbeiten vollständig mit diesen Formen des Wissens (Dreyfus 2001). Auch ein genereller kultureller Stil ist für die Entwicklung dieser Technologien zu etablieren. Es gibt unterschiedliche Ebenen der Kompetenz und der Fertigkeiten.

Expertenkompetenz ist grundsätzlich eine Sache der praktischen Vernunft, des know-hows eher als des knowing-that. Dabei sollte man das Konzept von Dreyfus nicht mit Polanyis Konzept des „tacit knowledge" verwechseln. Dreyfus deskriptives Modell des Experten scheint eine phänomenologische Rechtfertigung zu enthalten. Dreyfus beansprucht, sein Modell des Experten begründet zu haben auf invarianten Eigenschaften bzw. Merkmalen, die er gefunden hat in Beschreibungen der Kompetenzerwerbung auf Grund von erste Person-Aussagen von Piloten, Schachspielern, Autofahrern und erwachsenen Schülern beim Lernen einer zweiten Sprache. Diese erörterten, wie sie gelernt haben Entscheidungen in unstrukturierten Situationen zu treffen. Ein anderer Schlüssel seines Modells ist die Entwicklung und der Erwerb von Kompetenz (Selinger/Crease 2003, 249-256).

Nigel Blake findet seine eigene Erfahrung mit der Onlinepraxis in Erziehungsfragen nicht in Dreyfus' Buch beschrieben, nicht einmal in vagen Begriffen, obwohl die theoretischen Überlegungen von Dreyfus durchaus akzeptabel klingen. Allerdings meint er, dass eine noch so gute nichtphilosophische Antwort auf Dreyfus' interessante philosophische Herausforderung nicht ausreicht, so dass er profundere philosophische Überlegungen vorlegen möchte, die Dreyfus' Meinungen im Prinzip korrigieren, ohne die Richtung seiner Kritik gänzlich verändern zu wollen. Dreyfus überbewertet die philosophische Analyse und den philosophischen Wert fundamentaler Formen der Einbettung und Verleiblichung. Blake erhebt Einspruch gegen den Vorwurf von Dreyfus, dass in einem solchen Modell der Interneterziehung Studenten anonyme Informationsempfänger und Konsumenten von Informationen werden (Blake 2002, 379f). Die Aufgabe des Internetlehrers besteht vielmehr darin, dem Studenten Wege zu zeigen, in denen er sich den Lehrinhalt vorstellen lernt. Die zentrale Kritik an Dreyfus fasst Blake zusammen: Dreyfus berücksichtigt bei seiner Kritik am Internetlernen zu wenig den Menschen als einen Sprache nutzenden Leib mit einer Geschichte als Sprachnutzer. Insofern erscheint das Konzept der leiblichen Einbettung bei Dreyfus viel zu abstrakt (Blake 2002, 384f.).

Die Schule wird nicht überflüssig, denn für das E-Learning muss man bereits wissen, wie lernen vor sich geht und was zu beachten ist. Ähnlich wie bei Videokonferenzen, bei denen sich die Teilnehmern kennen sollten, damit diese letztendlich erfolgreich sind. E-Knowledge ist ein exemplarisch vorinterpretiertes Wissen, verfügbar für eine Gemeinschaft von Menschen, verstanden in einem speziellen Kontext. E-Knowledge führt zu Fragen des Wissensmanagements. Knowledge oder Kenntnisse werden verstanden als Information und Einsicht interpretiert und verstanden in einem speziellen Kontext. Die neuen Technologien, Network Information and Communication Technology (NICT) genannt, enthalten Informationen in digitalisierter Form. Sie sind überall zugänglich, leicht verständlich, es handelt sich um ein nützliches Wissen, das abgesondert wird für eine bestimmte Zeit oder eine bestimmte Distanz von der Quelle des Wissens selbst. Technologien garantieren die Schaffung, die Verbreitung, die Verbesserung, die Erneuerung, die Kombination und den Austausch von Daten bzw. Information. Dabei lassen sich unterscheiden (1) Daten, (2) Informationen, (3) Kenntnisse und (4) Wissen. Dabei ist zu fragen, auf welchen Ebenen E-Learning überhaupt anzusetzen vermag. Während die Ebenen (1) bis (3) durch E-Learning vermittelt werden könnten, setzt Wissenserwerb personales Lernen als Aufbau von Wissen im Langzeitgedächtnis voraus. Hier bedarf es nach meinem Dafürhalten weiterer pädagogischer Forschungen zu technisch unterstützten Formen des Wissenserwerbs.

Die Revolution in den Informations- und Kommunikationstechnologien (ICTs) macht eine sozialwissenschaftliche Forschung erforderlich. Dabei sind insbesondere die Visionen der Zukunft dieser Technologie interessant. Die Realität der Informationsökonomie und der Informationsgesellschaft im Hinblick auf Gebrauch oder Konsum ist allerdings bei weitem noch nicht so weit, wie die Visionen bereits vorangeeilt sind (Dutton 2001, 1-5). Keine Technik determiniert ihren Gebrauch, wobei nicht zu übersehen ist, dass die digitale Revolution des Informationszeitalters vorerst keiner erkennbaren sozialen Innovation entspricht. Verbesserte Software liefert nicht automatisch bessere Kommunikationsinhalte. Informationssuche wird als effektive Dienstleistung begriffen. Die Neuerungen der medialen Praxis zeigen bereits ihre Auswirkungen auf die etablierten Kulturtechniken. Das Buch gilt als klassisches Medium der Aufklärung, wobei sich eine Revolution des prozessualen Charakters des Buches abzeichnet. Mittlerweile dauert das Erscheinen eines Buches bis zur Einordnung in die Bibliothek viel zu lange. Die effizientere Form einer Organisation des Wissens haben fraglos die elektronischen Medien übernommen. Im Zeitalter seiner elektronischen Verfügbarkeit bildet der Text jenseits des kulturtechnischen Dualismus von Schrift und Bild eine neue, hybride Form. Insofern kann man vom Ende der Gutenberg Galaxis sprechen. Das Zeitalter mit nur einer verbindlichen Kulturtechnik ist damit vorbei. Die damit verbundene Transformation kultureller Praktiken ist heute noch nicht vollständig abzuschätzen (Hartmann 1999, 11-29).

Information ist nicht Wissen. Das wäre das Ende der Philosophie. Wissen ist durchgearbeitete Erkenntnis, ist Reflexion, nicht abgespeichertes Datenwissen, ist verstandenes Wissen, das produktiv eingesetzt werden kann. Kommunikation ist nicht nur ein Austausch von Informationen (höchstens eine Schwundstufe davon), sondern ein personal eingefärbtes Verhältnis, in dem zwei leibliche Geister in einen Austausch miteinander treten. Digitales Lernen ersetzt also Erziehung nicht, sondern ergänzt sie höchstens. Selbstverständlich kann es Situationen geben (insbesondere beim Lernen), wo dieser Vorwegentwurf gerade geplant war (Flugsimulator). Aber in den meisten Fällen wünsche ich selbst eine authentische Erfahrung zu machen. Dem nicht festgestellten Tier entspricht die nicht festgelegte Realität. Es ist nicht die Welt des Cyberspace. Kann man Kreativität und Lernen programmieren oder ist dies ein Widerspruch in sich selbst (Haugeland 1985, 2-10)? Problemlösungen und eine Erklärung des Denkens lassen sich durch eine mentale Mechanik herausarbeiten, so lautete die zentrale These (Haugeland 1985, 15-41). Also: Technik statt Pädagogik? Angestrebt wird eine Vereinfachung des Lernens, nutzerzentrierte Infrastrukturen letztendlich das semantische Internet und es stellt sich die Frage nach geeigneten Rahmen für das E-Learning. Wissensmanagement besteht aus der Verteilung, dem Zugriff und der Wiedergewinnung von Wissen, das aus menschlicher Erfahrung sowie Information innerhalb von Arbeitsgruppen besteht. Hier ist eine gewisse Analogie zu Fernlehrgängen zu sehen. Lernende Organisationen sind eine Gruppe von Personen, die ihre Fähigkeiten kontinuierlich erweitern um ihre Ziele innerhalb der Organisation erfüllen zu können und um einen entscheidenden Wettbewerbsvorteil zu erhalten. Lernrate und Lernstil sind entscheidend. Es geht im Internet um Wissensaneignung und Wissenstransfer in die Praxis. Es sind aktive, sich selbst organisierende Gruppen, die Wissensnetzwerke aufbauen.

Daher sollte sich die Theorie des impliziten Wissens verbinden mit dem E-Learning. Das Vormachen und Simulieren stimuliert den Erwerb von Umgangswissen. Hier kann man anhand einer Simulation aus Fehlern lernen, ohne Schaden anzurichten. Neue Formen des Lernens könnten das operative Wissen und seine Gewinnung in den Vordergrund stellen. Die Arbeitsweise des Computers ist für die meisten Nutzer eine Blackbox. Die graphische Benutzeroberfläche macht den Erwerb von Umgangswissen durch Versuch und Irrtum letztendlich erst möglich. Durch das Web ist eine Vergrößerung der Lerngemeinschaften möglich. Die Netzwerkzusammenarbeit erlaubt auch eine Vermittlung von Praxen im Sinne kollektiver Handlungen. Medien sind Werkzeuge, technische Mittel zur Erfüllung eines Zweckes, auch zum Informationsaustausch. Das Medium alleine macht es meines Erachtens nicht. Wir brauchen neue intelligente Präsentationsformen über die vorhandenen Möglichkeiten hinaus. Aber der Erwerb von Kompetenz und Wissen ist ein Prozess, der erarbeitet werden muss, den man persönlich durchschreiten oder durchleben muss. Keine Maschine kann uns die damit verbundene Mühe ersparen, auch nicht digitalisierte Versionen eines „Nürnberger Trichters" (Irrgang 2009b). Es macht auch keinen Sinn, alle Intelligenz in die Präsentation zu stecken, es muss auch Neues gefunden und erarbeitet werden. Paradigmen für personalisiertes, individualisiertes und adressatenbezogenes Lernen müssen erarbeitet werden. Sie stellen aber zumindest keine völlig neuen Ideale dar.

Philosophie sollte auch im Hinblick auf den Computer Fragen stellen, die neue Ideen gebären. Bislang scheint aber eher die neue Technik als eine neue Pädagogik im Vordergrund zu stehen. Schlecht ausgebildete Jugendliche, unbrauchbar für die neue Zivilisation gibt es eine Menge. Sie müssen in der Zukunft mehr können als lesen und schreiben. Mit der Informationsgesellschaft ergibt sich eine Ausbildungsherausforderung, die insbesondere auf Fähigkeiten und Kompetenzen setzt. Es handelt sich um technologische Fähigkeiten. Technologie bekommt in anwachsendem Maße eine vitale Bedeutung für den Erfolg über Sektoren und Ökonomien hinweg (Anthony 2000, 18-27). Eine digitale Nation ist eine faustische Herausforderung. Der utilitaristische Zugang hat die politischen Überlegungen überrannt (Anthony 2000, 40f.). Die Ökonomie ist in den Sog des Elektronischen gekommen genauso wie die Politik. Im Rahmen einer E-Regierung wird die Wahl nun um einiges einfacher.

Die rechtlich-ökonomischen Schlachten um die Verteilung des Wissens sind am Toben und die medientechnologische Infragestellung industrieller Macht hat begonnen. Das Internet als globale Wissensbibliothek ist ein alternatives Modell zur herkömmlichen Vermarktung von Wissen, so dass von einer Open Source Wissenspolitik zur Wissens-Almende übergegangen werden kann. Dies bedeutet einen offenen Zugang zu freien Publikationen. Die Wikipediagemeinde ist hier der Anfang und Einstieg in ein neues Medienzeitalter. Innovationen brauchen einen freien Zugang zum Wissen. Die Neigung zur monopolistischen Unterdrückung von Konkurrenz zum Beispiel mit der Durchsetzung strikter gewerblicher Schutzrechte sollte überwunden werden. So kann es zu einer Kombination von Wissensbausteinen und zur Begründung wissensbezogener Dienstleistungen kommen. Die Monopolstellung der marktbeherrschenden Softwarefirmen ist Ausdruck des alten Geistes, in der patentrechtlich eine auf Zeit gewährte Monopolstellung der Ansatzpunkt war. Es stellt sich die Frage, ob Patente auch in diesem Bereich innovationsfördernd sind (Drossen u.a. 2006, 1-6).

Der Quelltext von Windows ist geheim, was immer wieder zu Angriffen herausfordert. Im Hinblick auf die Urheberrechte soll die Software frei sein, das ist zumindest das Credo der Linux-Gemeinde. Die Hochgeschwindigkeitsentwicklung im Open-Source-Bereich ist mit der Entwicklung des Internet verbunden. Mittlerweile gibt es mehrere Anbieter, die Open-Source-Projekten ein Zu-

hause bieten. Das beliebteste dazu ist Source-Forg. Der Webbrowser Mozilla
und Firefox übertreffen den Internetexplorer sind aber frei erhältlich. Die freie
Multimediaaplikationen enthalten im Soundvideo und 3D-Bereich neue Angebote. Linux erfreut sich wachsender Beliebtheit bei Universitäten. Das offene Modell hat vor allem den Effekt, dass Sicherheitsmängel öffentlich gemacht werden.
Es behindert zudem Monokulturen. Auf der anderen Seite steht Microsofts
Kampf gegen die freie Software. Windows ist nicht wirklich leichter zu installieren als Linux. Windows unterstützt die großen PC-Hersteller, Linux würde den
Markt öffnen. Die internationale Patentierbarkeit von Software ist ein wesentli-
ches Hindernis für die Entwicklung freier Software (Möller 2005, 55-102).

Arlene McLarthys Bezeichnung des Urheberrechts als Monopolismus hat
den Blick dafür geschärft, dass Softwarepatente problematisch sind. In der Zwischenzeit gibt es einen erfolgreichen Mitbewerber in Netscape. Microsoft kontrolliert die Webstandards, nun gibt es aber eine Schlacht um den Webbrowser.
Diese manifestiert sich in Plattformkriegen. Vor diesem Hintergrund stellt sich
die Frage nach dem Computervertrauen. Reicht der Aufbau einer Systemarchi-
tektur, die das Herunterladen illegaler digitaler Kopien von innen halten aller Art
möglich machen sollen aus oder sollte man eher überhaupt Vertrauen in die
Verwendung des Computers aufbauen. Dann müsste das Programm sozusagen
melden, wenn es sich um nicht lizenzierte Ware handelt. Neue Startervision von
Windows XP ist in der Entwicklung, welches nur wenig Kapazität hat, aber keine
illegalen Programme herunter läd eine typische Sparversion für Entwicklungsländer. Was ist falsch an der Kopierschutztechnik, fragt sich John Gilmore. Daher stellt Mircosoft ein Problem für die Open-Source-Gemeinde dar. Die Urheberrechte der Musik- und Filmindustrie sind fatal für die Freiheit im Internet. Es
gibt zwar Ansatzpunkte für eine freie Software auf Linuxbasis in diesem Bereich,
aber die freie Software reizt das technische Potenzial mehr und mehr aus, macht
aus sturen Konsumenten echte Anwender, die ohne Probleme eigene Programme schreiben können. Es entwickelt sich eine freie Kultur, der Softwarebeitrag
zu einer Medienrevolution sollte geleistet werden. In der proprietären Entwicklung werden Innovationen verlangsamt und Organisation einer starken Gegen-
kultur. Freie Software ist daher keine rein technische Angelegenheit (Möller
2005, 102-113).

Computer decodieren das Erbgut, Teilchenbeschleuniger liefern Datenge-
birge, in denen ausgeklügelte Programme nach Spuren des Urknalls suchen.
Neuartige Teleskope oder Mikroskope erweitern die digitalen Werkzeuge mit
Blick auf ungeahnte komplexe Zusammenhänge. Wo einst Forscher selbst kausale Zusammenhänge zwischen Beobachtungen erkannten, verzichtet heute manches Computerprogramm auf die hilfreich lenkende Hand des Menschen. Dürfen Wissenschaftler also schon morgen den Hut nehmen und sich aufs Altenteil
zurückziehen? Die Datenmengen sind in der Zwischenzeit zum Herz einer neu-
en Wissenschaftsära geworden. Wurde damit auch das Ende der Theorie einge-
läutet und die Theoretiker entmachtet, die bislang immer Daten ins Korsett

stimmiger Weltinterpretation zwängten? Doch scheint dies insgesamt übertrieben zu sein. Hypothese und Theorie gehören also längst noch nicht auf den Schrottplatz der Wissenschaftsgeschichte – im Gegenteil. Aber die Rolle des Forschers verändert sich durch die Datenmengen und diese rechnergestützten Interpretations-Programme nachhaltig. So gibt es längst Softwareentwicklungen die mit den wissenschaftlichen Theorien selbst hantieren, z.B. eine automatische Literaturrecherche. Allerdings selbst in der Legende der Literaturrecherche trotz einiger Erfolge beim aufspüren von neuen Selbstreden keine Laborarbeit ist, sondern baut darauf auf. Das Problem aber besteht zu mindestens darin das viel Forscher den Ergebnissen der Computer ohne Prüfung vertrauen. Dies führt in der Tat zu einer gewissen Entmachtung der Wissenschaftler, allerdings keineswegs zu einer Abschaffung der Forschung und der Wissenschaft (Breuer 2009).

Die Verfügbarkeit von Information ist durch das Internet dramatisch angewachsen. Dabei gibt es Abwägungsprobleme im Hinblick auf die Nutzung. Das Internet hat das Lernverhalten beeinflusst und die Informationsaufbereitung verändert (Borgman 2007, 1-10). Nationale und globale Informationsinfrastrukturen, Bibliotheksdienste, digitale Bibliotheken sowie Research- und Development-Programme haben zu einer Art von Cyberwissenschaft geführt. Die Forschungsinfrastruktur wurde transformiert, um die Cyberwissenschaft zu managen (Borgman 2007, 13-31). Die gebrauchsorientierte Forschung ist sehr offener geworden und hat sich zum E-Research erweitert (Borgman 2007, 33-38). Eine gewisse Kontinuität besteht im Hinblick auf die gelehrte Kommunikation. Diese findet in Paperpreprints, Konferenzen, Qualitätskontrolle durch Peer Reviews und Publikationsverzeichnisse als Qualitätsindex statt. Aber die Forscherkommunikation, die Verbreitung von Wissen, der Autor und die Autorrolle haben sich verändert (Borgman 2007, 47-69).

Angesichts der ausufernden Informationsangebote stellt sich immer mehr die Frage, wem Vertrauen geschenkt werden kann. Registrierung und Zertifizierung finden Eingang auch ins Internet. Bei den Zugangsweisen zu Digitalkommunikationen besteht Regelungsbedarf. Forschen, Versuchen und Entdecken bekommen digitalisierte Koordinaten und Horizonte. Der offene Zugang zum Internet und die damit verbundenen Veränderung im Copyright führen zu ganz anderen Konvergenzen, aber auch zu Kollisionen (Borgman 2007, 84-105). Die professionelle Identität der Forscher hat sich durch das Internet verändert. Es gibt neue Formen des Suchens und Findens von Information und verschiedene Stufen und Arbeitsverfahren im Hinblick auf die Nutzung des Internets. Der Aufbau von Wissensstrukturen geschieht ganz anders. Dabei spielt das implizite Wissen und die Organisation von Wissen eine zentrale Rolle. Zusammenarbeit wird neu geregelt und die Information wird immer stärker zu einem Artefakt (Borgman 2007, 153-172). Die Organisation der Dokumentation der Wissenschaft und die Forschungsarbeit bekommen einen neuen Rahmen (Borgman 2007, 186). Die Verbesserung und Verarbeitung von Information geschieht allerdings mit signifikanten Schwächen. Universitäten versuchen, eine Balance zwischen Privatheit und Öffentlichkeit neu zu finden, und zwar auf ihrem Gebiet. Wichtig ist aber die Flexibilität beim Infrastrukturdesign (Borgman 2007, 227-252).

Das Internet ist mit einer großen und umfangreichen Kopiermaschine verglichen worden. Bereits von Anfang an mit dem Status einer Frontdisziplin versehen kombiniert es unglaubliche Geschwindigkeit mit einer bemerkenswerten inhaltlichen Verfügbarkeit. Für diejenigen, die das Recht haben, Zahlungen für ihre Produkte zu verlangen, bekannt als Eigentumsrechte, sind diese Neuigkeiten erschreckend. Denn wir sind gerade Zeugen eines Gebrauchs von Rechtsmitteln und Anwälten, die ihre Rechte verteidigen sollen. Und unser Rechtssystem hat eine ganze Reihe von Wegen gefunden, intellektuelles Eigentum zu schützen. Diese Schutzmechanismen basieren auf der Idee, dass Erfinder und kreative Menschen entlohnt werden müssen für ihre Anstrengungen, sonst würden sie diese nicht tun und zwar zum Schaden von Wissenschaft, Künsten und ökonomischem Fortschritten. Aus diesem Grunde haben viele Verfassungen der Welt Schutzrechte für diese kreativen Menschen eingeführt. Copyright-Gesetze schützen die veröffentlichbare Form einer Idee als Schutz vor Reproduktion ohne die Erlaubnis des Copyright-Inhabers (Halbert, Ingulli 2001, 2f.). Es gibt vielfältige ökonomische und letztlich auch pragmatische Gründe für eine Begrenzung des Copyright-Schutzes. Allerdings überlappen sie sich nicht in allen Bereichen.. Eigentumssysteme sind aufwändig und komplex und werden gerechtfertigt nur durch die Strategie, dass sie soziale Güter produzieren. Sie sind allein und ausschließlich dadurch gerechtfertigt (Halbert, Ingulli 2001, 7).

Wir müssen ein Wahl treffen im Hinblick auf das Leben im Cyberspace, welche Werte denn aufrechterhalten werden sollen. Der Code des Cyberspace konstituiert solche Werte. Dabei ist es klar, dass die Einrichtung von konsistenten Normen für den Cyberspace auf unsere traditionellen Normen zurückgreifen muss. Wie die Netzgruppen haben sich andere regulatorische Machtgruppen vergrößert, so das ihre Macht zur Quelle der entwickelten Werte wurde (Halbert, Ingulli 2001, 9). Dabei könnten Eigentumsrechte für den klassischen Markt stärker limitiert und abgestuft werden. Der Gebrauch unterschiedlicher Branchen im Internet unterschied sich höchstens in der finanziellen Bewertung. Wissenschaft war dabei kostenfrei, oder aber zu wesentlichen Teilen ohne Kosten. Dabei geht es der Wissenschaft im Internet nicht um Information, sondern um Wissen. Information kann meinen: 1. eine Nachricht, 2. einen Zeitvertreib, 3. eine Unterhaltungsleistung, 4. Kommunikation, Tratsch, 5. Wissenschaft, Philosophie und Bildung. Die herkömmliche Buchproduktion und ihre Rezension sind zu schwerfällig geworden. Vor allem das herkömmliche Rezensionswesen. Hier kann das Internet helfen, aber nicht in dem es Rechte auf intellektuelles Eigentum ignoriert, es sei denn, jemand verzichtet freiwillig, wofür es viele gute und ehrenwerte Gründe gibt. Gemeinschaftliche Arbeit ist anzuerkennen, aber auch intellektuelle und individuelle Belastung die entlohnt werden muss, da andere Eigentumsquellen versiegen. Da der Staat eine Reihe der bisherigen Kulturleistungen nicht mehr finanzieren kann, müssen die Nutzer immer stärker an ihrer Bereitstellung beteiligt und die Angebote billiger werden.

Mit Blick auf die Unterhaltungsindustrie lässt sich sagen, dass es eine der besten Antworten auf Produktionspiraterie war, legitime Produkte zu angemessenen Preisen anzubieten (Halbert, Ingulli 2001, 14). Außerdem sollte über Weisen nachgedacht werden, wie man im Cyberspace für seine Angebote und Leistungen bezahlt werden kann. Ein zu hohes Vertrauen in Schutz durch Barrieren wird den Diebstahl in einen Sport verwandeln (Halbert, Ingulli 2001, 19-21). Gleiches gilt für die Verurteilung von Pornografie. Außerdem ist es sehr schwierig, gute Gewalt von schlechter Gewalt zu unterscheiden. Wir können nicht differenzieren, indem wir z. B. zwischen „Schindlers Liste" und dem „Texas Chainsaw Massacre" unterscheiden. Darüber hinaus sperrt man, wenn man Pornografie blockt, auch die Kritik an der Pornografie, oder das Thema Sex, auch die geschlechtliche Erziehung. Wenn man die Hassseiten blockt, so blockt man auch die Information über die Sklaverei. Kein Mensch hat bis jetzt keine adäquate Lösung dieser Probleme gefunden. Denn die Maschinen suchen Worte oder Bilder ohne Bewusstsein der damit verbundenen Inhalte. Eltern sollten allerdings in der Lage sein zu kontrollieren, was ihre Kinder anschauen und womit sie sich bilden (Halbert, Ingulli 2001, 92 f.).

Die wahrgenommene Anonymität von Emails setzt psychologische Distanz zwischen zwei Kommunizierenden voraus und erzeugt so ein anderes Verhalten dem eher Fremden gegenüber. So kommt es auch zu sexuellen Belästigungen im Cyberspace durch unwillkommene Emails (Halbert, Ingulli 2001, 116). Beim Fehlen von gesetzlichen Regeln oder physikalischer Kraft entsteht die Frage: Was führt jemanden dazu, sich in einer Art und Weise zu verhalten, die seinen privaten Wünschen entgegengesetzt ist? Warum z. B. helfe ich jemandem beim Überqueren der Straße? Cybernorms und Cybperpraktiken haben sich durch wechselseitigen Nutzergebrauch und die Verteidigung der Präferenzen von anderen Nutzern heraus entwickelt. Sehr viel mehr als Tendenzen des Nutzerverhaltens. Seine Email durchzuschauen wenn man sich ins Internet einlogt, ist eine Nutzergewohnheit, keine Cybernorm. Auf Emails möglichst schnell zu antworten, ist allerdings eine Verpflichtung und eine implizite Norm von Cybernormkonzepten. Diese werden gelegentlich auch „Netiquette" genannt (Halbert, Ingulli 2001, 124 f.).

Indem der Cyberspace Nutzern eine einzigartige Freiheit von bestimmten sozialen Normen und Regeln gegeben hat, entstand eine eigene Art von komplexen originalen Normen im Cyberspace selbst (Halbert, Ingulli 2001, 127). Entscheidend scheint mir zu sein nicht Kontrolle sondern den Umgang zu lernen, Reflektieren zu lernen und lernen kritisch zu werden, d. h. selbst auswählen können, was zum eigenen gelingenden Leben beiträgt und was nicht. Eines der größten Probleme von Filtern ist, das sie Kontrolle nach dem Rasenmäherprinzip ausüben. Im E-Commerce können gesetzliche Regelungen umgangen werden z. B. was den Kauf von Medikamenten ohne Rezept anbelangt. Auch können neue Formen von Tests, z. B. Gentests, im Internet an den gesetzlichen Bestimmungen vorbei angeboten werden. Außerdem gibt es vielfältige Arten von Betrug im Internet. Zum Beispiel ist es durchaus möglich, dass bei den angebotenen Medikamenten die Angebote auf der Packung nicht identisch sind mit dem Inhalt und das eine Reihe von Medikamenten mit verringertem Wirkstoffanteil oder ohne Wirkstoff angeboten werden. Hier handelt es sich um Internetbetrug. Außerdem können Kundenschutzbedingungen und Kinderschutzbedingungen von Ländern umgangen werden. Auch Besteuerung kann umgangen werden.

Eine natürliche Begründung von Eigentumsrechten könnte darauf hinauslaufen, dass einzelne Individuen allein aufgrund eigentümlicher Eigenschaften, die sie aufweisen, spezielle Eigentumsrechte haben. Überlegungen zur Begründung von Eigentumsrechten könnten sich auf eine überragende Tugend, ungewöhnliche Mächtigkeiten oder Kräfte, große Fähigkeiten oder Kompetenzen (z. B. sportlich athletischer Art) oder Intelligenz auf einem eigentümlich hohen Standard berufen. Intellektuelles Eigentum könnte dann entstehen aufgrund besonderer Intelligenzleistungen und bestimmter Fähigkeiten bzw. Fertigkeiten, die andere nicht haben, aber eben auch sehr gerne hätten. Außerdem werden Menschen für ihre physikalische Arbeit oder für verschiedene technisch nutzbare Fähigkeiten und Fertigkeiten bezahlt (Edgar 2003, 120-122). Warum nicht auch für geistige Leistungen? Der Software-Copyright-Act von 1980 erklärt explizit das Copyright und Computerprogramme zum Kopieren zum literarischen Werk (Edgar 2003, 127). Das Copyright erlaubt einen fairen Gebrauch von geistigem Eigentum anderer. Allerdings stellt sich die Frage, wer Kreativität hervorbringt und was Kreativität ist. Außerdem stellt sich die Frage warum Software so teuer sein muss (Edgar 2003, 150-152).

Trotz aller Kreativitätsrhetorik sollten Autoren grundsätzlich nicht unterschätzen, dass eine Reihe von Vorläuferarbeiten erforderlich war, damit sie ihren Beitrag zu einer Geschichte der Kreativität schreiben können. Insgesamt sollten die Produzenten von geistigem Eigentum, auch staatliche Organisationen, in stärkerem Maße auf die Nutzer und ihre Bedürfnisse achten (Spinello, Tavani 2001, 236f). Für eine Reihe von Produkten könnte in der Tat ein höherer Schutz geistigen Eigentums erforderlich sein, während andere einen geringeren Grad des Schutzes benötigen, um einen angemessenen Rücklauf zu haben und zukünftige Produktion zu ermöglichen. Intellektuelles Eigentum ist ein eigentümlich unangemessenes Gebiet, um über Eigentumsrechte als solche nachzudenken, so als ob sie angeboren, natürlich oder absolut seien. Dies ist jedenfalls nicht der Fall (Spinello, Tavani 2001, 238). Es gibt vermutlich wichtige Argumente dagegen, dass eine seitenweise durchgeführte Bezahlung im Netzwerk ökonomisch ineffizient ist, selbst dann, wenn dies nur mit wenigen Transaktionskosten verbunden sein sollte. Außerdem sollte man die Politik der Eigentumsrechte in Parallele setzen zur Politik der Umwelt. Auch der Umwelt bedürfen wir alle und müssen sie gemeinsam schützen und nutzen. Einzelleistung ist in diesem Bereich sind nicht optimal (Spinello, Tavani 2001, 244).

Das fundamentale Problem im Hinblick auf die intellektuelle Eigentums-
theorie als einer ethischen Kategorie ist ihr rein individualistischer Ansatz. Er
begründet Rechte von Eigentum und Kontrolle über das Eigentum. Es geht aber
auch um die Gemeinwohlverpflichtung geistigen Eigentums. Die Natur und der
Zweck der Information ist die Kommunikation. Geistiges Eigentum als Eigentum verliert seinen Sinn. Die Produzenten von Information, die ihre Kontrolle
über den Gebrauch der Information, die von ihnen bereit gestellt wird anstreben
und daher die Fähigkeit vergrößern möchten, von den bereitgestellten Informationen zu profitieren, finden die Idee von intellektuellen Eigentumsrechten sehr
attraktiv, weil dieses zunächst die Produzenten und ihre Ansprüche auf Eigentum in den Vordergrund stellt. Diese Ansprüche sind nicht ungültig, aber sie
sind unvollständig. Es liegt daran, dass Information und Kommunikation ihren
Sinn darin sehen, geteilt zu werden, also ein Gemeinschafts- bzw. Allgemeingut
zu sein. Intellektuelles Eigentum beansprucht daher, dass es sich in Richtung auf
ein gemeinschaftliches Gut entwickelt (Spinello, Tavani 2001, 260-262).

Der Übergang von einer Hardcopy- zu einer webbasierten Publikation
schafft eine neue Ökonomie und eine neue ökonomische Umgebung, die den
Copyrightschutz schwächt und dennoch gewisse ökonomische Anreize für die
Publikationsindustrie enthält. Die Copyrightpolitik soll den Fortschritt von
Wissenschaft und nützlichen Künsten fördern, wobei unterstellt wird, dass die
Copyrightpolitik tatsächlich danach beurteilt wird, als ob sie nun tatsächliche die
Publikation neuer wissenschaftlicher, technischer Werke fördert oder nicht. Außerdem stellt sich die Frage, auf welchem Level der Schutz gegen die freie Nut-
zung angesiedelt wird. Es ist zu überprüfen, welche Art von Copyrightstrategie
tatsächlich erfolgreich ist, um auch elektronisch Publizierende zu ihrem Tun zu
ermutigen. Dabei ist die Pornographieindustrie ein interessanter Testfall für die
Studie des E-Kommerz im Hinblick auf Publikation. Sie funktioniert gut und
verdient genügend Geld für ihre Veröffentlichungen, auch wenn die Industrie
wenige Versuche unternimmt, Copyrights auf ihren Webseiten zu reklamieren.
Betrachten wir alles zusammen genommen, dann ist das Plagiatunwesen wesentlich ernster zu nehmen und als eine größere Gefahr für die Wissenschaft einzustufen als die Verletzung von Copyrights, auch im Hinblick auf Softwarepirate-
rie. Also wenn Quellen genutzt werden, ohne ihren Ursprung zu zitieren und
kenntlich zu machen, dann sollten die Schüler und Studenten fähig sein, auch eine Kopie aus dem Internet zu ziehen. Außerdem sollte das Kopieren zum Zwecke des Archivierens erlaubt werden. Auf jeden Fall scheint eine breitere und
weitere Auslegung des Copyrights angesagt als eine zu enge Interpretation (Spinello, Tavani 2001, 286-292).

Computersicherheit umfasst ein Set von Konzepten, die die Verhinderung
von Verletzlichkeit eines Computersystems durch Viren und Würmern bedeutet,
oder alles andere betreffend, was man auch als Schadprogramme bezeichnen
könnte. Es gibt noch eine Zweitbedeutung von Sicherheit, die nicht so sehr auf
die Verletzlichkeit eines Computersystems und seiner Software abzielt, sondern,

die Fähigkeit, das Softwaresystem eines Computers und seiner Anwendungsprogramme, sowie des Diskaufnahmesystems betrifft. Man kann Kriminalität, Missbrauch und Terrorismus im Cyberspace unterscheiden (Spinello, Tavani 2001, 434f).

Außerdem gibt es Piraterie, Einbrüche und Sabotage im Cyberspace (Spinello, Tavani 2001, 451). Wo liegen die Grenzen des politischen Protestes im Cyberspace? Dürfen sie tatsächlich in kriminelle Akte münden? (Spinello, Tavani 2001, 472) Zu den Überwachungstechniken gehören auch biometrische Techniken, die eine Sammlung von Datenzusammenstellungen mit einem Sensor verbinden und eine digitale Repräsentation von physikalischen Eigenschaften, die einzigartig für ein Individuum sind, aufzeichnen. Dazu gehören Fingerkuppen, Muster der Iris, die Retina, die Venen der Hand, physiognomische Eigenschaften, die Ausrichtung der Hand, Sprechmuster, es könnte auch einige typische Verhaltensweise umfassen, zum Beispiel wie Unterschriften leisten. Die digitale Repräsentation biometrischer Daten ist dann normaler Weise transformiert in einen Algorithmus und produziert als sog. Template Identifizierung (Spinello, Tavani 2001, 502).

Seit Jahren klagt die Medien- und Softwareindustrie über illegales Kopieren und Verbreiten digitaler Produkte. Inzwischen haben sich die technischen und rechtlichen Möglichkeiten, geistiges Eigentum zu schützen, deutlich verbessert. Der globale Trend zum perfekten Eigentumsschutz in der digitalen Ära hält jedoch unverändert an. Handelspolitische, innovationspolitische, unternehmensstrategische Motive und Interessen wirken in Richtung auf eine Erweiterung und Verstärkung von Urherberechten und Patenten. Doch es gibt auch Gegenkräfte. Sie haben ihre ideelle und soziale Basis in der technischen Standardisierung, in der Open-Source-Community und in Gruppen, die den Traditionen des Internet verbunden sind. Sie berufen sich auf kulturelle Werte und individuelle Freiheitsrechte, argumentieren aber auch ökonomisch, indem sie darauf verweisen, dass erweiterter und verstärkter Schutz geistigen Eigentums hinderlich für Innovationen und deshalb auch nachteilig für die Unternehmen und die Volkswirtschaft sei (Woesler 2005, 73 f.).

Trotz gewisser Konvergenzphänomene zwischen beiden Gruppen bestehen weiterhin wichtige Unterschiede zwischen konventionellen Entwicklern von Software und der Open-Source-Community, sowohl in der Praxis der SoftwareEntwicklung, als auch im Hinblick auf die normativen Grundlagen des Handelns. Von Konvergenz kann hier in der Tat keine Rede sein. Open-Source enthält Elemente der Kultur der Hacker, die als Computerenthusiasten eine expressive Erhaltung zum Programmieren einnehmen und für die Kreativität, freiwillige globale Kooperation und Offenheit im Sinne von „Sharing" zentrale Werte sind. Zweifellos weist Open-Source auch Elemente einer Bewegung auf, die sich mit Erfolg mobilisieren lässt. Die Open-Source-Community hat nicht nur am Beispiel von Linux, sondern auch von anderer im Internet verbreiteter Software bewiesen, dass unbezahlte, verteilte Kooperation möglich ist und auf diese Weise komplexe qualitativ anerkannte Software entwickelt werden kann. Open-Source ist eben in erster Linie eine globale Produktionsgemeinschaft von Gleichen (Woesler 2005, 91).

Das System des ständig erweiterten und durchsetzungsstärker gemachten „geistigen Eigentums" schließt Softwarepatente im Sinne gewerblicher Schutzrechte ein. Ihr volkswirtschaftlicher Nutzen wird als zweifelhaft angesehen. Patente führen in diesem Bereich nicht zum Anstieg von Innovationen, sondern zur Behinderung der Generierung neuen Wissens und neuer Programme. Die Alternative ist Open Innovation auch im Bereich der Softwareherstellung. Umfassende Innovationsnetzwerke, nicht abgeriegelte firmeneigene Forschungslabors sind der Ansatzpunkt. Es gibt auch Vorteile einer Fortentwicklung von Softwareprogrammen durch den Anwender selbst. Man nennt dies Userinnovation. Gegen private Eigentumsansprüche auf Wissen und Information richtet sich das Internet. Offen für das Wissen von anderen zu sein, gemeinschaftlich Wissen zu erzeugen, Wissen mit anderen zu teilen und neue Geschäfts- und Organisationsmodelle auf dieser Basis zu entwickeln, ist das Ziel einer Wissensorganisation, die dem Internet angemessen ist, angemessener jedenfalls, als herkömmliche industrielle Verwertungsmuster. Die Open Innovation hat etwas Subversives und möglicherweise auch Gefährliches. Der starke Schutz von Wissen und Information ermöglicht deren kurzfristige Verwertung. Innovationen werden auf der Basis von bestehendem Wissen entwickelt. Sie setzen eine Wissensökologie voraus. Die Reglementierung und Verknappung von Wissen kann nicht das Prinzip der Informationsgesellschaft sein. Das Verknappungsprinzip ermöglicht den Erfolg der Informationswirtschaft. Dies führt zur Kommerzialisierung öffentlicher Informationsversorgung. Freiheit allein reicht nicht, sie muss auch kostenlos sein. Dies schließt freie und kostenlose Software mit ein (Drossen u.a. 2006, 7-17).

Privatisierung und Kommerzialisierungsstrategien führen dazu, dass Informationen nicht im ursprünglichen wissenschaftlichen Sinne gesehen werden. Wissenschaftler sind in der Regel an der Identität und Authentizität ihrer öffentlich gemachten Werke interessiert, nicht an irgendwelchem privaten Besitz. Freizügige, nicht zwingend kostenlose Verwendung bestehenden Wissens ist daher ihr primäres Ziel. Ein Umsteuern im Regime des geistigen Eigentums wäre jedenfalls in diesem Paradigma durchaus wünschenswert. Die „intellectual property" ist ein innovationsfeindlicher Begriff, jedenfalls wenn sie restriktiv gebraucht wird. Eine Gesellschaft, die nicht total auf dem Eigentumsprinzip basiert wird wohl der Zukunft gehören. Sie richtet sich gegen den Glauben, dass Geld die Quelle von Innovationen ist. Impliziert ist eine Universalisierung der Rechte auf Bildung, Wissen und Information, angestrebt wird eine nachhaltige Wissensökonomie (Drossen u.a. 2006, 19-21).

Es gibt Innovationsparadoxien, wobei behauptet wird, dass neue Bedürfnisse den Kunden anerzogen werden. Hier wird der Druck des Produktionsprozesses in den Vordergrund gestellt. Innovationsqualitäten gehen vom Nutzen der

Innovationen aus. Sättigung wird als Grund von Konsumflauten angesehen. Innovationen müssen Nutzungsvorteile bringen, eine Erweiterung der Möglichkeit des Kunden. So gibt es kontextorientierte Innovationstrategien, verbunden mit der Forderung nach neuen Qualitäten von innovativen Produkten. Ein Mangel bei der Innovation bzw. bei der Verbreitung neuer Produkte sind Synchronisationsdefizite. Bei der Marktreife sind frühe Nutzer und die frühe Mehrheit bei der Nutzung innovativer Produkte entscheidend, mit dem übrigen Konsumentenanteil lässt sich kein großes Geschäft mehr machen. Wenn die Kunden den Mehrwert einer Innovation nicht erkennen, ist Kaufabstinenz die zwingende Folge. Daher setzen die Übernahme von Innovationen gesellschaftliche Lernprozesse voraus, die auf der Entdeckung des Kontextes des Gebrauchs von Innovationen beruhen. Warum hatte das Bildtelefon zunächst keinen Erfolg? Wahrscheinlich, weil die Leute beim Telefonieren nicht gerne gesehen werden wollen. Wichtiger ist insgesamt die Öffnung des Innovationsprozesses (Drossen u.a. 2006, 24-31).

Die ungeplante Erfolgsgeschichte auf der Basis der Internetinfrastruktur ist ein Indikator für die innovative Kraft des Internet (Drossen u.a. 2006, 35-43). Der Streit um die zukünftige Architektur des Internets betrifft sowohl Netzwerkingenieure wie Konsumentenvertreter. Die Verteilung von Funktion in Computernetzen ist dabei entscheidend. Zunächst hatte sich das End-to-End-Prinzip durchgesetzt, die Implementierung anwendungsspezifischer Funktionalität und die Optimierung unterschiedlicher Netzwerkschichten könnten zu abweichenden Ergebnissen führen. Die Architektur des Internets beeinflusst die Anwendungsmöglichkeiten und die Kosten der Entwicklung. Die Nutzenfunktionen könnten von Netzbetreibern und Anwendern unterschiedlich bewertet werden. In herkömmlichen Netzkonstellationen kam es häufig zur Diskriminierung von Nutzern. Es geht der Kampf um die Kontrolle der Nutzung des Netzes (Drossen u.a. 2006, 48-59). Ein Beispiel für kollektive Innovation war die Flachbildschirmentwicklung des Homebrew-Compterclub an der Stanford University. Die Zeit nach dem Auftauchen radikaler Innovationen ist gekennzeichnet durch Unsicherheit. Ein großes Lernpotenzial, Opportunitätskosten in der vorkommerziellen Phase und selektive Anreize für die Nutzung sind erforderlich. Ist Open Source ein weiteres Beispiel für die herkömmliche Idee kollektiver Innovation? Es gibt eine große und unterscheidbare Anzahl von Beitragsmotiven in der Opensource Gemeinde. Die geringen Distributionskosten zum Beispiel für Software machen die kostenlose Mitarbeit an der Wissensvermehrung attraktiv, auch für die Beiträger. Es geht dabei um Anwender als Innovatoren. Die Modularität, das heißt das Prinzip relativ autonomer Subsysteme ist geeignet für den Aufbau einer Wissensarchitektur im Internet. Der Einfluss staatlicher Regierung kann zu hohen Kosten bei den Softwarefirmen führen. Wichtig sind die geeigneten Anreize, zum Aufbau eines Kollektivgutes beizutragen (Drossen u.a. 2006, 64-75).

Bei einer absoluten Kontrolle und Kostenpflicht wird das Netz, wie wir es kennen, abgeschafft. Die Patentkennzahl wird zunehmend zum Gradmesser für die Kosten unserer herkömmlichen industriellen Innovationssysteme. Universitäten müssen das von ihnen produzierte Wissen über Fachverlage viel teurer zurückkaufen. Dieses absurde System sollte nicht auf das Internet übertragen werden. Das Internet ist die innovative Vertriebsplattform schlechthin. Dabei sollte das Vorgehen von Monopolisten gegen Innovationen unterbunden werden. Die wirklichen Möglichkeiten des Internets für den Kommerz werden durch den Kommerz- und Kontrollwahn vernichtet. Wer wie die großen Musikverwerter als einziges Geschäftsmodell die Bereitstellung von Kopien erarbeitet hat und dann Digitalisierung verschläft, ist selbst an seiner Lage schuld. Die Innovation der digitalen Welt, die praktisch kosten- und qualitätsverlustfreie Kopien ermöglicht, hat die Struktur industrieller Produktion nachhaltig verändert. Die alte Medienverwertungsstrategie kriminalisiert Internet-Konsumenten, indem man ihnen letztendlich das Recht auf Privatkopien raubt. Leider sagt ein Patent nichts über die Qualität und Innovation einer Idee aus. Moderne Wirtschaftsunternehmen erfinden selten etwas Neues. Die Kreativen sollten Einfluss auf die Verbreitung ihrer Leistungen haben dürfen (Drossen u.a. 2006, 77-84).

Grundsätzlich gibt es viele Gründe für die Befürwortung des Modells der Open Source Gemeinde, im Bereich der Wissenschaft noch deutlicher als im Unterhaltungssektor. Denn nach dem alten Modell setzt Innovatives sich nur durch, wenn es massenhaft Käufer findet. Aber es gibt eine Reihe von (technischen wie geistigen) Innovationen, die sich ihre Interessentengruppe erst erarbeiten müssen, weil sie für das normale Marktsystem zu früh auf den Markt gekommen sind. Im gängigen Verlagssystem wird zu viel von dem produziert, was der Markt verlangt und zu wenig wirklich Innovatives. Zu viele Bücher werden im gegenwärtigen Verlagssystem nicht geschrieben, weil Autoren für die Veröffentlichung bezahlen müssen und nicht Geld verdienen, wie man es gemäß den Prinzipien der Leistungsgesellschaft erwarten würde. Hier hätten Internetverlage neue Möglichkeiten des Veröffentlichens anzubieten, nicht nur kostenlos, sondern mit möglicherweise alternativen Modellen der Entlohnung. Allerdings gelten diese Überlegungen nicht in gleichem Maße für Unterhaltung wie Film, Videos und Musik.

Das öffentliche Interesse an möglichst kostenfreiem Zugang zu Werken, die Werkherausgabe muss sich aber trotzdem in gewisser Weise rechnen und amortisieren. Ohne Nutzung bestehender Werke lassen sich keine neue Werke hervorbringen. So kommt es zu einem Kontrollverlust der Urheber im digitalen Umfeld. Die Urheberverwerter als Nutzer haben einen anderen Stellenwert. Die Verwerterinteressen treten in den Vordergrund. Kreative Allgemeingüter, das bedeutet nur vier Prozent kreativer Werke befinden sich in kommerziellem Umlauf. Das Potenzial des Internets wird zu Gunsten entgeltpflichtigen Konsums behindert. Die kreativen Allgemeingüter basieren theoretisch auf dem Urheberrecht. Kreative Gemeingüter meint offenes Copyright und offene Innovation. Dabei sollten Anreizsysteme für die öffentliche Wahrung dieser Rechte geschaffen werden. In Deutschland gibt es einen Wissenschaftsparagraphen für Lehrer und Hochschullehrer, dass kleinere Textpassagen in Klassenstärke genutzt werden können (Drossen u.a. 2006, 147-158).

Wissensmanagement ist erforderlich, um das Wissen zusammenzutragen. Die Wikipedia mit einer viertel Millionen Artikel (2004) ist die zweitgrößte Enzyklopädie. Hier hat sich Wikikette ausgebildet, ein neutraler Standpunkt, Respekt vor dem Urheberrecht, Erfolgsaspekt einer neuen Kommunität, wobei gute Autoren wissen, wie man gute Artikel schreibt. Früh publizieren, oft überarbeiten, auf Kritiken hören und verändern. Wichtig ist Transparenz zu schaffen und Wachstum zu fördern. Auf diese Art und Weise gibt es Möglichkeiten, Reputation zu sammeln (Drossen u.a. 2006, 159-165). Soziale Software bedeutet, innovative Bausteine für eine kritische Netzöffentlichkeit. Hier sind soziale Netzwerke mobiler Verkopplung und kabellose Partnerverbindung wichtig. Links und Webseiten, Software und Agenten, massenhafte Verschlagwortung ersetzen den wissenschaftlichen Zettelkasten. Viele Formen einer Politisierung des Internets und Formen von Gemeinschaftsbildung sind hier möglich.

Cyberscience ist ein sich bewegendes und im Fluss befindliches Gebiet. Es gibt e-Journale, die visionär den Tag der Cybergemeinde begleiten und ihre Zusammenarbeit programmieren. Cyberscience ist allerdings heute noch ein nur ansatzweise realisiertes Programm, seit Genforschung betrieben wird. Cyberscience oder Forschung in diesem Bereich umfasst heute (1) neue Formen der Publikation, (2) neue Formen der Kommunikation und der Zusammenarbeit, (3) Büchereien und Dokumentationen, (4) neue Formen des Lehrens (5) neuen Formen des wissenschaftlichen Umgangs miteinander und (6) neue unterschiedliche allgemeine Arten von Forschung im sinne von Forschungsstrategien. Wichtig in diesem Zusammenhang sind elektronische Periodika, E-books und vergleichbare legale Formen der Einführung einer neuen Technik (Nenntwich 2003, 4f). Einzelne Strategien sind e-Konferenzen, digitales Brainstorming über Distanzen hinweg und Chatten, die Formen des e-Publizierens und e-archivierens (Nenntwich 2003, 18f.). Eine wesentliche Form und Problematik in diesem Bereich bedeutete die elektronische Repräsentation von Wissen (Nenntwich 2003, 24). Die technische Cyberscience Infrastrukturen sind heute nicht annähernd komplett (Nenntwich 2003, 468). Eine Reihe von Problemen, besonders das intellektuelle Eigentum betreffend, müssen noch geklärt werden (Nenntwich 2003, 472). Auch Informationsmanagement muss neu definiert werden. Eine Tendenz ist die Dematerialisierung akademischer Angelegenheiten und Techniken. Daher kann die Cyberwissenschaft auch als Testfall für die Informationsgesellschaft insgesamt angesehen werden.

Cyberscience ist eigentlich ein falscher Name, denn es handelt sich weder um eine neue Art der Wissenschaft noch Forschung zu betreiben. Es gibt neue Methoden an die Hand, schnell und für alle zugreifbar zu publizieren und somit Möglichkeiten, Fehler des alten Systems technischer Art zu vermeiden und zu kompensieren. Dies ist eigentlich keine Revolution des Wissenschaftlichen oder der Forschung. Auf der anderen Seite kann man natürlich auch DNA Sequenzen ins Netz stellen wenn man die Eigentumsfragen und Patentfragen geklärt sind. Die Verfügbarkeit von wissenschaftlicher Erkenntnis und Information zu verbreiten und weltweite Publikation der Ergebnisse mit Effizienzerhöhung sind daher die eigentliche Stärke der Cybersciences. Letztlich werden Kommunikation und Dokumentation auch wissenschaftlichen Art digitalisiert. Auf diese Art und Weise werden Voraussetzungen für die Forschung verbessert. Eine Verbesserung der Voraussetzungen wird erreicht (1) verbesserte Dokumentation von Forschungsergebnissen und dem schnelleren Zugriff auf Dokumentation wodurch die Rezeption verbessert wird, ähnliches gilt auch für Online Zeitschriften (2) durch Weltweite Informationsmöglichkeiten, wodurch Doppelforschung vermieden werden kann (3) Verbesserung der sog. Information und Daten. Es geht um neue Partner, neue Interaktionsmöglichkeiten, höhere Geschwindigkeiten, größeren Informationsfluss und Interdisziplinarität. Die technischen Voraussetzungen und Bedürfnisse von Cyberscience verstärken die Tendenzen der Qualitätskontrolle bei e-publishing. Es geht um die Vertrauenswürdigkeit der e-lektronischen Journale.

Es geht nicht um einen Rachefeldzug gegen bestimmte Universitäten, sondern um das grassierende Plagiatunwesen. Die so genannte GCP-Methode läuft darauf hinaus, Texte aus dem Netz in den eigenen Fließtext oder in den Fußnotentext hineinzukopieren, ohne die entsprechenden Stellen kenntlich zu machen. Auch größere Texte werden aus dem Web herauskopiert und als eigene ausgegeben (Weber 2007, 1). Durch das Internet hat es eine explosionsartige Vermehrung von Plagiaten gegeben. Dass macht Wissenschaft kaputt. Nur die äußere Form zählt für den schnellen Blick, wenn es um die Erstellung von Seminararbeiten und größeren universitären Arbeiten geht. Dies führt zu einer Textkontur ohne Hirn. Das Ergebnis sind Textkollagen, wobei die Befriedigung darin liegt, die Vollständigkeit einer Sammlung zu erreichen. Das Referenzsystem der vergangenen Jahrhunderte kollabiert, die Mechanismen der Textproduktion aus der Gutenbergpraxis verlieren rasant an Gültigkeit. Dürfen wir Sätze, ja ganze Absätze eins zu eins und unzitiert übernehmen? Dürfen wir Zitate gleich mit übernehmen? Das ewige Remake des schon Bestehenden wird auf diese Art und Weise nur vermehrt. Außerdem arbeiten viele an der Universität für andere, die so genannten PreCogs, d. h. Firmarbeiter mit wenig Kohle, die als Ghostwriter für andere tätig sind. Die Internetabfrage ist nicht das Problem, aber die kritiklose Übernahme von Inhalten aus dem Internet in die eigene Arbeit (Weber 2007, 3-5).

Mythen machen blind, allen voran der Mythos vom Technikdeterminismus. So werden keine sozialen Kompetenzen erarbeitet. Immer mehr in der Mediatisierung, immer mehr Medien und immer mehr Technik, immer mehr Vernetzung, immer mehr Virtualisierung haben zu einer Pluralisierung aller Begriffe geführt. Auch der Mythos vom selbst instruierten E-Learning ist hier zu erwähnen. Außerdem gibt es den Mythos von der kollektiven Intelligenz, dem so genannten globalen Gehirn. Die Thesen von der Verdummung und vom Kulturverfall werden notorisch und kategorisch abgelehnt. Aber mit der neuen Methode werden alle Ergebnisse rhapsodisch. Mit der Suchmaschine beginnt die Recherche, endet aber auch zugleich bereits mit ihr. Die unreflektierte und unzensierte Übernahme von Textbausteinen ist keine Wissenschaft. Auch beim Journalismus ist die Quellenintransparenz seit längerem ein großes Problem. Dies fördert die Unfähigkeit, komplexe Sachverhalte zu verstehen. Hinzu kommt ein blindes Vertrauen in die digitalen Texte und eine Atomisierung des Wissens. Insgesamt läuft dies auf einen Medienbruch hinaus (Weber 2007, 9-25).

Die Googlebuchsuche erfasst kaum mehr als 10 % des Geschriebenen. Nicht alles wird gefunden und nicht alles ist im Netz. Der Medienbruch bleibt erhalten: Nicht alles, was vorher und gleichzeitig gefunden wurde, wird auch digitalisiert. Der Plagiatsverdacht in der Wikipedia? Wikipedia hat ein systematisches Quellenproblem. Google findet oft als obersten Begriff den Wikipediabegriff. Heute sind akademische Arbeiten eine Aneinanderreihung von Lexikonartikeln verschiedenster Art. Die Fehlerkorrektur bei Wikipedia funktioniert erstaunlich gut, obwohl das Lexikon erstaunlich schnell ist, was die Daten betrifft. Eine gewisse Restskepsis ist allerdings angebracht. Was bleibt, ist eine postmoderne Quellenfrage. Bei Wikipedia wird die Unterscheidung zwischen genuinem Text und Zitat, zwischen eigenem und fremdem geistigen Eigentum obsolet. Insofern wird hier eine Art kollektive Autorschaft angestrebt. Um hier voranzukommen, sollte die Paraphrase ausgeschlossen werden. In einer wissenschaftlichen Arbeit sollte enzyklopädisches Wissen nur ausnahmsweise zitiert werden (Weber 2007, 26-37).

Schummeln wird allerdings im Internet leicht gemacht. Hausarbeiten und Referate können im Netz herunter geladen werden. Es wird immer schwieriger, Eigenleistung von Fremdleistung zu unterscheiden. Auch die Organisation der Nachhilfe kann über das Internet geschehen. Der Lehrer wird zum Wissensorganisator, Provider und Manager. Es geht darum soziale und technische Fähigkeiten zu vermitteln. Wissensaneignung wird immer mehr als selbst gesteuert begriffen. Verschiedene Einstellungen der Internetproduzenten erkannten: Es geht um das Verwalten von Wissensbeständen, oft auch um inszeniertes Wissen. Die Rolle des Lehrers ist daher vornehmlich darin zu sehen, aktiv Hilfestellung bei der Informationsbeschaffung und Informationsbewertung zu geben. Projektbezogener Unterricht kann mit dem Internet realisiert werden. Es handelt sich auf jeden Fall um ungefilterte Information (Decius, Panzieri 2000, 51-65). Heutige Studierende halten sich mit eigenen Gedanken zurück. Ein Plagiat liegt dann vor, wenn sich ein überwiegend deckungsgleicher syntaktischer mit einem bestehenden Text nachweisen lässt. Das Plagiat eines ganzen Textes und Teilen davon führt zur Austreibung des Geistes aus der Textproduktion. Es gibt aber auch ein Ideeplagiat. Der wissenschaftliche Textplagiatentum kann erstens ein totales Plagiat, zweitens ein partielles Plagiat und drittens ein Ideenplagiat beinhalten. Heute werden in der Regel mehrere Arbeiten zu einer neuen gekreuzt. Dies bedeutet eine Kollage aus verschiedenen Werken. Dies nennt man ein

164

Strukturplagiat. Es geht auch dabei um den faktischen Einsatz automatischer Übersetzungsmaschinen. Ausländische Google-Seiten werden durch ein Übersetzungsprogramm gejagt und dann die Fehler korrigiert – so entsteht eine neue eigene Publikation. Man geht in diesem Zusammenhang von einer Drittelquote aus, wobei die Bezugsgröße unklar ist. Es handelt sich dabei insbesondere um Seminararbeiten, Abschlussarbeiten und wissenschaftliche Arbeiten. Dabei gibt es verschiedene Formen des Textbetrugs bei Schülern und Studenten, aber auch bei Lehrenden (Weber 2007, 39-52).

Darin manifestiert sich ein epochaler Wandel im Umgang mit Texten. Das Referenzsystem der Gutenberg Galaxis wird hinter sich gelassen. Moderne Vorstellungen von Autor und Urheberschaft verlieren ihren Wert. Dies verstärkt die Vorstellung von Text als einem generell frei verfügbaren. Schüler holen sich alles aus dem Internet. Dies führt zu einer Häppchen- und Schnipselkultur statt zusammenhängenden Text. Das Zusammengefasste wird zusammengefasst. Wikipedia ist der erste Zwischenstoff, danach folgt aber keine weitere Kreativität in den Recherchemethoden. Schoolunity ist eine Vereinigung, in der man in kommerzieller Weise vorgefertigte Texte zum Abschreiben vorfinden kann. Offensichtlich werden alle Onlineinformationen als prinzipiell gleichwertig und gleich seriös eingesetzt. Es geht dabei um Möglichkeit des Downloadens, des Scannens und des Abtippens. Alle diese Formen sind unethische Autorschaft. Ghostwriter sind gering bezahlte Wissenschaftler. Und es gibt auch richtige Netzplagiatspiraten. Die Kopie ist das Original wie die Wirklichkeit. Der Plagiatsvorwurf setzt das Konstrukt der Autorschaft insgesamt ja bereits voraus. Insofern bedarf es einer alternativen Theorie des Plagiats. Der erkenntnistheoretische Disput über den Realitäts- oder Konstruktionsgehalt von Original und Plagiat, von Autorschaft und Plagiat, sollte zugunsten einer nichtdualistischen Denkalternative überwunden werden. Ludvik Flecks Konzeption des Denkspiels und des Denkkollektivs sollte auf das Internet angewendet werden. Dabei gibt es Ansatzpunkte für eine Intertextualitätstheorie. Diese bezieht sich auf eine Diskursanalyse homogener wissenschaftlicher Textualität. Die Rahmenbedingungen für Textualität haben sich geändert. Wobei man darauf hinweisen muss, dass das Internet nicht Wissenschaft ist, sondern Pragmatik der Vermittlung und des Zugriffs auf Daten. Studenten haben vermutlich schon zu einem Teil ein unzureichendes Verständnis von Wissenschaft und vom Internet (Weber 2007, 89).

Imitiert und plagiiert wird inzwischen alles. Die Übernahme von Daten geschieht bereits in der Kindheit beim Handy. Dieses ist das Beispiel und das Muster. Dies führt zu einer Abnahme der Lesekompetenz. Das Herunterladen von Daten einfach ohne Warnung vor Grenzüberschreitung ist allerdings auch verführerisch genug. Dies führt zu einem Absinken der Hemmschwellen für den Datenklau. Schon die Schulen leiten eigentlich zum Datenklau an. Letztlich müssen die Einführungen in das wissenschaftliche Arbeiten verbessert werden. Das Paraphrasieren sollte kritisch überdacht werden. Die Betreuungsinkompetenz fördert den Plagiarismus. De fortschreitende Verweigerung des Close Reading bei den Lehrenden und den Problemen mit der Aufmerksamkeitsökonomie haben die Betreuungsrelevanz herabgesetzt. Es geht um die Erschließung von Quellen. Hinzu kommt die Faulheit eines gewissen Anteils von Studenten, andere sind zu dumm und ungebildet. Hier findet oft auch eine Ablehnung von Wissen statt Wissenschaft statt. Der Evaluationsterror begünstigt zudem den Niveauverlust. Allerdings auch hier sollte darauf hingewiesen werden, dass das Internet nicht selber Wissenschaft ist, sondern Datensammlung, Archiv und Speicherorgan. Das grundlegende Fehlen der Unterscheidung zwischen eigenem und fremdem geistigen Eigentum ist hier nachteilig. Dagegen sollte das wissenschaftliche Ethos auf den Pan gerufen werde um die gute wissenschaftliche Praxis zu sichern. Außerdem kann man Antiplagiatsoftware benutzen, wenn die Arbeiten in digitaler Form abgegeben werden. Vor der eigentlichen Abgabe könnte auch ein universeller Antiplagiatstest generell für alle Arbeiten an einer Universität durchgeführt werden (Weber 2007, 90-105).

Wissenschaftsbetrug und Plagiate scheinen keine sehr große Rolle zu spielen. Sie sind auf der höheren Ebene möglicherweise auch eingeschränkt, aber insbesondere im Ausbildungsbereich spielen Plagiate eine zentrale Rolle. Vermutlich ist auch der Doktorandenbereich betroffen. In Zeiten des Internet ist es leichter, Plagiate zu erstellen. Plagiate sind eine Form von Betrug. Es handelt sich dabei um eine Verletzung des Urheberrechts, nämlich um eine zivilrechtlich unerlaubte und zum Schadensersatz an den Autor verpflichtende Handlung. Es geht dabei um den Tatbestand der Täuschung. Dies ist eine Normverletzung. Allerdings ist die Theorielosigkeit der Untersuchungen über Plagiate zu bemängeln (Sattler 2007, 21-26). Die Frage ist auch, was ein Plagiat ist. Es gibt geistigen Diebstahl schon bei den Römern. Eine der Formen ist die mangelnde Quellenangabe bzw. auch das unbewusste Aneignen von Fremdem. Und es gibt noch die Mehrfachverwendung von eigenen Arbeiten (Sattler 2007, 29-33). Durch die Digitalisierung ist das Plagiat viel leichter geworden, vor allem Jüngere neigen zum Plagiat. Personen mit geringeren Kompetenzen betrügen häufiger. Die Entdeckungswahrscheinlichkeit und die Furcht vor Sanktionen halten in gewisser Weise ab, wobei männliche Akteure eher betrügen (Sattler 2007, 43-51). Dabei spielt offenbar die subjektive Erwartungsnutzentheorie eine deutliche Rolle. Die Bestrafungshöhe und die Sanktionswahrscheinlichkeit, also der Entdeckungsfall gehen in die Abschätzung des Missetäters ein. Die Plagiate sind eine Form abweichenden Verhaltens. Das Problem ist der mögliche Status- und Reputationsverlust bei Entdeckung. Scham und Gewissen sind internalisierte Normen und nicht zu vernachlässigen sind die Kosten für die Verschleierung der Tat. Die Befürworter der Nutzentheorie können damit ein gewisses Erklärungsmodell für Plagiate anbieten (Sattler 2007, 63-83). Ein erfolgreicher erster Plagiatsversuch reizt zur Wiederholung. Es gibt dabei eine Risikoneigung. Probleme bei dieser Theorie entstehen sowohl beim Erfassen des Plagiatsbegriffs wie bei Problem der Nutzenmessung.

Die neuen Medien haben massive Nachteile. Der Antimedialismus gilt als verpönt. Lässt sich durch Multimedia die Kommunikation steigern? Sie hat eher zu einer Sprachverwilderung geführt. Diese mündet in einen Kultur- und Medienpessimismus. SMS-, Mail-, Chat-, kontaminierte Lese- und Schreibkultur. Der Kulturpessimismus der späten 80er Jahre konnte in gewissem Maße wieder aufleben. Ein pädagogischer oder ein technikdeterministischer Ansatz helfen hier nicht weiter, wobei die medienwissenschaftliche Untersuchung des Internet noch unzureichend ist (Weber 2007, 117-130). Die Informanie führt dazu, dass SMS- und Mailkultur oder die Vorspiele zu ultimativen Fragmentierung und Parzellierung des Bewusstseins nicht möglich sind. Chatten begünstigt das verbleiben in der Oberflächlichkeit und das permanent. Es geht um Auftritte, nicht um Inhalte. Die Lesekompetenz geht in Richtung vernetztes Lesen, das nicht auf Bücherlesen zu beschränken ist. Gesucht digitale Zerstreuung statt geistiger Arbeit. Dies mündet in eine Textkultur ohne Hirn: Die Hauptsache ist, es wird überhaupt noch getextet. Die führt zu einer Bullshit-Rhetorik in den neuen Medien, zu einem Flaneurkonzept des Nutzers, zu Technikphilie als Ideologie und zu steigendem Technikstress. Die Ausbildung in den klassischen Kulturtechniken kommt dabei zu kurz (Weber 2007, 136-157).

Das Internet wird durch den Gebrauch definiert, der von ihm gemacht wird. Hier manifestiert sich ein präferenzutilitaristischer Grundzug: Erlaubt ist, was gewünscht und herunter geladen wird. Insofern setzt das Internet eine neue Gemeinschaft voraus oder entwickelt sie sogar (Weber 2007, 247-257). Pornografie ist die Darstellung sexueller Akte ohne partnerschaftlichen Bezug. Die Kreuzzüge gegen die Pornografie im Internet zeigen, dass versucht wird, konservative Wertvorstellungen mit Hilfe oder gegen das Internet durchzudrücken. Allerdings ist Pornografie nicht zu verwechseln mit erotischer Fotografie und Pornografie als Kind der sexuellen Revolution und Befreiung der sexuellen Phantasie möglicherweise nach Geschlechtsrollen nicht annähernd ausgeglichen etwas, was möglicherweise nicht eindeutig negativ, sondern ambivalent zu bewerten ist. Die antipornografischen Aktivisten, die große cyberpornische Panik und die Kreuzzügler dagegen dürfen als wertekonservativ und phantasielos gelten (Weber 2007, 260-270). Im Hinblick auf das Internet gibt es rationale und irrationale Befürchtungen (Weber 2007, 360). Entscheidend aber ist insgesamt die Rahmenkonstruktion für das Internet: Das Internet kann als Präsentation für das Auge des Downloaders interpretiert und gesehen werden.

Es geht um die Enttabuisierung des Themas Pornografie. Um dem Massenangebot im Internet Herr zu werden, hilft entweder nur eine umfassende Prohibition oder aber ein Besser Machen als bisher. Insbesondere wird die Frauenfeindlichkeit der Inszenierungen bemängelt, die da im Internet angeboten werde. Außerdem werde in vielfacher Form eine Suchtspirale angeregt die auf ein immer mehr und immer härter hinausläuft. Dem gegenüber kann allerdings eingewandt werden, dass diese Suchtspirale häufig eher in eine große Langeweile mündet, die Angebot und Nachfrage in diesem Zusammenhang regelt. Warum wird also Pornografie so nachgefragt? Es könnte sich zumindest in erster Näherung um einen Ausbruch aus unserer Alltagswelt handeln, wofür auch die Erotik der Alltagswerbung spricht. Die Beschäftigung mit Pornografie im Internet hat etwas Autistisches, es handelt sich hier um Phantasien. Pornografie wird auf dem Bildschirm konsumiert und für die Masturbationsarbeit benutzt. Sexualität wird hier als Arbeit betrachtet, so dass das Ganze als ein männlich-autistisches Problem angesehen werden könnte. Dem widerspricht allerdings die Erfahrung, dass immer mehr Frauen in diesen Bereich mit hineingezogen werden. Dabei müsste man sich fragen, ob Pornografie in der Tat in einem engen Bereich mit Sexualität gekoppelt ist. Auf jeden Fall müsste die Frage beantwortet werden, ob die virtuelle Realität die sexuelle Dimension menschlicher Leiblichkeit verändert.

Das Internet wird durch den Gebrauch definiert. Präferenzutilitaristisch gesprochen, ist erlaubt, was gewünscht ist, also herunter geladen wird. Insofern setzt das Internet eine neue Gemeinschaft voraus und schafft neue Standartprobleme (Godwin 2003, 247-257). Die große cyberpornographische Panik bleibt letztlich unverständlich. Pornographie ist die Darstellung sexueller Akte ohne partnerschaftlichen Bezug in der geschlechtlichen Begegnung. Zwar ist Pornographie nicht unbedingt zu befürworten, auch nicht im Internet, aber anticyberpornographische Kreuzzüge entbehren ebenfalls meist einer geeigneten ethischen Grundlage. Allerdings ist nicht jede Form erotischer Fotografie Pornographie. Diese neue Bewertung des Sexuellen ist ein Kind der sexuellen Revolution, der Befreiung der sexuellen Phantasie, möglicherweise auch der Geschlechtsrollen, die nicht annähernd ausgeglichen sind. Die antipornographischen Aktivisten sind in der Regel wertekonservativ und phantasielos (Godwin 2003, 260-270). Das Internet und die virtuelle Realität wecken irrationale Befürchtungen. In diesem Zusammenhang ist Aufklärung erforderlich.

Im Phantasiebereich der virtuellen Realität kommt es zu einer Verobjektivierung des Partners, aber dieser Partner ist kein Partner, es gibt gar keinen Partner, auch keinen, den man instrumentalisieren könnte, da der Partner ein Phantasieprodukt ist. Selbst bei angeblich authentischem Material und sog. Oder oft nur angeblichen Amateurfilmen handelt es sich um Inszenierungen. Möglicherweise ist das Phänomen Pornografie in der virtuellen Realität ein Indikator dafür, dass Männer in der modernen Gesellschaft nicht ausleben können, was sie zutiefst brauchen, nämlich Männerphantasien. Dabei ist zu berücksichtigen, dass es Masturbationsvorlagen auch schon früher gegeben hat, die ebenfalls gesellschaftlich geächtet wurden wie insgesamt das Phänomen Masturbation. Vielleicht haben Männerphantasien in der Tat weniger mit Sexualität und Partnerschaft zu tun als mit ihrer eigenen Entwicklung und der Phantasie und der Kreativität, die so gefördert werden können. Durch virtuelle Realität sind heute Masturbationsvorlagen sehr viel stärker am Optischen orientiert als dies früher der Fall gewesen ist dürfte. Ansonsten sollte man mit der Bewertung von Männerphantasien, denke ich, vorsichtig sein, denn diese sind in der Tat, jedenfalls ist das meine Überzeugung, nicht Ausdruck einer Instrumentalisierung von Frauen und einer Frauenfeindlichkeit, sondern eher ein Zeichen von Kreativität und Phantasie, die möglicherweise gesellschaftlichen Druck abbauen hilft. Die männlichen Phantasien beim Geschlechtsverkehr sind häufig ähnlicher Art wie die in der Virtuellen Realität. Dann könnten Männer in der Phantasie möglicherweise das ausleben, was sie in der Realität nicht in die Tat umsetzen können oder mit Rücksicht auf ihre Partnerin auch nicht wollen sollten.

Fassen wir zusammen: Die offene Internetstruktur und die Informationsfreiheit führen zu einem Problem mit dem Urheberrecht, in dem zwei unterschiedliche Bewertungen geistigen Eigentums zugrunde gelegt werden. Die einen vertreten ein Konzept des ökonomischen Eigentums an geistigen Produkten, wobei ich zwischen Wissenschaft und Unterhaltungsbranche unterschieden werden müsste. Andere bezeichnen Eigentum als soziales Gut. John Lockes Eigentumsbegriff, der darauf basiert, dass Eigentum durch Arbeit geschaffen wird, lässt sich zur Entscheidung dieses Streites nicht heranführen. Auch das Naturrecht als natürliches Recht der Verfügung eines Menschen über seinen eigenen Körper und sein eigenes geistiges Eigentum greift bei geistiger Arbeit nur bedingt. Denn geistiges Arbeiten nimmt immer schon die Produkte der Arbeit anderer in Anspruch, um weitere, eigene Produkte zu schaffen. Dies gilt für Arbeit überhaupt zumindest in modernen technologisierten Gesellschaften. Insofern könnten die neuen Technologien die geistige Arbeit als Gemeingut neu verstehen lehren, die ein exklusives Eigentumsrecht an geistigen Produkten problematisch macht. Schon bei Locke wird deutlich, dass das Recht auf Eigentum kein Naturrecht ist, das jedem zuzuschreiben ist, sondern letztendlich auf einer impliziten Übereinkunft beruht.

Der Begriff Eigentum geht zurück auf das althochdeutsche Igendom, igen als Glosse für lateinisch heriditas, possesio, dos, patrimonium, fundus, proprietas u. a. m. belegt. Diese Bedeutungsspanne bleibt dem Begriff Eigentum als juristischem Terminus bis zum Ende des 19. Jh. erhalzten. Theoretische Bemühungen um die Erkenntnis des Ursprungs und der Geltung des Eigentumsrechts setzen in der Antike ein. Die Diskussion um die rechtliche Beschaffenheit des Privateigentums setzte der Neubesetzung des Naturrechts im 17. Jh. ein mit der Frage nach rechtlichem Erwerb von Eigentum. Die Naturrechtslehre befindet sich und versteht sich daher in Opposition zum gewöhnlichen Eigentumsbegriff, der nicht sachrechtlich, sondern hoheitsrechtlich strukturiert ist, im Imperium seinen Ursprung hat und als Herrschaft berichtet wird (Rabe 1972, 339f.). John Lockes Arbeitstheorie des Eigentumserwerbs gehört in den Zusammenhang eines vorstaatlichen individualistischen Freiheitsbegriffs den er zu seiner Theorie vom Vertragsstaat in den eingebrachten Besitz nicht hoheitlich erreichtes Eigentum geschützt wird und zur Lehre von der Gewaltenteilung weiter entwickelt wird. In einer Staatsverfassung wird Eigentum erstmals in der französischen Konstitution von 1793 definiert, und zwar als Privateigentum, als Recht jedes Bürgers, seine Güter und Einkünfte zu genießen und nach eigenem Gutdünken darüber zu verfügen (Rabe 1972, 340). Unter der Parole „Eigentum ist Diebstahl" vertritt 1780 J. P. Brissot die These, man höre auf, Eigentümer einer Sache zu sein, sobald man seine Bedürfnisse an ihr befriedigt habe. Sein utopisches Ziel ist nicht Aufhebung, sondern gleichmäßige Verteilung vor allem von Grundeigentum als Panzer von Persönlichkeit gegen die öffentliche Gewalt. Durch den Liberalismus im 19. Jh. wird Eigentum zum schrankenlosen, staatlichem Einfluss strikten entzogenem Herrschaftsrecht des Individuums über seine Habe, insbesondere über sein Haus. Erst in der zweiten Hälfte des 19. Jh. wird von einer Sozialpflichtigkeit des Eigentums gesprochen (Rabe 1972, 341).

Durch das Anfertigen einer Kopie aus dem Internet wird der Autor nicht seines eigenen Originals beraubt. Es entsteht dem Autor aber möglicherweise ein finanzieller Schaden, wenn durch die unerlaubte Kopie ein Kaufakt nicht zustande kommt. Das Copyright reguliert nicht das Produkt, sondern seine Nutzung. Ein natürliches geistiges Eigentumsrecht jedenfalls lässt sich schlecht begründen, weshalb eine utilitaristische Theorie des geistigen Eigentums herangezogen werden kann. Diese kann z. B. auf die Konzeption des Patentes zurückgreifen, wonach Patente für geistige Produkte und Erfindungen gegeben werden, die Inventionen in diesen Bereichen ermuntern soll, indem finanzielle Anreize zur Schaffung solcher angeboten werden. Aber viele Künstler, die geistige Arbeit leisten, arbeiten nicht um des Geldes willen. Außerdem ist der Zweck der Wissenschaft Wissensverbreitung, nicht der private Gebrauch des Wissens, um damit Profit zu machen. Dies ist allerdings bei kommerzieller Software anders und möglicherweise auch im Zusammenhang mit Formen der Unterhaltungsindustrie wie Videos, Filmen usw. Ein finanzieller Schaden für den Autor entsteht aber nur dann, wenn der Nutzer eventuell bereit gewesen wäre, für die betreffende Herunterladung der Ware Geld zu bezahlen, das er nun, nachdem er es kostenlos machen kann, nicht aufbringen wird.

Außerdem ist Information verschieden von materiellen Dingen und ruft andere Verteilungsprobleme hervor. Schließlich ist darauf hinzuweisen, dass geistiges Eigentum als westliches individuelles Konzept auf einem Modell individueller geistiger Autorschaft beruht, wie sie sich insbesondere in der Renaissance herauskristallisiert hat. Entscheidend aber ist für die Organisation des Umgangs mit fremden geistigen Eigentum das Ziel: Wie kann das Ziel, die Produktion geistigen Eigentums zu fördern, am besten erreicht werden? Traditionell wird im Westen auf rechtliche Schutzmechanismen für geistiges Eigentum hingewiesen. Im angloamerikanischen Bereich gilt aber eher das Copyright. Bücher, Kompositionen, Musikaufnahmen, Fotografien und Kunstwerke implizieren die Frage nach dem Recht des Autors auf Kontrolle über die Verbreitung und Vervielfältigung des Werkes. Auch im Patentrecht werden exklusive Rechte nur für eine bestimmte Zeit vergeben. Wenn keine kommerzielle Nutzung vorliegt, kann dem Gebrauch durch Herunterladen fremden geistigen Eigentums eigentlich kein Schaden zugefügt werden. Dies ist selbstverständlich dann anders, wenn ich fremdes geistiges Eigentum aus dem Internet herunterlade, um damit kommerziellen Gewinn zu erzielen. Das europäische Urheberrecht als Urheberpersönlichkeitsrecht, indem z. B. Patente auf Software vergeben werden und das Problem entsteht, wie die patentrechtliche Regelung bei Weiterentwicklung von Software zu regeln ist, stellt auch ein ethisches Problem dar.

Die ersten Privilegien gegen Raubkopien richteten sich gegen bestimmte Verfahren im Druckergewerbe. Der Protektionismus ist für die Verleger recht interessant und die Zensurinteressen der Obrigkeit können in gewisser Weise mit dem Protektionismus der Verleger in Einklang gebracht werden. In diesem Sinne sind Druckprivilegien in der Tradition des Naturrechtes zu interpretieren. In diese Richtung können auch Überlegungen zum Schutz des Autors gehen. Das Internet aber begründet eine offene, akademische Wissenskultur die in diesem Zusammenhang Offenheit, Freiheit und Anonymität begründet, die kommerziellen Interessen zu schützen ist. Der Autor und seine Kreativität sind ein entsprechendes hohes Gut, auch wenn es neurowissenschaftliche Versuche gibt, ein unabhängiges Selbst und seine Freiheit zu leugnen. Dabei zehrt der Autor in seinem Schaffen vom gesellschaftlichen Gemeingut. In der Ökonomiegesellschaft wird der Mensch auf das Erwerben reduziert. Kreativität entsteht nicht nur aus ökonomischen Motiven, sondern lebt von gesellschaftlicher Anerkennung. In gewisser Weise ist das Herunterladen von geistigem Eigentum aus dem Internet eine solche Form der gesellschaftlichen Anerkennung.

4. Kampf ums Internet und im Internet: Netzkriminalität, Gewaltdarstellung, Krieg und Terrorismus

Unter Internetkriminalität verstehen wir eine Vielzahl von kriminellen Aktionen, bei denen Menschen das Internet benutzen, aber nicht den Computer selbst zerstören, oder in ihn eindringen. Diese Kriminalitäten benutzen Menschen mehr als Computer als Opfer von so genannten opferlosen Kriminaltaten, wie Glücksspiel oder Pornographie. Einige Typen dieser kriminellen Tätigkeiten werden in der wirklichen Welt begangen und haben Analogien im Cyberspace. Kriminelle Taten wie Kundenbetrug, Finanzkapitalmanipulation und sexuell motivierte Straftaten haben die Aufmerksamkeit der Polizei und der Gerichte sowie der Politiker auf sich gezogen. Diese Kriminaltaten sind aber nicht alleine auf technische Gegebenheiten zurückzuführen, sondern tragen der Tatsache Rechnung, dass die Anzahl der Straftaten im Cyberspace mit dem technischen Medium selbst stark angestiegen sind. In diesem Zusammenhang haben auch die Regierungen und die Polizei neue Kompetenzen in der Verbrechensbekämpfung erworben. Computerkriminalität muss sich nicht zwangsläufig allein auf den Computer bzw. das Internet begrenzen, dennoch hat die Computerkriminalität einen Computer zu ihrem Werkzeug (Margolis, Resnick 2000, 183). Es gibt eine große Vielzahl von unterschiedlichen kriminellen Delikten im Internet, aber insgesamt und bis heute ist es nicht möglich, mit Hilfe eines Computers körperliche Gewalt reell auszuüben (Margolis, Resnick 2000, 202).

Zu den Netzpiraten gehören Virenprogrammierer, Raubkopierer, Kopierschutzknacker und Skript-Klau. Piraterie im Reich der Daten, dies ist eine Metapher, die nicht ohne Folgen bleibt. Die Guten, die Vorstandsvorsitzenden, die Pressesprecher und Rechtsanwälte der Copyright-Industrien verteufeln die Piraten. Bis in die 50er Jahre hinein war der Piratenfilm eines der präsentesten Genres. Piraterie wird nun aber durch die neue Diskussion zum Feindbild. Es geht um Diebstahl geistigen Eigentums, insbesondere um Musikpiraterie. Die Musikindustrie hat eine Anti-Piratenrhetorik entwickelt. Piratenjäger und Wächter des Urheberrechts werden inszeniert. Aber andererseits sind Piratenrepubliken als Vorläufer des Sozialstaates zu sehen. Und heute gilt Piraterie als ein Massenphänomen. Ein Indikator dafür ist die Entwicklung von Musikpiraterie im Internet. Zahlreiche Firmen stehen bereit, um an den Forderungen nach Sicherheit, Kopierschutz und Überwachung viel Geld zu verdienen. Voraussetzung dafür ist eine Kriminalisierung der Konsumenten (Medorsch/Röttgers 2001, 7-30).

Die Welt der Raubkopierer ist die von Sammlern und Jägern. Durch das Internet wurde ein Copyright-Loch geschaffen. Das Internet beruhte auf dem freien Austausch von Information und wurde dafür geschaffen. So wurde auch

Software angeboten, die man sich nie gekauft hätte, sich nie geleistet hätte und insofern kann deren Raubkopie auch nicht als eine verlorene Einnahme verbucht werden. Das Internet ist der Ort für Gelegenheitspiraten. Für Hacker ist es ein persönliches Anliegen, als erster Programme zu besitzen, die andere nicht haben. Es handelt sich um Menschen, die von einem Spiel besessen sind. Eigentlich bräuchten sie diese Anwendungen gar nicht. Es geht um die Betrachtung der Sammlung als solche. Insofern wird das Internet nicht ganz zu Recht als Wüste der Gesetzlosigkeit angesehen. Die Maßstäbe und die Handelsbedürfnisse eines großen Teils der Warenwelt werden zum Maßstab für die Beurteilung der Internetkunden herangezogen. Im IRG gibt es Hunderte von Chaträumen, bei denen die Urheberrechte verletzt wurden. Dies dient der Erhöhung der Reputation in der Szene. Es geht in diesem Wettbewerb um die Erstcrackung, die dann nicht funktioniert. Es ist eine Art Untergrundszene. Die Polizei versucht, die Szene einzuschüchtern, ein Klima der Angst zu schaffen und dies mit Polizeieinsätzen. Die weltweite Verschiebung von Programmen ist schwer nachzuvollziehen und zu beweisen. Es entstehen so Geheimbünde im Sinne von verschwiegenen Piratengruppen. Das einzig wirksame Mittel dagegen wäre die Entwicklung eines Kopierschutzes, der sich nicht cracken lässt. Dies ist aber der Softwareindustrie bisher nicht gelungen. Google hat einen Hardwareschlüssel, der eigentlich den besten Schutz bietet. Manche gecrackte Ware ist besser als das Original, weil die Cracker so gut sind, dass sie die Programme selbst verbessern können. Scharfe Gesetze zum Schutz von Software im Internet sind ambivalent. Aber die Schlacht wird weitergehen. Die Piraterie liegt in der Struktur des Internets selbst (Medorsch/Röttgers 2001, 35-50).

Malware, böswillige Programme, sind geschrieben, um in den Computer einzudringen und den Rechner im Sinne des Autors zu missbrauchen – mit dem Ziel, das eigene Ego zu befriedigen, Daten zu stehlen oder zu entführen, Spam-Mails zu verschicken, oder kostenpflichtige Telefonnummern anzuwählen. Dann gibt es die Werbesoftware, einige dieser Programme verschicken auch persönliche Daten. Das ist bösartige Adware, aber es gibt auch gutartige Adware, die im Systemtray auftaucht und sich auch wieder sauber deinstallieren lässt. Und es gibt Riskware – Programme die für ganz andere Zwecke verwendet werden können, als die, für die sie geschrieben worden sind. Überwachungs-Werkzeuge, Sicherheits-Software, Key-Logger usw., lassen sich vielleicht mit Küchenmessern vergleichen – die sind gemacht, um damit zu kochen. Man kann aber auch Menschen damit umbringen (Steeler 2007, 55). So soll die Neutralität der Technik aufgezeigt werden: Das Messer bleibt das gleiche, nur die Nutzerabsichten unterscheiden sich, und der Konstrukteur wie Produzent sind aus dem Schneider. Ist aber das Internet genau so ein Instrument wie ein Messer? Dies scheint häufig unterstellt zu werden. Dann ist der Unterschied bei den Nutzern entscheidend, dass Kriminelle bösartige Codes entwickeln und einsetzten, um damit Geld zu scheffeln. Hacker machen das nicht aus Gewinnstreben, sondern aus Neugier. Die meisten Hackerprogramme installieren nur Hintertüren, weil die

Hacker sehen wollen, was auf den Computern anderer Leute vor sich geht. Sie sind nicht geschrieben, um vertrauliche finanzielle Daten zu stehlen, mit denen man Profit machen könnte. Die wachsende Zahl an Verbrechern ist aber das Problem. Die Zahl der bösartigen Programme verdoppelt sich jedes Jahr. Wenn die Entwicklung so weiter geht, ist zu befürchten, dass die Antivirenunternehmen verlieren. Und die einzige Möglichkeit, etwas dagegen zu tun, ist die Anzahl der Kriminellen im Internet zu senken mit Hilfe der Polizei (Steeler 2007, 55f).

Bei klassischen technischen Artefakten lassen sich Konstrukteur und Produzent einerseits, Nutzer andererseits sauber trennen. Bei dem Internet als technischer Struktur, ist dieses Verhältnis von Produktion und Gebrauch nicht so einfach zu beschreiben. Anbieter, Produzenten und Nutzer arbeiten gemeinsam an der Ausgestaltung dieses Informationsaustausch- und Kommunikation. Es ist wohl nicht möglich, dieses Problem rein technisch zu lösen. Der Sicherheitsingenieur wird nicht arbeitslos, aber die Situation gerät außer Kontrolle. Es gibt mehr und mehr Kriminelle, bei immer weniger Verhaftungen. Es sieht so aus, als ob nur die Dummen gefangen werden und die schlauen Jungs bleiben im Schatten. Und sie agieren arbeitsteilig und international. Brasilianische Hacker knacken spanische Onlinebankzugänge. Sie leben in einem Land und tun illegale Dinge in einem anderen. Das ist ein echtes Problem. Wir brauchen eine Art Internetinterpol und mehr Investitionen in Polizeiarbeit. Die einzelnen Staaten müssten sich damit einverstanden erklären, mit dieser Behörde zusammenzuarbeiten. Die Länder, die das nicht tun, werden informationstechnisch isoliert. Die verfügbare Sicherheitssoftware scheint in der Regel die bösartigen Schadstoffe immer mehr zu erkennen. Das scheint aber den meisten Internetpiraten nichts auszumachen, sie entwickeln einfach neue Trojaner. Und sie sind immer in der Lage, neue Computer zu finden, die man infizieren kann. Eine Umfrage brachte zu Tage: 13% aller User in Deutschland und in Russland benutzen überhaupt keine Antivirensoftware (Steeler 2007, 56f).

Das Internet ist ein mächtiges Werkzeug – sowohl für legale Geschäfte wie auch für Verbrechen. Mittlerweile hat sich im Netz eine gut organisierte kriminelle Subkultur entwickelt, die Milliarden verdienen dürfte und selbst Mittätern Angst macht. Etwa die Hälfte der ehemaligen Hobby-Hacker ist in reguläre IT-Jobs gegangen, die andere Hälfte in den Untergrund. Dies ist eine heikle Entwicklung im Internet: schon immer hat das konsequent offen angelegte Netz auch Leute angezogen, die wissen wollten, welche Schwächen es hat und wie diese sich für Schabernack aller Art ausnutzen lassen. Parallel dazu gab es frühe Spammer, die ganz ohne weitere Tricks das neue Medium Email nutzten, um unerbetene Werbebotschaften in Millionenanzahl in elektronische Postfächer zu stopfen – lästig, aber kaum gefährlich. Zuletzt aber sind die beiden Linien zusammengelaufen: Erkenntnisse über Sicherheitslücken werden verkauft, statt veröffentlicht, und dann dafür benutzt, um fremde Rechner zu kapern oder die Server von Unternehmen lahm zu legen (Bolduan 2008, 28).

Die Bot-Netze sind das unübersehbarste Anzeichen dafür, dass das heutige Internet längst von Cyberkriminellen unterwandert ist. In ihrer frühen Form waren sie bloße Gruppen von gekaperten Rechnern, die von einem einzigen Angreifer, dem so genannten Bot-Herder über einen zentralen Server gesteuert wurden. Zur Kommunikation dienen einfache Protokolle. Inzwischen geht der Trend zu Peer-to-Peer-Systemen (P2P-Systeme), bei denen mehrere Rechner Empfänger und Befehlsgeber gleichzeitig sind, verschlüsselt miteinander kommunizieren und vor allem hervorragend skalieren, also ohne weiteres zu hunderttausenden zusammengeschaltet werden können (Bolduan 2008, 28). Während sich Privatnutzer vielleicht nur über überquellende Mailordner oder den ein oder anderen Virus ärgern, stehen Administratoren täglich mitten im Kampf gegen die dunkle Seite des Internet. Ihre Chancen zu gewinnen werden erheblich durch die Tatsache vermindert, dass Kriminellen erstmals eine weltweite Infrastruktur zur Verfügung steht, welche viele Möglichkeiten zum Verstecken und Manipulieren bietet und mit wenigen Mausklicks Millionen potenzielle Opfer erreichbar macht (Bolduan 2008, 34).

Computer-Viren sind Computerprogramme, die Gemeinsamkeiten mit Lebewesen aufweisen. Die Feststellung der Anzahl von Viren ist jeweils schwierig. Es gibt eine Virenprogrammiersubkultur. Häufig werden Virenbrutstellen in Asien unterstellt. Sind Viren also als Waffe der Cyberterroristen anzusehen oder gibt es eine Hackergefahr, eine Kriegsführung mit Viren? Die Virenkriegshysterie gehört zu den neuen Feindbildern. Viren werden häufig auch als Strafe für Urheberrechtsvergehen angesehen. Gefährlicher aber als Viren sind Abhängigkeiten. Und es gibt Viruswarnungen, die selbst zu Viren werden können. Dies wird verstanden als eine Art von Angriff auf die Rationalität (Medorsch/Röttgers 2001, 73-89). Spam meint eigentlich das Frühstücksfleisch und ist im Bereich des Internet die Schattenseite des E-Commerce. Dies ist eine Folge der Kommerzialisierung des Internets und bedeutet, dass immer mehr Datenschrott produziert wird, der das Internet teilweise lahm legt und Adressaten mit Werbemails oder ähnlichen unsinnigen Nachrichten überhäuft. Sie liegt letztendlich in den Wurzeln jugendlicher Hackerkultur, möglicherweise sogar im Konflikt der Kulturen und der Generationen. Insgesamt haben wir es hier mit Formen der Informationskriegsführung zu tun, wobei die Kommerzialisierung des Internets dem Vorschub leistet.

Löcherische Schutzsoftware ist einer der wesentlichen Faktoren für die Weiterverbreitung von Schadprogrammen (Krüger 2006, 45-48). Schutzprogramme werden meistens ausgeschaltet. An den Funktionen der geladenen Schadprogramme lassen sich die Interessen der Wurmverbreiter ablesen. Oft kommen Trojaner mit freier Software. Backdoor-Trojaner wollen die Kontrolle über den überfallenen Rechner übernehmen. Passwort-Trojaner stehlen vertrauliche Daten ebenso wie Spionagetrojaner. Trojan-Dropper implizieren eine versteckte Installation von Trojanern und Trojanclicker zielen auf den automatischen Aufbau der Beziehungen zu Internetseiten, um die Platzierung von Werbeseiten zu verbessern. Proxy-Trojaner dienen der Tarnung von Hackeradressen. Fernsteuerbare PC und Phantomclicks garantieren hohe Wachstumsraten bei Trojanern mit kriminellem Hintergrund. Die eigentlichen Netzgefahren gehen derzeit von Schadprogrammen aus, die von Profiprogammierern in eigenem oder in fremden Auftrag ausgeführt werden (Krüger 2006, 51-56).

Winny war ein Virus gegen eine Musiktauschbörse. Der Internet-Wurm Winny versandte sich an zufällig generierte IP-Adressen, nicht per E-Mail. Viren, Würmer und Trojaner sind die neuen Formen der Angriffe aus dem Internet. Der Wurm Witty war das erste Schadprogramm, das gezielt auf die Schutzsoftware einer bestimmten Firma angesetzt wurde. Das Internet Security System (ISS) hat Sicherheitslücken. Die Firma hat ein Update ins Netz gestellt, das diese Lücke schließt, aber noch nicht alle Kunden haben es. Witty wurde insgesamt geistreich programmiert. Sein Ursprung ließ sich mindestens ungefähr dadurch abstecken, dass er eine absichtlich programmierte Schwäche im ansonsten makellosen Wurmprogramm besitzt. Er konnte nämlich bestimmte ID-Adressen-Bereiche nicht erzeugen. Damit erhärtete sich der Verdacht, dass Witty von einem ehemaligen oder derzeitigen Mitarbeiter des Unternehmens ISS geschrieben und verbreitet wurde. Schutzprogramme sind für den potentiellen Angreifer besonders attraktiv (Krüger 2006, 1-9).

Ein Schüler nutzt eine der zahlreichen Windowssicherheitslücken. Die Sicherheitslücke bei Windows wurde von der Konkurrenzfirma eEye bereits ein halbes Jahr vorher entdeckt: viele Hacker suchen nach Sicherheitslücken im Windowssystem. Es gibt Hacker, die Microsoft bloßstellen wollen, sowie Technokraten und Programmierer, die Sicherheitslücken vermarkten wollen. Bisher herrschte zwischen Sicherheitsfirmen und Softwareproduzenten eine Art Gentleman's Agreement. Danach blieben neu entdeckte Sicherheitslücken unter Verschluss, bis die betroffene Softwarefirma – innerhalb einer angemessen Frist von 30 Tagen – eine Problemlösung anbieten konnte. Für die Hacker gilt dieses allerdings nicht. Für das Problem im zentralen Sicherheitsbereich LSASS brauchte Microsoft im Jahre 2003 bzw. 2004 aber ein halbes Jahr. In der Trusted Computing Kampagne von Bill Gates wird zugegeben, dass es keine Software ohne Fehler gibt. Ein russischer Hacker stellt am 29.04. eine detaillierte Anleitung ins Netz, wie man ungepatchte LSASS-Lücke ins Windowssystem einbringen kann. Ein Wurm ohne Schadroutine hätte keinen Medienrummel ausgelöst. Ein Fehler im Wurmprogramm sorgte dafür, dass sich infizierte Rechner automatisch immer wieder herunter fahren. Computerausfälle und dadurch bedingte Schäden waren die Folgen. Allerdings ist die Zeit der guten Würmer vorbei (Krüger 2006, 12-21).

Böse Viren entstanden mit den ersten Bagelvarianten. Es handelte sich um ein Nachladen eines Trojaners, der für massenhafte Verbreitung sorgen soll. Später entstanden mehrere andere Varianten. Manche Würmer führen zu einer spürbaren Verlangsamung des Datenflusses. Es gibt Würmer, die Computer vernetzen können, um sie für den Spamversand zu nutzen. Ziel von kriminellen

Schadprogrammen ist es, Geld zu verdienen. Gekaperte Rechner können ausspioniert werden nach persönlichen Daten, Eingaben, Passwörtern und Kreditkartennummern. Dagegen hilft nur Netzhygiene und Aufklärung des Verbrauchers. Wir befinden uns in einem Krieg der Würmer und Anti-Würmer. Auch gute Würmer können unbeabsichtigte Konsequenzen haben. Anti-Würmer müssen intensiv getestet werden, was Privatleute nicht können. Insofern können solche Sicherheitsprogramme nur von den entsprechenden Firmen vorgestellt werden (Krüger 2006, 23-31). Es gab circa 16.000 Schadprogramme im Jahr 2004, im Jahr 2006 wurden über 100.000 gezählt. Es gibt einen Wettlauf zwischen den Sicherheitslabors der Anti-Virenfirmen und der Virenerzeugenden. Zum Beispiel wurden mit der Ankündigung von Aktfotos von Prominenten solche Schadprogramme im Anhang versendet. SobirA reiste zum Beispiel als Virentarnung durch das Netz. SobirA-Würmer wurden 2004 für den Versand von rechtsradikaler Spam benutzt (Krüger 2006, 33-39).

Ein wichtiges Instrument sind auch Computerviren. Ein Virus kann sich autonom im Netzwerk fortpflanzen. 1981/82 entstanden die ersten Computerviren. Komplette und perfekte Sicherheit gibt es nur bei vollkommen abgeschlossenen Systemen. Im Herbst 1982 erscheint die erste Version von Microsofts MS Dos. 1986 verbreitete sich erstmals ein MS Dos Virus um den Erdball. 1986 fand auch der erste Kongress zum Thema Viren statt und 1988 fanden sich die ersten Virenjäger. Es entstanden Virensäuberungsfirmen im Sinne von Ghostbusters. Besonders wirkungsvoll war die bulgarische Virenszene. Windows 95 war besonders anfällig für Viren. Die Frage war, ob man sich mit Gefängnis oder mit einer Jobofferte an die entsprechenden Piraten wenden sollte. 1997 tauchte der erste Linux-Virus auf (Medorsch/Röttgers 2001, 53-69). Ein Rückgang ist bei Viren und E-Mailwürmern zu verzeichnen, hingegen boomen die Netzwürmer. Insofern wird ein Milliardengeschäft mit der Sicherheit angeregt.

Popupwerbung lässt sich nicht mehr unterdrücken und Nutzerprofile lassen sich erstellen. Dies ist Ausdruck einer organisierten Internetkriminalität (Krüger 2006, 57-59). Massenmailing und Direktmarketing gehören zu neuen Formen zumindest dubiosen Marktverhaltens. Die Zustimmung zu solchen Werbemails erteilt der Nutzer meist indirekt freiwillig. Direktmarketing durch massenhaft verschickte E-Mails ist in den USA eine legitime Methode. Dagegen können bessere Filter installiert werden. Allerdings stellt sich die Frage, ob bessere Spamfilter die Anzahl von Spammails nicht eigentlich erhöhen, weil Kunden nun unbesonnener im Internet agieren. Das Versenden von Spam ist ein durchaus profitables Geschäft (Krüger 2006, 64-75). Darüber hinaus gibt es eine kriminelle Schattenwirtschaft mit Raubkopien und Rufmordkampanien im Internet. Ammon Jackout, ein Autor von Kriminalromanen in Israel, fand Teile von unveröffentlichten Werken, persönlichen Daten und Dokumenten plötzlich im Internet. Sicherheitstechnik hat kaum Chancen, einzelne Trojaner, so genannte Unikattrojaner aufzuspüren (Krüger 2006, 76-81).

Es gibt Spionageprogramme, die die Systemleistung von Firmennetzwerken deutlich herabsetzen können. Spyware und Adware, die beim Download kostenloser Programme beigefügt wird, führt dazu, dass Kunden ausspioniert werden. Amazon weiß, was seine Kunden wünschen. Dies hängt damit zusammen, dass aus vorangegangenen Bestellungen Nutzerprofile erstellt werden. Dies wird Personalisierung der Werbung genannt. Das Antispywaregesetz wurde auf Druck der großen Firmen letztendlich verbessert. Das große Geld wird mit personalisierter Onlinewerbung verdient. Suchmaschinen wie Google, Yahoo MSN und Co. finanzieren sich über die Werbung. Am Onlineverhalten eines Internetnutzers orientiertes Marketing ist daher eigentlich nur konsequent. Lockvogelprogramme wie die Tauschbörsensoftware Kazaa mit falscher und personalisierter Werbung ist ein Beispiel dafür (Krüger 2006, 83-90). Umleitungen beim Starten des Internetexplorers auf manipulierte Webseiten bedeutet Browserhijacking. Insofern ist Coolwebsearch gar nicht cool, sondern eine kommerzielle Suchmaschine (Krüger 2006, 95-101).

Riskantes Verhalten im Netz besteht zum Beispiel darin, Programme aus dem Internet zu laden, online zu spielen, Dateien zu tauschen, Musik, Computerspiele und Videodateien downloaden oder pornografische Webseiten zu besuchen. Immer noch herrscht eine zu große Sorglosigkeit bei den Internetnutzern. Unerwünschte Adware und Spyware kommen oft durch E-Mails ins eigene System und zwar als Trojaner. Die Zeit des sorglosen Surfens ist vorbei. Die Kriminalität im Internet ist eine direkte Folgeerscheinung der Kommerzialisierung des Netzes (Krüger 2006, 107-114). Der Smartdownload mit Meldung an den Surfer führt letztendlich zum gläsernen Nutzer. Die smarte Schnüffelfunktion nutzt zum Beispiel, wenn Problemberichte bei Windows an Microsoft gesendet werden sollen. Dies führt zum gläsernen Windowsnutzer. Die Folge sind Kundenprofile, die die Fiktion des mündigen Nutzers unterhöhlen. Schnüffeln ist als unerlaubter Eingriff in die Privatsphäre zu werten (Krüger 2006, 116-128). Im Hinblick auf Computerverbrechen kann man unterscheiden in Kriminaltaten gegen Computer und in Straftaten mit Hilfe des Computers. Dazu gehören vor allen Dingen Diebstähle von Serviceleistungen, Informationen und Betrug (Edgar 2003, 176f.). Außerdem ist organisiertes Verbrechen mafiöser Art in diesen Bereich zu zählen (Edgar 2003, 182). Internet- oder Computerkriminalität gehört zur weißen Kragen-Kriminalität und wird häufig als opferlose Kriminalität bezeichnet, aber dies ist keineswegs der Fall (Edgar 2003, 187), auch wenn Opfer häufig anonym bleiben. Trotz des beständigen Hinweises darauf, dass eine Informationsgesellschaft existiert, ist die theoretische Aufarbeitung dessen, was damit gemeint ist, noch unterbelichtet (Spinello, Tavani 2001, 231).

Phishing dient dazu, private Daten der Opfer abzufischen. Phishing entstand aus der Kontraktion von „Password harvesting". Diese werden oft getarnt als Aktualisierung des Accounts zum Beispiel eines Bankzugangs. Die wachsende Beliebtheit von Onlineunternehmen wie Ebay oder Paypool sowie E-Banking sind der Hintergrund für diese Verfahren. Pro Fall gehören sie in den Bereich der Kleinkriminalität, die sich allerdings jedes Jahr aufsummieren (Krüger 2006, 130-138). Seit dem Sommer 2004 hat sich auch in der BRD Phishing zur Internetbetrugsmethode Nr. 1 entwickelt (Krüger 2006, 141-145). Auch für Geldwäsche internationaler Art ist das Internet geeignet. Hier gibt es Nebenjobs als Helfer beim Phishing. Die sorgfältige Planung dieses Verfahrens ist die Voraussetzung. Phishingangriffe leben vom Überraschungseffekt. Charakteristisch für diese lockere, aber effiziente Form der Cyberkriminalität ist, dass die Beteiligten 1. weltweit agieren, 2. untereinander weitgehend anonym bleiben und 3. anders als das traditionelle straff und hierarchisch organisierte Verbrechen nur in einem informellen, virtuellen Netzwerk miteinander verwoben sind. So hat sich eine Ökonomie of Phishing entwickelt. Dabei ist die hohe Zahl an Nutzern, die gefälschte Webseiten besuchen, charakteristisch. Zu Grunde liegt das Erheben von Daten ohne Wissen und Zustimmung des Betroffenen. Die Fiktion vom sicheren Onlinebanking und das Securitytheater deutscher Banken können nicht darüber hinweg täuschen, dass auch angeblich sichere Onlinebankingsysteme manipulierbar sind (Krüger 2006, 147-161). Mit den neuen Methoden sind auch Angriffe auf Konkurrenzunternehmen möglich (Krüger 2006, 175).

Die Webseiten von Onlineshops zu torpedieren und die entsprechenden Konkurrenten durch Hacker liquidieren zu lassen, ist eine neue Methode. Das Mittel hier ist die Last unzähliger Anfragen, die nicht beantwortet werden können und das Bestellsystem lahm legen. 1,5 Mio. solcher Mails können ein Unternehmen lahm legen. Virtuelle Schutzgelderpresser können in Zusammenhang mit solchen Attacken ein lukratives illegales Geschäft betreiben. So gibt es auch die DOS-Angriffe auf Verbraucherschutzseiten. Außerdem kann sich das Internet für den Terrorismus als nützlich erweisen. Das Grundproblem liegt in der Verwundbarkeit der Systeme. Honeynetz lockt Angreifer an, um ihren Angriff beobachten zu können. Die größten Bootnetze umfassten mehr als 50.000 Rechner. Diese können für den Spamversand und für Angriffe auf Webseiten benutzt werden. Es gibt dabei Spam- und Wurmschleudern. Auch gefälschte Klicks auf Webseiten und Werbezombies sind Mittel der Internetkriminalität (Krüger 2006, 178-193). Die Schattenmannschaft zeigt die Internetkriminalität und verdient Geld damit. Dazu muss sie aber die aufgedeckten Praktiken zumindest erst einmal kennen. Bock und Gärtner kommen sich hier zumindest äußerst nahe. Die Shadowcrew war ein berüchtigter Internetbetrügerring, der mit gestohlenen Daten Handel betrieben hat. Cyberkriminelle stellen eine Gefahr für Internetkommerz wie für Onlinebanking dar. Sicherheit in diesem Bereich gibt es nicht mehr zum Nulltarif (Krüger 2006, 196).

Die Wendung zu digitalen Umgebungen verändert unser Verständnis von Kriminalität in fünf verschiedenen Weisen: 1. Verändert das Internet die Szene oder den Ort, wo die kriminellen Akte geschehen, 2. erleichtert es das Begehen von neuen Arten von Kriminalität, 3. produziert es signifikante Änderungen von Gesetzen und Methoden, z. B. wird eine Verpflichtung und Wendung zur Prävention und zu neuen Formen der Kooperation zwischen öffentlichen und privaten Aktoren erforderlich, 4. gibt es neue Herausforderungen für Werkzeuge digitaler Überwachung und neue Methoden des Datenmanagements hinsichtlich von Online-Risiken, 5. bestehen neue Herausforderungen, den existierenden juristischen Prozess anzupassen und neue Formen von Beweisen und Methoden vor Gericht gelten zu lassen oder zu entwickeln. Die Online-Welt schafft neue Sicherheitsrisiken und schärft die Arten kriminellen Verhaltens, die wir dort finden (Balkin u.a. 2006, 1). Das erste Prinzip ist Digitalisierung, gemeinsame Standards für die Datenübertragung, die letztendlich Manipulation und Modifikation erlauben. Das zweite Prinzip ist Anonymität, die Fähigkeit zu handeln und andere auszuspähen, ohne deren Identität zu kennen. Das dritte ist Interkonnektivität: Die Tatsache, dass jedermann mit jedem anderen verknüpft ist im Netzwerk. Das vierte Prinzip des Internets ist Dezentralisation, der Mangel an einer zentralisierten Kontrolle über digitale Netzwerke. Das fünfte Kriterium ist Interdependenz, also Abhängigkeit untereinander, die gemeinsame Verletzlichkeit und Unausweichlichkeit der Bedrohung zwischen dem einen und allen anderen Leuten, die das Netzwerk benutzen. Wenn diese Gefahren und Risiken der digitalen Umgebung bzw. digitalen Umwelt selbst inhärent sind, könnte argumentiert werden, dass unsere alltäglichen Intuitionen uns hier möglicher Weise dazu anleiten, Fehlverhalten zu produzieren. Die Physik der digitalen Umgebung ist sehr unterschiedlich von der Physik der *Offline*-Welt oder Lebenswelt. Im Cyberspace passieren Ereignisse bzw. Angriffe zumindest sofort über große Distanzen, Netzwerkgrenzen stimmen nicht mit natürlichen oder politischen Grenzen überein, und jedermann im Netzwerk ist dein Nachbar (Balkin u.a. 2006, 2).

Die virtuelle Umgebung zwingt zu Veränderungen und Anpassungen von gesetzlichen Konzepten wie Jurisdiktion und Eigentum, es macht Doktrinen von Vertrauenswürdigkeiten bzw. Verantwortlichkeiten und Sorgfaltspflichten erforderlich und sie wird unseren Weg und unsere Art, über Privatheit nachzudenken, revolutionieren. In Netzwerksystemen ist insbesondere die Architektur wichtig, ein zentraler Plan, um die Netzwerkaktivität zu regulieren. Eine Architektur also, die enormen Einfluss auf die praktische Freiheit und Privatheit der Alltagsmenschen hat. Die Architekturregulation erschafft ein zweites und möglicher Weise noch bedrückenderes Problem der Transparenz und der partikularen Privatheit. Unsere Begriffe von vernünftigen Erwartungen hinsichtlich Privatheit sind bestimmt durch soziale Normen, die sich aus unsere Interaktionen mit der Technologie ergeben haben. So ist es gerade die technische Signatur unserer Internetsysteme, die politische Visionen aufgefordert haben, unsere technische Architektur bzw. das technische Design des Internets zu überdenken (Balkin u.a. 2006,2f).

Die neuen technologischen Werkzeuge können zu illegalen Aktivitäten anleiten, kriminelle Akte begünstigen, persönliche Information durchlöchern und Kriminelle mit anwachsender Effizienz für Tätigkeiten im Internet anziehend machen. Die öffentliche Ängstlichkeit im Hinblick auf elektronische Privatheit ist im Ungleichgewicht mit dem aktuellen tatsächlichen Risiko. Allerdings könn-

180

te darauf hingewiesen werden, dass die Entwicklung in einem speziellen Bereich bzw. einer Branche krimineller Aktivitäten und Verfahren sich in eine Richtung, nämlich der Cyberkriminalität auswachsen könnte. Bestehende Regeln des Kriminalverfahrens auch vor Gericht könnten dann zur automatisierten Erforschung traditioneller Kriminalität führen, die natürliche Evidenz und die eigene persönliche Zeugenschaft betreffen. Gerichtshöfe haben damit begonnen, einige anfängliche Schritte und Versuche zu unternehmen, spezielle Regeln für Computerkriminalitätsfälle zu etablieren. Aber ihre Kräfte, neue Regeln zu erfinden, sind begrenzt, oft kommen sie zu spät und erreichen nicht mehr sehr viel Gutes und darüber hinaus sind sie in dem bisherigen Rechtssystem für physikalische Fälle und nicht für Cyberkriminalität verwurzelt (Balkin u.a. 2006, 7- 9).

Die digitalen Schädlinge, mit dem man fremde Rechner ausspähen kann, lassen sich komfortabel bedienen und werden teilweise sogar mit einer graphischen Benutzeroberfläche geliefert – der Kunde kann bequem eingeben, an welchen Daten auf fremden Rechnern er speziell interessiert ist. Die gewünschten Informationen werden nach der Infektion des Opfercomputers automatisch an einen Rechner im Internet verschickt, wo die unbefugten Späher sie in Empfang nehmen, zum Beispiel Kreditkartennummern für eine kostenlose Shoppingtour im Internet oder Bankdaten, um fremde Onlinekonten leer zu räumen. So lässt sich in kurzer Zeit eine Menge Geld verdienen. Besonders attraktiv für die kriminellen Organisationen sind Zugangsdaten für Aktiendepots, PayPal- und Ebay-Accounts, aber auch der Zutritt zu Online-Plattformen für soziale Netzwerke, wie Facebook, YouTube, Lokalisten oder StayFriends ist Gold wert (Technology Review 7/2009, 63).

Mit zunehmender Annäherung zwischen Handy und PC greifen auch die Gefahren aus der Computerwelt auf den Mobilfunk über. Dennoch blieb die von Experten beschworene Katastrophe bislang aus. Zwar sind inzwischen mehr als 400 Viren für mobile Geräte dokumentiert, manche schafften es sogar zu lokaler Berühmtheit. Aber in ihrer Gesamtheit blieben sie doch relativ wirkungslos. Noch gibt es eine recht simple Erklärung, warum von Viren für mobile Geräte bislang recht wenig Gefahr ausging: es fehlt schlicht und einfach an der kritischen Masse. Dies liegt an den geringen Marktanteilen der verschiedenen Handybetriebssysteme. Die Zahl der Smartphones und Handys mit ladbaren Zusatzfunktionen wird allerdings weiter steigen und damit wächst auch die kritische Masse bei den Betriebssystemen. Um Sicherheitsmängel in der Software leichter aufspüren zu können, üben Informatikstudenten in Seminaren den Angriff auf Computersysteme. Dabei herrscht in der Fachwelt Einigkeit, dass es für angehende IT-Sicherheitsexperten sinnvoll ist zu lernen, sich in die Lage des Angreifers zu versetzten. Wichtig ist das Einüben digitaler Angriffstechniken: je kreativer man im Angriff ist, desto kreativer ist man auch in der Verteidigung (Technology Review 7/2009, 68-71).

Unsere Vorstellungen von Internetkriminalität werden durch die Massenmedien geprägt. Was ist denn neu an der Cyberkriminalität? Majid Yar weist drauf hin, dass die physikalische Entfernung zwischen Täter und Opfer groß geworden ist, eine Art von Globalisierung als Zeit- und Raumkompression stattgefunden hat. Ein Individuum kann mit tausenden von Anderen zur gleichen Zeit kommunizieren. Dies stellt einen Multiplikationsfaktor außerordentlicher Qualität dar. Die Fülle der einzelnen Taten, die ein Einzelner in kurzer Zeit vollziehen kann hat sich auf diese Art und Weise vervielfacht. Vertrauenswürdigkeit des Internets ist dadurch gekennzeichnet, dass uns die alltäglichen Erfahrungs- und Bewertungsmaßstäbe im Umgang mit dem Internet fehlen. Daher empfiehlt sich ein grundsätzliches Misstrauen im Umgang mit dem neuen Medium. Betrug und Diebstahl treten immer häufiger auf. Dabei kommt es immer weniger zum individuellen Betrug mit in der Regel kleineren Beträgen, sondern zu umfangreicheren Verlusten im Bereich der Industriespionage, des Menschenhandels und der Geldwäsche wie auch des Stalkings. Es handelt sich um neue Herausforderungen für die Kriminalistik und die internationale Polizei (Yar 2006, 4-17).

Der Hacker gilt als Inbegriff der Cyberkriminalität. Er weckt technologische Ängste und Phantasien. Maskulinität und Jugend sind Ausdruck des Hackerwesens. Allerdings ist das Hackerwesen längst zum organisierten Verbrechen geworden (Yar 2006, 21-35). Internet ist auch als Mittel für die politische Information an Bürger geworden. Es ist aber auch das Medium mit dem sich der Widerstand gegen die Globalisierung sammelt. In dem Zusammenhang geht es um die Anonymität, die das Internet geeignet für Angriffe macht. So entstehen Rhetorik und Mythos des Cyberterrorismus. Für diesen ist besonders das Handeln auf Distanz interessant (Yar 2006, 47-65). Es gibt auch eine virtuelle Piraterie. Sie besteht zunächst im Diebstahl von intellektuellem Eigentum, wodurch eine Kriminalisierung der Piraterie eingeführt worden ist. Es wurden Erziehungsprogramme eingesetzt, um den Diebstahl von Software einzuschränken. Allerdings hat die Industrie dabei eine Reihe von falschen Angaben geliefert, die ihre Ausweitungen auf die Piraterie hatten. So gibt es eine Gefahr der Kriminalisierung auch der kulturellen Kommunikation und des Austauschs (Yar 2006, 63-77). Betrug im Cyberspace umfasst den Diebstahl von Gütern genauso wie die Nichtbelieferung bezahlter Güter. Außerdem kann eine fehlende Authentizität des Produktes im Vergleich zum Versprochenen auftreten. Ein wichtiges Modell ist die so genannte nigerianische Version von Francis Drake und den spanischen Gefangenen. Der angeworbene Helfer muss Geld vorschießen, um den Transfer bzw. die Befreiung des Gefangenen zu ermöglichen. Danach wird er durch die Befreiten fürstlich entlohnt. Aber die Gefangenen gibt es nicht und so geht das vorzuschießende Geld an diejenigen, die den Betrug inszenieren (Yar 2006, 79-85).

Im Internet gibt es Hasspredigten, Kinderpornographie sowie sexuelle Gewalt. Häufig werden gesetzliche Verbote gefordert. Gerade bei der sexuellen Gewalt gibt es unterschiedliche Bewertungen, vor allem wenn erkennbar ist, dass sie nur gespielt wird. In diesem Bereich ist die Abgrenzung zwischen Kunst, Erotik, Pornographie und Obszönität oft problematisch. Es gibt kulturelle Unterschiede bei der Interpretation von Sexualität und verschiedene religiöse Einstellungen im Hinblick auf die unterstellte Perversität. Wenn die größte Nutzergruppe von Internetpornographie zwischen 12 und 17 Jahren alt sein sollte, sollte man durchaus über Schutzmaßnahmen nachdenken. Ein Schutz von Kindern vor Pornographie ist ethisch wünschenswert und auch von staatlicher Seite einzufordern. Insbesondere ist das Verbot der Kinderpornographie im Internet eigentlich unstrittig. Der Pluralismus in der Einstellung gegenüber der Darstellung oder Simulation sexueller Handlungen müsste ebenfalls berücksichtigt werden. So gibt es Pseudophotographien und computererzeugte Bilder von sexuellen Handlungen, die keinen realen Hintergrund haben. Hier stellt sich die Frage, ob Zeichnungen oder gespielte Szenen, die als solche erkennbar sind, Gegenstand von gesetzlichen Verboten sein sollten (Yar 2006, 97-119).

Cyberstalking ist eine Folge von anwachsendem Konfliktpotenzial in Beziehungen. Nichts desto trotz herrscht weiter die Suche nach Intimität vor. Verbotenen Sex mit Kindern zu haben wird vom Internet her unterstützt, denn das Internet erlaubt Distanz zwischen Opfer und Täter. Die Debatten über die Onlinegefährdung zum Opfer zu werden, oder Opfer zu finden, ist nicht nur Panikmache, obwohl die Anzahl der Täter im Internet bislang noch gering ist, und die Unterminierung der öffentlichen Moral keineswegs bewiesen ist (Yar 2006, 125-136). Die ursprüngliche Einrichtung des Internets ließ Überwachung und Zensur nicht zu. Es ist das Internet der Datensammler, wobei man mit Verschlüsselungen auch gegen Datensammlungen vorgehen kann (Yar 2006, 143-151). Zusammenfassend lässt sich also über Internetkriminalität folgendes Urteil fällen: es gibt erstens Kriminalität im Umfeld der Schädigungen Einzelner, also Verletzung der Privatsphäre. Zweitens gibt es aber auch Wirtschaftskriminalität, Geldwäsche, Terrorismus, Banden- und Drogenkriminalität. Das Internet darf also nicht zum rechts- bzw. polizeifreien Raum werden. Dennoch ist der Schutz vor Rechtsverletzungen auch im Internet weiterhin eine zentrale staatliche Aufgabe, wie auch ein wichtiges Problem der internationalen Gemeinschaft. Das Recht sollte auch nicht den Status quo einer überholten, reproduktionsorientierten Ökonomie retten. Insofern wachsen sowohl im Staat, wie auch im Recht zusätzliche Aufgaben im Bereich der Bewältigung von Internetfolgen.

Cybercrime ist ein ziemlich aufgeblasener Ausdruck, um einfach den Gebrauch von Computern durch Kriminelle zu umschreiben. Gegenmaßnahmen gegen Cyberkriminalität werfen fundamentale Fragen für die Kriminologie auf wie für das Gesetz und die Politik. Hacker brechen in ein Computersystem und Netzwerke ein, um Daten zu stehlen oder Akte der Sabotage zu unternehmen, so wie Viren und trojanische Pferde zu installieren. Industriespionage setzt die traditionelle Werksspionage unter Mitbewerbern fort. Der Diebstahl von Kreditkarten und der Betrug sowie der Diebstahl von Passwörtern führen zu Eigentumsdelikten (Thomas, Loader 2000, 2-6). Dabei haben wir ein grundsätzliches Problem: man kann ein Verbrechen nicht virtuell begehen. Dies verstehen die Hacker sehr gut, obwohl sie behaupten, dass wenn ein Verbrechen nicht mit einem menschlichen Leib in Verbindung gebracht werden kann, auch nicht bestraft werden kann. Es handelt sich also bei Cybercrime keineswegs um virtuelle Verbrechen, sondern um die realen Auswirkungen von Taten, die in der virtuellen Realität zumindest begonnen haben (Thomas, Loader 2000, 24). Verschlüsselung gibt Kriminellen und Terroristen ein mächtiges Werkzeug an die Hand, um ihre Aktivitäten zu verbergen (Thomas, Loader 2000, 105). Verbrechen können sich hinter einem Schild von Anonymität verbergen (Thomas, Loader 2000, 125).

Vertrauenswürdigkeit und Anonymität im Hinblick auf die Benutzung von Computernetzwerken sind zu gleich parallele Phänomene der Privatheit und der öffentlichen Sicherheit. Beide sind eng verknüpft mit Privatheit, mit der Vertrauenswürdigkeit privater Daten, mit der Anonymität zugleich die Erhaltung von Privatheit und Identität. Also ist die Fähigkeit einer Person, Vertrauenswürdigkeit oder Anonymität bei zu behalten in umfangreichem Maße kann durch Computernetzwerke verbessert werden. Insbesondere sind Computernetzwerke nahezu perfekte Garanten von Anonymität und Vertrauenswürdigkeit, z. B. durch Verschlüsselung. Verschlüsselung ist aber nur eine Technik, um Vertrauenswürdigkeit von Daten zu garantieren, und es gibt andere Möglichkeiten, die Vertrauenswürdigkeit von Information zu schützen, die nicht die negativen Auswirkungen hat wie Verschlüsselung und Anonymität (Thomas, Loader 2000, 133-135). Die Verstärkung gesetzlicher Bestimmungen oder andere ähnliche Vorstellungen sind häufig genug nicht wirksam. Denn die Technologie ändert sich sehr schnell. In unserer modernen Welt wachsen die Schwierigkeiten für äußerliche Regulationen an. Außerdem wirkt eine angemessen gehandhabte Regulation auf Kosten, die die Technologie teurer machen und ihrer Entwicklung schaden kann. Regulationsmechanismen können speziell in der virtuellen Welt ineffektiv sein. Vor allen Dingen sind Regulationsmechanismen, die nur durch ein einziges Land oder möglicherweise durch eine Gruppe von Ländern angestrebt werden, oft weniger effektiv als erwartet, weil hier andere alternative geografische Kanäle für die Information und die Technologie bereitgestellt werden (Thomas, Loader 2000, 142).

Hacker mögen glauben, dass sie eine abstraktes Verbrechen begehen, jemanden schädigen, der kein Jemand ist, eine Verwaltung, ein Unternehmen, jemanden, der reich ist und dem man sein Geld ja eigentlich abnehmen darf, denn er hat ja möglicher Weise genug davon. Aber das ist nicht der Alltagsnutzer des Internets und seiner Leistungen. Es trifft häufig genug den Otto Normalverbraucher und seiner Leistungskraft. Auch wenn er in der Regel nicht mit großen Beträgen belastet wird, bedeutet das trotzdem ein Verbrechen, wenn man ihn auch nur um Beträge von 50€ – 100€ oder 150€ betrügt. Und es gibt auch erheblich schlimmere Fälle. Wer behauptet, im Internet würden nicht konkrete Menschen, sondern nur Institution geschädigt, der täuscht sich und andere. Das Robin Hood Schema für Hacker und ihre Selbstverständnis ist letztlich ideologisch. Die kriminellen Akte sind auch nicht virtuell, sondern real und vor allem sind die Auswirkungen für die Opfer real und keineswegs virtuell. Dies ist ein großer Irrtum im Zusammenhang mit der Cyberkriminalität, dass es sich um virtuelle Kriminalität handele und nicht um tatsächliche Straftaten. Schon aus Gerechtigkeitsgründen sollten diese Täter dingfest gemacht werden, wenn nötig mit neuen Formen von Interpool oder Polizei und Jurisdiktion. Im Internet geschehen keine Morde, aber das Stalking zeigt z. B., dass im Internet Morde vorbereitet oder Suizide herbeigeführt werden können. Das Internet hat also durchaus Auswirkungen in der Realität, so dass eine Verharmlosung der Internetkriminalität keineswegs berechtigt ist. Die Verletzung der Cyberleiblichkeit und der personalen Cyberidentität ist nicht besser als eine Schlägerei, Totschlagdelikte oder Mord.

Ein weiteres umstrittenes Internetphänomen und darüber hinaus sind Computerspiele. Virtuelle Spielwelten sind nach wie vor Zeitfresser. MUD wurde 1978 von Roy Trobshaw und Richard A. Bartle als Multi User Dungeon, also als ein Verließ mit vielen Nutzern, in die Welt gesetzt. Es geht um spielerische Tötung, d. h. um Rollenspiele oder um Killerspiele in einer Welt der kriegerischen Auseinandersetzung. Die Erfindung der virtuellen Welten vor 30 Jahren bedeutete, dass spielerisch geprägte, virtuell Welten gegenüber den sozialen Spielen aus fernöstlicher Produktion dominierten. Es bildeten sich Fangilden für gewisse Spiele. Das erste Spiel von 1978 greift stark auf die Motive des *Herrn der Ringe* zurück. 1988 wurde ein Spiel namens Habitat mit einer Art Bildergrafik konstruiert. Neverwinter Nights wurde 1991 bei AOL herausgebracht. Hier war die Nutzung noch sehr teuer. Dies änderte sich mit der Entwicklung des Internet. 1996 gab Meridian 59 in 3D-Grafik erstmals ein realistisches Spielgefühl. Die ultimative Onlineversion der World of Warcraft war schon von einer gewissen Action durchzogen (Lober 2007, 7-16).

Everquestist wird verbunden mit dem Beginn der Spielsucht. Ab 2003 gab es Onlinevisionen von EVE, die den Spielern das Weltall zu Füßen legte. Wichtig für das Spielen war das Erlernen von Kompetenzen. Das Spielen vermittelte schnelle Erfolgserlebnisse, wobei bessere Ausrüstung Kompetenzerhöhung mit sich brachte. Was die Spiele versprachen, waren Erfahrungspunkte und fette Beute. Die *World of Warcraft* hatte die meisten Suchtfälle. Die Limitierung auf wenige Fähigkeiten führt zu einer Ausbalancierung des Spieles, begründet aber auf der anderen Seite eine gewisse Einseitigkeit. Nach dem *Herrn der Ringe* gab es insbesondere *Star-Wars-Universien*. Schamanen und Magie verbanden sich mit Sciencefiction. Die Nachbildung der Tolkinschen Welt wurde mit Browsergames verbunden. 2000 gab es das Weltraumstrategiespiel *Planetarion*. Galaxiewars wurde als neue Gattung von Spielen kreiert. Es geht hier um den Aufbau einer Weltraumbasis (Lober 2007, 17-34).

Computerspiele verändern ähnlich wie Kino, Rundfunk, Fernsehen und Video die Wahrnehmungsweise der Welt und die Erwartungen an die Lebenswelt. Das isolierte Herausgreifen des Gewaltaspektes ist nur eine verkürzte und verzerrte Thematisierung des Themas Gewalt im Cyberspace. Unterstellt wird eine

ganz Hass-Industrie. Gewaltdarstellung und interaktive Handlungsangebote a-
ber ergänzen sich in gewisser Weise. Dabei ist die Lust an der Gewaltausübung,
die in den Computerspielen ausgelebt und vielleicht auch stimuliert werden
kann, der Ausgangspunkt für die Überlegungen und die Kritik. Die schnelle Reaktion wird trainiert. Seit dem Selbstmordattentäterspiel von 1999 und dem Spiel
Digital Hate von 2002 wird hier ein enger Zusammenhang zwischen den tatsächlichen Terrorakten und den spielerischen Elementen konstruiert. Der virtuelle
Rassenkrieg findet in dem Spiel *Underash* aus dem Jahr 2003 statt. Aber Spieler
wollen nur die verfahrene Realität nachahmen (Rötzer 2003, 9-24).

So genannte Killerspiele, Spielhallen oder Computerspiele gehören zum Un-
terhaltungsangebot. Hier wird Gewaltverherrlichung unterstellt. Aber Abenteu-
er-, Sport-, Strategie- und Simulationsspiele, Action-, und Rennspiele, sowie
Ego-Shooter und Rollenspiele sind deutlich differenzierter anzusehen. Bei der
Wirkung eines Teils der Spiele geht es um die Entwicklung der Reaktionsschnelligkeit der Geschicklichkeit der Auge-Hand-Koordination, der Konzentration,
des Gedächtnisses, der räumlichen Orientierung, der Problemlösungen, wie der
Entscheidungen. Jugendschutzgesetze wurden geschaffen, um elementare Rechte von Jugendlichen zu schützen. Ob die mediale Gewalt wie reale Gewalt wirkt
oder aber eine symbolische Darstellung und fiktionale Gewalt umschreibt, ist in
der Diskussion möglicherweise strittig. Virtuelle Spiele sind zunächst nicht realistisch, sondern müssen über den ASCII formal als wandelnde Punkte in einem
Schlossgrundriss mit Abenteuerräumen dargestellt werden. Das alte Spielmodell.
MMORPG (Massively multiplayer online role-playing game) ist ein Spiel, auf
das viele Spieler zugleich Zugriff haben. Es entstand in Anlehnung an Tolkiens
Herr der Ringe und beschäftigte die Spieler im Genre der Fantasie. Die mittelal-
terlich anmutende Traumwelt Tolkiens und zahlreiche Science-Fiction Welten
sind in der Zwischenzeit entstanden. Dabei entstehen entweder Kampf- oder
Kompetenzspiele. Kooperationsspiele sind durch die Erfüllung einer Mission gekennzeichnet. *Second Life* zum Beispiel ist ein Rollenspiel das neue Freiheit und
die Entbindung von Fantasie propagiert.

In der Debatte um angeblich gefährliche Computerspiele sollten sich die
Politiker zurückhalten so lange bis die Faktenlage geklärt ist. Es ist schon ein
Reflex: wenn verzweifelte junge Menschen eine Bluttat begehen, richtet sich die
Aufmerksamkeit auf die von ihnen bevorzugten Medien. Das war so beim High-
school Massaker in Colombine im Jahr 1999 (15 Tote), beim Amoklauf des Er-
furter Schülers Robert Steinhäuser 2002 (17 Tote) und später in Emstetten, wo
ein waffenvernarrter Schüler sich selbst tötete und fünf andere Menschen schwer
verletzte. Wenn sich der Verdacht erhärten und konkretisieren lässt, dürften
selbst die meisten Gamer, die sich derzeit angesichts pauschaler Verurteilung zu
Recht ungerecht behandelt fühlen, mit Verboten einverstanden sein (Mattke
2007). Das Computerspiel *World of Warcraft* gehört zu den erfolgreichsten Spielen dieser Art. Das Spiel bedeutet eine Erprobung und ein Experimentieren der
Jugendlichen mit sich selbst. Videospiele mit Playstation sind ein sozialer Expe-

186

rimentierraum durchaus mit Suchtpotenzial. Die Freundschaften im Chat und im Spiel weisen klare Differenzen zu realen Spielen auf. Insofern kann die Flucht in die Irrealität der virtuellen Realität ein Anzeichen dafür sein, dass man mit den Problemen der realen Welt nicht mehr zurechtkommt.

Ihr Ruf ist ehr zweifelhaft – Computerspiele gelten allgemein hin als plump, unkommunikativ und Gewalt verherrlichend. Dennoch boomt der Markt, Produzenten stecken mittlerweile mehrere Millionen Euro in die Entwicklung eines Titels. Über alle Kritik hat der digitale Zeitvertreib auch einen Nutzwert: Computerspiele fungieren als Technologietreiber für die gesamte Elektronikwelt. Ohne die hohen Qualitätsanforderungen der Spielszenarien wären die Grafikkarten unserer PCs heute wesentlich leistungsschwächer. Darüber hinaus lassen sich Spiele auch als Lernhilfen oder Therapeuten einsetzten. Der IQ der elektronischen Freizeitpartner ist bisher allerdings gering: Forscher arbeiten noch daran, den Maschinen Intelligenz einzuhauchen. Mitte der 80er Jahre entwarf Will Wright ein neues Konzept für Computerspiele: Es gab keine Gegner, nichts zu zerstören. 1987 wurde das Spiel *SimCity* auf den Markt gebracht. Wie viel Spaß es macht, Herrscher über eine Region zu sein, sprach sich dann jedoch schnell herum. Rückblickend ist *SimCity* eines der Weg weisenden Computerspiele geworden. Aus dem Einzeltitel wurde eine Serie. Die Geschichte ist ein Beispiel für die weit reichende Wirkung, die Computerspiele haben können. Sie werden zur Ausbildung und zur Schulung benutzt, dienen als Fitnesstrainer, unterstützen medizinische Therapien und forcieren die Entwicklung und Verbreitung neuer Technologien (Technology Review 12/2005, 74f).

Der Einsatz spielerischer Optionen für Ausbildungszwecke liegt besonders nahe. In *Virtual U* schlüpft der Spieler beispielsweise in die Rolle des Rektors einer amerikanischen Hochschule, der das Budget sorgsam einsetzen muss, um einen effektiven Lehrbetrieb zu ermöglichen. Auch das Militär macht sich Computerspiele zu Nutze, da der digitale Zeitvertreib motorische Fähigkeiten wie etwa die Reaktionsschnelligkeit schulen kann. Experten sind sich allerdings einig, dass niemand am Bildschirm das Schiessen mit Pistolen und Gewehren erlernen kann. Mit Hilfe von Spielen lassen sich eher allgemeine Fähigkeiten verbessern. Doch Spiele sind nicht nur ein Technologie Treiber für die Welt der Computer, für Prozessoren, Grafikkarten und Arbeitsspeicher. Sie Helfen überdies Neuerungen auf dem Gebiet der Heimelektronik zu etablieren. Auch in Zukunft wird der Unterhaltungswert von Spielen mit technischen Innovationen verbunden sein (Technology Review 12/2005, 75-77).

Das Programmieren von Spielkonsolen wird immer teurer, doch besonders originell ist das Angebot nicht. Entwickler suchen daher nach Wegen, die Kreativität zu fördern. Während Animationsfilme und Comics längst auch bei uns als allgemeines Kulturgut angesehen werden, in dem sich ein künstlerisch wertvolles Werk findet, gelten Computer- und Videospiele vielen Menschen immer noch als Zeitverschwendung. Irgendetwas muss in den letzten 20 Jahren bei der Entwicklung der Computer- und Videospiele grundlegend falsch gelaufen sein, wenn die Öffentlichkeit immer noch so negativ über das Genre denkt. Comics hatten am Anfang die gleichen Probleme und wurden zunächst als Schund abgetan. Doch dort durften sich Zeichner und Texter, ähnlich wie im Autorenfilm in künstlerischen Nischen austoben. Die meisten Spiele werden von jungen Männern für junge Männer konzipiert. Der Frauenanteil an den Entwicklern liegt im einstelligen Prozentbereich. Kreative neue Spielideen sind immer noch die beste Antwort auf die ewige Kritik an der Gewaltdarstellung in den Medien. Wer hier nur Restriktionen und Verbote fordert, wird angesichts der skizzierten Marktbedingungen kaum Einfluss auf internationale Produktionen nehmen. Ohne die Forderung von Alternativen droht die rasant voranschreitende technische Entwicklung die derzeitige Tendenz zu immer aufwendigeren Blockbustern noch weiter zu verschärfen (Technology Review 12/2005, 78-81).

Eigentlich tragisch für die Designer von Computerspielen ist: Sollen pseudorealistische Szenen entworfen werden, so sind Kinofilme das Maß aller Dinge. Computerspiele erreichen solche Perfektion höchstens auf der Verpackung. Sie sind aber immer verfügbar, nie schlecht gelaunt, ungeduldig oder gar beleidigt, daher ist die Maschine ein perfekter Spielgefährte. Beispiele für solche Spiele sind *Tic-Tac-Toe*, Schach und globaler thermonuklearer Krieg. Der Film *WarGames* illustrierte 1983 noch die moralische Ambivalenz der in Spiele eingebauten künstlichen Intelligenz. Mit dem Einzug der PCs und Spielkonsolen in die Wohnstuben und Kinderzimmer ist sie zu einer Selbstverständlichkeit geworden. Schach, ein Spiel, dessen meisterliche Beherrschung Jahrhunderte lang als Ausweis von Intelligenz galt, ist vom Standpunkt der Informatik betrachtet vergleichsweise simpel gestrickt – ein so genanntes Nullsummen Spiel oder „game of perfect information", denn der Zustand dieses Spiels ist zu jeder Zeit komplett bekannt, das Spiel ist eindeutig, d.h. wenn einer eindeutig gewinnt, dann verliert sein Gegner ebenso eindeutig, schwarz oder weiß, hopp oder top. Spiele dieser Art sind für den Computer im Prinzip vergleichsweise leicht zu meistern. Denn der komplette Verlauf eines solchen Spiels lässt sich grafisch als ein Spielbaum darstellen. Alles, was den Computer bei einem solchen System ausbremsen kann, ist die Zeit. Wenn es zu lange dauert, den kompletten Spielbaum abzusuchen, besteht die Kunst der Programmier darin, geeignete Abkürzungen zu finden, Heuristiken genannte Regeln etwa, die Spielstellungen und Züge bewerten. Dies ist beim japanischen Brettspiel *Go* anders. Die Geschichte lehrt: wichtig ist nicht die Technik, sondern nur der Effekt: es kommt nicht darauf an, wie die Intelligenz eines künstlichen Charakters tatsächlich bewerkstelligt wird, so lange sich die Kreatur glaubwürdig benimmt. Worauf es ankommt, ist nicht die künstliche Intelligenz, sondern die Illusion von Intelligenz (Technology Review 12/2005, 84-87).

Gleiches gilt für die Avatare in Rennspielen, also künstlichen Autofahrern oder Motorradfahrern. Je eindeutiger der reale Alltag, desto größer ist der Reiz, in virtuelle Sphären abzutauchen. Online Rollenspiele sind zu einem Massenphänomen geworden. Sie verheißen ihren Fans Heldenruhm, Abenteuer und

188

Spaß – und den Herstellern ein boomendes Geschäft. Bereits seit den späten 70ern stehen realitätssatten Abenteuern virtuelle Onlinewelten offen. Die Welt, die weitgehende Durchdringung des Alltagslebens durch das Internet, hat diese Form der Freizeitbeschäftigung mittlerweile zu einem echten Massenphänomen gemacht – mit erheblichem Suchtpotenzial. So etwa funktioniert die Phantasiewelt von *World of Warcraft* nonstop bewohnt, magisch und fair. Technisch gesehen basieren Onlinespiele meist auf einer klassischen *Client-server-Struktur*. Die Server übernehmen alle Aufgaben, die die künstliche Welt und ihre Bewohner betreffen. Aus dem robusten Netzwerk Code sind vor allem Datenbanken gefragt. Dem Spieler gibt die virtuelle Welt das Gefühl, teil einer großartigen Geschichte zu sein. Alle Rollenspiele laufen vor einem epischen Hintergrund ab, das gehört gewissermaßen zur Genreklassifikation. Die echte Welt hingegen tendiert dazu, einem mitleidlos die eigene Irrelevanz bewusst zu machen, kein Wunder, dass derartige Spiele regen Zulauf verzeichnen (Technology Review 12/2005, 88-90).

Fantasievolle Welten jenseits unserer Wirklichkeit, dabei aber Fotorealistisch anzusehen – der Si-Fi Film *Avatar*, der im vergangenem Jahr in die Kinos kam, erfüllte diesen Wunsch dank des massiven Einsatzes von Hard- und Software. Für manches Einzelbild rechneten mehrere zehntausend Prozessoren zwei Tage lang. Im Kino sah der Zuschauer 24 Bilder pro Sekunde. Es überrascht daher nicht, das das entsprechende Computerspiel *Avatar* weit weniger realistisch anmutet als herkömmliche Kinofilme: Die für Aktionsszenen erforderliche Interaktivität verlangt 60 Bilder pro Sekunde. Da bleibt so mancher Lichteffekt auf der Strecke (Jensen, Akenine-Möller 2010, 89). Schon Ende der 1960er Jahre, als Computermonitore erstmals dreidimensionale Grafiken zeigten, prophezeiten Visionäre der Branche, eines Tages die Grenzen der künstlichen Bilder zum Fotorealismus zu überschreiten. Mögliche Anwendungen der 3-D Computergrafik waren schnell gefunden, angefangen bei der Konstruktion neuer Produkte mittels Comuter Aidet Design (CAD) über Architektur und Lichtplanung, der Visualisierung wissenschaftlicher Daten und die Computersimulation bis zur Unterhaltungsbranche. Die ersten 3-D Spiele mussten mit wenigen hundert Dreiecken auskommen. Gegenwärtige GPUs verarbeiten schon mehrere Millionen Dreiecke pro Frame (Jensen, Akenine-Möller 2010, 90).

In der realen Welt wird Licht diffus gestreut, an den Übergängen zwischen Medien verschiedener optischer Dichte gebrochen, an spiegelnden Flächen reflektiert. Gelänge es, solche Effekte zu simulieren, würde das den Eindruck enorm verstärken, eine echte Szene zu sehen. Umgekehrt ist Bildern, denen der Gleichen fehlt, eine künstliche Anmutung eigen. Schnellere Hardware ist ein Teil der Lösung (Jensen, Akenine-Möller 2010, 91f). Heutige Hardware kann viele Millionen Lichtstrahlen pro Sekunde verarbeiten. Obwohl das sehr beeindruckend klingt, ist es noch weit entfernt von der Zielmarke. 60 Frames pro Sekunde und bei HD Auflösung 1920 Mal 1080 Pixel pro Bild. Folgt die Entwicklung der Halbleiterindustrie weiter der als Mooresches Gesetz bekannten Beobachtung, verdoppelt sich die Rechnerleistung der Computerchips alle 18 Monate. In gut 10 Jahren also könnten die GPU´s die heute verlangten 2 Milliarden Lichtstrahlen verarbeiten (Jensen, Akenine-Möller 2010, 93). Auf absehbare Zeit dürfte deshalb die Kombination von Rastaisierung und Raytracing die besten Ergebnisse in der Echtzeit Anwendung liefern. Bei Raytracing wird ein Lichtstrahl durch jedes Pixel eines virtuellen Bildschirms geschossen, und so entstehen an Schnittpunkten neue Strahlen, lassen diese sich weiter verfolgen und so Reflexionen oder Brechungen simulieren. Da hier noch nicht alles möglich ist, behelfen sich Trickfilm Studios ebenso wie Computerspielentwickler gerne auch mit Tricks, um über die Schwächen von Hard- und Software hinwegzutäuschen. So wie das Bump Mapping Unebenheiten nur vortäuscht, gelang es in der letzten Zeit, die Transluzenz der Haut (ein Teil des Lichts dringt ein und wird an tiefer liegenden Hautschichten gestreut) mit raffinierten Filtertechniken so täuschend zu imitieren, das nur wenige Experten einen Unterschied zu Bildern erkannten, die aufwendig mit Raytracing berechnet worden waren (Jensen, Akenine-Möller 2010, 95f).

Gerard Jones, der Autor von Batman und anderer Unterhaltungsliteratur, reflektiert über sein Verhältnis zu Gewaltszenen in den Medien. In seiner Jugend war er mit allerlei schöner Literatur traktiert worden, im Gedächtnis aber blieb ihm Beowulf als Held und Vorbild. Im echten Leben eher ein Mamasöhnchen, Bücherwurm und hoch zivilisiert, trug Jones im Inneren den Drachentöter mit sich herum. Er schrieb selber Comics und verharmloste Gewaltszenen, bis ihn die Diskussion und die Arbeit mit Kindern zu der Einsicht brachte, dass Kinder extreme Gefühle und wilde Kampfszenen wollen. In den Kämpfen merkt man, wie man wirklich zueinander steht. Hier dokumentieren sich Gefühle persönlicher Macht. Darin besteht auch die Herausforderung und der Reiz an Pop- und Junkkultur (Jones 2005, 13-18). Die Leidenschaft der Helden, mit dem sie sich in der Lektüre beschäftigen, ist nun ein Teil ihres Lebens. Es geht darum, die Ängste steuern zu lernen, Ich-Stärke zu entwickeln und die Aggressionen in der Phantasie auszuleben. In der öffentlichen Diskussion wurde die Kritik an gewaltorientierter Unterhaltung immer lauter. Angeprangert wurde der Konsum von Gewaltfilmen, -songs und –computerspielen. Sie sollten der Anlass z. B. für Amokläufe sein. Die von den Medien ausgehenden Gefahren wurden unter dem Schlagwort „Mediengewalt" zusammengefasst und angeprangert. Unsere Gesellschaft fürchtet sich so sehr vor Aggression, dass diese total verdammt wird. Aber ohne Aggression kann sich ein starkes Ego nicht ausbilden. Insofern ist die Macht der Phantasien zu betonen. Die imaginäre Aggression kann als eine Quelle emotionaler Entwicklung und Bereicherung angesehen werden. Erzählen ist die Möglichkeit mit imaginären Aggressionen umzugehen. Auch Märchen enthalten ja Gewalt. Erwachsene reagieren auf Gewalt ganz anders. Sie sind angepasster und empathischer. Aber Spiel, Fantasie und emotionale Vorstellungen sind wichtige Instrumente für die Entwicklungsarbeit in der Kindheit und in der Jugend (Jones 2005, 20-29).

Jugendliche können aggressive Fantasien einsetzen, um ihr Leben gewalt-
freier zu bestehen. Es geht nicht um Flucht aus dem enttäuschenden Alltag.
Hulk zum Beispiel als Comicfigur ist in diesem Zusammenhang höchst aufschlussreich. Kinder sind zwar Konsumenten von Medien, aber auch Benutzer
von Medien. Also nicht nur passiver Konsum ist charakteristisch, sondern mit
der Verurteilung von Medien z. B. in Gestalt von Gewaltspielen stellen wir uns
gegen die Phantasiewelten, die sich die Kinder ausgesucht haben. Ihre Unterhaltung hilft ihnen, sich stärker zu fühlen. Aus Angst vor der realen Gewalt in der
Gesellschaft haben wir die aggressiven Phantasiewelten unserer Kinder verdammt und wir haben Aggression unberechtigt verallgemeinert. Kinder wollen
stark, beschützt und glücklich sein. Wenn wir ein offenes Ohr für diese haben,
teilen ihre Phantasien uns mit, was sie dafür brauchen (Jones 2005, 30-43). Im
Jahre 2001 wurde eine Studie an der Stanford University herausgebracht, die
zeigt dass die Aggressivität von Jugendlichen abnimmt, wenn sie den Fernseh-
konsum auf eine Stunde beschränken. Über Inhalte wurde nichts ausgesagt. Entscheidend in diesem Zusammenhang ist, die Freizeit aktiv zu gestalten. Die Studien haben also nicht gezeigt, dass die Kinder weniger aggressiv waren, weil sie
weniger Gewalt gesehen haben, sondern weil sie aktiver ihre Zeit gestaltet haben.
Daneben gibt es die gesellschaftliche Angst auch vor der Sexualität als einer gefährlichen Kraft. Seit Freud aber wissen wir, dass das größere Problem die sexuelle Verdrängung ist. Gesellschaftliche Vorurteile über Sexualität und Homose-
xualität wirken sich auch auf die Beurteilung dieser Themen im Bereich der Medien aus. Die gesellschaftliche Gewalt ist für uns alle verstörend. Jugendliche, die
zu Aggressionen neigen, können durch Gewaltszenen bestärkt werden und fühlen sich durch Gewalt in den Medien angesprochen. Aber kein Jugendlicher wird
durch Medieneinflüsse gewalttätig. Die Dauer des Medienkonsums spielt wohl
eine Rolle, die Inhalte hingegen jedoch nicht. Die Problematik, wie sie sich in
den neuen Studien zeigt ist, dass das Labor aber nicht das Wohnzimmer ist, dass
Korrelationen keine Kausalität beinhalten und begründen und dass Aggression
nicht gleich Aggression ist (Jones 2005, 44-64).
    Als Erwachsene finden wir Waffen Furcht einflößend und wollen sie auch
unseren Kindern verbieten. Aber die Generation der Westernkonsumenten hat
gezeigt, dass diese auch nicht aggressiver ist als alle anderen Teile der Gesellschaft. Revolverspiele waren mit Abstand die beste Methode, um mit anderen
Kindern in Kontakt zu kommen. Der spielerische Umgang mit den Furcht erre-
genden Realitäten des Lebens ist der beste Weg des Lernens, mit dieser Seite der
Realität umzugehen (Jones 2005, 80-97). Kinder werden jeden Tag daran erinnert, wie klein und machtlos sie doch sind. Die tiefen Sehnsüchte der heranwachsenden Kinder, sich stark zu fühlen, werden so missachtet. Das beste Ge-
genmittel zu den Frustrationen des Lebens ist die Erfahrung von eigener Macht.
Machtfantasien können ein aufregendes Gegengift zu den Nöten des Lebens
sein. Spielerisches Kämpfen hilft Kindern, ihre Kräfte kennen zu lernen und zu
beherrschen. Es hilft ihnen, ihre Grenzen kennen zu lernen. In diesem Zusam-

menhang gehören Pseudokämpfe von Jugendlichen, insbesondere männlichen, und das Toben. Aggression ist nicht leicht zu beherrschen (Jones 2005, 103-108.).

Auch bei den Medien verschwindet das Bedürfnis nach aggressiven Spielen nicht ganz. Harry Potter-Bücher sind Vorbilder für eine aktivere Rolle von Mädchen und Frauen. Die Spiele sollen ihnen klar machen, dass sie alles sein können, was sie sein wollen. Horrorfilme fristen eher ein Schattendasein bei Kindern, sie fürchten sich, vor allem Mädchen. Ein stärkeres Gewaltpotenzial steckt in der Action-Unterhaltung, wie zum Beispiel in den Filmen über James Bond (Jones 2005, 123-150). Die wichtigste Aufgabe der Medien-Erziehung ist es, den Kindern die Unterscheide zwischen Phantasie und Wirklichkeit beizubringen. Die beste Möglichkeit aber besteht darin, die Kinder ihre Phantasien besitzen zu lassen. Sogar Fürsprecher der Jugend tragen bisweilen zur Panikmache bei. Die Angst davor Opfer von Gewalt zu werden führt dazu, dass wir Gewalt in der Gesellschaft negieren und dies auf unsere Kinder übertragen. Wir können diese Kinder in große Verwirrung stürzen, wenn wir uns zu sehr bemühen, ihre Gefühle und Erfahrungen zu steuern (Jones 2005, 178-195).

Erforderlich ist Aufklärung. Der Mythos von Wissenschaft, Planung und Rationalität sollte allmählich über Bord geworfen werden. In den 70er Jahren entstanden Filme wie „Dirty Harry", „Billy Jack" und „Todessehnsucht". Auch der Aufschrei, den die Groschenromane auslösten, ist in diesem Zusammenhang bemerkenswert. Billige Bücher als solche waren im Bereich der alten Bildungskonzeption ein Unding als solches. Die Groschenromane und ihre sensationslüsterne Ablehnung des viktorianischen Ideals von Mäßigung und Selbstbeherrschung waren hier sehr interessant. Ein Gesetz unterwarf die Groschenromane strikten Beschränkungen und die Aufregung verebbte. Lehrer glaubten fest an die Macht der wörtlichen Botschaft von Geschichten. Außerdem jagen uns neue Medien Furcht ein. Schließlich verhindern Ängste Einfühlungsvermögen (Jones 2005, 198-217). In Actionfilmen sind Frauen Opfer der Gewalt oder Prämien. Die ersten Begegnungen mit Sexualität sind für Jungen wie Mädchen problematisch. Doch bietet unsere Kultur Jungen nicht besonders viele Sichtweisen an und auch nicht so viele Gelegenheiten, darüber zu sprechen. Einige Studien über Heranwachsende ergaben eine Korrelation zwischen fanatischen Computerspielen und Straffälligkeiten verschiedener Art. Aber das könnte auch mit den Rezipienten unter den Jugendlichen zusammen hängen. Sie haben oft schlechte Berufsabschlüsse und sind arbeitslos (Jones 2005, 226-253).

Wir sollen den Kindern Vorbild, Spiegel und Mentor sein, den Kindern vorleben, was man von ihnen erwartet. Angemessene Reaktionen vorleben und Spiegel sein, bedeutet, das Sein des Kindes zu bestätigen. Auf jeden Fall sollten sie den Wünschen des Kindes vertrauen. Die Erzieher sollten darauf achten, zu welchem Zweck die Kinder ihre Phantasien benutzen. Die Eltern sollten die Kinder ermutigen, ihre Geschichten zu erzählen. Als Mentor sollte man die Kinder zur Selbstbestimmung befähigen. Dazu müssen sie die Unterscheidung zwischen Phantasie und Wirklichkeit kennen lernen. Kindern sollten ihre eigenen Reaktionen erlaubt werden. Notfalls darf eingegriffen werden, aber behutsam (Jones 2005, 276-299). Die meisten Jugendlichen empfinden die Erwachsenenwelt als reine Heuchelei, als tyrannisch und feindselig, letztendlich als Verbot ihrer eigenen Daseinsweise (Jones 2005, 309). Das Schaffen neuer Erlebniswelten hilft unseren Kindern beim Erwachsenwerden. Insofern sind Videospiele nicht per se als negativ zu bewerten.

Sind Computerspiele als Teil der Jugendkultur oder als Auslöser von Gewaltexzessen anzusehen? Auf jeden Fall handelt es sich bei Computerspielen um eine Form jugendlicher Welterschließung. Die Vorwürfe gegenüber den Computerspielen lauten soziale Isolation, Abhängigkeit, Erzeugung von Aggressivität. Dabei sind hinsichtlich der Computerspiele zwischen Aktions- und Kampfspielen zu unterscheiden. Es geht vor allem um die Vermittlung der Fähigkeit zu schnellen Reaktionen. Insofern sind Strategiespiele, Abenteuerspiele, Sportspiele, Simulationen, Denk- und Geschicklichkeitsspiele durchaus zu unterscheiden. Es gibt also auch eine ganze Reihe von seriösen Spielen. Außerdem sind Freizeitspieler von Gewohnheitsspielern, Intensivspieler, Phantasiespieler und Denkspielern zu unterscheiden. Nicht für alle gilt das gleiche Aggressionspotenzial und vor allen Dingen nicht dieselben Abhängigkeits- bzw. Suchtstrukturen. Computerspiele können durchaus faszinieren, es gibt ein schnelles Feedback auf den Erfolg und Teilhaben am Geschehen. In jedem Fall erlauben Computerspiele wie andere Medienangebote ein entfliehen von dem Alltagsfluss, zu mindestens für eine bestimmte Zeit. Die wesentliche Problematik dieser Spiele ist darin zu sehen, dass Gewalt im Kampf gegen das Böse eingesetzt wird. Gewalt gilt als Können des Einzelnen, Gewalt wird in diesem Zusammenhang als Kampf gegen das Böse und als gerechtfertigt dargestellt. Gewöhnungsprozesse führen zum Nachlassen des Interesses am Spiel. Dies gilt auch für Kampfspiele, in denen Gewaltausübung zum Gewöhnungspotential gehören. Insgesamt darf als problematisch im Hinblick auf Computerspiele mit Gewalt gesehen werden, dass es zu einer Identitätsbildung bei Jugendlichen durch gewaltbezogene Leistungsanforderungen und Leistungsaufgaben kommt.

Die Methode der nutzerzentrierten schriftlichen Befragung zum Thema virtuelle Spielgewalt zeigt, dass distanziert-realistische und blutlos präsentierte Kriegsszenarien nicht ungedingt aggressionsfördernd sind. Eine rein moralisch-ethische Betrachtung erscheint als wenig sinnvoll, da die meisten Spieler virtuelle Gewalt unter funktionalistischen Gesichtspunkten wahrnehmen. Die Gewalt in Computerspielen ist nicht mit realer oder filmischer Gewalt vergleichbar (Rötzer 2003, 26-34). Häufig wird ein unklarer Begriff der Gewalt und der Gewaltdarstellung zugrunde gelegt. Auch für empirische Studien ist eine leitende Hypothese erforderlich. Die Annahme, dass der Konsum bestimmter Medieninhalte bestimmte kausale Wirkungen nach sich ziehe, steht auf schwachen Füssen. Denn es gibt zu diesem Thema nur wenige Langzeitversuche. Dass Medien in ihrer gleichen Art in der Öffentlichkeit thematisiert werden, sollte zu denken geben. Auch der abstrakte Begriff Jugendgewalt ist nicht gerade förderlich. Der bürgerliche Gewaltverzicht ist nicht die ganze Seite im Hinblick auf eine gesamtgesellschaftliche Perspektive. Ein entsprechender Medienkonsum steht aber nachweisbar in Korrelation zu einer gesteigerten Aggression (Rötzer 2003, 39-48).

Computerspiele machen allerdings nicht aggressiv. Die Aktion „sauberer Bildschirm" ist daher in gewisser Weise ambivalent. Es gibt jedoch realistische militärische Simulationen, die die Schrecken des Krieges und seiner Opfer systematisch ausblenden und ihn als ein technisches Spektakel darstellen. Der Leistungsdruck der kapitalistischen Gesellschaft braucht Ventile. Eine Verrohung kann nicht stattfinden, denn es handelt sich um Simulationen und Ereignisse am Bildschirm. Militärsimulationen gehören zu den ältesten Computerspielen. Solange der Krieg sauber und technisch präzise dargestellt wird, regt sich kaum Widerstand (Rötzer 2003, 50-53). Die *Arcades* am Ende des 19. Jahrhunderts waren Plattenabspielgeräte, die vermeintlich Hochtechnologie versammelten und dem Menschen für etwas Kleingeld und für einige Augenblicke das Gefühl gaben, am Fortschritt teilzuhaben. Es folgten Spielautomaten wie mechanische Flipper oder Videospielautomaten, wobei es um den Wettbewerb zweier Spieler ging. Spielerischer Krieg und kriegerisches Spiel griffen ineinander. So kam es zu einer gegenseitigen Beeinflussung von Unterhaltungs- und Kriegsspielen. PC und Heimcomputer brachten einen gewaltigen Innovationsschub beim Computer und auch in der Spieleindustrie. Ein entsprechender Konservativismus der Spielindustrie ist nicht zu leugnen (Rötzer 2003, 59-65).

Diese neue Dimensionierung hat zu einer Militarisierung des öffentlichen Raumes geführt. Kriegsspiele sind weiter vorangeschritten. Zwischen Unterhaltung und Ernstfall kann nicht immer klar unterschieden werden (Rötzer 2003, 70-77). Die Schulmassaker waren Anlass für eine öffentliche Diskussion über Gewalt im Cyberspace. Es gibt aber keine plausiblen Gründe für eine solche Unterstellung. Die US-amerikanische Selbstverteidigungsmentalität, Amerikas Selbstbild von frühesten Zeiten an bestimmt, schlägt jederzeit schnell in aggressive Vernichtungsphantasien um (Rötzer 2003, 80-84). Das Attentat als schöne Kunst ausgeführt ist ebenfalls ein Element der Verführungsgeschichte. Attentate werden heute als Aufmerksamkeitskunstwerke inszeniert. Sie bedeuten einen Ausbruch aus der Konformität der Gesellschaft und erhalten so dieselbe Funktion wie bestimmte Bands und Gangs in der Jugendkultur (Rötzer 2003, 89-92).

Amoktaten haben in gewisser Weise Vorbildcharakter. Häufig liegt ihnen eine Art erweiterter Selbstmord zu Grunde. Maschinenschelte bedeutet in diesem Zusammenhang keine Lösung. Grund ist vielmehr ein gewisser Aufmerksamkeitsterror, der durch die modernen Medien ausgeübt wird. Inszenierte Ereignisse dienen dazu, Schrecken auszulösen und Aufmerksamkeit zu ködern. Es geht darum, sich durch eine solche Tat aus der Masse hervorzuheben. Solche Taten werden bekannt und rufen Nachfolge hervor. So kann sich Leben in einer Aufmerksamkeitswelt gestalten (Rötzer 2003, 95-103). Mord ist Sport im Spiel und Wirklichkeit, Realismus und Simulation verschwimmen bei virtuellen Akteuren und Killerspielen. Die virtuellen Gegner sollen wirklichen Menschen auch im Verhalten täuschend ähnlich sein (Rötzer 2003, 113). Kein Politiker hat bislang beim Jugendschutz pädagogische Konsequenzen gefordert. Die Indizierung von Computerspielen ist daher als politischer Aktionismus zu bezeichnen (Rötzer 2003, 125).

Um eine Produkthaftung der Hersteller von Spielen geltend machen zu können, müssen die Umstände eines Fehlers des Spiels sowie der daraus erwachsende Schaden und die zugrunde liegende Kausalität vom Geschädigten bewiesen werden. Produkthaftungsprozesse gehen in Deutschland meist verloren. Die Tat von Erfurt war Anlass für derartige Forderungen. Aber die Schuldfrage und die Sündenbocksuche sind der falsche Ansatz (Rötzer 2003, 127f). E-Games sind, wie jedes andere Massenmedium auch, zunächst einmal Träger kollektiver Phantasien. Die deutliche Zurschaustellung der Verletzung und Zerstörung von Körpern hat in der abendländischen Geschichte eine lange Tradition. Körperbilder, Bilder von Verletzung und Tod, Zerstückelung und Gewalt in Videospielen hat nichts Sadistisches. Es gibt so etwas wie Lesekompetenz auch für Gewaltdarstellungen. Gibt es also eine verführerische Ego-Perspektive? Moderne Spiele umschreiben mit ihren Regeln einen Handlungsraum, der genug Komplexität und Aktionsmöglichkeiten bietet, um interessant zu sein. Es gibt Phantasien von einem Grenzübertritt (Rötzer 2003, 131-141).

Die Tabuisierung des Freitods und der Nachahmungseffekt von Suiziddarstellungen sind bekannt. Die relative Anonymität des Internetzes kann zu solchen Taten aufrufen und sie verstärken (Rötzer 2003, 143-146). Das Asperger-Syndrom als Form des Autismus mit Obsessionen, Aggressionen und der Entwicklung bestimmter Routinen ist eine frühkindliche Entwicklungsstörung bereits im Mutterleib. Ist Gruppentauglichkeit das oberste Maß für menschliche Entwicklung? Aspies sind oft unglücklich, vor allem als Kind. Sie sind einsam, depressiv, fühlen sich stigmatisiert, ihr Leben wird zum Kampf gegen sich selbst. Eine Charakterisierung an Hand ihrer Stärken ergäbe ein ganz anderes Bild: Absolut loyale, zuverlässige, beharrliche, originelle und optimistische Menschen (Rötzer 2003, 148-156). Die Geburt der Zivilisation aus dem Geist des Totschlägers greift gerne auf den Keulen schwingenden Neandertaler zurück. Der Streit um den Aggressionstrieb hat gezeigt, dass es einen solchen wohl nicht gibt. Vielmehr müssten Mythen von Zivilisationsprozessen hinterfragt werden (Rötzer 2003, 160-166). Bilder werden zu Anstiftern und im Zeichen der Bilderflut entsteht hier eine Gefahr. Der Nutzer aber ist Souverän und bestimmt (Rötzer 2003, 169-174). In der Debatte um angeblich gefährliche Computerspiele sollten sich die Politiker zurückhalten, so lange, bis die Faktenlage geklärt ist. Es ist schon ein Reflex: wenn verzweifelte junge Menschen eine Bluttat begehen, richtet sich die Aufmerksamkeit auf die von ihnen bevorzugten Medien (Mattke 2007). Eine Vergrößerung des Spiele-Angebotes ging mit Fantasie, Mafia, Piraten, Wirtschaftskriminalität, Mittelalter und vielen anderen Themen weiter. Das

Zeitbudget erwies sich als Flaschenhals beim Spielen. Die Koreaner verfallen dem Onlinerollenspiel *Lineage* und die Welt schüttelt den Kopf. Hier wird harter Wettbewerb geschätzt. Es gibt eine lange Tradition des Spielens in Korea. So kommt es hier zur Internetmanie und 2002 zum Tod eines Spielers. Die koreanische Regierung errichtete Zentren gegen die Internetsucht. Spiele sind auch ein gigantischer Wachstumsmarkt in China. Hier gibt es eine neue Faszination durch Rollenspiele. Heiraten kann man nun auch schon im Internet. Allerdings sind gute Rollenspieler immer noch zu selten. Insofern kann auch Second Life als ein Rollenspiel betrachtet werden. *Entropia Universe* ist ebenfalls eines der bekannteren Spiele (Lober 2007, 35-56).

Mit *Happy Slapping* werden Gewaltvideos auf Handys bezeichnet. Es handelt sich um neue Medienphänomene. Szenen werden gefilmt, in denen Jugendliche Mitschüler verprügeln. Man fragt sich in diesem Zusammenhang, wo das Mitgefühl mit den anderen Schülern bleibt. Außerdem können solche Gewaltvideos aus dem Internet herunter geladen werden. Privat gedrehte Gewaltvideos werden ins Internet gestellt und so der Öffentlichkeit zugänglich gemacht. Ist denn das eine Unterhaltung, die man lustig finden kann? Ist es ein Jugendtrend oder aber ist die Jugend insgesamt ohne Moral? Hier handelt es sich um ein Problem der Gewaltdarstellungen, wobei reale Gewalt von szenischer Gewaltdarstellung unterschieden werden muss. Charakteristisch ist die Alltäglichkeit dieser Gewalt, die Faszination durch Gewaltdarstellung und die betroffene Altersgruppe von 12 bis 19 Jahren.

Die Verschmelzung von realer und medialer Gewaltdarstellung, die ohne mediale Überarbeitung auskommt, gehört zum Ansatzpunkt von *Happy Slapping* (Lange 2008, 11). Die Gewaltvideos werden im Freundes- und Bekanntenkreis weitergegeben, aber auch via Internet verbreitet (Lange 2008, 9). *Happy Slapping* heißt „fröhliches Schlagen", „Kloppvideos" oder „Schlägereivideos" (Schröder, Schwanebeck 2008, 5; Lange 2008, 9) und bezeichnet eine Gewalttat, eine gefilmte Prügelei, aber gelegentlich auch eine inszenierte Spaßprügelei. Sie kann auch Angriffe auf ahnungslose Opfer beinhalten. Dabei kommt es nicht nur zum Gewaltkonsum, sondern Jugendliche inszenieren die Gewalt selbst. Das Leid des Anderen wird zur Unterhaltung. Der *Happy Slapping* Kenner ist ein 16-17 jähriger Hauptschüler (Grimm, Rhein 2007, 108, 116).

Der Besitz von Gewaltvideos gilt als besonders cool (Schröder 2008, 5). Für die Täter ist es eine Mutprobe, um Anerkennung zu erlangen. Es gibt aber auch Mitläufer. Außerdem ist von einer Faszination der Gewaltdarstellung als solcher auszugehen. Dem tristen Alltag soll auf diese Art und Weise entflohen werden. Das ist das Erlebnismotiv. Die Jugendlichen testen ihre eigenen Gewaltgrenzen. Damit kann man auch vor Fremden angeben. Das Geltungsmotiv, angeben zu wollen, Respekt zu erwerben und Vertrauen zu gewinnen und die größere Beliebtheit innerhalb einer Gruppe sind weitere wichtige Motive. Für *Happy Slapping* gibt es viele Ursachen. Zu ihnen gehören Männlichkeitsvorstellungen und niedriger Bildungsgrad. Jugendliche mit geringem Bildungsanschluss brauchen

196

wenigstens Anerkennung innerhalb der Gruppe. Außerdem kommt die fehlende elterliche Kontrolle der Handys hinzu (Grimm, Rhein 2007, 98). Die Opfer leiden meist lange unter der in der Gewalt ausgedrückten Nichtanerkennung (Grimm, Rhein 2007, 147). Die Verbreitung im Internet ist für die Opfer besonders grausam (Grimm, Rhein 2007, 109-111). Die mediale Manifestation ihres Opferstatus verstärkt die negativen Folgen für das Opfer (Grimm, Rhein 2007, 34). Die Demütigung durch die Gewalt wird durch das Internet vervielfacht und medial verbreitet. Die meisten Videos werden durch Mitschüler, Freunde und Bekannte erworben (Grimm, Rhein 2007, 111).

Neben den unmittelbar zugefügten Verletzungen sind die psychischen Langzeitfolgen gravierend. Mobbing und Erpressung durch die mögliche Internetveröffentlichung kommen hinzu. Das Mitfilmen von möglichen Niederlagen und die Angst vor möglichen Sanktionen sind zwei wesentliche Gesichtspunkte für die Betroffenen (Grimm, Rhein 2007, 160-162). Gründe für die Faszination durch Gewaltvideos sind, dass Gewalt und Unfälle anziehen und neugierig machen. Hinzu kommt das Suchen nach Sensationen (Grimm, Rhein 2007, 37.129). Immer wieder neue Reize werden gesucht, wobei die Wirkung von Gewaltvideos sehr umstritten ist. Oft wird auch die Realität oder die mediale Scheinwelt im Hinblick auf Gewaltvideos unterschieden (Grimm, Rhein 2007, 33). Die Möglichkeit, reale von der inszenierten Gewalt zu unterscheiden, muss jedenfalls vorhanden sein, um in gewisser Weise mediale Gewalt entschuldigen zu können. Allerdings wird diese Unterscheidungsmöglichkeit bei kontextlosen Gewaltdarstellungen erschwert (Grimm, Rhein 2007, 39). Die häufige Wiederholung von Gewaltvideos wird langweilig. In diesem Zusammenhang ist auch die so genannte Desensibilisierungstheorie (Grimm, Rhein 2007, 41.147) zu diskutieren. Oft haben Jugendliche keine moralischen Skrupel oder auch ein entsprechendes sittliches Urteilsvermögen.

Aufgrund der Multifunktionalität des Handys kann man den Jugendlichen das Handy oder das Internet nicht so einfach entziehen. Es herrscht eine hohe Faszination aufgrund der vielfältigen Einsatzmöglichkeiten. Außerdem ist eine gewisse körperliche Distanz zum Opfer gegeben. Eine Selbstdarstellung der Jugendlichen erfolgt durch den Versand von Gewaltvideos an Freunde. *Snuff* meint „Auslöschen". Es handelt sich um Videos mit Darstellungen des Auslöschens von Menschenleben, von Vergewaltigungen und Folterungen (Schröder, Schwanebeck 2008, 5). Hinzu kommt *Mobile Bullying* (Grimm, Rhein 2007, 43f) und brutales Mobbing über einen längeren Zeitraum hinweg, in der die Demütigung vervielfältigt wird. Derartige Szenen verführen dazu, sexuelle Gewalt gegenüber Frauen als normal zu empfinden. Sie werden von Jugendlichen selbst gedreht, wobei dies als besonders gravierend zu bewerten ist. Auf diese Art und Weise erfolgt eine Entgrenzung des Gewaltbegriffs. Früher gab es natürlich ähnliche Phänomene, wie die öffentliche Hinrichtung oder die Foltermethoden durch die Inquisition. Happy Slapping ohne Mitleid (Grimm, Rhein 2007, 42.39) bedeutet offenbar das Fehlen der emotionalen Dimension und der Fähigkeit, sich die psychischen Folgen für die Opfer vorzustellen. Mädchen sind insgesamt empathischer und weniger anfällig für diese Phänomene.

5. Das Internet der Dinge: autonom intelligente Technik, Smart Homes, Terrorismus und Cyber-War

Mit dem Internet der Dinge wird das neue Netz postmedial, steuert Realitäten und bereitet das Ambiente, d.h. Umwelt für den Menschen vor. Hypermoderne Technologie ist autonom intelligente Technik, die immer mehr sich selbst prozessiert, ohne menschliche Mithilfe. Dies reicht vom smarten Home über altersgerechtes Wohnen zuhause und Telemedizin zum Autopiloten für Kraftfahrzeuge, Züge und Flugzeuge. Wenn aber Technik zunehmend ohne Menschen handelt, haben wir ein Verantwortungsproblem. Denn auch autonom intelligente Maschine bleiben technische Artefakte und können Verantwortung nicht übernehmen, es sei denn man macht entweder Menschen zu Robotern – und nennt sie dann Cyborgs, Replikanten oder Robocops, die im Sinne posthumaner Terminologie zum neuen Typus Mensch erhebt, der den leiblichen Menschen beerbt, aber nun glücklicherweise fleischlos und damit dauerhafter (im Sinne einer Konserve) geworden ist. Ein weiteres Problem
besteht in folgender Frage: Was macht der Homo Faber, wenn ihm die Arbeit abhanden gekommen und damit seine bislang gesellschaftlich akzeptierte Existenzgrundlage? Da auch die gesellschaftliche Stellung noch immer von der Arbeit abhängt, wird es schwerwiegende Konsequenzen haben, wenn zumindest die technische Produktionsarbeit nahezu komplett von der Technik selbst übernommen wird. Und was macht drittens der Staat, der sein System der Finanzierung und der sozialen Absicherung an den Homo Faber gebunden hatte?
Diese drei Fragen beschreiben ein Syndrom einer wohl völligen Neustrukturierung unserer Gesellschaft, die verbunden mit der Umstellung auf erneuerbare Energien (vor allem Elektrizität ist gefragt für den Betrieb autonom intelligenter Technologie) und einer auf Recycling beruhenden Ökonomie sowohl in Produktion und Verwaltung und mit Putzrobotern als Reinigungspersonal fast ganz ohne arbeitende Menschen auskommen wird. Auch ohne Kommunismus und Sozialismus und rein auf „kapitalistischer" Grundlage könnte sich aufgrund der technisch-ökonomischen Entwicklung in Staaten mit hypermoderner Technologie Marx Utopie einer kommunistischen Gesellschaft realisieren, in der technische Arbeit abgeschafft worden ist. Die Abschaffung des in der Produktion malochenden Proletariats wird aber nicht umsonst zu haben sein. Denn Voraussetzung für eine solche Gesellschaft ist schier grenzenloses Vertrauen in eine autonom sich selbst prozessierende Technologie. Und hier könnte ein Problem entstehen. Denn die Vorläufer dieser autonom intelligenten Technik – insbesondere die automatisierte Produktion und humanoide Roboter - wurden zumindest in Europa überwiegend negativ beurteilt.

Roboter sollen Unkraut bekämpfen oder Spargel stechen: Geht es nach den
Visionen engagierter Forscher, ist die nächste Welle der Mechanisierung auf dem
Acker nicht mehr aufzuhalten. Der Roboter klingt wie ein ferngesteuertes Spiel-
zeugauto und sieht auch so aus. Langsam und surrend rollte der kleine Roboter
auf seinen Ketten vollkommen eigenständig durch ein Maisfeld. Bevor er die an-
grenzende Straße erreicht, stupst Arno Ruckelshausen eine der beiden länglichen
beiden Antennen der Maschine an, die von rechts nach links in die Luft ragen.
Der Professor für Ingenieurwissenschaften und Informatik an der Fachhoch-
schule Osnabrück zeigt, wie der Roboter ausweicht. Wenn die mechanischen
Sensoren verbogen werden, ändert sich in den Dehnungsstreifen der elektrische
Widerstand und liefert der Maschine das Signale: Halt sofort die Richtung ändern! Der kleine Roboter ist konstruiert für die Arbeit in Maisfeldern und navi-
giert in Normalfall mit Hilfe optischer Sensoren, daher auch der Name „opto-
MAIzEr", der als Schriftzug die Plexiglaskuppel der Maschine ziert. Doch das
niedlich anmutende Maschinchen stellt weit mehr dar als eine Kuriosität. Es ist
der Vorbote einer neuen Ära in der Landwirtschaft, in der Roboter den Menschen von anstrengenden Arbeiten befreien und die Umwelt entlasten (Röwer
2006, 54).

Um Arbeitsentlastung geht es auch beim Spargelroboter, konstruiert vom
Fraunhofer Institut für Produktionstechnik und Automatisierung. Beim Folien-
anbau darf der Spargelkopf ein kleines Stück aus der Erde herausragen. Das kann
die Erntemaschine optisch erfassen. Stechen, abschneiden, einsammeln und zwischen den Spargelbänken weiterfahren, ist technisch kein Problem. Vor einigen
Jahrzehnten saß der Fahrer im Traktor noch im freien auf einer schlichten Stahl-
schüssel, heute dreht der Schlepper auf dem Acker seine Runden. Ohne Autopi-
lotfunktion plant ein Landwirt etwa einen halben Meter Überlappung der Ar-
beitsspuren ein, um sicher zu stellen, dass Dünger oder Pflanzenschutzmittel
überall hin gelangen. Mit einem automatischen Lenksystem dagegen reicht eine
Überlappung von 5cm. Damit spart der Landwirt auf großen Flächen etwa 10%
Arbeitszeit und Diesel ein und benötigt auch noch weniger Dünger und Pflanzenschutzmittel, ein weiterer Bereich sind die Melkroboter (Röwer 2006, 56f.).

Die Hauptarbeit bei der Navigation leisten Infrarotsensoren die den Abstand zu den Maispflanzen messen und einer kleiner Kamera mit integrierter
Bildauswertung. Mit diesem Fahrzeug haben wir alles, was man für einen autonomen Roboter auf dem Feld braucht. Der große Bruder des Maisroboters heißt
Weedy. Er wird in Reinkulturen wie Mais, Zuckerrüben oder Gemüse Unkräuter
mechanisch bekämpfen. Schwierigkeiten sehen die Ingenieure ehr bei der Greif-
technik und bei der Energieversorgung. Ausserdem gibt es z.B. einen Schnecken-
jäger SlogBot. Die mobile Fangeinheit sammelt die Schnecken auf einen Feld ein
und bringt sie zu einem Kornwärter der sie in Biogas umwandelt. Solche Problem sind noch ingenieurtechnisch zu lösen wie finde und orte ich eine grüne
Gurke zwischen grünen Blättern. Im Gegensatz zum Menschen tut sich hier das
Maschinenauge schwer. Ein weiterer Vorteil der Gewächshausroboter ist, sie

hinter verschlossenen Türen arbeiten – die einfachste Art, das Sicherheitsproblem zu lösen. Die gebräuchlichste Lösung für Industrieroboter lautet: Abschottung durch sichtbare oder unsichtbare Zäune wie beispielsweise Magnetbänder. Doch die Idee der Serviceroboter und die zunehmende Interaktion von Mensch und Maschine erfordern neue Sicherheitskonzepte, die sich individuell an den Aufgabenklassen der Roboter orientieren. Das Unternehmen Reis Robotics etwa präsentierte auf der Messe Automatica in diesem Mai einen Industrieroboter ohne Zaun, der umso langsamer wird, je näher man ihm kommt. Ein anderer Roboter kann ein interaktives Gleichgewichtsspiel gegen einen menschlichen Spieler spielen. Lichtschranken sorgen dafür, dass sich Roboter und Mensch nicht in die Quere kommen. Und die Museumsroboter in Berlin sind rund um mit einer weichen Schaumstoffschürze ausgestattet, die auf Druck reagieren. Kollidiert der Roboter mit etwas, versetzt sich die Maschine in den Notauszustand. Beim Osnabrücker Unkrautroboter Weedy sollen Abstandssensoren oberhalb des Pflanzenbestandes für Sicherheit sorgen. Zusätzlich könnte ein GPS-System dem Roboter davon abhalten, seinen Arbeitsbereich zu verlassen (Röwer 2006, 58f.).

Nicht alles, was technisch möglich ist, wird auch benötigt. In Japan Haushalten werden die Grenzen der Automatisierung sichtbar. Mache sehen das japanische Klo als Vorform der Roboter an. Ihre Geschichte begann in den 1970er Jahren, in denen Modelle entwickelt wurden, den Japanern auf Knopfdruck das Hinterteil zu spülen. Für die neuste Modellgeneration der japanischen Hersteller ToTo, Inax oder Panasonic ist die Bezeichnung Klo eine Beleidigung. Aufgerüstet mit Annäherungs- und Gewichtssensoren, Motoren und Mechaniken sind die Aborte zu beinahe wartungsfreien Robotoiletten mutiert. Das neuste Modell begrüßt zum Beispiel seinen Benutzer beim Öffnen des Klodeckels, während des eigentlichen Geschäfts saugt die 2750 € teure HiTech Toilette die Ausdünstungen ab und gibt sie entaromatisiert in die Raumluft frei. Nach dem Stuhlgang erfolgt die übliche Hinternwäsche inklusive Trocknung per Fön, die Klospülung und das Schließen des Deckels. Es ist daher nicht verwunderlich, dass Japan eine führende Rolle in der Entwicklung von anderen Servicerobotern spielt. Das interessanteste Projekt, das allerdings auch die Grenzen dieses Versuches aufzeigt, wird derzeit von Shigeki Sugano in Tokyo durchgeführt. Er hat einen Prototyp des umfassenden Serviceroboters entwickelt, Twendy – One entwickelt. Einen Dollarbetrag in niedriger zweistelliger Millionenhöhe mag das Abenteuer den Konzern gekostet haben. Dafür testet Sugano zusätzlich die Einsatzmöglichkeiten von Twendy – One unter realen Bedingungen für dessen kommende Vermarktung. Suganos erste Einsichten hohlen Japans hochfliegende Roboterträume auf den Boden zurück. Die Vorstellung, das künftig Millionen von Partnerrobotern die Wohnungen bevölkern oder alles Könner den Menschen lästige Arbeiten wie das Kloputzen, Abwaschen, Staubsaugen oder Bügeln abnehmen, bleibt vorerst ein Wunschtraum. Denn viele der angedachten Alltagsarbeiten müssen die Handlanger gar nicht beherrschen (1.) weil sie es nicht sollten und (2.) weil deren Programmierung in einer der Serviceroboter viel zu teuer und zu aufwendig sein würde (Kölling 2009, 74f).

Sollten Schnittstellen zwischen Mensch und Maschine früher vor allem solide und funktional sein, kommt es heute mit zunehmender Automatisierung unseres Lebens immer mehr auf eine andere Eigenschaft an: den Austausch mit dem allgegenwärtigen Gerätearsenal muss dem Nutzer auch spaß machen. Oder kommt der Hype um die neuen Interfaces? Die IT-Marktforscher rechnen neue Interfaces zu den ganz großen Trends der technischen Entwicklung bis 2012. So wird der Markt für Usability-Berater weiter wachsen, denn ihre Aufgabe ist es, die Funktionalität von Interfaces zu optimieren. Dabei sollte auch keine Angst vor Gags entstehen, die fröhliche Aufbruchstimmung weist die Richtung. So werden z.B. Kontaktlinsen konstruiert, die Informationen einblenden oder Werbeflächen auf dem Erdboden. Wie oft die Gestaltung von Gegenständen am Nutzer vorbeigeht, ist an herkömmlichen Konstruktionen zu sehen. Einfachheit, Sichtbarkeit, Eindeutigkeit, Feedback und vor allem Intuitivität sind die neuen Leitbilder für die Benutzerschnittstellen zwischen Mensch und Maschine. Dabei sollen alle Erfahrungen, die ein Benutzer macht, vom ersten Kontakt bis zur Entsorgung berücksichtigt werden. Dies ist natürlich viel schwieriger zu sortieren und zu messen als reine Gebrauchstauglichkeit. So haben Vertreter des herkömmlichen Usability Engineering immer mehr Kriterien des Joy of Use im speziellen und der Psychologie im Allgemeinen zu übernehmen (Technology Review 2/2009, 60-63).

So versucht man einem immer wieder beobachteten Phänomen auf die Schliche zu kommen: Dass von Probanden zwar die funktionalsten Produkte auch am besten bewertet werden, wenn es aber ans Bezahlen geht, reale Käufer sich letztlich für schickes Design und Spaß entscheiden – und dafür sogar mehr zu berappen bereit sind. Das hat die Branche vom iPhone wirklich nachhaltig gelernt. Das gravierendste Problem, die Erkenntnis aus UX-Tests in ein konkretes Interface umzusetzen, liegt in einem Kompetenzgerangel zwischen Technikern, Designern und Managern. Was gefordert währen ehr multidisziplinär ausgebildete Gestalter. Ein Fahrkartenautomat muss nicht unbedingt großen Spaß machen, sondern sollte einfach funktionieren. Dagegen muss ein Computerspiel nicht unbedingt einfach sein, dafür aber spaß machen. Die neue Form von Design im Sinne von einer multidisziplinären oder interdisziplinären Arbeitsgruppe sind aber teurer als einzelne Konstrukteure. Außerdem können externe Usability Berater mit herangezogen werden. Diese hätten beispielsweise den Benutzer im Blick, während sich die Entwickler um Wartbarkeit und Stabilität sorgen und Designer eine Corporate Identity kommunizieren möchten. Insofern reicht es nicht mehr aus, einen möglichst intelligenten Agenten als maschinellen Partner zu konstruieren, der zu helfen weiß, wenn sein Gegenüber nicht mehr weiter weiß (Technology Review 2/2009, 64f.).

Ob im Auto, im Krankenhaus oder in der industriellen Fertigung – mehrgleisige, multimodale Kommunikationswege zwischen Mensch und Maschine setzten sich immer mehr durch. Experten prophezeien der Sprachtechnologie eine große Zukunft, sie habe einen Wendepunkt bereits überschritten. Multimodalität kann alten Menschen das Leben erleichtern und erhält damit einen umfangreichen auch gesellschaftlichen Auftrag (Technology Review 2/2009, 70f.). Geräte mit taktischer Zusatzausstattung lassen sich deutlich präziser bedienen als herkömmliche Modelle: Die Eingabegenauigkeit eines Handy-Touchscreens mit Haptik liegt 15% über der eines bloßen Touchscreens. In gewisser weise kommt es auch zu einer Rückkehr des Knopfes. Wer vor 50 Jahren ein Radio einschalten wollte, musste sich einer Mechanik entgegenstemmen. Mit dem Siegeszug des Computers begann der Abschied vom Knopf. Aber auf erstaunliche Weise taucht das, was scheinbar längst weg virtualisiert worden ist, als Spielart technischer Raffinesse wieder auf. So kommen wir vielleicht wieder zu ein bisschen mehr Fingerspitzengefühl (Technology Review 2/2009, 74f.). Das ist ein Leitbild: Allein mit Gesten sollen Computer künftig ihren Rechnern Befehle erteilen können, ohne sich an Maus, Tastatur oder Touchscreen die Hände schmutzig machen zu müssen, d.h. das Einschalten von Befehlen auf Fingerzeig, mit maßgeschneiderten Gesten. Der Nachteil ist allerdings, dass der Nutzer für jede Anwendung ein neues Vokabular an Gesten erlernen müsste, etwa das Drehen des Handgelenkes zum Zoomen. Allerdings ist ein Ansatz zukunftsweisend, nämlich der, der die Geste als Mausersatz propagiert (Technology Review 2/2009, 76).

Ein weiteres Problem im Zusammenhang mit Kriminalität im Internet ist der internationale Terrorismus, der ohne ein globalisiertes Informations- und Kommunikationssystem nicht auskommt. Im Hinblick auf den Terroranschlag des 11. September sollten wir allerdings nicht unbedingt darauf verweisen, dass Freiheit die Wurzel der Verwundbarkeit des Westens darstellt. Es scheint mindestens genauso plausibel zu argumentieren, dass die Technologien, die westliche Gesellschaften haben, eher als die Freiheit verantwortlich sind für die Verletzlichkeit der westlichen Demokratien (Jürgensen 2004). Vor dem Ersten Weltkrieg gab es einzelne terroristische Angriffe auf Militär oder Herrscher, aber diese wurden nicht als unschuldig angesehen. Die braunen Heerscharen Hitlers und die schwarzen Mussolinis vollbrachten so manchen terroristischen Akt auf dem Weg zur Macht. Auch die jüdischen Einwanderer übten gegen die britische Militärmacht und palästinensische Siedlungen terroristische Akte aus. Im Zusammenhang mit der Studentenrevolte 1968 entstand eine Reihe von revolutionärer Gewalt in Europa. Nach der Okkupation der Westbank durch Israel gab es viele Formen politischer Gewalt in Form terroristischer Angriffe. Die politische Gewalt der PLO richtete sich aber in zunehmendem Maß auch gegen die Zivilbevölkerung. Dabei lässt sich ein erstes Arbeitshypothese festhalten: Terrorismus entspringt asymmetrischen Konfliktsituationen (Sterba 2003, 5-12).

Terrorismus ist das bewusste Töten Unterschuldiger, die zufällig am falschen Ort sind, um einer ganzen Bevölkerung Furcht einzujagen und ihre Regierung unter Druck zu setzen. Terrorismus kann im Rahmen einer revolutionären, aber auch im Rahmen einer nationalen Befreiungsbewegung angewandt werden. Der Unterschied zwischen Krieg und Terrorismus liegt wohl in der Umnutzung auch ziviler Technologie. Biowaffen und Kernwaffen würden in den Hightech-Terrorismus führen. Dieser auf der Nutzung neuester Technologie beruhende Terrorismus wäre eine ganz andere Art von Terrorismus als bisher üblich. Welche Ziele könnte denn ein Hightech-Terrorismus erreichen, der tausende von Toten und extreme Langzeitschäden in Kauf nimmt. Sehr wichtig ist auch der Unterschied zwischen globalen Technologien und lokalen Technologien. Neue Formen von Hypermodernität mit unterschiedlichen kulturell-technologischen Ausprägungen entstehen. Die demokratische Technikgestaltung muss lokal jeweils unterschiedlich ausfallen (Irrgang 2007c).

Das Internet führt dazu, dass Menschen über die ganze Welt verteilt Aktionen und Projekte koordinieren können, ohne Rücksicht auf Geographie oder Zeit. Das Internet wird genutzt in extensiver Form als Öffentlichkeits- und Veröffentlichungsmedium allerdings auch durch Hacker und Terroristen. 1997 wurden 1900 Webseiten mit Hackermaterial geschätzt. Es handelt sich dabei um die Nutzung von E-Mail, Usegroups, von Webforen und Chatrooms. Man kann auch von einer sogenannten E-Mailbombe sprechen. Das Hackertum ist eine Form des Cyberterrorismus. Protestmails und die Beschädigung von geschützten Computersystemen sind neue Formen des Terrorismus. Der Terrorismus verändert sein Gesicht. Cyberterrorismus ist sicher und profitabel und es ist schwierig, damit umzugehen. Zunächst ist es das Problem der richtigen Expertise. Es geht um den Aufwand, der betrieben werden muss, um die Sicherheit der eigenen Systeme gewährleisten und um Cyberattacken abwehren zu können. All dies verursacht Kosten. Insofern sind solche Angriffe auch als Cyberwaffen zu bezeichnen (Venkatsh 2003, 1-9).

Insgesamt gibt es wenig Übereinstimmung über die Bedeutung des Terrorismus. Terrorrhetorik und die Rhetorik der Terrorabwehr weisen keinen Ausweg. Gerechtfertigte Kriege als Antwort auf Terroristen weisen keinen Ausweg aus der Spirale terroristischer Gewalt. Technologie wird zur Falle, wenn sie sich als Vollzugsorgan des „tit for tat" begreift, das in dieser Situation immer mehr den Charakter eines Gerechtigkeitsmodells verliert. Man wird des Terrorismus nicht allein mittels einer Kriminalisierung der Terroristen Herr. Die Beibehaltung einer Sicherheitsphilosophie moderner Art und ihre technologische Anpassung an das Zeitalter des Terrorismus führt zu einem Überwachungsstaat, in eine alternative Moderne, die fast alle von uns nicht wollen und gegen die wir uns nur durch Verweigerung von populären Technologien wehren können, die den Überwachungsstaat unterstützen. Die Realisierung dieser Form einer Alternativen Moderne würde auf den Sieg des Terrorismus hinauslaufen, selbst wenn er militärisch-technologisch gewonnen würde. Die Umnutzung von Technologie zu anderen als intendierten Zwecken gilt als kreativ (Irrgang 2006b), doch die Umnutzung eines Verkehrsflugzeuges zur Waffe verändert die Lage rapide (Irrgang 2007c, Irrgang 2007d). Ziel des Terrorismus ist es nicht, etwas zu erhalten, sondern zu destabilisieren. Die islamische Welt erfährt ihre Marginalisierung und Pauperisierung nicht zuletzt deshalb, weil ihre natürlichen Ressourcen enteignet wurden. Im Terrorismus geht es um den Krieg der Bilder und Diskurse. Die Lage der islamischen Welt ist einzigartig, weil hier die Erfahrung von Modernität und Demokratie fehlt und sie in Regionen mit großen natürlichen Ressourcen (Erdöl) leben. Das macht sie anfällig für eine rücksichtslose Modernisierung (Habermas/Derrida 2004, 44). Wir brauchen also eine Hermeneutik der Globalisierung, die sich nicht nur auf das Ökonomische beschränkt, sondern insbesondere die technischen Wurzeln der Globalisierung angemessen berücksichtigt (Irrgang 2007c).

Das Kriegsparadigma hat sich zum Wechsel des 21. Jahrhunderts verändert. Ein Krieg mit dem manichäischen Endziel, das Böse endgültig aus der Welt zu vertreiben, ist mit dem Krieg gegen den Terror angesichts des 11.09.2001 formuliert worden. Der Krieg der Zukunft bedeutet: Kleine, hochgerüstete, mobile und vernetzte Spezialeinheiten sind am Werk. Krieg und Terror verschmelzen zunehmend. Wir haben vor uns eine Anschlagskultur und eine Verstärkung terroristischer Vereinigungen. Die Terroristen sehen die ganze Welt als ihr Schlachtfeld. Der Terror lässt viele traditionelle Grenzziehungen verschwimmen, wie die zwischen Krieg und Frieden, Militär- und Zivilgesellschaft. Die Konjunktur des Terrors kommt nicht wirklich überraschend. Er blüht seit der Mitte der 90er Jahre auf. Die Abschaffung der Blöcke und der Verlust der Zwänge und Orientierungen haben dazu beigetragen (Palm/Roetzer 2002, 9-12). Terrorismus wird als neue Form des Krieges inszeniert. Der Krieg ermöglicht den Konfliktparteien, jenseits eines völkerrechtlichen Minimalkonsenses einen rechtlosen Zustand zu unterstellen und dementsprechend zu handeln. Der Terrorismus gilt als Bedrohung der existierenden Ordnung der Nationalstaaten. Dann wird auf die Unmöglichkeit verwiesen, eine international tragfähige Einigung zu finden (Palm/Roetzer 2002, 13-16).

Fundamentale Werte werden auf beiden Seiten der Front beansprucht. Der Terror lebt von seiner Unabsehbarkeit. Moderne Kriege haben immer mehr Zerstörungskraft. Terroristen und Partisanen folgen keiner klassischen Kriegsführung. Dadurch wächst das Bedrohungspotenzial irregulärer Kämpfer. Mit immer stärker die Regeln verletzenden Strategien können sie auch große reguläre Armeen mit verhältnismäßig geringen Mitteln in Atem halten. Die Kombattanten sind keinem Staat, sondern einer Idee verpflichtet. Der Terrorist des 21. Jahrhunderts denkt global, wenn er lokal handelt. Selbst wer in seinen politischen Ansprüchen territorial rückgebunden ist, kann seine Pläne nie ohne die Beeinflussung einer medial einbezogenen Weltgesellschaft verwirklichen. Die Angst vor atomaren und biologischen Waffen wird eingesetzt. Der Vorteil irregulärer und asymmetrischer Kampfformen mit Waffen globaler Reichweite ist offenkundig: Gefahrenprognosen können nicht mit letzter Sicherheit widerlegt werden. So kommt es wieder auch zu medial entfachten Hysterien (Palm/Roetzer 2002, 17-24).

In der klassischen Konfliktsituation von Staaten erkennen sich diese gegenseitig an, so dass Krieg vorüber geht. Das ist beim Terrorismus anders. Der Erfolg von Befreiungsbewegungen beruht auf dem Rückhalt in der Bevölkerung. Hochgerüstete Industriestaaten sind in direkter Konfrontation nicht zu besiegen. Daher kommt es zu Formen asymmetrischer Kriegsführung. Nicht zuletzt steht dahinter ein Versagen der Sicherheitsagentur Staat (Palm/Roetzer 2002, 29-37). Wer die Freiheit aufgibt, um Sicherheit zu gewinnen, wird am Ende beides verlieren. Terror erzeugt Gegenterror. Eingriffe in das informelle Selbstbestimmungsrecht gehören möglicherweise dazu. Europäische Antiterrorismus-Gesetze sind eine Reaktion. Insofern bedarf es einer weltweiten neuen Gerechtigkeitsausrichtung (Palm/Roetzer 2002, 41-58). Terrorismus mit biologischen Waffen wie z.B. mit Anthrax-Briefen hat bislang begrenzte Wirkungen. Sie erschrecken trotzdem in ungeheurem Maße. Experimente mit biologischen Waffen, wie sie z.B. die AUM-Sekte durchgeführt hat, gehören ebenfalls zum Terrorismus auf der Basis biologischer Kriegsführung. Eine neue Ära von Waffen, erzeugt mit gentechnischen Mitteln, hat vermutlich gerade erst begonnen. Das Gefahrenpotenzial erscheint als enorm (Palm/Roetzer 2002, 66-75).

Die traditionellen Mängel biologischer Kriegsführung, ihr unspezifischer und ungezielter Einsatz, haben dazu geführt, dass B- und C-Waffen bislang nie zwischen technisch ebenbürtigen Partnern verwendet wurden (Kollek 1986, 17; Herrlich 1985, 310). Da die Entwicklung von Schutzmaßnahmen gegen die biologische Kriegsführung im Abkommen gegen Biowaffen von 1972 ausdrücklich erlaubt ist, obwohl ein wirksamer Schutz gegen induzierte Seuchen kaum möglich ist (Herrlich 1985, 308), ist seit 1983 die Entwicklung von Impfstoffen und Diagnosemitteln Bestandteil der "biologischen Verteidigung". Gegen eine rein defensiv orientierte Forschung wäre ethisch gesehen nichts einzuwenden. Allerdings haben viele Kritiker wie Gentechniker Zweifel am rein an Verteidigungszwecken orientierten Charakter einer Militärforschung mit exotischen Krankheitserregern. Zudem ist der Kenntnisstand für die Schutzforschung schwer zu trennen vom Kenntnisstand für die Herstellung von Biowaffen bzw. Toxinwaffen. Die Gefahrenquellen bei der Herstellung solcher Waffen würden durch Gentechnologie verringert, kaum jedoch die strukturellen Mängel biologischer Waffen überhaupt. Des Weiteren ist der Schutz der Zivilbevölkerung durch Massenimpfungen nur schlecht zu gewährleisten (Scheller 1988, 259). Wer gentechnologische Militär-Forschung betreibt, gefährdet zunächst einmal sich selbst als Forscher, die eigene Bevölkerung (denn in den USA - und nicht nur dort - liegen die militärischen Forschungslabors nicht selten in Städten) und den eigenen Staat (nämlich dann, wenn ein Rüstungswettlauf in diesem Bereich losgetreten wird, der auch im Frieden durch potentielle Freisetzungen die eigene Bevölkerung gefährdet; Scheller 1988, 274).

Biowaffen haben zwei konstitutionelle Mängel: sie unterscheiden nicht zwischen Freund und Feind und verschwinden häufig genug nur langsam: Die zu Versuchszwecken auf der Insel Gruinard 1944 ausgesetzten Milzbrandbakterien machen diese Insel noch heute für Tier und Mensch unbewohnbar. Gegen Versuche, Impfstoffe für vorhandene Pathogene zu entwickeln, ist sicher nichts einzuwenden. Diese aber brauchen nicht vom Militär gefördert zu werden. Vor allem aber wäre in diesem Bereich Geheimhaltung ethisch keineswegs zu rechtfertigen. Die Geheimhaltungspraxis stellt für Forschung überhaupt eine schwere politische Belastung dar (Herrlich 1989, 30). Die Errichtung eines wirksamen Schutzes gegen biologische Waffen würde weiterhin die psychologische Schwelle zur Anwendung senken, so daß selbst das Ziel einer solchen Forschung im Hinblick auf defensive Strategien fragwürdig wird. Zudem bleibt die Frage zu beantworten, wogegen denn Viren abschrecken sollen angesichts von Interkontinentalraketen (Herrlich 1989, 30f.). Da für den Terrorismus die Freund-Feind-Unterscheidung kaum relevant ist, könnte die Entwicklung oder auch bloß die glaubhafte Drohung damit, eine neue Bedeutsamkeit entwickeln.

Herrlich fordert daher völlig zu Recht auch aus ethischer Perspektive den Rückzug der Forscher aus Militärprogrammen und die vollständige Transparenz von Forschungsprojekten (Herrlich 1989, 32). Wirklich defensive Militärforschung in diesem Bereich bedarf eines konkreten Anlasses, einer konkreten Gefährdung durch die Entwicklung spezifischer Pathogene in einem anderen Land. Die Argumentation mit einer abstrakten und diffusen Bedrohung genügt nicht. Das Standesethos sollte derartige Mitarbeit ächten, nicht zuletzt zum Schutze der sinnvollen Arbeit bei der gentechnologischen Entwicklung von Diagnostika, Therapeutika und Prophylaktika. Terrorismus bei konkreten Verdachtsmomenten könnte ein solcher Anlass werden. So wird verständlich, wenn Peter Herrlich zu dem Schluss kommt, selbst die militärische Schutzforschung ergebe keinen Sinn (Herrlich 1989, 28). Genährt wird die militärische Forschung im Bereich der Gentechnologie durch die Erwartungen oder Befürchtungen, Gentechnologie könnte harmlose Organismen hochpathogen machen. So wurde im Auftrag des Schwedischen Verteidigungsministeriums eine Studie durchgeführt, die bei einer schwach pathogenen Form von sina pestis durch Wegnahme zweier Gene eine sehr viel pathogenere Variante erreichte. Hier liefert gentechnologische Forschung ihren Kritikern Argumente für die Sicherheitsdebatte, obwohl im entscheidenden Punkt der Risikofrage dieses Experiment nicht aussagekräftig ist. Es war kein harmloser Ausgangsorganismus und das Endprodukt entstand nicht zufällig.

Auch die Terroristen inszenieren Aufmerksamkeitsspektakel vor einer globalen Öffentlichkeit. In gewisser Weise muss das Grauen verarbeitet und kanalisiert werden. So entstehen Teile eines Aufmerksamkeitsterrors. Pläne, ein Passagierflugzeug über Paris explodieren zu lassen, gehören in diesen Bereich (Palm/Roetzer 2002, 86-94). Das Testament des Attentäters Mohammed Atta von 1996, das spirituellen und technischen Rat für die letzten Stunden des heiligen Kampfes spendet, ist in diesem Zusammenhang besonders instruktiv. Der Fanatismus führt zu einer Opferbereitschaft bis zum Selbstmord in religiöser Verblendung. Auch im Mittelalter hatten die Assassinen Mordmissionen. Hier spielt religiöser Wahn eine zentrale Rolle (Palm/Roetzer 2002, 98-102). Propaganda ist in einer hochgerüsteten Gesellschaft eine Waffe. Es geht um die internationale öffentliche Meinung. Man muss den Informationskrieg gewinnen. Dies bedeutet die Inszenierung des Terrors wie eines immerwährenden Anti-Terrorkrieges mit Überbietungsrhetorik. Bushs alttestamentarische Rhetorik ist Teil einer permanenten Show (Palm/Roetzer 2002, 106-120). Die Medien sind Parteien des Krieges. Die Moral an der Front und im eigenen Land wird wichtiger als der Krieg selbst. Bisweilen kommt es zur Abwälzung der Schuld auf die Medien, z. B. um dem Vietnamtrauma zu entgehen. In den USA wird ein ungeheurer Konformitätsdruck aufgebaut, z. B. durch die Gleichschaltung der Medien. Diese sind häufig patriotisch ausgerichtet. Bush gab grünes Licht für pauschale Lauschangriffe und Überwachung des Internetverkehrs – Maßnahmen, die in der Presse kaum kritisch reflektiert wurden. Dabei wird hier ein gefährliches Spiel mit den Emotionen getrieben. Es manifestiert sich in Aussagen wie „Attacke auf Amerika" oder „Krieg gegen Amerika". Die Dramaturgie des Vergeltungsschlages basiert auf der Identifikation eines Schuldigen und seiner Dämonisierung. Das Risiko der Berichterstattung aus Pakistan oder Afghanistan im Oktober 2001 war enorm (Palm/Roetzer 2002, 125-136).

Der Krieg gegen das Taliban-Regime oder Afghanistan hatte für die Angreifer die besten Voraussetzungen, um im Medienkrieg von vornherein eine nahezu uneingeschränkte Vorherrschaft einzunehmen, wie im Luftraum. Es war ein Krieg im schwarzen Loch der Medien. Die medienfeindlichen Taliban haben im Unterschied zu Serbien und dem Irak die Möglichkeiten für sich zu spät entdeckt. Sie beschränkten den Informationsfluss genauso wie die USA. So kam es zu Manipulationen und Fälschungen. Gestellte Tötungen, gekaufte Zeugen, erfundene Stories greifen ineinander. Behauptungen und Bilder werden in der Presse oft ungeprüft weiterverbreitet. In den Kriegen werden Medien zu kollektiven Aufmerksamkeitsorganen. Im digitalen Zeitalter besitzen Videobilder und Tonaufzeichnungen für sich oder an sich keine Beweiskraft mehr. Das Bekenner-Video Bin Ladens ist wohl als Fälschung anzusehen (Palm/Roetzer 2002, 143-155). Der Kunde ist König, der Betrug am Publikum und der Versuch, es fernzulenken, greifen ineinander, die Macht des Adressaten, der Kunden und Konsumenten, die Zustellung von Botschaften anzunehmen oder zu verweigern, bleibt jedoch vorhanden. Die Medienkompetenz der Zuschauer muss erhöht werden. Außerdem ist die Macht der Sender zu kontrollieren. Immer weniger Konflikte werden persönlich ausgetragen, sondern in die Medien verlegt. Dies ist Teil einer umgreifenden Massenkommunikation. Sie manifestiert sich im Kampf um die Kanäle und im professionellen Informationsmanagement. Der Staat selber wird zum Programmveranstalter in Kommunikationskriegen. Das allzu große Vertrauen der Journalisten in das Pentagon hat sich schon häufig als Problem erwiesen (Palm/Roetzer 2002, 156-177).

Während die Sprache angesichts des Krieges versagt, spricht das Bild. Die Kampfform des totalen Krieges, die Vernichtungszone, das Konzentrationslager liefern einfache und eingängige Bilder. Der Krieg ist als Ganzes aber unvermittelbar und so führt er leicht in seiner Darstellung zur Ästhetisierung (Palm/Roetzer 2002, 177-181). Ein neues Medienzeitalter bricht an. Der Sender Al Dschasira, ein einigermaßen kritischer arabischer Sender, hat von dieser Wende profitiert. Die Unterscheidung zwischen Terror und Krieg verwischt sich. Standgerichte und Kinderkrieg sind weitere Aspekte dieses ausfransenden Kriegsverständnisses (Palm/Roetzer 2002, 207-221). Die nächste Superwaffe ist die Panik. Die Waffen des kleinen Mannes dienen dazu, Panik zu verbreiten. So darf man in Zukunft bei der Beurteilung der Kriegsführung nicht nur auf die Explosivwaffen schauen. Nun gibt es Notwendigkeiten, Varianten des Medienkrieges kritisch zu analysieren (Palm/Roetzer 2002, 232-235). Das Fernsehen bringt Einsätze aus tausenden Kilometern Entfernung. 1991 im ersten Golfkrieg konnten noch nicht alle Informationen in Echtzeit verarbeitet werden. Daher war 1991 noch ein Hauptquartier in Saudi-Arabien für die Presse eingerichtet. Begonnen hat die Geschichte des Einsatzes von US-Spezialtruppen bereits in den 80er Jahren. Die Botschaft im Iran wurde durch unkonventionelle, verdeckt stattfindende Einsätze evakuiert, um sie der Kritik zu entziehen. Der Trend weg von klassischen Kriegen ist nicht zu übersehen. Die technologische Waffenentwicklung führt zu einer Steigerung der Zerstörungsgewalt und wachsende räumliche Distanz, die überwunden werden kann. Größere Reichweite und bessere Präzision der Waffen ist angestrebt. Autonom agierende Robotsysteme werden den Platz der Kämpfenden einnehmen (Palm/Roetzer 2002, 241-254). Sechs Punkte sind für den Zusammenhang von Technik und Terrorismus von besonderer Bedeutung.

(1) Das heimtückische Zuschlagen mit Hilfe von technischen Mitteln ist das Charakteristikum der Hacker und einer terroristischen Organisation in Netzwerken mit Hilfe von Viren.

(2) Technische Infrastruktur, Alltagstechnik und Sondertechnik reizen zu terroristischen Eingriffen geradezu an, da diese Strukturen in ihrer Totalität nicht geschützt werden können und für solche Störungen anfällig sind.

(3) Die Medieninszenierung macht die Tötung möglichst vieler Kombattanten auch unter Opferung des eigenen Lebens sehr attraktiv, denn der Terrorist geht zumindest für die Zeit nach seiner Tat auf Grund von Bekennerschreiben in die Weltberichterstattung ein. Dieser Anreiz mag möglicherweise größer sein als der religiöse Anteil an dem Terrorismus entgegen den Meinungen, die häufig in der Presse vertreten werden.

(4) Moderne Technik als vernetzte Technik, inklusive Infrastruktur, ist sichere Technik. Das ist die „Philosophie" der Technologie-Zivilisation. Der Terrorismus erhöht den Preis sicherer Technik und macht deutlich, dass auch sichere Technik angesichts des Terrorismus einfach nicht sicher genug ist, um als Legitimation der Regierung durch solche Technik vor dem Volk eingesetzt zu werden.

(5) Militärisch-technisch ist die USA nicht mehr zu besiegen. Das fordert andere Kampfstrategien geradezu heraus. So ist es hier ebenfalls eine technisch militärische Situation die heute gängige Formen des Terrorismus

hervorruft genauso wie im Ersten oder Zweiten Weltkrieg, Guerillabewe-
gung und Untergrundkämpfer ihre Strategien verfolgt haben.
(6) Finanzterrorismus und Finanzierung des Terrorismus: Es geht zum einen darum, das sicher auf technischen Voraussetzungen beruhende internationale Finanzsystem anzugreifen und unsicherer zu machen. Zum andern geht es um die Finanzierung des Terrorismus. Ein neues Szenario
könnte entstehen, wenn Massenvernichtungswaffen wie A, B oder C-
Waffen in die Hände von Terroristen gelangen würden und deren Einsatz
an die Verwirklichung bestimmter politischer Ziele gebunden würde. Eine
präventive Selbstverteidigung des so erpressten und angegriffenen Staates
ist ethisch gesehen im Sinne des Notwehrrechtes zu diskutieren (Irrgang
2007c).

Hat mit dem 11. September 2001 ein Geschichtsbruch stattgefunden oder nicht?
Die Einmaligkeit dieser Anschläge führt zur Frage nach einem Vergleichsrah-
men. Terror dient als Kampfmittel im Streit um die Legitimität der Gewalt. Terror ist immer die Gewalt des andern, ist Gewalt gegen Wehrlose und die Kraft
moderner Kriegsführung. Terror kennt zahlreiche Gewaltformen, Akteure und
Umstände. Terror bedient sich zudem der Waffe der Angst. Das Grauen be-
schleicht die Menschen, wenn die Art der Gewalt jeweils jenseits des Begreifba-
ren liegt. Der Anschlag will sofort töten (Hofmann/Schoeller 2001, 27-32). Terror sucht Angst zu erzeugen, nicht bei seinen Opfern, sondern unter den Über-
lebenden, den Zuschauern, den Unbeteiligten. Die Grundfiguration des Terrors
umfasst mindestens drei Instanzen: die Täter, die Opfer und die Unbeteiligten.
Der Zufall ist ein zuverlässiger Verbündeter des Terrors. Er greift den Staat bei
seiner zentralen Aufgabe an, nämlich der Garantie der Unverletzlichkeit. Viele
Erklärungen des Terrors suchen den Begriff der Schuld und der Handlungsfrei-
heit zu eliminieren und Täter zu Opfern zu machen. Art und Ausmaß des Terrors verleiten zu der Vorstellung, der terroristischen Gewalt müssten besonders
fanatische Überzeugungen zugrunde liegen. Doch große Verbrechen benötigen
keine großen Ideen. Auch für Verbrechen gegen die Menschheit genügen niedere
Instinkte. Fraglich ist der aktuelle Hinweis auf die Religion. Für Terrorakte ist
Fanatismus weder notwendig noch hinreichend. Dem Terror liegt eine Dynamik
der Entgrenzung zugrunde. Der Terror, der auf absolute Destruktion setzt, tilgt
alle Spuren. Der Selbstmordattentäter lebt von einer Besonderheit: die Preisgabe
seiner selbst. Dies verleiht eine einzigartige Zerstörungskraft. Militärische Maßnahmen gegen den Terror endeten regelmäßig in einem Desaster (Hof-
mann/Schoeller 2001, 33-40).
   Wir haben uns lange mit dem Gedanken getröstet, den Terroristen ginge es
eher um Publizität als ums Töten. Angriffe auf die wichtigen Bereiche der Infrastruktur rufen Terrorabwehr hervor. Die Anschläge vom 11. September und die
Bombenanschläge auf die amerikanischen Botschaften in Kenia und Tansania
drei Jahre zuvor weichen erheblich vom klassischen Schema z. B. dem der RAF
und der IRA ab. Es liegen keine klassischen Bekennerschreiben vor und es
kommt in gewisser Weise zu einer Privatisierung des Terrorismus. Es handelt

sich insbesondere um antiamerikanischen Terrorismus. Insofern kann man diskutieren, ob es sich um eine Wiederkehr eines religiös motivierten Terrorismus handelt. Da der Terrorismus sich verändert, muss auch der Kampf gegen ihn sich verändern (Hofmann/Schoeller 2001, 45-51). Nach einer langen Stagnation des Terrors in den 90er Jahren hat der Hass auf die Dominanz der Weltmacht USA und der Kampf gegen die Globalisierung zu neuen Ansätzen des Terrors geführt. Es ist von äußerster und unerbittlicher Logik, dass es den Willen zur Zerstörung anstacheln muss, wenn eine Macht immer mächtiger wird. Das Abendland, das die Stelle Gottes eingenommen hat, wird selbstmörderisch und erklärt sich selbst den Krieg. Ist also Terror gegen den Terror möglich? Es gibt hinter allem dem keine Ideologie mehr. Der Erste Weltkrieg beendete die europäische Vorherrschaft und den Kolonialismus und stellte den letzten klassischen Krieg dar. Der Zweite beseitigte den Nationalsozialismus, der Kalte Krieg den Kommunismus, so bleibt also heute nur noch die Globalisierung. Heute ist aber das Projekt der Globalisierung an seine Grenzen gekommen. Es formieren sich überall diffuse Gegenkräfte. Der Terrorismus ist unmoralisch, aber die Globalisierung ist auch unmoralisch. Gut und Böse wachsen offenbar gemeinsam (Hofmann/Schoeller 2001, 53-56).

Die liberalen Mächte waren dadurch gekennzeichnet, dass sie absolute Todesvermeidung propagierten. Es ist den Terroristen gelungen, aus ihrem Tod eine absolute Waffe gegen jedes System zu schmieden, das sich einer absoluten Todesvermeidung (Null Tote) verpflichtet hat. 5000 Tote auf einen Schlag sind unheimlich viel, wenn sie einem System zugefügt werden, das mit Null Toten rechnet. Die Terroristen haben sich alle Errungenschaften der Moderne und der globalen Zivilisation zu Eigen gemacht, um sie zu zerstören. Es kommt zu einem Terrorismus der Reichen. Sie haben sich der Medien genauso bedient wie der Börsenspekulation, der Informatik oder des Flugverkehrs (Hofmann/Schoeller 2001, 57-64). Die Attentäter von New York waren nicht nur technisch auf der Höhe der Zeit. Es besteht ein gewisser kollektiver Drang zur Selbstbeschädigung (Hofmann/Schoeller 2001, 118-120). Die tatsächliche Wirkung der Anschläge war weniger real als vielmehr symbolisch. Wir müssen aber zum Realen zurückkehren. Der Gegenschlag soll uns in der Gewissheit wiegen, dass sich eigentlich nichts geändert hat (Hofmann/Schoeller 2001, 134-136). Aber tatsächlich ist der Weg in eine alternative Modernität bereits eingeschlagen (Irrgang 2007c). Denn unsere hochverdichteten Zivilisationen sind extrem verwundbar, weil die Technik, die sie ermöglichten, gegen sie gewandt werden kann. Die Bereitschaft zum Massenmord und geplanter Suizid bedarf keiner desolaten Lebensbedingungen. Sie können auch als Zweifel an der Kraft der Kultur verstanden werden. Im Dialog stehen nicht Kulturen, sondern Individuen. Letztendlich kann Wandel nur durch Annäherung erzeugt werden (Hofmann/Schoeller 2001, 273-301).

Die technischen Aspekte der Modernisierung wurden häufig übersehen, sind aber die Grundlage für die Realisierung des technischen Fortschritts. Es stellt sich aber die Frage, ob technischer Fortschritt für alle Länder in gleichem

Maße erforderlich ist. Internationale Arbeitsteilung und unterschiedliche Technikhöhe vertragen sich miteinander. Oft wurden die Kosten der technischen Modernisierung übersehen und technische Modernisierung mit politischer Modernisierung verwechselt. Wir brauchen also eine politische Technikhermeneutik. Die kulturelle Modernisierung basiert auf einer Technisierung der Alltagswelt und hat viele Aspekte der Modernisierung übernommen oder ersetzt. Säkularisierte Versatzstücke der Aufklärungsphilosophie und einer Menschenrechtsmoral verknüpfen sich mit den Segnungen des technischen Fortschritts. Die liberale Grundeinstellung im Sinne des universalistischen Ethikprinzips und des uninteressierten *Laissez faire*, wobei diese häufig als Mangel an Kompetenz und Können auftritt und nicht aus Toleranz geschieht, scheinen ihre entscheidende Kraft verloren zu haben. Die Individualisierung macht auch die Grenze unseres Könnens deutlich. Das Abendland von heute ist immer noch immens reich, aber es ist schwach. Ihm fehlt die moralische Substanz zur dezidierten Selbstbehauptung. Die Gewissheiten der Aufklärung erschöpfen sich. Nathan der Weise und die Ringparabel passen nicht mehr in unsere Zeit (Scholl-Latour 2004, 48f.).

Die westliche Kolonisierung hat viele Narben im Orient hinterlassen und wirtschaftliche wie kulturelle Abhängigkeiten geschaffen. Arabische Staatsführer haben säkulare Elemente des Westens aufgegriffen, um einen rapiden Modernisierungsprozess nach europäischem Vorbild in Gang zu setzen. Auf dem Weg in die Unabhängigkeit übernahmen sie die westlichen Wirtschaftsprinzipien des Kapitalismus und der Akkumulation, ohne die entsprechenden gesellschaftlichen und politischen Werte einzuführen, z. B. die repräsentative Demokratie. So entstand eine neue, ungeheure reiche Oligarchie, und die muslimische Elite, im Westen erzogen und ausgebildet, wurde zur Brücke zwischen dem westlichen Kapitalismus und den Rohstoffen und Märkten des Ostens (Napoleoni 2005, 171). Das unmoralische Verhalten der westlichen Demokraten hat zweifellos dazu beigetragen, die radikalislamischen Gruppierungen auch in den Augen gemäßigter Muslime zu legitimieren.

Das Hauptangriffsziel der politisch-islamischen Gewalt ist nicht der Westen, sondern es sind die prowestlichen Regimes in muslimischen oder überwiegend muslimisch bevölkerten Ländern. Erst nach dem Sieg in Afghanistan, dem Zusammenbruch der Sowjetunion und dem Golfkrieg trat ein neuer Feind in das Blickfeld (Napoleoni 2005, 236-240). Die arabische Welt mit ihren Öleinnahmen hat mehr Reichtum als Entwicklung gewonnen. Die Petrodollars brachten keine Modernisierung oder – was noch besser gewesen wäre – die Verteilung des Reichtums auf breite Bevölkerungsschichten mit sich. Der beispiellose Geldtransfer aus dem Westen in die arabischen Länder trug dazu bei, die arabischen Regimes zu zementieren. Es scheint jedoch realistischer, diesem Unmut als Nebenwirkung der islamischen Unzufriedenheit über die eigene Herrscherkaste zu sehen und nicht als einen davon unabhängigen Widerstand gegen den Westen (Napoleoni 2005, 244f.). Der Märtyrerkult ist mehr von dem Gedankengut rechtsgerichteter französischer und italienischer Anarchisten des 19. Jh. beeinflusst als vom sunnitischen oder schiitischen Islam. Mit der Religion lassen sich viele auf bequeme Weise zahlreiche politische und wirtschaftliche Ziele kaschieren. Auch erinnert die Rigidität der Dichotomie an die französische oder bolschewistische Revolution, wo der Kampf als Klassenkampf definiert wurde. So ist der moderne Dschihad ein Gebräu aus revolutionärer islamistischer Ideologie, der Suche der Muslime nach Identität und sozioökonomischen Bestrebungen (Napoleoni 2005, 248-251).

Der 11. 9. 2001 war so überraschend, weil die Taktik der Terroristen, Verkehrsflugzeuge als Waffen zu benutzen, so unerwartet war. 1994 vereitelten die französischen Behörden einen Anschlag mit einem Passagierflugzeug auf den Eifelturm. Dass die Verwendung von Flugzeugen von Terroristen erwogen wurde, war bekannt. Der Cyberterrorismus, der in kritischer Weise das Internet, die Kommunikationswege und die elektrische Energie benutzt, um physikalisch zerstörerisch wirken zu können, ist weit verbreitet und nutzt die kaskadenartig sich fortsetzenden Fehlschläge elektronischer Systeme, die sowohl die Gesundheit der Ökonomie wie die Sicherheit der Öffentlichkeit gefährden. Der leichte Zugang zum Internet erweist sich damit als ambivalent (Verton 2003, XVII-XX). *Black Ice* ist die Simulation der Folgen eines größeren terroristischen Überfalls auf die USA. Das Szenario ist ein Eissturm über Salt Lake City, der die Telekommunikation und die Elektrizitätsversorgung unterbricht. Es kommt zum Zusammenbruch der Grundversorgung, die auf Elektrizität beruht. Terroristengruppen, die das Chaos zu vergrößern trachten und Konfusion durch physikalische Attacken oder direkte Angriffe erhöhen, können die Ökonomie in höchst empfindlicher Weise treffen, indem Terroristen gegen die nationale Cyber-Infrastruktur Angriffe richten (Verton 2003, 18f). Der Schutz der Infrastruktur spielt daher eine zentrale Rolle. Eine zweite Übung unter dem Namen *Blue Cascades* wurde im Juli 2002 durchgeführt. Hier wurde simuliert, dass terroristische Attacken oder andere Naturkatastrophen die elektrische Grundversorgung für Wochen unterbrechen könnten und in manchen Fällen sogar für Monate. Die Verwundbarkeit der elektrische Energie erzeugenden Industrie speziell in den USA hat sich bereits anhand mehrerer Störfällen gezeigt. Die überwältigende Abhängigkeit von der technischen Infrastruktur ist Kennzeichen der modernen Zivilisationen. Es wäre daher eine Neukonstruktion der Energieerzeugung und Energieversorgung insbesondere mit elektrischer Energie dringend erforderlich. Dabei gibt es auch eine ganze Reihe von Steuerungsproblemen, die man als Cyber-Verwundbarkeit und Sicherheitsvorfälle bezeichnen könnte (Verton 2003, 20-24).

Der Alptraum aller Militärs: Der Feind ist unsichtbar, blitzschnell und scheinbar überall, doch nicht zu fassen. Und er kann hart zuschlagen: Die Energieversorgung großer Städte bricht zusammen die Verkehrsregelung ebenso wie der Währungskurs an den internationalen Finanzmärkten und ausgerechnet jetzt muss der Verteidigungsminister zurücktreten weil kompromittierende Fotos von ihm und seiner Sekretärin aufgetaucht sind (Gaycken, Talbot 2010, 27). Nationale und globale Infrastrukturen, Wirtschaft und Politik sind von Informationstechnik durchdrungen und Kriegsgeräte arbeiten auf informationstechnischer Grundlage, alles ist mit allem vernetzt. Der Cyberwar ist attraktiv wie nie. Doch wer versucht, die Mythen und Legenden, die sich um den Krieg im Cyberspace ranken, zu hinterfragen, gerät schnell auf trügerisch schwankenden Boden: Unabhängige Untersuchungen sind in der Regel nicht vorhanden, Militärs und Unternehmen berufen sich auf Geheimhaltungsklauseln und Politiker nutzen nur allzu gern den Abschreckungseffekt (Gaycken, Talbot 2010, 27).

Voraussetzung für Cyberwar sind Armeen militärischer Hacker. Im Mai 2009 ernannte die US Regierung General Keith Alexander, bislang Leiter des Geheimdienstes NSA, zum Chef eines neu aufzubauenden Cyberkommando, das für den Schutz und die Verteidigung der Computernetze des US Militärs zuständig ist. Wie allerdings ein Cyberangriff konkret aussehen kann, ist völlig offen. Aus der frei veröffentlichten Literatur folgt lediglich, dass die Infokrieger extrem vielseitig sein müssen. Staatliche und industrielle Informationen sollen beobachtet werden. Forschungs- und Entwicklungswissen soll abgezogen und an der Quelle manipuliert werden. Organisatorische Strukturen, kommunikative und Transaktionsprozesse sollen kopiert und auf Schwachstellen untersucht werden, damit sie bei Bedarf gestört werden können. Zivile und militärische Infrastrukturen wie Kraftwerke, Wasserwerke, Pipelines oder Militärbasen sollen für Sabotage zugänglich, alle taktischen und operativen Systeme transparent und fremdsteuerbar gemacht werden. Oberstes strategische Ziel all dieser Aktionen ist die Information Dominance: Der Feind soll seine möglicherweise überlegenen technischen Mittel nach Möglichkeit gar nicht mehr zum Einsatz bringen können – er soll blind und paralysiert in die Falle stolpern. Mit dieser Doktrin, die beispielsweise vom chinesischen Militär vertreten wird, ist auch die öffentliche Meinung zum militärischen Ziel geworden: Gerüchte zu folge sollen chinesische Soldaten tausendfach gefälschte Webseiten vermeintlicher politischer Aktivisten, wissenschaftlicher Institute oder Webmagazine betreiben, zusätzliche Bloggs und Foren beeinflussen. Damit könnte sich diese Akteure im laufe der Jahre eine hohe Reputation erwerben, um im Konfliktfall maximale Wirkung zu erzielen. Dabei sollte berücksichtigt werden, dass Metaphern im Internet eine ganz eigene Bedeutung haben. Wenn wir akzeptieren, dass in dieser Debatte von einem Krieg die Rede ist, dann schüren wir nur unsere eigenen Ängste (Gaycken, Talbot 2010, 28).

Dies ist eine fatale Wende für die IT-Sicherheit, denn gegen die Ausbeutung unbekannter Sicherheitslücken ist kein Kraut gewachsen. Während man Kriminellen noch mit Strafverfolgung drohen kann, hilft bei einem staatlich organisierten Angriff eigentlich nur noch die Drohung mit dem militärischen Gegenschlag. Doch Cyberangriffe sind in der Regel außergewöhnlich schwer zurückzuverfolgen. Cyberwar offeriert hier das, was in der Fachliteratur als Plausible Deniability bezeichnet wird, als glaubwürdige Leugnung. Ein Militär kann jeden Angriff von zivilen Systemen aus führen und bei Aufdeckung Kriminelle be-

214

schuldigen, die dann bei den einsetzenden Ermittlungen natürlich nicht auffind-
bar sind. Jede Technologie, die dieses Problem lösen könnte, wäre zudem eine
mächtiges Werkzeug für einen Polizeistaat. Wenn die US Regierung einen Netz-
angriff als kriegerischen Akt gegen ihr Land wertet, wäre theoretisch auch die
Nato betroffen. Eine falsche Einstufung könnte sich daher schnell zu einem
ernsthaften internationalen Krieg auswachsen. Der einzige Ausweg ist die Entnetzung: Jedes sicherheitskritische Steuerungssystem muss so abgeschirmt werden, das kein Dritter unbemerkt darauf Zugriff hat. Das funktioniert jedoch nur,
wenn alle Verbindungen aller externen Netze gekappt werden. Und weil es keine
andere Lösung gibt, indiziert die technostrategische Perspektive dies als den
nächsten großen Trend: Die Entnetzung wird die Antwort auf den drohenden
Cyberwar sein. Diese wird allerdings nicht leicht durchzusetzen sein, denn bürokratische Verfahren, Widerstände seitens Verfechter des alten Trends, die
Notwendigkeit komplexer Umbauten, der technischen Infrastruktur inklusive
der Neugestaltung aller Ausbildungsprogramme und schließlich die zu erwartenden Kosten sind insbesondere im Cyberwar gigantische und schwer zu schlu-
ckende Brocken (Gaycken, Talbot 2010, 31f).

Dieses institutionelle Beharrungsvermögen wird nicht nur Unsummen
falsch investierter Gelder verschlingen, auch Strategisches ist problematisch, da
die Entwicklung von Verteidigungsmaßnahmen der Entwicklung von Offensiv-
kräften deutlich hinterher hinkt. Der Cyberkrieg wird kommen, nicht so sehr als
heißer offener militärischer Konflikt, sondern mehr als eine elektronische Wie-
dergeburt des Kalten Krieges mit Spionage, Sabotage und zahlreichen kleinen
Zwischenfällen(Gaycken, Talbot 2010, 32). Damit ändert sich die Struktur des
Internets. War das WWW ein öffentliches Forum und eine neue Form der Öffentlichkeit, wird Cyberwar eine neue Form der Geheimhaltung hervorbringen.
Das Internet der Dinge ist im Gegensatz zum Internet der Information der Bereich der autonom intelligenten Technologie und der Robotik. Dieses neue Internet der Dinge ist gefährdet durch Hacker, so mag man sich nicht vorstellen,
was passieren könnte, wenn viele in der Lage sind, das Internet der Dinge im
Nachbarhaus zu beeinflussen und zu schädigen, so das die Heizung nicht mehr
funktioniert usw. Auf diese Art und Weise könnte man sich vorstellen, dass
Entnetzung auf Grund der Gefährdungen, die im Internet der Dinge mitenthal-
ten sind, einen neuen Trend markieren.

Die Risiken unserer gigantischen Informationsvernetzung müssen erkannt
werden. Der Cyber-Terrorismus ist der zumindest vorbereitende, politisch motivierte Angriff gegen die Informationscomputersysteme, Computerprogramme
und Datensysteme, die dazu führen, dass nach Gewaltakten nicht kämpfende
Teile der Bevölkerung durch subnationale Gruppen oder durch Geheimagenten
angegriffen werden könnten. So gibt es in zunehmendem Maße Angriffe auf die
Computer der US-Regierung. Studien der Baupläne eines Staudamms, um ihn
sprengen zu können, können heute durchaus aus dem Internet heruntergeladen
werden. Immer mehr Informationen, die Terroristen nutzen könnten, um ihre

Objekte auszuspionieren, stehen im Internet (Verton 2003, 27-29). Im Sommer 1997 wurde eine nicht angekündigte Übung durchgeführt, die die Fähigkeit des Pentagons testen sollte, Cyberangriffe entdecken und abwehren zu können. 35 Hacker wurden dafür angeworben. Es zeigte sich in der Übung, dass das nationale elektrische Netz wie das Telekommunikationssystem für Angriffe höchst anfällig ist. Terroristische Attacken ungleich größerer Art als vom September 2001 sind nicht nur möglich, sondern werden von den technologischen Strukturen unserer Gesellschaft fast in fahrlässiger Weise provoziert.

Ein zentraler Punkt ist die schwache Informationssicherheitsinformation. Umfangreiche Informationsinfrastrukturen sind nicht ausreichend geschützt. Das Risiko wächst, weil die Automatisierung die Kontrollmöglichkeiten des Menschen herabsetzt. Der Serviceverbund enthält mehr Informationen, die in falsche Hände geraten könnten. Das papierlose Büro eröffnet weitere Diebstahlsmöglichkeiten: nun können Daten gestohlen werden, ohne dass ein Einbruch erforderlich ist. Die Evaluation der Risiken der Gebrauchsformen neuer Technologien ist dringend erforderlich. Die Identifikation der besten Praxen müsste Vorrang haben. Außerdem bedarf es einer Verbesserung der Gesetze und der internationalen Abmachungen. Der Schutz sensitiver Firmendaten müsste mehr Priorität haben. Außerdem müssten die Zugangskontrollen verschärft werden. Eine durchrationalisierte Systemsicherung ist Erforderlichkeit, wobei Verantwortlichkeiten geklärt werden müssen. Dazu bedarf es der Reorganisationspläne. Nationale und internationale Strategien zur Verbesserung der Datensicherheit sind erforderlich dazu gehören als Ansatzpunkt Problembeschreibungen (Venkatsh 2003, 11-34).

Die Mehrheit der Sicherheitsrisiken kann mit guten Sicherheitspraktiken zumindest herabgemildert werden. Dazu gehört die regelmäßige Aufrüstung durch Virusupdates. Die Präventionskosten sind geringer als die von Schadensbehebung. Denn hinter dem Cyberware stehen gravierende Informationsangriffe, hinter Netware soziale Konflikte. Die Informationskriegsführung während einer Krise gehört zu den gängigen Strategien. Der Cyberspace ist ein komplexes Netzwerk, das verschiedene Infrastrukturen Unternehmen und Nationen verknüpft. Neue Verletzlichkeiten entstehen in Systemarchitekturen in alarmierender Art und Weise (Venkatsh 2003, 49-59). Heute werden militärische Aktionen durch mediale Maßnahmen unterstützt. Die Destabilisierung der Hackerszene durch die Freisetzung von Wissenschaftlern in der UdSSR ist zu beklagen. Die Sicherheit des Zugangs zum Internet wurde dadurch herabgesetzt. Die Verletzlichkeit des Internets beruht auf Möglichkeiten der Ausbeutung persönlicher Daten. Es gibt Internetprotokolle ohne Sicherheitsarchitektur. Passwort und Sicherheitstechnologien sollten verstärkt eingeführt werden. Firewalls müssten unsichere Informationspakete herausfiltern. Außerdem sind Verschlüsselung und Authentizitätsprüfung der Datenherkunft eine wichtige Möglichkeit der Verbesserung von Sicherheit. Die Sicherheit der Internettechnologien wird in Zukunft noch verbessert werden müssen (Venkatsh 2003, 75-122).

Die Unterscheidung zwischen Cyberwar und Netwar beruht darauf, dass der eine ein Krieg um Information ist und der andere ein Krieg mit Information. Netwares ist im umfangreichen Maße nicht militärisch. Der Cyberwar bereitet militärische Aktionen zumindest vor. Die militärische Lage hat Organisationen zu Veränderungen und zu Strategieveränderungen herbeigeführt. Wichtig ist es z. B. den genauen Standort der Feinde auszumachen. Dies haben die Mongolen in ihrem Kampf gegen die Moslems bereits im Mittelalter praktiziert. Der Cyberwar ist in diesem Sinne kein Blitzkrieg (Venkatsh 2003, 207-219). Es sind verschiedene Sicherheitsebenen zu berücksichtigen (Venkatsh 2003, 233). Die Netzwerkanalyse ist erforderlich, um herauszufinden, was am Internet für Kriminelle interessant ist. So gibt es Formen von Elektronik-Surveillance (Venkatsh 2003, 263). Der Angriff auf die politische Stabilität eines Feindes durch Mittel des Cyberwar wird immer populärer. Aber Menschen sind flexibler als gedacht, so dass sich auch diese Formen einer Kriegsführung wie die einer fortgesetzten Bombardierung der Zivilbevölkerung als nicht erfolgreich herausstellen können. Sicher aber ist: ein Computer kann zur Waffe werden (Venkatsh 2003, 293f).

Die ständige Verfügbarkeit grundlegender technischer Versorgungsnetze und der mögliche Zusammenbruch großer, technischer Netze stellen eine zentrale Gefährdung moderner Industriegesellschaften dar. Die Sicherheit, bzw. fehlerfreie Funktionsfähigkeit von Informationstechnik deren Vorsorge und Reparatur ist von entscheidender Bedeutung für das Funktionieren solcher Netze. Dabei verführt ihr fehlerfreies Funktionieren dazu, nicht genügend in Vorsorge und Reparatur dieser Systeme zu stecken. Insofern sind gesellschaftliche Risikofaktoren mit der Informationstechnologie verbunden. Es gibt Zwischenfälle in kritischen Infrastrukturen und seit zehn Jahren eine intensive Forschung im Hinblick auf das Gefährdungspotenzial. Eine nicht unerhebliche Anzahl von Quellen lassen sich trotz der jungen Forschungsrichtung auswerten. Viele dieser Quellen sind im Internet selbst verfügbar. Insgesamt gehört diese Studie in den Bereich der Politikfeldanalyse (Schulze 2006, 21-31). Der Schutz kritischer Informationsinfrastrukturen stellt in Industrienationen ein entscheidendes Element nationaler Sicherheit dar. Dabei haben bereits Paul A. Samuelson und Richard A. Musgrave die Theorie der öffentlichen Güter aufgestellt, die unter gegenwärtigen Umständen zu einer Theorie der globalen, öffentlichen Güter erweitert werden sollte (Schulze 2006, 35-40).

Sicherheit evoziert das Gefühl von Sorglosigkeit und ist kein statisches Produkt. Der klassische Sicherheitsbegriff war militärisch bestimmt. Der Zusammenbruch des Ostblocks verminderte das Unsicherheitsbewusstsein. Seither bedarf es eines neuen Verständnisses von Sicherheitspolitik und von nationaler Sicherheit. Wir brauchen einen erweiterten Sicherheitsbegriff, der über die Bedeutung militärischer Machtpotenziale hinausgeht. Die neue Bedrohung nutzt Schwachstellen im IT- Bereich aus. Es kommt zu einer verbreiteten Unterschätzung möglicherweise weit reichender Auswirkungen IT bedingter Zwischenfälle. Insofern hat ein Wandel in der Sicherheitspolitik in den USA und in Deutschland im Zusammenhang mit der Antiterrorpolitik eingesetzt (Schulze 2006, 42-58). Eine vollkommen sichere Informationstechnik kann es nicht geben. Es gibt drei Säulen der IT- Sicherheit: erstens Verfügbarkeit, zweitens Integrität und richtige Funktionsweise, drittens Unbeachtbarkeit, Vertraulichkeit. Die Vernetzung erfolgte zu schnell und unter nicht genügender Berücksichtigung von Sicherheitsaspekten. Komplexität ist der natürliche Feind der Sicherheit. Hinzukommen die Fehleranfälligkeit von Softwareprogrammen und Komplexität entsteht durch Programmierung und Vernetzung. Sicherheit hat aber ihren Preis. Oftmals werden nur die Kosten für sicherheitsrelevante Maßnahmen gesehen. Die privaten Schutzmaßnehmen am PC reichen für den privaten Anwender aus, aber nicht für Behörden, usw. (Schulze 2006, 66-78).

Problematisch ist die Verwendung von Monokulturen und ihren bekannten Schwachstellen. Mangelndes Sicherheitsbewusstsein und fehlendes Wissen, sowie mangelnde Sensibilisierung kommen hinzu. Der Mensch bleibt das schwächste Glied im System der IT-Absicherung. Mangelndes Sicherheitsbewusstsein ist einer der wesentlichen Faktoren. Die Störungen der IT-Technik zwingen zur Anpassung. Hacker bedrohen das System, wobei Innentäter besonders gefährlich sind. Hinzu kommen Industrie- und Wirtschaftsspionage, Cyberterrorismus und Informationskriege. Die Autoren betonen die Verantwortung des Staates für die IT-Sicherheit (Schulze 2006, 79-108). Der Schutz kritischer Infrastrukturen wird in den letzten Jahren immer ernster genommen. Dabei entstehen Interdependenzen zwischen kritischen Infrastrukturen. Gefährlich sind Dominoeffekte, wenn eine Infrastruktur ausfällt. Große Infrastrukturen umfassen folgende Bereiche: erstens Information und Kommunikation, zweitens Transport- und Verkehrswesen, drittens Energieversorgung, viertens Banken und Finanzen, fünftens Versorgung. Dabei ist die Einschätzung der tatsächlichen Gefährdungslage nicht einfach. Vorfälle in Deutschland waren bisher selten und meist nicht schwerwiegend. Daher wird die Gefahr meist unterschätzt. Außerdem fehlen Frühwarntechnologien. Eine gewisse Eintrittswahrscheinlichkeit solcher Störfälle besteht trotzdem. Die Reaktionszeit im akuten Fall ist sehr gering, im Unterschied zum Beispiel zu Hochwasser, auf das man sich schon vor seinem Eintreten vorbereiten kann (Schulze 2006, 121-141).

1996 wurden die ersten Maßnahmen zum Schutz kritischer Informationsinfrastrukturen ergriffen, so wurde das „Critical Infrastructure Assurance Office" (CIAO) gegründet, genauso wie etwas später das „National Infrastructure Protection Center". Es folgte die interministerielle Arbeitsgruppe „Kritische Infrastrukturen" und die Kommision über die Zukunft der Medien. Es gibt eine Vielzahl staatlicher Institutionen, allerdings fehlt eine koordinierende Instanz. Es ist nicht leicht, auf die asymmetrische Kampfführung des neuen Terrorismus zu antworten (Schulze 2006, 151-163). In den USA wurde 2001 der „Patriotact" gegründet. Dabei stellt sich die Frage, ob aus Sicherheitsgründen Eingriffe in die Grundrechte gerechtfertigt sind. Auch in Deutschland kam es zu Antiterrormaßnahmen und es wurde der nationale Plan „KRITIS" aufgestellt (Schulze

2006, 169-185). In den USA wurde die „National Cyber Security Division" (NCSD) 2003 gegründet. In Deutschland gibt es keine zentrale Instanz, die für den Schutz der Infrastruktur zuständig wäre (Schulze 2006, 197-221). In der staatlichen Kooperation wird das Leitbild der Mehrseitigen Sicherheit formuliert. Die Verschiedenartigkeit der Unternehmensstrukturen bietet große Schwierigkeiten bei der Sicherheitskooperation (Schulze 2006, 228-252).

Dadurch, dass die Datenstrukturen nationenübergreifend sind, muss ihr Schutz dies auch werden (Schulze 2006, 261). Im Bereich der Standardisierung zeichnen sich erste Erfolge ab. Diese begründen eine gewisse Hoffnung, auch auf prospektive Schutzmaßnahmen (Schulze 2006, 279-281). Im Hinblick auf den Schutz von kritischen Infrastrukturen ist und bleibt die Schwachstelle der Mensch. Präventionsmaßnahmen sind nicht einfach, eine eigentliche Schutzstrategie wäre erforderlich. Dabei könnte eine deutliche Orientierung an der EU und ihrer Gesetzgebung auch dem Sicherheitsbewusstsein in Deutschland aufhelfen. Die Entwicklung, Organisation und Durchführung von Planspielen in diesem Zusammenhang könnte ebenfalls zu einer Verbesserung der Situation führen, außerdem ist eine Verbesserung der Öffentlichkeitsarbeit erforderlich. Dazu sollte eine Analyse der Abhängigkeiten kommen und eine Verbesserung der Softwaresicherheit angestrebt werden (Schulze 2006, 289-312).

Der Schutz der Privatsphäre wird angesichts smarter Technologien gegenüber Bequemlichkeit, Effizienz und Sicherheit abgewogen und durchgesetzt werden müssen. Es gibt Rabatt- und Kundenkarten. RFID und Datenschutz, so entsteht ein Kontrollproblem. Effiziente Produktion und Vertrieb, Realtime Enterprise, der Einfluss betrieblicher Überwachungssysteme und Effizienzgewinne durch anwachsende Kontrollmöglichkeiten, Bequemlichkeit und Komfort werden durch diese Systeme zunehmen. Zum Beispiel gibt es einen Autozündschlüssel mit RFID-Chip. Chips zum Tanken, kontaktlose Skipässe, ubiquitäre Technologien führen zur effizienteren Durchführung altbekannter Vorgänge. Zum Beispiel kann man durch Handauflegen bezahlen. Es gibt dabei unmittelbar eingesparte Zeit auf der einen Seite, auf der anderen Seite aber ein lückenloseres Bewegungsprofil. Heute sind die Überwachungsgeräte noch selten und teuer, aber das wird sich ändern. Die Möglichkeit des Abrufens des möglichen Aufenthaltsortes ihres Kindes jeder Zeit bei bestimmten Mobiltelefonen bestimmen zu können, ist ein positives Element im Hinblick auf die Überwachung von Kindern. So sind *Familiylocator* und andere Dinge denkbar. So können Trends zu mehr Flexibilität und Mobilität wachsen. Sicherheit und gesellschaftliche Kontrolle gehören zusammen. Flächendeckende Videoüberwachungen sind in Großbritannien auf Akzeptanz gestoßen. Einmal gesammelte Daten werden wie selbstverständlich für andere Zwecke weiter verwendet. So gibt es eben schon eine britische Gendatenbank (Mattern 2007, 233-251).

Terroristen, Mörder oder Sexualstraftäter dienen als Rechtfertigung für das Anlegen solcher Datenbanken. Paternalismus und Zwangsversicherungen als sanfter Paternalismus gehören ebenfalls zu den Grundvoraussetzungen von solchen Systemen. KFZ-Prämien auf der Basis von Monatsabrechnungen aller Fahrten wie die detaillierte Telefonrechnung werden kein Problem sein. Der Datenschutz und die Privatsphäre lagen schon seit jeher im Spannungsfeld zwischen wirtschaftlicher Effizienz, persönlicher Bequemlichkeit und allgemeiner Sicherheit. Noch nie gab es so viele Gründe, Daten über sich preis zu geben. Ein Chip im Pass, der an jedem Ort der Welt Hilfe verspricht, Terroristen auffliegen lässt oder im Bedarfsfall die bestmögliche Behandlung garantiert. Nicht staatliche Schikane ist Triebfeder der anwachsenden privaten Überwachung, sondern unsere eigene Bequemlichkeit. Es gibt Kontrollmöglichkeiten bis hin ins Wohnzimmer des Kunden. Immer detailliertere Sicherheitsprofile werden erarbeitet. Es gibt smarte Autos, die Rasen oder Falschparken weiter melden, so dass Fahrer z. B. einer Mietwagenfirma nicht mehr entwischen kann (Mattern 2007, 251-257).

RFID, Radiofrequency Identification ist eine Technologie, die bereits eine beträchtliche Aufmerksamkeit in der letzten Zeit erregt hat. Die gegenwärtigen Gebrauchsformen von RFID wie ihr Potenzial der Kundenidentifizierung in Zukunft und dem damit verbundenen Gebrauch der Technologie einschließlich der Möglichkeiten der Implementierung in Geräte und in menschlichen Implantate sowie der RFID basierten Pässe haben erheblichen Einfluss auf die Privatheit. Auch hier liegen wieder technologische Lösungen für Probleme persönlicher Privatheit vor. Auch die Kontrolle über Güter und Waren sind mit dieser Technik möglich ein Produkt zum Beispiel, das einen RFID-Code trägt und mit einem EPC (Electronic Product code) verbunden ist, erlaubt eine lückenlose Überwachung des Produktes von der Herstellung bis zum Weg zu dem Kunden. Allerdings wäre eine RFID-Implantierung eines Chips in einen Menschen ein Albtraum. Anders könnte es sich mit einem RFID basierten Pass oder einem Personalausweis verhalten. Es handelt sich hier um die sicherste Form von Identitätskarten für viele Menschen. Diese Technik wird nachgefragt werden von Flughäfen, Banken und Regierungsbüros. Es ist in der Tat eine effektive Methode für Ausweiskarten in verschiedenen Sektoren (Brey 2005, 269-274). Typische Behauptungen wie „Information muss frei sein" oder „Wissen ist das Erbe und das Eigentum der Menschheit und sein Gebrauch muss frei sein" sind im Kontext des modernen Internets falsch. Wir müssen nicht nur die Verbreitung von Information verhindern, die Rechte von einzelnen Menschen verletzen, sondern auch das, was man möglicher Weise gefährliche Informationen nennen kann. Dieses Problem von gefährlicher Information wurde zum ersten Mal in voller Form nach der Erfindung und Anwendung der Atombombe bewusst. Information über die Herstellung von Atombomben gehört in diesen Bereich der gefährlichen Information, die über das Internet nicht verbreitet werden sollte (Brey 2005, 289).

Die Einführung des elektronischen Personalausweises im November ist eines der ambitioniertesten IT-Projekte weltweit. Dabei geht es um weit mehr als um ein simples Behördendokument - auch die Wirtschaft kann von dem Vielfältig verwendbaren Pass profitieren. Der neue Personalausweis soll ein

Vielzweckwerkzeug für die digitale Welt werden. Weitreichende Akzeptanz vorausgesetzt, kann damit der Internetgeschäftsverkehr auf breiter Front rechtssicher gemacht werden – gut für die Vertrauensbildung bei Verbrauchern, schlecht für Datenspione und Anbieter, die im Trüben fischen. Mit der eID-Funktion (elektronischer Identitätsnachweis) können sich Bürger digital gegenüber einer Behörde oder einem Geschäftspartner ausweisen – oder selbst die Identität eines Geschäftspartners prüfen, so wie man sich bisher etwa den Ausweis eines potentiellen Autokäufers zeigen lässt. Die QES (Qualifizierte Elektronische Signatur) ist das digitale Gegenstück zu einer eigenhändigen Unterschrift, mit der ein Vertrag besiegelt wird. Dabei gibt es reichlich bedarf an einer sicheren Online Authentifizierung. Allein im vergangenem Jahr verzeichnete das Bundeskriminalamt 6800 Fälle des digitalen Identitätsdiebstahles, darunter knapp 3000 Phishing Fälle, bei denen Betrüger ihren Opfern durch gefälschte Webseiten oder E-Mails persönliche Daten wie Passwörter oder Transaktionsnummern entlockten. Jede erfolgreiche Phishing Attacke verursacht im Schnitt einen Schaden von 4000 € (Bolduan, Honsel 2010, l56f).

Damit nicht jeder zwielichtige Webshoper auf die Bequemlichkeit seiner Kunden spekulieren und die Ausweisdaten abgreifen kann, müssen Online-Anbieter Berechtigungszertifikate beim Bundesverwaltungsamt beantragen. Dabei haben sie nachzuweisen, welche Daten sie wozu erheben möchten. Die Angaben aus diesem Zertifikat – bis hin zur Telefonnummer des Datenschutzbeauftragten im Unternehmen, bekommt der Nutzer bei jeder Nph-Abfrage zu sehen. Ein solcher Ausweis erlaubt z.B. eine anonyme Altersverifikation. Wenn etwa ein Pornoanbieter die Nph Abfrage wissen will, ob ein Nutzer volljährig ist, kann die Passanwendung ein schlichtes Ja oder Nein zurückschicken. Sogar eine Anmeldung per Pseudonym ist mit dem Nph möglich. Dazu wird der Ausweis über einen internen Schlüssel eindeutig gegenüber dem Anbieter identifiziert, ohne die Identität des Passinhabers preiszugeben. Trotz kleinerer möglicher Mängel wird man weltweit keine andere Karte finden, die einen höheren Sicherheitsstandard anbietet (Bolduan, Honsel 2010, 157-l59).

Weitere Schwachpunkte sind das drahtlose Fluggastbuchungssystem, überhaupt der drahtlose Internetzugang, die Übermittlung von Satellitendaten oder die drahtlose Abwicklung von *Electronic Cash*. Der beunruhigendste Aspekt ist vielleicht die anwachsende Verwendung einer drahtlosen Kommunikationsstruktur im Gesundheitswesen (Verton 2003, 59-77). Bin Ladens Hacker sind nicht in Afghanistan zu finden, sondern vor allem in Pakistan, im Iran, in Saudi Arabien, im Irak und in Russland (Verton 2003, 80-98). Die Suche nach sensitiven Daten und strategischen Informationen, die in besonderer Weise geschützt werden müssen, ist voranzutreiben. Die Verletzlichkeit der Informations-Infrastruktur kann mit technischen Mitteln beeinflusst werden. Hier tut sich eine echte Sicherheitsherausforderung auf (Verton 2003, 115-130). Im Jahre 2001 fanden die Angriffe der Cyberterroristen auf das Informationsnetzwerk der USA mit jedem Tag immer heftiger und immer häufiger statt. Der Zusammenbruch der Twin

Towers war nur eine äußere symbolische Handlung. Der Schlag am 11. September 2001 brachte zudem erhebliche Schäden am Informationsnetzwerk. Er wurde begleitet durch Virusangriffe (Verton 2003, 136-160). Die Unfähigkeit der Verwaltungen, den Terrorangriff abzuwehren, war das große Desaster. Man fühlte sich nach dem Wegfall der Bedrohung durch Russland insgesamt zu sicher (Verton 2003, 165).

Mit ausgeklügelten Frühwarn-, Leit- und Überwachungssystemen sollen Naturkatastrophen früher erkannt, Evakuierungen zügiger durchgeführt und Terroristen sicherer identifiziert werden, doch zu welchem Preis? Bei der Sicherheitskontrolle am Flughafen werden Kameras gebaut, die mit Videofrequenz Menschen aufnimmt und versteckte Objekte sichtbar macht. Ob Kunststoff unterm Sakko, Keramikmesser unterm Hemd oder Plastiksprengstoff in der Unterhose: Die Sicherheitskamera aus Jena soll Alarm schlagen, sobald jemand Verbotenes an Bord eines Fliegers schmuggeln will. Und zwar auch dann, wenn herkömmliche Metalldetektoren versagen. Industrienationen sind besonders verletzlich. Dort hängen Alltag und Arbeitswelt jedes einzelnen von einer Vielzahl komplexer technischer Systeme ab, die zunehmend selbst zu Sicherheitsrisiko werden. Ein Kurzschluss kann die Stromversorgung einer Metropole unterbrechen, ein Brand im U-Bahnschacht den Verkehr lahm legen, eine Giftgaswolke nach einem Chemieunfall die Bewohner ganzer Stadtviertel gefährden (Technology Review 8/2010, 62f.). Die Mathematik der Massenpanik ist ein entscheidendes Element einer Sicherheitspolitik. Technische Evakuierungsassistenten sollen helfen, Menschenströme sicher und vorausschauend durch Engpässe zu lenken. Dabei sind die typischen Bewegungs- und Staumuster für die Simulation der Menschenströme von entscheidender Bedeutung. Gefahrenstoffe aufzuspüren bedeutet oft ein hohes Risiko für Rettungskräfte. Technische Helfer wie Flugroboter könnten den Job übernehmen und im Sinne einer Ferndiagnose für Giftwolken wirken (Technology Review 8/2010, 66-68). Zur Bekämpfung organisierter Kriminalität und zur Verhinderung von Terroranschlägen werden in Europa große Datenbanken aufgebaut. Bürgerrechter befürchten Big Brother Szenarien auf der anderen Seite geht es um Fahndung im Datenraum. Der Ausbau der sog. Überwachungstechnik ist beschlossene Sache, sie erwies sich aber als besonders Anfällig für technische Pannen (Technology Review 8/2010, 70f.).

Biometrie bezeichnet die Erfassung und Vermessung von Lebewesen und ihren Eigenschaften. Im vorliegenden Zusammenhang meint Biometrie bzw. Biometrik die automatisierte Messung eines individuellen (physiologischen oder verhaltenstypischen) Merkmals einer Person zum Zwecke der biometrischen Identifikation und damit zur Unterscheidung von anderen Personen. Um biometrisch optimal genutzt werden zu können, müssten Merkmale des Menschen – ob physiologische (passive) oder verhaltensabhängige (aktive) – universell, einzigartig, beständig und technisch erfassbar sein. Da biometrische Verfahren mit personengebundenen Merkmalen (die weder verloren noch vergessen und auch nicht so leicht gestohlen werden könne) arbeiten, versprechen sie neue Qualitäts- Komfort- und Sicherheitsdimensionen bei der Personenidentifizierung. Die Anwendung biometrischer Verfahren sind möglich (1.) zur Benutzer-Zugangssicherung, (2.) Personenidentifikation, (3.) bei Gerätezugangskontrollen, (4.) bei elektronischem Zugang zu Dienstleistungen (eBanking, eCommerce) und (5.) bei sonstigen Convenience-Bereichen. Will man die Chance der Biometrie nutzen und die Risiken beherrschen, so müssen Gestaltung und Anwendung biometrischer Systeme bestimmte Kriterien erfüllen. Dazu zählen vor allem hohe Sicherheit, umfassende Vertrauenswürdigkeit, ausreichende Nutzerfreundlichkeit und weitgehende Sozialverträglichkeit (Petermann, Sauter 2002, 3-7). Insofern biometrische Verfahren auf persönliche körperliche Merkmale zurückgreifen, sind Fragen des Datenschutzes berührt. Außerdem muss das Pass- und Personalausweis-Recht berücksichtigt werden, auch das Ausländergesetz. Daher ist in diesem Bereich eine umfassende Technikfolgenabschätzung erforderlich (Petermann, Sauter 2002, 9-13).

Basis eines jeden biometrischen Verfahrens ist – unabhängig von dem genutzten Merkmal und der angewandten Technik – das so genannte *Enrollment*. Es umfasst das erstmalige Erfassen und vermessen des biometrischen Merkmals der zukünftigen Nutzer, die Umwandlung der Rohdaten in einen Referenzdatensatz und die Speicherung desselben, des so genannten *Templates*. Diese stellt den Vergleichswert dar, mit dem bei allem darauf folgenden biometrischen Überprüfungen die neuen Messdaten zu mindestens zu einem hohen Grad übereinstimmen müssen, um den Nutzer identifizieren zu können. Im Fall der Verifikation werden die aktuellen Messdaten verglichen mit den vorhanden Daten der Einzelperson, die z.B. auf einer Chipkarte oder einem PDA dezentral abgelegt sind oder aber verbunden mit einer vorgegebenen Benutzererkennung zentral gespeichert sein können. Im Fall der Identifikation vergleicht das biometrische System die gemessenen Daten mit den zentral gespeicherten Daten aller zuvor registrierten und prüft, welches *Template* am besten mit dem des aktuellen Nutzers übereinstimmt. Als Oberbegriff gilt die Authentifizierung bzw. Authentifikation. Begreiflich abzusetzen ist die Autorisierung, also die Ermächtigung bzw. Bevollmächtigung für einen Zugang oder für eine Handlung. Idealer Weise wäre jeder gewonnen biometrische Datensatz einzigartig für ein menschliches Individuum und diesem eindeutig zu zuordnen – der ursprünglich erhobene Referenzdatensatz (*Template*) und der jeweils gemessene Datensatz wären identisch. In der Praxis resultieren Einschränkungen dieser idealen Einzigartigkeit, Genauigkeit und Reproduzierbarkeit aus verschiedenen Gründen. Mit dem biometrische System wird ein statistischer Vergleich der Datensätze von *Template* und Messung durchgeführt. Das Ergebnis benennt einen prozentualen Wert der Übereinstimmung. Eine einhundertprozentige Übereinstimmung wird sowohl aus den genannten prinzipiellen technischen und physiologischen als auch den situationsbedingten Einschränkungen praktisch nie vorkommen. Für jedes System muss daher eine Schwelle definiert werden, ab der Identifikation bzw. Verifikation als Erfolg betrachtet werden und der Nutzer als berechtigt akzeptiert wird. Dies Toleranzschwelle hat großen Einfluss darauf, wie viele Nutzer entweder fälschlicher Weise akzeptiert werden oder aber fälschlicher Weise zurückgewiesen werden (bzw. gezwungen sind den Vorgang mehrfach zu wiederholen) (Petermann, Sauter 2002, 19-21).

Da jedes biometrische genutzte Merkmal bei überschlägig 5% der Bevölkerung versagt, müssen alternative Autorisierungsverfahren erhalten bleiben, die für den Nutzer keine Nachteile bedeuten (Petermann, Sauter 2002, 45). Der Einsatz biometrischer Identifikationssysteme erfolgte bis vor einigen Jahren fast ausschließlich zur Sicherheitszwecken, z. B. bei Zutrittskontrollen in hoch sensiblen Bereichen wie Kernkraftwerken, Gefängnissen oder Rechenzentren. In der Folge wurden nach und nach weitere Anwendungsfelder in Unternehmen und Behörden erschlossen. Der stärkste Antrieb zur intensiveren Nutzung biometrischer Verfahren entstand in jüngster Zeit in Folge der Erwartung einer Ausweitung des elektronischen Handels und des damit einhergehenden Bedarfs an einfacheren und sicheren Authentifizierungsmöglichkeiten. Im Rahmen der Diskussion über Maßnahmen zu Erhöhung der inneren Sicherheit nach den terroristischen Anschlägen in den USA im September 2001 hat der Einsatz biometrischer Systeme neue Aufmerksamkeit auch in Europa erfahren (Petermann, Sauter 2002, 61).

Vielleicht sollte man hinsichtlich der Bewachungs- und Überwachungsszenerien Schutzmöglichkeiten begrenzen. Eine Vielzahl von Kontrolltechnologien wurde hervorgebracht für die miteinander verbundenen Interessen der Wirtschaft und der Regierungen. Identifikationstechniken, einschließlich der Benutzung eines Passworts, Cookies und Authentifizierungsprozeduren gehören dazu. Cookies sind digitale Merker, die automatisch von Webseiten auf der Harddisk von Computern installiert werden, die sich mit ihnen verbinden. Identifizierungsprozeduren nutzen digitale Signaturen, die es anderen Computern erlauben, den Ursprung und die Art und Weise des interagierenden Korrespondenten zu identifizieren. Außerdem gibt es Sicherheitsprotokolle im Internet, die als „Secure socket layer" (SSL) durch Netscape eingeführt wurden. Überwachungstechnologien sind anderer Art, aber oft mit Identifikationstechniken verknüpft, um den individuellen Nutzer lokalisieren zu können (Castells 2001, 171f). Die Ironie in der historischen Situation besteht darin, dass eine der Schlüsselinstitutionen in der Verteidigung der Freiheit des freien Unternehmertums dazu geführt hat, dass in ungeheurer Art und Weise ein System der Überwachung aufgebaut wurde im Namen des allgemeinen liberalen Geistes der allermeisten Internetunternehmer (Castells 2001, 181).

Die automatische Logik des Computers, so notwendig und so wertvoll sie auch sein mag, transformiert diese leiblichen Dinge in einen Ensemble wunderbar effektiver Berechnung – so wunderbar und effektiv wie immer auch Berechenbares in unserem Bewusstsein aufrechterhalten wird. Dabei entsteht die Gefahr der Selbstvergessenheit. Talbot beschreibt die Situation der Gesellschaft in der Phase des Umbruchs an der Wende, die zum Zusammenbruch des Sowjet

Imperiums führte. Der Glaube, in kurzer Zeit demokratische Verhältnisse in Russland herstellen zu können, erwies sich als falsch. Nach 70 Jahren von Unterdrückung waren die Menschen selbst nicht frei und sie konnten nicht automatisch befreit werden durch Programme eines politischen, ökonomischen und sozialen Entwicklung egal wie gut begründet oder nicht sie waren. Die Gewohnheit und Gefühle, die Ideen und Empfindlichkeiten die persönlichen Motivationen und die sozialen Formen, die ethischen, moralischen und religiösen Überzeugungen, die einer tyrannischen Gesellschaft zu Grunde liegen, sind genau so wie die einer demokratische Gesellschaft, tief verwurzelt und dauerhaft. Fundamentaler Wandel muss in einer Transformation des Individuums selbst begründet sein (Talbot 2007, VIIIf.).

Aus dieser Einsicht entstehen fundamentale pädagogische und erzieherische Herausforderungen. Möglicherweise können Technologien beim Wandel gesellschaftlich zu Grunde liegender fundamentaler Überzeugungen helfen. Talbot glaubt nicht, dass die Denkrichtung vorherrscht, was mit Technik alles falsch laufen könnte und die Kritik dieser Schule an der Technologie uns in den allermeisten Problemen des Alltags tatsächlich weiterbringt. Alles zusammengenommen gibt es für jedes technologische Glitzern auch ein technisches Ziel und eine technische Lösung. Und während wir uns in vielfacher Hinsicht darüber klar werden und mokieren, dass es wichtig ist, die eigenen Risiken neuer leuchtender Ziele zu fixieren, machen wir möglicherweise eine ganze Reihe von schwerwiegenden Fehlern. die uns letztendlich dazu führen, dass wir die technologischen Waffen nicht entwickeln, die entscheidend sind für den Unterschied zwischen der glänzenden Technik, die uns versprochen wird, und den Zielen, die uns tatsächlich mit Hilfe dieser Technik erreichbar werden, so dass wir einen echten Ausgleich zwischen Risiko und Nutzen in einer Gesellschaft häufig genug akzeptieren, obwohl er möglicherweise gar nicht akzeptabel ist. Die Todesrate auf unseren Autobahnen mag hoch sein, aber wer wollte auf Automobile verzichten, selbst wenn die Todesrate auf unseren Straßen z.B. in einem Krieg wohl für keinen Amerikaner akzeptiert werden würde. Die Herausforderungen, die wohl auf der einen Hand liegen, entstehen nicht, wenn etwas falsch läuft, sondern dann wenn mit einer Technologie alles gut läuft und trotzdem die Grundrichtung möglicherweise nicht stimmt. Diese Herausforderungen, die mit gelingender Technik verbunden sind, sind häufig entscheidender als die Technologien, die scheitern und damit auch transformiert werden. So entstehen durch technologische Erfindungen eine Reihe von Folgeproblemen, die weitere technologische Erfindungen erforderlich machen. Dann wird eine technologisch perfekte Lösung leicht zu einer Zwangsjacke und Quelle andauernder Frustration (Talbot 2007, 204).

Wenn man die technologischen und die menschlichen Ebenen eines Problems miteinander vermengt, führt das dazu, dass wir glauben, dass technische Fortschritte die Situation verbessern, während sie tatsächlich nur dazu führen, dass sie uns einschläfern, so lange wir des Problems selber nicht bewusst sind und so weniger Aufmerksamkeit aufbringen für die tatsächlichen Gefahren. Wir können positiv über Technologie denken, in anderen Worten auch nur negativ über sie reden, das ist als Gegenstrategie gegen die Fortschrittsstrategie der Technologie selbst und ihrer Fortschrittsversprechen die richtige Einstellung (Talbot 2007, 214f). Man kann jedenfalls immer ein Problem finden, für das eine Technologie die Lösung ist. Wenn man nicht versteht, wie die technischen Dinge zusammenhängen, dann verursacht das ein Problem. Jedenfalls bekommen oder werden menschliche Gehirne im zunehmenden Maße miteinander vernetzt (Talbot 2007, 221-223). Das Grundprinzip der autonom intelligenten Technologie ist in Sinne einer Einbahnstraße das das Ideal der Ubiquitous Computing darauf hinausläuft das alles automatisiert werden kann, automatisiert werden sollte (Talbot 2007, 226). Der Automatisierungstrend führt zu anwachsender Bedeutung der höheren Arbeit, die auch mechanische oder computergemäße Begriffe und Ausdrücke reduziert wird. Die Automatisierung wird wenn sie es schon nicht getan hat die Bedeutung von geringwertiger Arbeit noch weiter herabsetzten. Die Tendenz der Maschine besteht darin uns notwendigerweise und natürlicherweise nach unten zu ziehen auf ihr eigenes Niveau. Es ist sehr schwer eine Maschine auf ein Niveau zu bringen das außerhalb eines maschinenmäßigen teils in unserem Selbst reduziert wird, eben z.B. Arm- und Beinbewegungen. Der Grundansatz dieser Technologie läuft daraus hinaus das alles möglicherweise und potentiell automatisiert werden kann in diesem restringierten Sinn der Mechanisierung (Talbot 2007, 228f). In der neuen Internetwelt bedeutet die Verteidigung der Privatheit die Verteidigung der Anonymität, so wird Anonymität als negative und als Defensivwert ein notwendiger Bestandteil einer Definitionsstrategie unserer Privatheit und eine Gesellschaft, die auf dieser Internettechnologie aufbaut. Die Transaktion von Daten kann nur auf Grund von Anonymisierung gelingen, das ist der neue technologische Glaube (Talbot 2007, 234).

6. Schluss: Technikgestaltung im Internet und die internationale Internet-Lücke

Im Feld der Bereichsethiken nimmt die Medienethik eine Sonderstellung ein, insofern sie grundlegende Fragen der theoretischen Ethik verschärft und mehr als andere Bereichsethiken sich auf erkenntnistheoretische und logische Probleme zu konzentrieren hat. Normative Aspekte spielen zwar eine wichtige Rolle, sind allerdings von medienphilosophischen Fragestellungen disponiert. Wie alle Bereichsethiken unterliegt sie einem Wandel ihres Arbeitsfeldes und ist entsprechend ihrer pragmatischen, meist klugheitsethischen Prämissen im Alltagsgeschäft eher selten auf Grundsatzfragen konzentriert. Dennoch kommt sie nicht umhin, Grundsatzfragen zu behandeln, weil sich der Zusammenhang der heterogenen Felder der Medienethik nur aus dieser Fokussierung heraus begreifen lässt. Zwar kündigen sich bereits in den journalistisch und pädagogisch dominierten Feldern der Medienethik neue, gesellschaftlich relevante Probleme an, wie die fortschreitende Verschränkung bzw. Diffusion von Privatheit und Öffentlichkeit, aber als grundlegender werden sich in Zukunft neue Entwicklungen im Umgang mit Information erweisen, wie sie unter den Schlagworten *ubiquitous computing, pervasive computing* oder *ambient intelligence* diskutiert werden (Wiegerling 2008, 222f).

Der medienethische Diskurs erweist sich somit in seinem Fundament als ein metaethischer, insofern er die Bedingungen der ethischen Erörterung betrifft, nämlich die Frage, was Handeln und die Zuschreibung von Handlungen überhaupt ermöglicht (Wiegerling 2008, 225). Je komplexer eine Gesellschaft sich einrichtet, desto bedeutsamer wird die mediale Vermittlung (Wiegerling 2008, 230). Der subjektiv erfahrbaren Identität, die sich in einer organischen Einmaligkeit und einer Lebensgeschichte artikuliert, stellt Goffman die öffentliche wahrgenommene Lebensgeschichte gegenüber, die immer durch allgemeine Ansprüche bedroht ist, eine Tatsache, die sich symptomatisch in Institutionen wie Gefängnissen und Psychiatrien zeigt (Wiegerling 2008, 240). Der Mensch hat seine personale Identität schon von jeher mit Medien ausgebildet. Niemals waren diese nur Spiegelungsinstanzen, immer waren sie Instanzen der Selbstdarstellung, der Selbsttranszendierung und der Selbstreflexion. Niemals ging es nur um die Abbildung von Weltstücken, immer artikulierte sich in der Abbildung der Mensch in seiner Art die Dinge zu sehen und zu verknüpfen. Neue mediale Entwicklungen wie das Internet stellen also keine radikal neuen Weisen der Identitätsartikulation dar, denn in jedem Medium wird mit den Identitäten gespielt. Allerdings ist festzustellen, dass es *online* Darstellungs- und Wahrnehmungsmöglichkeiten von Identitäten gibt, die eine weitgehende Ablösung von der *Offline*-Identität zeitigen. Das Internet ist leicht zugänglich und man kann es weitgehend ohne Kontrollinstanzen nutzen. Es bietet Möglichkeiten, anonyme, spielerische Identitäten zu entwickeln. Unter einem Codenamen kann ich in einem Chat Dinge sagen, für die ich unter meinem bürgerlichen Namen niemals geradestehen würde. Das Netz „lebt" entgegen verbreiteter Behauptungen nach wie vor in erheblichem Maße vom Verbotenen, Obszönen und politisch Unkorrekten. Die Artikulation im Netz ist stark vom Unverbindlichen und Anonymen geprägt (Wiegerling 2008, 243f).

Unter Verproduktung und Kommerzialisierung versteht man, dass man aus sich ein Angebot macht, man seinen Lebenslauf stylt, um so auf dem Informationsmarkt wahrgenommen zu werden. Unter Kaleidoskopierung versteht man das perspektivische Wahrnehmen einer Person im Netz und die Möglichkeit, verschiedene Versatzstücke zu einer Person zusammenzufügen. Wir sind im Internet in kaleidoskopischen Beziehungen vorhanden, und diese prägen auch das Nachdenken über uns. Unter Medialisierung schließlich versteht man die Darstellung des Selbst mit der Möglichkeit, von dieser Darstellung auch wieder zurücktreten zu können (Wiegerling 2008, 244). Es geht also in Zukunft darum, Widerstandserfahrungen zu ermöglichen und Widerstands- bzw. Kontrollpotentiale auszubilden und auszuschöpfen, wollen wir nicht durch mediale Systemkonfigurationen entmündigt werden (Wiegerling 2008, 250).

Die Beschwörung der Medienmacht ist häufig mit dem Vorwurf verbunden, die Politik kontrolliere diese mediale Macht nicht in ausreichendem Maße. Dabei könnte sie doch Gesetze zur Regulierung für Medien erlassen. Die USA reagierten verhältnismäßig früh und sehr strikt auf die Bedrohungen aus dem Internet. 1996 wurde in den USA das bestehende Telekommunikationsgesetz um den sog. „Communication Decency Act" (CDA) erweitert. Der CDA verbot die Verbreitung von unsittlichen, unzüchtigen oder sexuell eindeutigen Materialien über das Internet. Die heftige Reaktion auf den CDA in den USA demonstriert, dass die amerikanische Internetgemeinde eine strikte Zensur von staatlicher Seite vehement ablehnt. Die Bundesregierung reagiere ebenfalls sehr früh auf die Neuerungen des Internets und die daraus resultierenden Veränderungen, setzte sich mir dem Thema Internet und der Informationsgesellschaft auseinander und erließ verschiedene Rahmengesetze, die den technischen Neuerungen Rechnung tragen sollten. Dabei war die bundesdeutsche Politik stets bemüht, die normativen Vorgaben sowie die durch Artikel 5 des Grundgesetzes garantierten Meinungs- und Informationsfreiheiten zu respektieren und jegliche Art von direktem staatlichem Eingreifen zu vermeiden (Schwenk 2002, 33-35).

Allerdings stößt nationale Gesetzgebung gerade bei einem Medium wie dem Internet sehr schnell an ihre Grenzen. Ein grundsätzliches Problem der gesetzlichen Regulierung, dass bei einem so schnelllebigen und wandelbaren Medium wie dem Internet besonders deutlich hervortritt, ist das Problem der Bürokratie und der damit verbunden Schwerfälligkeit. Daneben hat sich im Internet so etwas wie eine Netiquette und Chatiquette herausgebildet. Viele setzten auch auf freiwillige Selbstkontrolle. Die technischen Möglichkeiten der Filterung von

Webseiten sind begrenzt. Da die Filterung und Sperrung von Inhalten an der Quelle technisch schwierig zu bewerkstelligen und auch im Hinblick auf die Meinungsfreiheit fraglich ist, setzten die meisten Filtermechanismen beim Nutzer an. Die US-amerikanischen Erfahrungen mit dem CDA haben gezeigt, dass strikte Zensurgesetze von der Internetgemeinde als fremdbestimmt und aufoktroyiert empfunden und daher oft nicht akzeptiert werden. Obwohl die deutsche Onlinegesetzgebung lediglich die Rahmenbedingungen festlegt und nicht eklatant in die Abläufe und Strukturen des Netzes eingreift, besitzen auch diese Gesetze im Internet aus verschiedenen Gründen nur eine eingeschränkte Durchsetzbarkeit (Schwenk 2002, 39-44).

Die Tatsache, dass die reichen Industriestaaten bessere Zugangschancen zum Internet besitzen, dürfte außer Frage stehen. Dennoch lässt die Knowledge-Gap-Hypothese vermuten, dass auch innerhalb der privilegierten Gesellschaft die Zugangs- und Nutzungsmöglichkeiten zwischen den verschiedenen demographischen Personengruppen nicht gleichmäßig verteilt sind. Da umfassende Information als die Grundlage der selbst bestimmten Meinungsbildung, der Orientierung, Sozialisation etc. betrachtet wird, erscheint es aus gesellschaftlicher, politischer und ökonomischer Sicht wünschenswert und notwendig, eine umfassende Informationsversorgung aller Bürger sicher zu stellen (Schwenk 2002, 72f). Die digitale Kluft wird bestimmt durch soziodemographische Faktoren wie Alter, Geschlecht, Bildung und technische Ausstattung sowie die Infrastruktur, zu hohe Kosten und letztlich auch durch den Faktor der Elektrizität, der insbesondere in Entwicklungsländern recht unregelmäßig geliefert wird. Hinzu kommen auch mangelnde Fremdsprachenkenntnisse, die den Zugang zum Internet verhindern können. Die Neuartigkeit des Internet als der neuen Struktur der technisch bereitgestellten Öffentlichkeit ist „anarchisch". Eine normative oder an Grenzen orientiere Verbotsethik wird hier wenig Erfolg haben. Technologie-Reflexionskultur und Hermeneutik sind die richtigen Ansätze. Das Problem aber bleibt, dass die Moralkompetenz von Anbietern und Nutzern, und nicht im Internet selbst gelernt werden kann, sondern aus der lebensweltlichen Kenntnis des Anbieters wie des Nutzers stammt.

Insgesamt ist es wichtig, Medienkompetenz zu erwerben. Es ist eine Aufgabe der Erzieher und Eltern, diese zu vermitteln. Sie müssen diese aber auch selber erst erwerben. Es gibt keinen Verlass auf die Technik und auf die angebotenen Schutzprogramme. Gemeinsam online zu gehen und dabei die Privatsphäre abzusichern, sexuelle Aufklärung zu leisten und Sensibilität gegenüber den Programmen und Webseiten zu zeigen, sowie Stellung zu beziehen ist Pflicht des Vorbildes. Dabei geht es auch darum, Verhaltensregeln aufzustellen. Insgesamt sollte das Recht auf Zugang gewahrt werden, wobei Verantwortung für den Umgang mit dem Internet übernommen werden muss, und zwar von allen Beteiligten gemäß ihren Kompetenzen (Decius, Panzieri 2000, 128-133).

Es geht um die Entwicklung einer neuen Öffentlichkeit für sozialen und ökologischen Fortschritt im Cyberspace. Obwohl das Internet benutzt werden kann, um immense Unterstützung und bedeutende Schärfung für eine große Bandbreite sozialer Bewegungen und Bürgerrechtsorganisationen und gemeinschaftlicher Gruppen zu erzielen, sind die ICT Technologien nicht automatisch in der Lage, um den Triumph eines populären und sozialen Kräfte über die neoliberalen gesellschaftlichen Kräfte zu erreichen. Das Internet ermöglicht auch internationale Aktivisten, eingeborenen Gruppen, ökologisch orientierten Gruppen und den Gegnern der WTO eigene neue und effektive Wege zu kreieren, um eigene Ideen zu verbreiten, Mitstreiter anzuwerben und insgesamt kritische soziale Kräfte zu unterstützen. Die internationale Bürgergesellschaft ist im Anwachsen begriffen und zwar als Teil der Globalisierung und so kommt es, dass Enthusiasten, um ihre Zerstörung durch zu viel Nachfrage zu vermeiden, spezielle Arten der Informations- und Kommunikationstechnologien zu nutzen lernen müssen (Schuler, Day 2004, 363f). Es geht dabei um Netzwerke eines neuen Bewusstseins, eines neuen Advokatentums und einer neue Weise der politischgesellschaftlichen Handlungen selbst (Schuler, Day 2004, 376).

Die Deklaration, die der Weltgipfel zur Informationsgesellschaft (WSIS) am 12.12.2003 verabschiedete und unter dem Titel Genfer Cybergipfel in die Geschichte des Internets einging, machte klar, dass der Marsch ins virtuelle Neuland begonnen hat. Wissen ist Macht und Informationen sind Geld wert (Kleinwächter 2004, 1-3). Die Geschichte des Rechts auf freie Meinungsäußerung wird stark unterstützt durch die Erfindung des Buchdrucks im 15. Jahrhundert. Die UN-Menschenrechtsdeklaration von 1948 benennt die Informations- und die Pressefreiheit. Es gibt ein Recht auf Kommunikation, auf einen freien und ausgewogenen Informationsfluss. Dass Reizthema ist die Internet-governance: Der Kompromiss aus dem Jahre 1998 von Minneapolis hat in diese Situation geführt (Kleinwächter 2004, 7-21). Die Deklaration des Weltgipfels zeigt, dass man sich im Grundsätzlichen einig ist, dass die Informationsgesellschaft eine globale Herausforderung darstellt. Uneinig ist man sich aber hinsichtlich der kulturellen Folgen und Fragen (der lokalen Identität), der nationalen Kultur sowie der sprachlichen Vielfalt. Die Notwendigkeit des Aufbaus von Infrastrukturen wird anerkannt. Es geht um die Ausarbeitung von rechtlichen Rahmenbedingungen und Vorschläge der Schaffung einer passenden internationalen Organisation für eine Internet Regierung. Zivilgesellschaft und Menschenrechte spielen eine zentrale Rolle auch für die Ausgestaltung des Cyberspace. Cybersicherheit und Internetverwaltung gehören zusammen (Kleinwächter 2004, 43-53).

Der Gipfel war gekennzeichnet durch das drohende Chaos und das Scheitern, das zwar abgewendet wurde, aber nicht mehr. In der Diskussion wurden 11 Prinzipien zugrunde gelegt und herausgearbeitet: (1.) Das Zusammenwirken von Regierungen, privatem Sektor und Zivilgesellschaft. (2.) Informations- und Kommunikationsinfrastruktur. (3.) Zugang zu Information und Wissen. (4.) Aus- und Weiterbildung. (5.) Vertrauen und Sicherheit. (6.) Rechtlich-politische Rahmenbedingungen. (7.) Vielfältige Dienste und Anwendungen. (8.) Kulturelle Vielfalt und Identität. (9.) Medienfreiheit. (10.) Kommunikationsethik. (11.) Internationale Kooperation (Kleinwächter 2004, 69-75). Daraus ergeben sich folgende Grundsätze und Empfehlungen, die allerdings nicht rechtsverbindlich sind: (1.) Alle Dörfer der Welt haben öffentliche Zugänge zu IT-Technologien. (2.) Universitäten und Schulen sind Online. (3.) Wissenschaftliche Forschungszentren sind vernetzt. (4.) Bibliotheken, Kulturzentren, Postämter und Archive haben Zugang zum Internet. (5.) Gesundheitszentren und Krankenhäuser nutzen Telemedizin. (6.) Regierungen und Verwaltungen – von der nationalen bis zur lokalen Ebene – haben eigene Websites und E-mail-Adressen. (7.) Fähigkeiten zur Nutzung von IT-Technologien werden bereits in der Grundschule vermittelt. (8.) Jedermann in der Welt hat Zugang zu Radio- und Fernsehprogrammen. (9.) Inhalte im Internet werden in allen Sprachen der Welt angeboten. (10.) Die Hälfte der Weltbevölkerung hat Zugang zum Internet (Kleinwächter 2004, 76).

Zentral ist der Ausbau der Informations- und Kommunikationsinfrastruktur. Software muss finanziell erschwinglich sein, um eine breite Teilhabe an der Informationsgesellschaft zu gewährleisten. Jedermann sollte Möglichkeiten haben, sich ausreichend zu bilden und IT-Fähigkeiten und –Fertigkeiten zu erwerben. Die sich ausweitende Cyberkriminalität – von Hacken in Netzwerken bis zur Versendung von Würmern, Viren und illegalem Spam – und ein möglicher Cyberterrorismus müsse man mit international koordinierten Aktionen bekämpfen, wobei auch hier das Kind nicht mit dem Bade ausgeschüttet werden dürfe, d. h. der Gewinn an Sicherheit dürfe nicht mit dem Verlust an Menschenrechten bezahlt werden (Kleinwächter 2004, 78f). Der Cyberspace ist keine rechtsfreie Zone. Ein transparentes, Wettbewerb förderndes, technologisch neutrales und berechenbares Regelwerk ist für die Entwicklung der Informationsgesellschaft, in der sich Bürger wie Unternehmen sicher fühlen können, von herausragender Bedeutung. Regierungen sollten aber mit Regularien nur dort eingreifen, wo Marktmechanismen sichtbare Fehlleistungen produzieren. Schließlich benötige auch das Internet ein multilaterales, transparentes und demokratisches Management, an dem Regierungen, der private Sektor und die Zivilgesellschaft gleichermaßen beteiligt sind. Die gerechte Verteilung von Internetressourcen und der gleichberechtigte Zugang für alle sind ebenso zu garantieren wie die Stabilität und Sicherheit des Internets überhaupt (Kleinwächter 2004, 80).

Die Sicherung des Friedens und der Respekt vor grundlegenden Werten wie Freiheit, Gleichheit, Solidarität, Toleranz und gemeinsame Verantwortung für die Schöpfung sind unverzichtbare Grundlagen einer globalen Informationsgesellschaft und einer Kommunikationsethik. Sie sollte Gerechtigkeit fordern und Würde und Wert des Individuums stärken. Bei der Nutzung von IT-Technologien, neuen Medien und dem Internet ist die Achtung des Rechts ebenso wichtig wie die Bekämpfung von Missbrauch und Menschenverachtung (Kleinwächter 2004, 83). Das Leitmotiv des WSIS-Prozesses war von Anfang an die digitale Solidarität. Geistiges Eigentum und freier Zugang zum Wissen müssen gleichermaßen garantiert werden. Es geht um soziale Gerechtigkeit weltweit

und um nachhaltige Entwicklung. Menschenrechte wie Meinungs- und Medienfreiheit, Schutz der Privatsphäre, Recht auf Teilhabe und Rechte der benachtei-
ligten Gruppen spielen ebenfalls eine zentrale Rolle in einer neuen Informationsethik. Es geht um Kultur, Wissen und öffentliche Räume (Kleinwächter 2004,
86-92). Mit WSIS und dem Weltgipfel zur Informationsgesellschaft ist ein neues,
globales Verhandlungsforum geschaffen worden, auf dem die Zukunft des Cyberspace in einer Agenda 2015 diskutiert werden kann.

Mit dem Internet ist eine neue Freiheit des Ausdrucks gekommen. Das
neue Medium ermächtigt Individuen, ihre Kompetenzen und Rechte auszuüben.
Es gibt verschiedene Onlinesprechforen, die strukturiert werden, um sich auszutauschen. Hier kann man die wahre Netzdemokratie finden. Nach meinem Dafürhalten handelt es sich hier um einen erneuten Netz ausgedehnt. Der Kampf
zwischen Freiheit und Angst bleibt jedoch bestehen. Es gibt Strukturwandel der
Öffentlichkeit. Das Vertrauen in das gedruckte Wort wird abgelöst, die Pressefreiheit aufs vor allen Dingen Kontroversen um das intellektuelle Eigentum. Außerdem ist auch gefährliche Information im Netz durchaus verfügbar (Godwin
2003, 2-21). Die sieben schmutzigen Worte meist aus der Fäkalsprache sollten
im Cyberspace nicht vorkommen. Insofern gibt es durchaus eine Art Zensur in
der virtuellen Realität (Godwin 2003, 28). Außerdem gibt es Attacken von Aktivisten auf das Internet, die den Betrieb des Internets beträchtlich beeinträchtigen
können. Umstritten ist auch der Status der Pornographie im Internet (Godwin
2003, 63). In der Zwischenzeit gibt es eine neue Konfrontation und eine Spannung zwischen dem Öffentlichen und dem Privaten. Einige Fälle von Verleum-
dung haben dieses Verhältnis im Internet weiter verschärft (Godwin 2003, 105).
Der denunzierende Zeigefinger und der Krieg der Worte greifen ineinander
(Godwin 2003, 113-115). Die Privatheit im Internet kann geschützt werden
durch Schlüsselwörter, Passwörter, Pseudonyme und Verschlüsselungen. Diese
Politik der Anonymität ist eine Strategie der Autonomie. Kryptografierer kämpfen gegen die Windmühlen des Überwachungsstaates. Der Staat hat den Clipper-
chip an den Bedürfnissen der Bevölkerung vorbei aus eigenen Überwachungsin-
teressen konzipiert (Godwin 2003, 143-175).

Informationelle Selbstbestimmung und individuelle Selbstbestimmung,
transparente Datensammlungen, Zweckbindungen, Erforderlichkeit und Mitwirkung sind alle ins Zwielicht geraten. Der Selbst- und Systemdatenschutz
müssen zusammen arbeiten. Auch wenn ubiquitäres Computing von den Betroffenen gewollt wird, werden Datenschutzprobleme entstehen. Transparenz, Einwilligung in die Datenerhebung, die Erforderlichkeit und Datensparsamkeit und
Betroffenenrechte sind zu berücksichtigen. Der Datenschutz kann aber auch
rechtlich unterstützt werden. Dabei geht es um die Einhaltung von Verarbei-
tungsregeln. Einwilligung muss immer eingeholt werden. Freiheitsförderndes u-
biquitäres Computing ist in der Architektur möglich und verhindert, dass Daten
aus verschiedenen Lebensbereichen zusammen geführt werden. Es gibt keinen
Anschluss- und keinen Benutzerzwang. Keine überflüssigen Daten sollten erho-

ben werden, dafür sollte der Nutzer sorgen. Technikgestalter verstehen sich in dem Zusammenhang als Regelungsassistenten. Die Gestaltungsanforderungen wachsen. Oft fehlt den politischen Gestaltern das nötige technische Wissen. Die datenschutzgerechte Gestaltung der zukünftigen Welt des ubiquitären Computing ist durch herkömmliche Verbote und Gebote nicht zu erreichen. Es bedarf der aktiven Mitwirkung der Entwickler, Gestalter und Anwender. Diese müssen durch ihre Unterstützung einen Vorteil haben. Datenschutz muss zu einem neuen Wettbewerbsvorteil führen. Es geht um freiwillige Auditierung von Anwendungen. Institutionalisierte Grundrechtkontrolle ist erforderlich. Die neue Technik leitet Assistenz, fordert aber auch Überwachung. Insofern gibt es eine grundsätzliche Gefährdung der informationellen Selbstbestimmung (Mattern 2007, 265-285).

Diese RFID-Systeme können als Wegbereiter und Basistechnologie des ubiquitären Computing angesehen werden. Alltagsgegenstände werden mit Identifikationsmerkmalen versehen und von Marken- und Lesegeräten erfasst. Hier manifestieren sich Grenzen des geltenden Datenschutzrechtes. Sensitives im Hinblick auf personenbezogene Daten muss geschützt werden. Gegenstände können oft nicht direkt einen Personenbezug herstellen. Dies beinhaltet Risiken für die informationelle Selbstbestimmung. Hier gibt es neue Erlaubnistatbestände und Vertragsverhandlungen. Grenzen müssen gezogen werden, ab wann Daten personenbezogen sind. Oft herrscht ein unklarer Status. Die funktionale Lockerung und die teilweise Auflösung des Zweckbindungsgesetzes bergen Gefahren in sich. Personenbezogene Daten dürfen nicht ohne Zweck erhoben werden. Die Transparenz der Datenverwendung und der Datenverwaltung ist zu fordern. Risikovorsorge wäre eine der möglichen Begründungen. Gewährleistungspflichten des Staates betreffen insbesondere die Wahrung der Grundrechte. Ein radikal neues Gewährleistungsproblem für den Staat ist im Entstehen begriffen. Es gilt der Grundsatz der Datensparsamkeit (Mattern 2007, 291-307).

Nicht nur Datenschutz und Datensicherheit stehen auf dem Spiel, es geht auch um die Kontrolle von autonom arbeitenden Maschinen. Hier entsteht ein Technologiepaternalismus. Zum Beispiel eine Wegfahrsperre, wenn der Gurt nicht angelegt ist oder bei Alkohol in der Luft. Dies bedeutet Freiheitsminderungen. Es gibt Warnleuchten oder weniger einschränkende Alternativen. Es geht auch um das Kontextbewusstsein von Geräten. Das automatische Abbremsen bei Geschwindigkeitsbeschränkungen ist ebenfalls kein geeignetes Mittel. Wer entscheidet nämlich, welche paternalistischen Regeln implementiert werden. Von ökonomischem Interesse ist die Frage, wer hinter paternalistischer Technikgestaltung steht. Es könnte aber auch eine Politische sein. Nutzer sollten immer die Möglichkeit haben, Technik zu überstimmen. Den Nutzern sollte im Übrigen bewusst gemacht werden, dass Automatismen im Hintergrund ablaufen. Technologieschnittstellen sollten dem Nutzer bewusst machen, welche Prozesse ausgelöst werden. Technik sollte dem Nutzer nicht strafend oder sanktionierend präsentiert werden. Wenn etwas erträglich ist, dann ist es ein liberaler Paternalismus (Mattern 2007, 311-322).

Es gibt eine Tendenz, dieses Gebiet über zu bewerten. Das automatische Herbeirufen von Rettungskräften gehört mit zu den unscharfen Visionen. Viele der Visionen sind schon aus technischen Gründen nicht realisierbar. Aber in manchen Bereichen können sich intelligente Helfer entwickeln. Die Technik der Spracherkennung macht Fortschritte. Die Gesellschaft geht mit neuen Technologien in der Regel viel entspannter um, als die Heerscharen der Bedenkenträger in ihren Elfenbeintürmen prognostizieren. Insofern haben sich Pressuregroups gegen Technologien ausgebildet (Mattern 2007, 331-347). Es gibt Zukunftsvisionen, die angesichts von Putzrobotern mit Fernsteuerungen erneuert werden. Die Fortschritte der Elektrizität führten zum Fotographen, zu Hörbüchern und zu Hörzeitungen. Heute gibt es Teleshopping und Schwärmereien über die Welt in 100 Jahren.

Jede Technologie erweitert die Handlungsmöglichkeiten und die Kontrollerfordernisse. So kann von einer Kontrollkrise im Rahmen der Entwicklung moderner Technologien gesprochen werden, zumindest ansatzweise. Dies hat natürlich Konsequenzen für Betroffenengruppen, die z. B. ihre Privatheit schützen wollen. Im 20. Jh. wurde die Rationalisierung und Bürokratisierung zur Lösung der Krise der Kontrolle eingeführt. Die Urbanisierung und die industrielle Revolution verstärkten die Bürokratie und warfen immer mehr Regulationserfordernisse auf. Anwachsende Infrastrukturen im Hinblick auf Transportkapazitäten einschließlich Eisenbahn, Dampfschifffahrtslinien und urbane Verkehrssystemen waren abhängig von Kontrolle und einer Konditionierung dieser Arbeitsvorgänge, damit die korrespondierende Infrastruktur unter Kontrolle blieb. Die Produktion von Massengütern stellte neue Sicherheitsfragen und die Massenanwendung der Kommunikationstechnologien ebenfalls im gleichen Maße. Massenkonsum erfordert eine Kontrollrevolution nicht zuletzt die Massenanwendung der Kommunikationstechnologisierung. Die Digitalisierung verspricht, die Informationsgesellschaft zu verändern (Beniger 1986, 7-25; Irrgang 2008).

Die Organisation der Kontrolle, gesellschaftliche Kontrolle, Kontrolle durch Programmierung und programmiertes Verhalten führen soziale Technologien der Entscheidungsfindung zusammen (Beniger 1986, 34-57). Kontrolle und die Rationalisierung des Common Sense führen zur Tradition der Rationalität. Es geht darum, die Kontrolle zu verteilen. Die Kontrolle der Verteilung führt zu einer Rationalisierung des Jobsystems (Beniger 1986, 121-158). Die automatische Kontrolle und Kontrolle durch Automatisierung sind ebenfalls Bausteine einer neuer Kontrollsystemarchitektur. Supermärkte und Shoppingcenter in Verbindung mit Kreditkarten machen den Kunden immer gläserner (Beniger 1986, 341). Die Entstehung des Rundfunks war ebenfalls der Anfang einer neuen Beeinflussung der Öffentlichkeit durch Massenmedien. Auch die Professionalisierung der Marktforschung führte zu besseren Überwachungsinstrumenten der Bevölkerung (Beniger 1986, 388). Die bürokratische Überwachung von Innovationen hängt ebenfalls nicht mit eigentlicher und echter Innovation zusammen. Massenmedien und Telekommunikation führen zu neuer, kontrollierter Information und zur Informationsgesellschaft (Beniger 1986, 433). Erfolg hat gewöhnlich, wer Technologien am vorteilhaftesten nutzen kann. Computer weiten die tatsächlichen menschlichen Fähigkeiten aus. Dies ist ökonomisch wichtig, wie z. B. die Einsparung von Benzin in modernen Automobilen zeigen. Ein Computer gehorcht den eingespeicherten Vorschriften (Programmen), den Instruktionen, und arbeitet mit ihnen. Er kann sich erinnern an das, was er gearbeitet hat. Mit enormen Geschwindigkeiten rechnet er zudem mit Zahlen. Offenbar können wir gewissen Fertigkeiten nur so weit, wie sie uns bewusst sind, an andere weitergeben. Diese Kompetenzen bleiben dem Computer verschlossen. Am 19.10.1987 kam es zu einem Sturz der New Yorker Börse aufgrund eines falschen Programms. Hier zeigten sich die Grenzen numerischer Modelle. Der falsche Einsatz des Computers liegt aber nicht am Computer (Penzias 1991, 17-27).

Im Jahr 2003 fand der Durchbruch des Internets in China statt. China war seit zehn Jahren in das Internet eingebunden. 1996 gab es ca. 40.000 Nutzer, im Jahre 2003 waren es über 80 Millionen. Im Moment ist das Internet noch ein Indikator von Reichtum. Nimmt man eine gewisse Periodisierung vor, so kann man das Zeitalter von 1987-1995 als die Periode der grauen Vorzeit betrachten, 1995-2000 die Anfangszeit und die Zeit zwischen 2000 und 2005 als Durchbruch bezeichnen. Die Staatsmacht durchlief im Hinblick auf das Internet viele Phasen: Angst (wegen Gefährdung der Staatssicherheit), Ausnutzung, Kontrolle und Abhängigkeit. Der Börsensturz im April 2000 ließ die IT-Seifenblase platzen und führte zum Zusammenbruch der großen chinesischen Internetunternehmen. Die Aktien der drei Netzanbieter sind stark gefallen. Das Glücksspiel und auch die Erotikbranche ist offiziell in China im Internet verboten, bietet aber tatsächlich ihre Leistungen an. Der Erfolg der Internetinvestoren und der Macher hat mehr oder weniger mit dem rasanten Zuwachs der Internetnutzer in China zu tun. Der Hauptmarkt dabei sind SMS und Spiele (Fang 2004, 1-6).

Internetbesucher machen 10,7 % der Weltbevölkerung aus, in China sind es 6,2 %. In den USA aber 63,2 %. Auch im Hinblick auf die Internetanwendung ist die Ökonomie in China immer noch sehr rückständig. Das Internet in China hat seine Hauptbedeutung darin, dass es die Fähigkeit zum Überspringen von Entwicklungsstufen aufbauen könnte. Das Internet bedeutet für China eine historische Chance. Das Internet bietet fraglos in einem offiziell noch kommunistischen Land wie China die wichtigste Quelle für alternative Informationen. Es erfolgt dadurch ein Ansturm gegen die traditionellen Medien. Das Internet ist in China bereits zu einer wichtigen Nachrichtenquelle geworden und spielt seine zentrale Rolle vor allem in der Jugendkultur (Fang 2004, 8-14). Dabei zeichnen sich in China genauso Meinungskämpfe in der Internetszene ab wie auch in anderen Bereichen der Internetökonomie. Zentral geht es um die Bestellungen von SMS und Mininews. In den Foren und Chat-Räumen wird heftig diskutiert

(Fang 2004, 16-19). Dabei findet eine anonymisierte Diskussion in diesen Chat-Räumen statt (Fang 2004, 23). Die Panik wegen SARS verbreitete sich über das Internet nicht nur in Peking, daher ist es möglich, das SARS für den Durchbruch des Internets gesorgt hat. Nach wie vor ist der Flaschenhals im Internet das E-Buisness (Fang 2004, 38). Ein Teil der medienspezifischen Revolution ist z. B. der Cyber-Friedhof. Das Aussehen und die Stimme der Verstorbenen können im digitalen Raum verewigt werden. Jahrtausende alte Bräuche werden zerstört (Fang 2004, 42-47).

Das chinesische Internet weist einige Bedeutsamkeiten und Eigentümlichkeiten auf. Im Vordergrund stehen das digitale Entertainment, Online-Spiele und eine Legende nach der anderen. Es ist Ausdruck einer Jugendkultur. Für eine normale chinesische Familie ist ein Computer ein teurer Spaß. Daher haben Internetcafés rund um die Uhr einen entsprechenden Zulauf. Das Internet sprengt die herkömmlichen Fesseln (Fang 2004, 61-68). Außerdem gibt es Formen der Cyberliebe in China. Insgesamt ist das Internet Ausdruck der Modernisierung des Landes, wobei das imaginäre verführt. Das Internet hat aber auch die Körper und die Seele der Kinder in China stark beeinflusst. Bei vielen tritt Suchtverhalten auf, Vereinsamung und Isolation (Fang 2004, 70-77). SMS-Schreiber sind für professionelle Anbieter tätig. Eine gewaltige Erotikwelle durchzieht das Internet, so dass vom Rotlichtmilieu im Cyberspace gesprochen werden kann (Fang 2004, 83-88). Die Internetkommunikation kann als Globalisierungsfaktor interpretiert werden. Dabei gibt es Sprachbarrieren im globalen Dorf. E-mail-Adressen mit chinesischen Zeichen und ein Internet mit spezifischen kulturellen Ausprägungen sind die chinesische Antwort. Bedroht wird die chinesische Identität: 300 Jahre Demütigung sind zu überwinden. Damit ist die Einheit des Internetzes verloren gegangen (Fang 2004, 94-103). Entstanden ist ein Mixtum aus chinesisch, englisch, arabisch oder auch japanisch in chinesischen Chat-Räumen. Eine ganze Reihe neuer Netzwörter wurden erfunden, oftmals Zahlen, die schwer ins Deutsche zu übersetzen sind. Das Internet bringt einerseits einige universelle Erscheinungen mit sich. Andererseits zeigt sich in der Art der Aneignung dieses Mediums eine akulturierende Inbesitznahme durch chinesische Nutzer und Anbieter. 520 heißt z. B. ich liebe dich, 250 heißt Dummkopf. Die Zahlen ausgesprochen klingen so ähnlich wie ihr Inhalt. Die Zahlensprache ist humorvoller und emotionaler als das klassische Chinesisch (Fang 2004, 104-109).

Dem Internet werden Demokratisierungsprozesse zugeschrieben. Aber die soziokulturelle Aushöhlung des vorgeblich lange Zeit monolithischen und in den letzten Jahren dieser Auffassung zu Folge aber zunehmend Risse aufweisenden chinesischen öffentlichen Bewusstsein ist wohl so nicht richtig. Kann man das Internet hinter der roten chinesischen Mauer vermuten. Unterstellt wird Kontrolle und Zensur im Reich der Mitte. Nicht ohne Grund glaubt die chinesische Regierung, dass der Westen die besseren Internetregulierer hat. So gibt es staatliche und kommerzielle Provider. Die Einheit von Kommerz und Kommunismus ist das Wunschdenken und der Wunschtraum der Herrschenden. Das Internet bietet die Möglichkeit zum Kundtun der eigenen Meinung. Die Schließung von Internetcafés ohne Lizenz und ohne genügende Sicherheitsvorkehrungen und Brandschutzmaßnahmen führte 2003 zu einem umfangreichen Verbot von Internetcafés. Aber das ist nicht entscheidend, denn es gibt staatliche Überwachungsmöglichkeiten bis in die privaten Computer hinein (Fang 2004, 115-122). E-Demokratie hat in China einen anderen Ausgangspunkt und andere Fragestellungen. Die Ausbreitung der Internetcafes in China und die Bildung einer Net-Community ist sehr wichtig. Die These von der Stützung der Demokratie in China durch das Internet wird empirisch nicht bestätigt. Es gibt Möglichkeiten und Grenzen der Information und der Kommunikation. Aber es entwickelt sich eine Cyberöffentlichkeit in China. So lässt sich eine gewisse anti-amerikanische Grundstimmung nicht verhehlen. Demokratie hat in China noch nicht Fuß gefasst und die Herrschaft von vorgeblichen Eliten, Fachleuten, selbst ernannten Repräsentanten der Herrschaft in einer wie immer gearteten politischen Klasse oder Kaste sind nach wie vor herrschend (Fang 2004, 125-160).

Auch in Afrika gibt es Probleme. Generell ist das Internet in der Subsahara immer noch ein Medium für Eliten bei einer Nutzungsrate im Jahre 2005 von 3% der Bevölkerung. Das Gesamturteil zu den Chancen der Internetnutzung fällt bisher zwiespältig aus: Zwar gibt es Beispiele dafür, dass das Internet unmittelbar eine nützliche Rolle bei der Armutsbekämpfung spielen kann. Oft erscheint ein Einsatz aber noch nicht zweckmäßig, weil grundlegende Voraussetzungen (von Lese- und Schreibfähigkeiten) in der Bevölkerung bis hin zur Stromversorgung fehlen. Die Chancen der Internetnutzung bestehen gegenwärtig daher vor allem bei Eliten im weitesten Sinn, bei Lehrern, über Nicht-Regierungs-Organisationen (NRO's) und Hochschulen bis hin zu nationalen und panafrikanischen politischen Akteuren. Auf der anderen Seite können Informationstechnologien zur Verstärkung gesellschaftlicher Ungleichheit beitragen. Prinzipiell dem gleichen Muster – allgemeines Wachstum bei Verstärkung der Unterschiede – folgt die Diffusion von Mobiltelefon, Computer und Internet. Die Entwicklungsländer nutzen diese Technologien zwar verstärkt, sie holen aber den Vorsprung der entwickelten Länder nicht auf. Es gibt keinen Königsweg für einen entwicklungspolitischen relevanten Einsatz der IKT. Die Kommunikations-Infrastruktur Afrikas, insbesondere die Anbindung an weltweite Netzwerke, sowie die innerafrikanische Vernetzung, ist weiterhin schlecht. Bei der IKT Nutzung gilt es in erster Linie das Radio zu nennen. Seine Verbreitung ist deutlich vor dem zweiten Massenmedium, dem Fernseher. Das Mobiltelefon hat nicht nur das Festnetztelefon in der Verbreitung deutlich überwunden, sondern weist weiterhin hohe Wachstumsraten auf. Trotzdem liegt Afrika im Vergleich der Kontinente auf dem letzten Platz. In erster Linie sind es die urbanen, mittelständischen Bevölkerungsgruppen, die sich ein privates Mobiltelefon leisten können. Im ländlichen Bereich bestehen aber erhebliche Potentiale durch Gemeinschaftsnutzung (Coenen, Riehm 2007, 7-9).

Das Betreiben einer Website wird oft als Zeichen von Professionalität angesehen. Für eine Partnerschaft auf Augenhöhe mit nördlichen Akteuren ist es ü-
berdies wichtig, E-mail nutzen zu können. Das Internet selbst ist für netzaffine
Akteursgruppen oft nur dann politisch von größerem Nutzen, wenn es mit anderen Kommunikationsmitteln kombiniert wird. Bezahlungsdienstleistungen per
Mobiltelefon, womit eine bestehende Infrastruktur nun mit dem Zahlungsver-
kehr rückgekoppelt werden könnte, könnte eine neue Aufgabe für diese Technik
sein. Außerdem gibt es eine feststellbare Tendenz zur Stärkung afrikanischer E-
Learning Kompetenzen. Wissenschaftler haben insbesondre auf Grund ihrer
zumeist schwierigen Arbeitssituation in Subsahara Afrika einen sehr hohen In-
ternetbedarf (Coenen, Riehm 2007, 11-15). Hier sind insbesondere Journalisten
zu nennen (Coenen, Riehm 2007, 18). Ein interessantes Beispiel zum Vergleich
bietet Indien mit seiner entwickelten Softwareindustrie. Kaum ein großes deut-
sches Softwareunternehmen, das nicht auch eine Entwicklungsabteilung in Indien besitzt oder mit dortigen Unternehmen zusammenarbeitet. Der Umsatz
der Informationstechnik-Branche in Indien ist von 51 Millionen US$ 1991/92
auf über 21.500 Millionen US$ 2003/04 um gut das 140fache angestiegen. Aber
zu einer allgemeinen Produktivitätssteigerung und einem davon ausgelösten ge-
samtgesellschaftlichen Wirtschaftswachstum hat der IKT-Sektor nicht beigetragen. Die Softwareindustrie Indiens ist weitgehend exportorientiert und die Bedingungen für eine Durchdringung der indischen Wirtschaft mit Computertechnologien sind extrem schlecht: die Kosten für einen Billig-PC von einigen 100
US$ betragen 25% eines durchschnittlichen Jahreseinkommens und liegen damit
jenseits der Möglichkeiten normaler Haushalte. Dazu kommen eine geringere
Alphabetisierungsrate, ein Mangel an ausreichend qualifizierten Fachkräften,
große Mängel in der infrastrukturellen Versorgung mit Strom, Wasser, Verkehr
und Straßen sowie Hemmnisse im politischem Umfeld – alles Faktoren, die typisch für wenig entwickelte Länder sind. Die Produktivitätsgewinne sind daher
in andern Ländern, nicht aber in Indien realisiert worden (Coenen, Riehm 2007,
31f).
  Das technoglobale System der zwei Geschwindigkeiten hat sich eingerichtet. Das Beispiel ist hier Indien. Es kommt zu einer Verblendung durch das
Wirtschaftsmodell der entfesselten Globalisierung, aber auch zu einer neuen A-
partheid der verschiedenen Gesellschaftsschichten und Klassen. Entwicklungs-
hilfe propagiert den ungehinderten Zugang zum Cyberspace. Es sollte zur Ver-
ringerung der digitalen Spaltung der Welt kommen. Sind wir also auf dem Weg
in die globale Zivilgesellschaft? (Mattelart 2003, 128-137). Der Diskurs, den Informationsgesellschaft begleitet, hat die Geschwindigkeit der Modernisierung
erhöht und setzt Traditionen unter Druck (Irrgang 2006, Irrgang, Winter 2007).
Der markttechnische Determinismus generiert eine Modernität ohne Gedächtnis
und lässt soziale Anliegen außen vor. Das vorgegaukelte Ideal der Modernität
zeigt das Projekt der Verwestlichung der Welt nur in einem neuen Gewand. Der
Gewaltmarsch des unaufhaltsamen Fortschritts fordert heute die langsame histo-

rische Akkumulation der Kultur im Namen der Schnelligkeit heraus. Wir leben in einer Diktatur der kurzen Zeit (Mattelart 2003, 141-143).

Wirtschaftswachstum ist eine wichtige Voraussetzung sozialer Entwicklung, aber keine hinreichende, denn Wirtschaftswachstum kann sich auch mit einer sich verschärfenden Ungleichheit verbinden (Coenen, Riehm 2007, 32). Die Entwicklungseuphorie in Hinblick auf Afrika hielt nicht lange an, die Krise der New Economy und die sich häufenden Berichte über mangelnde Erfolge der IKT-Projekte führte zu einer gewissen Ernüchterung. Außerdem konnte die kulturelle Dominanz der am weitesten entwickelten Länder nicht gebrochen werden (Coenen, Riehm 2007, 39-42). Subsahara Afrika gilt als die Region der Erde mit den größten Problemen. Historisch gesehen haben sich hier der Sklavenhandel durch die westliche, arabische und einheimische Händler sowie der europäische Kolonialismus tiefe Wunden geschlagen und zum Teil weit entwickelte Gemeinwesen zerstört oder korrumpiert. Weitere grundlegende Probleme für Subsahara Afrika sind die geringe Qualifikation vieler Menschen sowie schlecht ausgebaute oder fehlende Infrastrukturen, wo z. B. Transport, Verkehr und Logistik schwach entwickelt sind, können technologische Verbesserungen im Bereich der Information und Kommunikation oft nicht ökonomisch genutzt werden. Fehlende oder mangelnde Stromversorgung gehört zu den Haupthindernissen (Coenen, Riehm 2007, 49-51).

Das Radio gilt so in der Subsahara Afrika als ein geeignetes, weiterverbreitetes und kostengünstiges Medium für den Zugang der ländlichen Bevölkerung zu Informationen (Coenen, Riehm 2007, 62). Deutliche Unterschiede in der Verbreitung digitaler Medien gibt es zwischen sozialen Gruppen oder auch Ländern und Regionen, sie werden als Ausdruck einer digitalen Spaltung interpretiert (Coenen, Riehm 2007, 69). Es wird weithin anerkannt, dass sich in Afrika und insbesondre südlich der Subsahara seit den 1990er Jahren eine neue, in vielerlei Hinsicht hoffnungsvolle politische Dynamik entwickelt hat. Die Welle von nationalen Demokratisierungsprozessen, die seit den 1990er Jahren südlich der Sahara und gerade auch in den bedeutenden Ländern festzustellen ist, wird im hohen Maße von zivilgesellschaftlichen Akteuren vorangetrieben (Coenen, Riehm 2007, 78f). Governance bietet eine ganze Reihe von Möglichkeiten, Verwaltungs- und Staatshandeln insgesamt nicht nur effizient und effektiver, sondern auch demokratieförderlich zu gestalten (Coenen, Riehm 2007, 105). Die Bedeutung des Internets für die Massenmedien in Subsahara Afrika erscheint durch folgende Charakteristika bestimmt. (1) Gehören Journalisten, ihren Berufsvereinigungen und Online präsente Massenmedien zu den Vorreitern der Netznutzung und Netzöffentlichkeit. Das Internet ist ein Faktor in der dynamischen Entwicklung der Medienlandschaft und politischer Öffentlichkeit in zahlreichen Ländern und auf panafrikanischer Ebene. (2) Stellt das Internet eine wichtige Ergänzung und in einigen Ländern ein zentrales Medium kritischer politischer Öffentlichkeit dar. Zur Herstellung panafrikanischer und internationaler Öffentlichkeit trägt das Internet maßgeblich bei, insbesondere in Ländern, in denen keine freie Medienlandschaft existiert. (3) Subsaharische und internationale Medienexperten wie Praktiker messen nicht nur der Verbesserung der technischen Ausstattung und beruflichen Qualifikation allgemein höchste Priorität bei, sondern betonen dabei auch insbesondre spezifische Bedürfnisse bei der Nutzung des Internets und digitaler IKT (Coenen, Riehm 2007, 111).

Im professionellen Bereich sind Internet, Computer und Mobiltelefon bei der Informationsbeschaffung inzwischen zu Leittechnologien geworden (Coenen, Riehm 2007, 115). Ein Beispiel für die Stärkung der Kampagne und Handlungsfähigkeit von NRO und anderen zivilgesellschaftlichen Akteuren durch IKT ist die panafrikanische Kampagne zur Ratifizierung des Protokolls für die Rechte von Frauen in Afrika. Das von der Organisation der afrikanischen Frauenbewegungen entwickelte Protokoll zu den Rechten der Frauen in Afrika ergänzt die African Charta of Human and People Rights. Das Protokoll wurde 2003 angenommen, es konnte aber erst nach Ratifizierung in 15 Staaten in Kraft treten. Um die Signatur.- und Ratifizierungprozesse zu beschleunigen und kontinuierlich zum Thema weiter zu arbeiten, gründeten knapp 20 vor allem afrikanische NROs die Koalition *Solidarity with african women's rights*. Im November 2005 hatten 15 Staaten das Protokoll unterzeichnet, wodurch dieses in Kraft trat. Vor allem um weiteren Druck auf immer noch große Zahl von Staaten auszuüben die das Protokoll nicht unterzeichnet oder nicht ratifiziert haben wird die Kampagne fort geführt. Außerdem können im Internet Giftmüllskandale und andere ökologische Probleme, Nachrichten über autoritäre Regime und Kriegsgebiete sowie Verletzungen der Demokratie angeprangert werden. Netzöffentlichkeit kann von besonderer Bedeutung sein, wenn sich innergesellschaftliche Konflikte von längerer Dauer verfestigt haben und Parallel vor allem aber auch unter dem Einfluss der Diaspora medial ausgetragen werden. Gesellschaftliche Verständigung, also der Dialog zwischen Teilgruppen findet dabei nur partiell statt (Coenen, Riehm 2007, 129-133).

So kann das Internet für oder gegen Öffentlichkeit genutzt werden. Gut informierte, wohlhabende Kreise, die das Netz nutzen, können Multiplikatoren sein. Auch auf dem hauptsächlich von NRO mit Internet versorgten Land sollen die Cyberzentren gut besucht sein. Ein wichtiger Grund für die Hinwendung zu Netz in Nigeria liegt in der Angreifbarkeit von Redaktionen durch Sicherheitskräfte wie Inlandsgeheimdienst, der seitens der NRO Reportern ohne Grenzen seit 2005 als Feind der Pressefreiheit eingestuft wird. Denn die nigerianischen E-Aktivisten waren sich bewusst, dass die Relevanz von Onlineangeboten innerhalb Nigerias immer noch gering ist. Das Internet ist mit einer Penetrationsrate von knapp unter 3% der Bevölkerung im Jahre 2005 zweifellos immer noch ein im Wesentlichen auf eine Elite beschränktes Randmedium. Es ist trotz des vielerorts schnellen Wachstums der Nutzerzahlen weit davon entfernt insgesamt ein breitenwirksames Medium politischer Information und Kommunikation zu sein, selbst wenn man in Rechnung stellt, dass Internetnutzer als Multiplikatoren agieren können. Es gibt aber auch Staaten mit deutlich stärkeren Durchdringungsraten, z. B. Südafrika und Nigeria, Sudan, Simbabwe und Kenia, sowie auch Benin, Ghana, Senegal und Uganda. Im Subsahara Afrika gibt es eine Vielzahl von zivilgesellschaftlichen Organisationen, Projekten, einzelnen Gruppen und Individuen sowie Medienakteuren, für die das Internet bereits von zentraler Bedeutung ist (Coenen, Riehm 2007, 134-140).

Afrika südlich der Sahara ist diejenige Weltregion mit der wenigsten Wirtschaftsleistung. Angaben zur Computeranwendung in der Wirtschaft beziehen sich einerseits auf den unternehmensinternen, geschäftsorientierten und andererseits auf den unternehmensübergreifenden, handelnsorientierten Bereich. Dass diese Anwendungen in Afrika im Vergleich mit den meisten Ländern der nördlichen Erdhalbkugel wenig verbreitet sind, ist kaum verwunderlich (Coenen, Riehm 2007, 143). Auch im Bildungsbereich gibt es Einsatzmöglichkeiten für IKT. Hauptnachteile der Einrichtung eigener Weiterbildungseinrichtungen mit Computern und Internetanschlüssen sind die dauerhaft hohen Kosten und Herausforderungen bei der Infrastruktur. Onlinedistanz Lernen ist allein mit niedrigen Kosten verbunden, wenn kostenlose Angebote genutzt werden. Entscheidende Faktoren sind die Internet und Lehrkompetenzen der Teilnehmenden, die Qualität der Kurse und bei Nutzung der interaktiven Multimediakurse eine hohe Bandbreite und eine leistungsfähige Hardware. Bei der Versorgung afrikanischer Schulen mit Computern und Internetzugang sind die jeweiligen Einsatzbedingungen zu beachten. Bisweilen wird z.B. zu wenig auf Kompetenzerwerb geachtet, werden keine ausreichenden Ressourcen für Wartung und Beratung geschaffen oder die Entsorgungsproblematik bleibt ungelöst (Coenen, Riehm 2007, 171f).

Der Hundertdollar Laptop Initiative wird häufig der Vorwurf gemacht, ein typisch von Technologie getriebenes und an den dringendsten Bedürfnissen im Bildungsbereich vorbeigehendes Projekt zu verfolgen. Negroponte und seine Mitstreiter betonen, dass es sich nicht um ein IKT-Projekt handelt, sondern um ein allgemeines Bildungsprojekt mit dem Fokus auf Kinder zwischen 6 und 12 Jahren. Sie bestreiten auch, dass die Stiftung sich von der Laptopnutzung eine umfassende Lösung der Probleme der Entwicklungsländer erwarten, prognostizieren aber z.B. individuelle Wege aus der Armut und den Aufstieg ganzer Bevölkerungen in den Mittelstand. Die afrikanischen Regierungen stimmen darin überein, dass den Handlungsfeldern höhere Bildung, Forschung und Technologie größere Bedeutung beizumessen ist. Viele Staaten im Subsahara Afrika, für die 2004 Daten vorlagen, wendeten tatsächlich im globalen Vergleich gesehen einen durchaus erheblichen Anteil der gesamten Bildungsausgaben für die Finanzierung der tertiären Bildung auf (Coenen, Riehm 2007, 181-183). Unterstützt durch Aktivitäten von Universitäten z. B. aus den USA und mehreren europäischen Ländern, verschiedenen entwicklungspolitischen Akteuren sowie internationaler Organisationen bildete sich bereits in den 1990´er Jahren eine Internet und IKT Community im Subsahara Afrika heraus, an der Schnittstelle des akademischen, privatwirtschaftlichen und staatlichen Bereich. Die Kapazitätsengpässe bei Internet- und IKT-Qualifikationen, die Geberabhängigkeiten vieler Projekte mit oft negativen Wirkungen auf ihre Nachhaltigkeit, die vielfach fehlende strategische Orientierung und das mangelnde Bewusstsein für die Relevanz universitärer Internet- und IKT-Nutzung bei entscheidenden Akteuren sind Mängel als zentrale Herausforderung. Gründe dafür sind struktureller Unterfinanzierung der Hochschulen die in traditionellen Lern- und Wissenschaftskultur und der international gesehen schwache Anteil an Forschung (Coenen, Riehm 2007, 188f).

Alle Kinder in Entwicklungsländern sollen einen eigenen Laptop bekommen. Damit müsste sich das, was gewöhnlich als digitale Kluft bezeichnet wird, in den Griff bekommen lassen, so Nekroponte, der Propagandist dieser Idee. Die Laptops würden Kinder rund um die Welt in die Lage versetzten, vom Internet zu profitieren und auf neuen Wegen gemeinsam zu lernen. Um dieses Ziel eines 100-Dollar-Computers zu erreichen, mussten die Organisatoren einen Laptop von Grund auf neu entwickeln, einen der einen rauen Umgang verträgt, ohne ständige Stromversorgung funktioniert, einfache Vernetzung und Internetzugänge ermöglicht, und dessen Bildschirm billiger ist, als alle Vorgänger. Kritiker hielten das für unmöglich. Ohne Steckdose kann der jetzt entwickelte Laptop mittels eines Fußpedals oder eines Aufziehseils mit Strom versorgt werden, jede Minute körperlicher Arbeit soll für zehn Minuten Computerstrom reichen. Direkt nach dem Auspacken können die Laptops zudem untereinander Kontakt aufnehmen und so ein Mesh-Netz bilden, dass jeden Computer zu einem Knoten macht, der für andere die Anbindung ans Internet weiter reicht. Trotzdem sit der 100-Dollar-Laptop noch nicht real, nicht nur weil Nekroponte die anfänglichen Kosten dafür seit einem Jahr auf 150 Dollar beziffert: die ersten 800 Geräte wurden zwar in diesem Herbst tatsächlich produziert, aber jetzt müssen sie erst einmal eine Testtortur in fünf Ländern hinter sich bringen, um zu zeigen, was sie wirklich können (Surowiecki 2007, 31f).

Regierungen sind schwierig. Die Realisierung dieses großen Programms geht nicht ohne Rückschläge. Im Sommer verweigerte sich Indiens Bildungsminister dem Programm. Das Vorhaben ist so groß, dass Zweifel an seinen Erfolgsaussichten durchaus berechtigt sind. Laut Gates und Munde wäre es vernünftiger bestehende Infrastrukturen zu nutzen, und Kindern internetfähige Mobiltelefone in die Hand zu geben, statt alles von Grund auf neu zu bauen. Den Entwicklungsländern kann es nur helfen, wenn unterschiedliche Organisationen darum wetteifern, sie mit Technologie auszustatten, so ist die endgültige Entscheidung über das Programm eines 100-Dollar-Laptops noch nicht gefallen (Surowiecki 2007, 34). Das Programm One Laptop per Child kommt kaum voran. Aber in Peru wurde die erste halbe Millionen an Geräten ausgeliefert. Einige davon sind sogar schon da – und erlauben einen ersten Blick darauf, wie Kinder von der neuen Technik profitieren. Peru gibt für die Laptops insgesamt etwa 80 Millionen Dollar aus, etwa ein Drittel seines gesamten Budgets für Bildungsinvestitionen. Der Staatspräsident bezeichnet diese Summe als spezielle Förderung, um die Schulen auf einen neuen Stand zu bringen. Die Hoffnung ist, dass dadurch später mehr Kinder ihren Lebensunterhalt mit Tätigkeiten jenseits von Subsistenz Landwirtschaft und niederen Arbeiten verdienen können. Ein Problem der Bildung weltweit ist, das die Kinder nicht verstehen, warum sie lernen sollen. Wenn sie einen Computer haben, verstehen sie das Warum: Wenn sie z.B. einen Film über ihre Felder oder ihre Tiere machen wollen, müssen sie alles Mögliche beherrschen, nicht nur technische, sondern auch künstlerische Dinge (Talbot 2008, 43).

Einfach und schnell und vom PC aus sollen die Deutschen nach Plan der Regierung künftig ihre Behördenangelegenheiten regeln können. Von der KFZ-Anmeldung bis zur Firmengründung werden sich bald die meisten Verwaltungsakte elektronisch erledigen lassen, über speziell gesicherte E-Mail Portale. Kleinere EU Länder wie Estland haben ihren Staatsapparat sogar weitgehend auf den Onlinebetrieb umgestellt. Sogar gewählt wird dort schon am Computer. Aber auch Indien experimentiert mit diesem Gebiet des E-Government (Technology Review 12/2009, 63). Die Nummern haben bald ausgedient: E-Government soll die Arbeit der Behörden effizienter machen und den Bürgern das Schlangestehen ersparen, ein Beispiel wäre die KFZ-Ummeldung, ganz ohne den Gang zur Behörde. Zuerst muss der Nutzer ein Online-Portal der Kraftfahrzeugs-Zulassungsbehörde ansteuern und sich mit Hilfe seines elektronischen Personalausweises identifizieren, den er in ein Kartenlesegerät schiebt. Im nächsten Schritt sieht er auf dem Bildschirm, welche seiner persönlichen Daten an die Behörde übermittelt werden sollen und ein Datenschutzdialog weist ihn auf die Nutzung der Informationen und den Kontakt zum zuständigen Datenschutzbeauftragten hin. Dann machen sich seine Angaben via Internet auf den Weg zur Verwaltung. Um das Auto zu identifizieren, schiebt der Nutzer als nächstes seine elektronische KFZ-Karte in das Lesegerät am Computer ein und die Verwaltungsgebühr kann er per Bankeinzug oder mit einer elektronischen Geldkarte bequem online zahlen. Zuletzt kommt die Wahl des Wunschkennzeichens und fertig ist die ganze Angelegenheit. Die Zulassungsbehörde schreibt die Neuen Daten am Ende der Prozedur via Internet auf die elektronische Fahrzeugkarte. Das neue Kennzeichen erscheint sofort in einem kleinen Display auf der Karte. Die realen Kennzeichen für die Stoßstange könnten per Post an den Antragsteller geschickt werden. Der ganze Verwaltungsakt hat nur wenige Minuten gedauert (Technology Review 12/2009, 64f).

Wer grundsätzlich nicht bereit oder fähig ist, per Computer und Internet mit der Verwaltung zu kommunizieren, braucht dennoch keine Angst vor E-Government zu haben: auch in Zukunft werden die Behörden noch über die klassischen Kanäle erreichbar sein. Das erfolgreichste Angebot in Deutschland ist die elektronische Steuererklärung: Mehr als 8 Millionen Mal meldeten die Bürger im letzten Jahr ihre Einkommenssteuerdaten per Internet an den Fiskus. Soviel Gottvertrauen ist bei den Behörden aber nur möglich, weil die Steuerpflichtigen trotz der elektronischen Steuererklärung ihre eigentliche Steuererklärung immer noch unterschrieben in Papierform abgeben müssen (Technology Review 12/2009, 65). Soll die Vision des elektronischen Verwaltens vorankommen, gilt es, die Kommunikation im Internet vertrauenswürdiger zu machen und einen verlässlichen Identitätsnachweis für die virtuelle Welt zu entwickeln. Die Entwickler von E-Government Systemen stehen vor einem Problem: Was im Alltag nur die Vorlage eines Ausweises und einen kurzen abgleichenden Blick zwischen Person und Passbild erfordert, ist in der virtuellen Welt erheblich schwieriger. Der Nachweis der eigenen Identität – im juristischen Sinn die Übereinstimmung zwischen personbezogenen Daten und natürlicher Person – ist jedoch die Grundlage jedes elektronischen Verwaltungsaktes, ob bei Behörden oder bei Online-Shops. Ein vertrauenswürdiges E-Government Modell muss also die Möglichkeit bieten, die Identität seiner Nutzer auf elektronischem Weg eindeutig zu ermitteln und die Angaben gleichzeitig vor Datendieben zu schützen – Anforderungen, die bislang kaum zu erfüllen waren. Mit so genannten Bürgerportalen und mit dem elektronischen Personalausweis sollen diese Forderungen erfüllt werden. Derzeit laufen erste Tests, ob die elektronische Identifikationsfunktion des elektronischen Ausweises auch bei bereits existierenden Onlinediensten funktioniert. Ab dem 1.11.2010 wurde der Ausweis in ganz Deutschland eingeführt. Etwas schneller dürften wohl die Bürgerportale an den Start gehen. Ähnlich wie auf den Webseiten von E-mail Anbietern sollen Bürger von dort aus auf einfache Weise E-mails verschicken und Dokumente speichern können (Technology Review 12/2009, 70f).

Bürokratie als Arbeitsbeschaffungsmaßnahme: selbst kleine Firmen in Indien beschäftigen oft einen Angestellten, der nur fürs Schlangestehen und den zermürbenden Kontakt mit Behörden zuständig ist. Beides kann in dem aufstrebenden Subkontinent nämlich leicht einen ganzen Tag dauern. Und weil die zahlreichen Staatsdiener – allein die staatliche Eisenbahn hat rund anderthalb Millionen Angestellte – schlecht bezahlt sind, geht ohne Schmiergeld häufig nichts. Darunter leiden nicht nur die Einheimischen, sondern auch Investoren aus dem Ausland. Der Bundesstaat Andhra Pradesh versucht seit 2001, die ineffiziente und korrupte Verwaltung auf Trab zu bringen – mit E-Government. „i-Siva" heißt das Pilotprojekt das mit Hilfe moderner Ideen mehr Transparenz in die Behörden bringen soll. Die Bürger können sich im Internet einloggen und Rechnungen oder Steuern zahlen. Wer weder Internet noch Computerzugang hat, kann eines von 62 Büros aufsuchen, wo ihm Angestellte bei der Abwicklung helfen. Diese sind aber nicht vom Staat beschäftigt, sondern das Pilotprojekt wird von einem privaten Anbieter betrieben, der für jede Zahlung eine Provision bekommt und für ihn gelten strenge Regeln: muss der Kunde mehr als 15 Minuten warten gibt es nur die halbe Provision, überschreitet die Wartezeit 30 Minuten, bekommt der Dienstleister gar nichts. Die indische Bundesregierung hat diese und weitere Initiativen aufgegriffen und Mitte 2006 einen Nationalen Plan für das E-Government beschlossen, für den innerhalb von 6 Jahren 7 Milliarden Doller ausgegeben werden sollen. Experten sprechen vom Leapfrogging (Bockspringen), wenn sich eine Gesellschaft auf solch sprunghafte weise verändert. Die Vision hinter dem Projekt: alle Dienstleistungen sollen den Menschen in der Nähe ihres Wohnortes angeboten werden – transparent, zuverlässig und zu bezahlbaren Kosten. Das ist ein hehres Ziel in einem Land, wo die Menschen bislang oft einen ganzen Tag brauchen, um das zuständige Amt zu erreichen (Technology Review 12/2009, 74f).

Häufig wird auch für das Internet eine soziale und institutionelle Kontrolle vorgeschlagen. Die Umsetzung dieser Forderung ist aber meist nicht von Erfolg gekrönt, denn traditionelle Institutionen sind hierarchisch und basieren auf asymmetrischer Information. Mit dem Internet ist aber ein gewisser Wandel im institutionellen Selbstverständnis vollzogen worden. Dort können Nutzer möglicherweise über mehr und bessere Informationen verfügen als außen stehende Regulatoren bzw. Menschen, die institutionell in die Entwicklung des Internets eingreifen wollen (Hoven, Weckert 2008, 69). Der spezifische Egalitarismus bei der Ausbreitung der Öffentlichkeitssphäre des Internets macht eine sehr viel stärker ausgearbeitete und durchreflektierte institutionelle Struktur erforderlich, um soziale Bewegungen so wie Normen und Werte im Internet zu verbreiten und so dem Internet eine demokratische Struktur zu geben. Sie ist dem Internet nicht selbstverständlich mitgegeben (Hoven, Weckert 2008, 75). Die reflexiven Fähigkeiten, sittlich zu handeln, sind von den Akteuren in der neuen öffentlichen Sphäre des Internets zu entwickeln. Dazu bedarf es der positiven und fördernden Bedingungen für die Entwicklung demokratischer Wert und demokratischen Selbstbewusstseins (Hoven, Weckert 2008, 83). Die Entwicklung innovativer Institutionen, in denen ein Minimum an demokratischer Gleichheit realisiert ist, wird zu einem wesentlichen Element in der Verbreitung von basalen Bürgerrechten (Hoven, Weckert 2008, 90).

Dies klingt alles positiv, doch sollen auch kritische Töne zum Stand des Unternehmes Internet zur Sprache gebracht werden. Der Wissenschaftsgesellschaft folgt die Mediengesellschaft. In meiner Lesart bedeutet das nicht die Ablösung der Wissensgesellschaft, sondern ihre Überbietung und Fokussierung auf die Inszenierung von Wissen im Sinne hypermoderner Technologie (Irrgang 2008). Das Zeitalter der Aufklärung als Gutenberg Galaxis und Wissenschaftsgesellschaft erfährt eine neue Welle des Strukturwandels der Öffentlichkeit. Es ist die heraufkommende Herrschaft des Scheins, des Darstellens, des Lebens auf der Bühne. Es entsteht die Inszenierungsgesellschaft. Der neuerliche Strukturwandel der Öffentlichkeit basiert wie die Wandlung im 18./19. Jh., der der Gutenberg Galaxis und der Wissenschaftsgesellschaft auf der Basis der Aufklärung zum Sieg verholfen hat, erneut auf einer Technologie, dem World Wide Web einschließlich das Internet der Dinge als Medium bzw. als Mittel für Handlung und als Mittel für Kommunikation. Das Internet ist nach wie vor ein Werkzeug ein Kommunikations- und Informationszeug. Es ist eine technische Struktur mit einem Interaktionspotential mit beiden Seiten der Nutzerschnittstelle. Das Internet wird programmiert für die gemeinsame Nutzung dieser Struktur. Dar virtuelle Raum als Möglichkeitsraum ist aber kein beliebiger Raum, sondern mit einer eigenen Strukturierung, die keine deterministische Prognostik erlaubt.

Medium stammt vom lateinischen *medius*, sich in der Mitte befinden, und meint in diesem Zusammenhang im Sinne technischer Potentialität das Mittel, das Mittelglied oder den Vermittler. Dieses Mittelglied ist in diesem Falle eine technische Struktur. Auch früher wurde mit Mitteln der Öffentlichkeitsarbeit auch Krieg und Realpolitik betrieben, die Emser Depesche, die zum deutsch-französischen Krieg von 1871/71 geführt hat, ist ein solches Beispiel. Aber im Vergleich zu früher, wo es sich um einzelne Ereignisse gehandelt hat, hat die weltweite politische Inszenierung an Dramatik gewonnen. Aber nicht nur die Politik muss sich darstellen und in angenehmer Gestalt präsentieren, sondern auch Unternehmen, Organisationen, ja sogar Nachrichten. Überall und über jeden werden Hintergrundinformationen angeboten für diejenigen, die sich dafür interessieren. Auch einzelne müssen sich in Szene setzen, Homepages und andere Foren, aber auch Diskussionsplattformen, Chatrooms und der gleichen sind neue Marktplätze, wo man sich als Individuum oder als Organisation in Szene setzten kann. Damit ist genau das zur Realität geworden, was Platon als Hauptkampfplatz der Philosophie angesehen hat, die Auseinandersetzung mit der sophistischen Einstellung. Zynismus, eine moderne Verwandte der alten sophistischen Einstellung, ist zum zentralen Inhalt der neuen Struktur der Öffentlichkeit im Zeitalter hypermoderner Technologie geworden. Die umfassende Inszenierung von allem und jedem dient dem Verkaufen wie dem Machtgewinn bzw. dem Machterhalt. Damit erlangt das alte politische Geschäft eine neue Dimension und gerät an den Rand des Cyberwar.

Das wichtigste Charakteristikum dieses neuen Machtfaktors ist darin zu sehen, dass ohne technische Unterstützung nichts mehr geht. Technik kann gebraucht, aber auch missbraucht werden. Fragen ethischer Natur stellen sich in diesem Kontext einer medialen bzw. hypermedialen Gesellschaft, in der alles und nichts zum Bestandteil medialer Vermittlung wird darin im Rahmen der neuen Unüberschaubarkeit und Unübersichtlichkeit dennoch Kritikfähigkeit zu erhalten. Damit stellt sich die alte Aufgabe der Aufklärungsepoche auf neuem technischem Niveau in neuer und in verschärfter Art und Weise. Das Motto „Wir lassen uns nichts mehr vormachen" (Won´t get fooled again) bekommt damit eine ganz neue und zwar philosophische Dimension. Das Erreichen von Wahrheit rückt in immer weitere Ferne. Es ist schon Lebenskunst genug, sich nicht länger für dumm verkaufen zu lassen. Die eigene Lebensgestaltung im hypermedialen Zeitalter läuft also darauf hinaus, den Schönen Schein als Ausgeburt einer technisch erzeugten Oberflächlichkeit zu durchschauen, so dass die alte philosophische Lebensform angesichts des Zeitalters der Hypermedialität eine ganz neue Dringlichkeit gewinnt.

Dabei gilt es einzusehen, dass die Technologie weder postmodern geworden ist noch die Form der neuen Medialität postmedial, sondern dass die technische Unterstützung beider Bereiche zu einer Form von Medialität und Technologiezität geführt hat, die die Möglichkeiten der klassischen technische Moderne weit überbieten. Damit haben sie, was Heidegger zu Recht gesehen hat, eine neue Form von Herausforderung geschaffen, die in der Tat mit Gigantomachie zu umschreiben ist. In der Hypermedialität liegt auch eine neue Form der Möglichkeit von Globalisierung. Während die Automatisierung der Produktion und die Entwicklung von Arbeitssklaven in Ländern mit billiger Arbeitskraft keinen rechten Sinn macht, ist Hypermedialität als der Versuch, sich über alle Maßen hinweg selbst darstellen zu wollen, nicht auf Industrienationen oder einzelne Länder beschränkt. Gerade in vielen Schwellenländern spürt man den Versuch, im medialen Wettbewerb, in der Werbung für sich selbst einen Vorsprung zu erreichen.

Wikipedia ist die hypermoderne Version der Wissensgesellschaft, Wissen vom Typ der technischen Intelligenz, Kompetenz eine Grenzenlosigkeit des Wissens, aber auch die Schutzlosigkeit des Menschen vor diesem Wissen. Gefragt ist Umgangswissen mit den neuen Medien, die Konkurrenz wird das Inszenieren verlagert. Es geht nicht mehr um das Wissen selbst, sondern das Inszenieren von Wissen. Dahinter steht die Macht der Programmierer, Hacker und Suchmaschinen. Die mediale Selbstkonstitution des sich in Szene Setzens und das klassische philosophische Ideal eine Diogenes zeigt die revolutionäre Kraft des nicht Mitmachens, der Verweigerung zumindest auf Zeit, des Lesens und Meditierens. Das Maximum an Partizipation am neuen Inszenierungsdrama ist nicht das Optimum. Das Leben wird zur Inszenierung und zum Spiel, etwa als Kampfspiele, für sozialere Gemüter als Second Life. Die Geschwätzkultur des Twitterns bedeutet, überall seinen Senf dazu geben zu müssen, beim Chatten Sozialgeräusch zu erzeugen – das ist nicht die Welt des Philosophen. Das Internet ist allerdings auch die Welt der Wissenschaft und des Wissens, wo Wissen präsentiert werden kann. Empfehlenswert für eine Internetethik ist Medienaskese und Vorsicht im Umgang mit diesem Medium. Welche Idee haben diejenigen von Privatheit, welche private Aktfotos ins Internet stellen - und nicht glauben wollen, dass ihr Arbeitgeber auf ihre Mitarbeit verzichten möchte. Dürfen solche Nutzer noch Datenschutz fordern?

Im Internet entsteht eine Syrrogat-Kreativität, eine eingebildete und technisch ausgelagerte Fantasie, ständig gefährdet von Internetkriminalität, Spionage durch den E-Kommerz und möglicherweise durch den Staat. Die Veralltäglichung der Spielkultur und die Ludifizierung der Lebenswelt sind in der postmedialen Gesellschaft progressiv. Die Lebenswelt nimmt Spielcharakter an. Dies widerspricht dem Konzept der Ernsthaftigkeit der Lebensführung, den die klassische Philosophie entwickelt hat. In diesem Bereich lebe ich gern ein bisschen philosophische Tradition. Das aufkommende Zeitalter des Panludikums (von ludere lat.: Spielen) ist von vermutlich keine tragfähige Zukunftsperspektive. Brot und Spiele – das war der Untergang der römischen Republik – aber vielleicht ist das dieses mal im globalisierten Panludikum anders, weil ein solches nicht mehr untergehen kann. Allerdings entsteht so die Diktatur des technologisch erzeug-

ten Scheins, genannt virtuelle Realität. Dahinein passt der inszenierte Enthül-
lungs-"Jornalismus" von Wikileaks, der mit den Mitteln des Cyberwars eher
Kriege auslöst als sie zu verhindern. Auch das Internet selbst kann Privatheit
auflösen und zerstören, nicht nur die Überwachung im Internet.

Für das Internet ist mindestens eine liberale Minimalethik zu fordern. Aber
letztendlich gilt es, eine neue Konzeption von Liberalität zu entwickeln, ein liberaler Nachtwächterstaat für das Internet oder gar jegliche Überwachung zu verbieten würde bedeuten, dass man den Qualitätsgesichtspunkt am Internet vollständig aufgibt. Eine Regulierung des Internets zumindest als Schutz vor Kriminalität ist erforderlich. Außerdem wäre es vielleicht wünschenswert, Suchmaschinen zu trennen und eine wissenschaftliche, eine kommerzielle und eine un-
terhaltungsorientierte Suchmaschine getrennt laufen zu lassen. Außerdem könnten so die Interessen der Nutzer besser realisiert werden. Kostenfreiheit des Internets wird aber damit wohl nur in Teilbereichen aufrecht zu erhalten sein denn
wo keine kommerziellen Interessen befriedigt werden wird vermutlich auch das
Angebot in diesen Bereichen wohl eingeschränkt bleiben. Zu entwickeln ist ein
Ethos der Selbstverantwortung, ein eigener ethischer Code mit der grundsätzlichen Einstellung der Vorsicht und eines gesunden Misstrauens. Netikette – eine
freundliches Gesicht im Internet - alleine reicht nicht aus, aber ist immerhin ein
Anfang. Das grundsätzliche Misstrauen gegenüber nicht Bekannten, die Grundeinstellung des Überprüfens, wo immer dies möglich ist, führt zu einem wehr-
haften und informierten Liberalismus, der sich zu schützen vermag vor kommerziellen Interessen, vor Kriminellen, aber notfalls auch vor dem eigenen Staat.

Jeder von uns in einer technologisierten Gesellschaft ist immer mehr Teil
einer kollektiven technologischen Praxis, Teil eines oder genauer gesagt mehrerer technologischen Systeme und Großstrukturen. Dies verändert das klassische
Konzept des Liberalismus mit seinem modernen Modell individualistisch-
atomistischen Entscheidungen, mit seinem Leben und mit der Technik umzugehen, z.B. ein Risiko einzugehen. Das klassische liberalistische Recht auf extreme
Selbstverwirkung, also auch auf Extremsportaten, aber auch auf riskante Lebensstile ist ein Auslaufmodell. Ohne dem zu konservativen kommunitaristi-
schen Konzept (Irrgang 1999) der Gemeinwohlverantwortung zustimmen zu
wollen – es bedarf eines liberalen Konzeptes sozialökologischer Verantwortung,
ein neues postindividualistisches Konzept von Liberalität, in dem kreative Risiken von dummen Risiken unterschieden werden, und auf letztere verzichtet.
Man muss wissen, warum und wofür man Risiken eingeht und wo man sie besser
vermeidet. Nicht die „Spassgesellschaft" eines Dinosaurier-Liberalismus ist das
richtige Leitbild, sondern die aktive Suche bzw. Generierung der eigenen Aufga-
be(n) und der Versuch, andere zu fördern und die „Verhältnisse" zu befördern,
in denen man lebt. Dazu gehört vor allem die humane Ausgestaltung von
Mensch-Maschinen-Schnittstellen, von soziotechnischen Systemen und Geräten
wie technischen Installationen.

Die arbeitsteilige Verflochtenheit unserer Gesellschaft widerlegt ihre ato-
mistische Selbstbeschreibung. Das freie Individuum setzt eine bestimmte Kultur
und Gesellschaft bereits voraus. Aber die liberale Tradition ist längst die Tradition unserer gegenwärtigen westlichen Gesellschaft geworden. Die politische Philosophie der Neuzeit unterstellt, dass die Selbstregulierung der naturwüchsigen
Interessen durch die Gesellschaft geleistet werden kann. So begründet Jean
Jacques Rousseau mit seiner Formulierung der Volonté Générale das Gemeinwohl. Allerdings wird angesichts der Krise des Wohlfahrtsstaates diese Begründung immer fragwürdiger, so dass in zunehmendem Maße auf vorneuzeitliche
Begründungen des Sozialen zurückgegriffen wird. In immer geringerem Maße
wird auf die Selbstregulierungskräfte der einzelnen Egoismen und Interessen gebaut, wenn es darum geht, die Zukunftsaufgaben des Staates zu bewältigen. Da
aber das Internet als ganzes wohl nicht staatlich regiert werden kann, bleibt nur
ein neu durchdachter Individualismus als Grundlage einer Internetethik. Eine „e-
thisch eingebettete" Autonomie oder Selbstverwirklichung erscheint als selbst-
kritisch-modernes Leitbild für die Selbstverwirklichung von Individuen geeignet,
die im Sinne einer eher skeptisch ausgerichteten Hermeneutischen Ethik zumindest „sittliche Selbsterhaltung" angesichts einer technologischen Gesellschaft
unterstützt.

Mit der ethischen Einbettung des Informed Consent verbunden ist eine gewisse Wiederkehr des Individuums und des Subjektiven in der Ethik, dessen
Verabschiedung angesichts von Superstrukturen, Vermassung, Anonymität und
Verantwortungsdiffusion bereits beschlossene Sache zu sein schien (Zimmerli
1991). Da aber Normen sich nicht selbst umsetzen können, muss eine Ethik auf
der Basis des Paradigmas Realisierbarkeit immer auf das Handeln einzelner setzen, die sich heute ihrer Praxiskontexte allerdings bewusst sein müssen, um
letztlich das Richtige und sittlich Verantwortbare auch tun zu können. Das neue
Autonomieverständnis beruht allerdings nicht auf dem Modell rationaler Entscheidung aufgrund von Kosten-Nutzen Erwägungen, sondern zielt auf die Ermöglichung gemeinschaftlicher Praxis aufgrund der Interpretation des Sachstan-
des aus der Tradition heraus mit Blick auf zukünftige Gestaltungsperspektiven.
Das Umgangsmodell mit der Realität in gemeinschaftlicher Praxis verändert den
Begriff der Handlung und der Freiheit und damit auch das Konzept des Informed Consent. Hinzu kommt ein anderes Verständnis von Praxis aufgrund des
Modells des impliziten Wissens, welches Praxis unter Perspektiven sieht, die sich
zugleich verändern können. Vor allem verschieben sich in der Durchführung der
Praxis durch die Mittel die Ziele der Praxis, werden Visionen, Ideale und Leitbil-
der verändert und neu ein- und angepasst.

Ziel ist die Durchdringung der Praxis mit Ethik, nicht die Aufstellung einer
ethischen Theorie, von der deduziert werden könnte. Hermeneutische Ethik ist
in politischer Perspektive die Ethik eines selbstkritischen Liberalismus mit den
Leitbildern Nachhaltigkeit, sozialer Verantwortlichkeit und technologischer
Humanität. Selbstverwirklichung und Freude am eigenen Leben stehen gegen

nationale und internationale Kollektivismen mit ihrem Bürokratismus. Dabei darf der Liberalismus nicht einfach vorausgesetzt werden. Vielmehr muss er wie jeder andere ethisch abgesicherte Standpunkt, der als solcher möglich und ausgewogen ist, erst herausgearbeitet werden. Liberalismus als Dogmatismus wäre eigentlich ein Widerspruch in sich selbst. Selbstverwirklichung ist die Bearbeitung und Erfüllung der Aufgabe im Sinne einer Fundamentaloption, die man verfolgt, sowohl als Person, Organisation oder Institution. Dies meint sittliche Verpflichtung im Rahmen einer Praxisanalyse.

Die paradoxen Effekte kollektiven technischen Gebrauchshandelns treten häufig als negative Technikfolgen in Erscheinung. Die ethische Besonderheit des intermediären Handelns ist hervorzuheben. Probabilistische Modelle restringieren kollektives Verwendungshandeln auf Risiken (Lenk/Maring 1991, 65-68). Die liberale Tradition glaubt, dass Erfindungen und Technologien eine Frage offen lassen bzw. eröffnet haben, die mit einem reichen kulturellen Pluralismus gefüllt werden sollte. Kritiker des Liberalismus erkennen diese Offenheit der Kultur an, aber finden sie chaotisch und desolat. Die liberale technische Gesellschaft ist die, in der wir leben. Seitdem die liberale Demokratie in der Tat die Frage nach dem guten Leben offen gelassen hat und wir sie als eine kollektive Position in unseren Handlungen akzeptiert haben, stellt sich die Frage nach dem guten Leben im individuellen Kontext. Es gibt Kämpfe über die globale und nationale Verteilung der Nutzenaspekte der Technologie (Borgmann 1984). Technologische Gesellschaften besitzen aber den materiellen Überfluss, der notwendig ist für Reformen der technologischen Struktur. Technologie bietet den Raum für ihre eigene Transformation. Aber um diesen Raum freizusetzen, ist es erforderlich, die öffentliche Politik von der Technologie loszulösen (Borgmann 1984) und Technikreflexion zu intensivieren.

Literatur

Anthony, Wilhelm 2004: Digital Nation. Toward an inclusive Information Society, Cambridge Mass., London

Baird, Robert, Reagen Ramsower, Stuart Rosenbaum 2000: (Hg.) Cyberethics. Social and Moral Issues in the Computer Age; New York

Bhattacharya, T. 1997: The illusive world of virtual reality; New Delhi

Balkin, Jack, James Grimmelman, Iddan Katz, Nimrod Kozlovski, Shlomit Wagman, Tal Zarski 2006: Cybercrime. Digital Cops in a Network Environment. New York, London

Beauchamp, Tom L., James F. Childress 1989: Principles of Biomedical Ethics ([1]1979); New York, Oxford

Bell, David 2001: An Introduction to Cybercultures; London, New York

Beniger, James 1986: The control revolution. Technological and economic origins of the information society; Cambridge Mass.

Berg, Christian 2004: Vernetzung als Syndrom. Risiken und Chancen von Vernetzungsprozessen für eine nachhaltige Entwicklung; Frankfurt

Birnbacher, D. 2003: Analytische Einführung in die Ethik; Berlin; New York

Blake, Nigel 2002: Hubert Dreyfus on Distance Education: Relays of Educational Embodiment; in: Educational Philosophy and Theory 34/4/2002, 379-385.

Blake, Nigel; Paul Standish 2000: (Hg.) Enquiries at the interface: philosophical problems of online education; Oxford University Press

Bocij, Paul 2004: Cyberstalking. Harassment in the Internet Age and how to protect your Family; Westport, New York

Böhme, Gernot; Alexandra Manzei 2003: (Hg.) Kritische Theorie der Technik und der Natur, München

Bolduan, Gordon 2007a: Ende des Wohlwollens; in: Technology Review 6/2007, 56-63

Bolduan, Gordon 2007b: Gekaufte Privatsphäre; in: Technology review 10/2007, 24

Bolduan, Gordon 2008: Digitaler Untergrund; in: Technology Review 4/2008, 26-34

Bolduan, Gordon, Gregor Honsel 2010: Der Perso fürs Netz; in: Technology Review 10/2010, 56-59

Borgman, Christiane 2007: Scholarship in the digital Age. Information, Infrastructure and the Internet; Cambridge Mass., London

Breuer, Hubertus 2009: Der Prozessor als Professor, in Technology Review 10/2009, 34-37

Brey, Phillip 2005: (Hg.) Ethics of New Information Technology; Enschede

Buddenmeier, H. 1993: Leben in künstlichen Welten. Cyberspace, Videoclips und das tägliche Fernsehen; Stuttgart

Bullinger, Hans-Jörg 2004: (Hg.) Trendbarometer Technik. Visionäre Produkte. Neue Werkstoffe. Fabriken der Zukunft; München

Capurro, Rafael 2005: Privacy. An intercultural perspective, in: Ethics and Information Technology 2005, 7, 37-47

Capurro, Rafael, Klaus Wiegerling, Andreas Brellochs 1995: (Hg.) Informationsethik; Schriften zur Informationswissenschaft 18; Konstanz

Caroll, John M. 1990: The Nurnberg Funnel: Designing Minimal Instruction for practical Computer Skill; Cambridge Mass., London

Corona, Nestor; Bernhard Irrgang 1999: Technik als Geschick? Geschichtsphilosophie der Technik; Dettelbach

Czuma, H. 1974: Autonomie. Eine hypothetische Konstruktion praktischer Vernunft; Freiburg

Decius, Marc; Panzieri, Ralf 2000: Wir sind das Netz. Chancen und Risiken des Internets für Kinder und Jugendliche und ein praktischer Leitfaden; Weinheim, Basel

Douglas, M. 1991: Wie Institutionen denken; übersetzt von M. Bischoff; Frankfurt

Dreyfus, Hubert L.. 1985: Die Grenzen künstlicher Intelligenz. Was Computer nicht können (¹1972); Königstein/Taunus

Dreyfus, H. 2001: On the Internet; London New York

Dreyfus, H. 2002: Anonymity versus commitment: The dangers of education on the Internet; in: educational philosophy and theory 34/4/2002, 369-378

Dreyfus, St.; H. Dreyfus 1987: Künstliche Intelligenz. Von den Grenzen der Denkmaschine und dem Wert der Intuition, Reinbek bei Hamburg

Drossen, Olga, Stefan Krempel, Andreas Poltermann 2006: Die wunderbare Wissensvermehrung. Wie Open-Innovation unsere Welt revolutioniert; Hannover

Dutton, William H. 2001: (Hg) Information and Communication Technologies. Visions and Realities; Oxford

Dworkin, Gerald 1988: The Theory and Praxis of Autonomy; Cambridge u. a.

Edgar, Stacey 2003: Morality and Machines. Perspectives on Computer-Ethics, Sudbury

Elshtain, Jean Bethke 1992: Just war theory; Oxford, Cambridge

Fahle, Oliver, Lorenz Engell 2006: (Hg.) Philosophie des Fernsehens; München

Famulla, Gerd u. a. 1992: (Hg.) Persönlichkeit und Computer; Opladen

Fang, Weigui 2004: Das Internet und China. Digital sein im Reich der Mitte; Hannover

Faßler, Manfred 1999 (Hg.): Alle möglichen Welten. Virtuelle Realität, Wahrnehmung, Ethik der Kommunikation; München

Garfinkel, Simpson 2000: Database Nation. The death of privacy in the 21. Century; Sebastobol

Garfinkel, Simpson 2007: Big Brother mit Sehschwäche; in: Spektrum der Wissenschaft 10/2009, 90-95

Gasset, José Ortega y 1978: Betrachtungen über die Technik; in: Gesammelte Werke Bd. 4, 7-69; Stuttgart

Gaycken, Sandro, David Talbot 2010: Aufmarsch im Internet; Technology Review 9/2010, 26-32

Gehlen, Arnold 1973: Moral und Hypermoral ([1]1969) [3]1973; Frankfurt

Gaycken, Sandro 2009: Der Datenschutz hat versagt, in Technology Review 3/2009, 87f

Gensch, Gerhardt, Evamaria Stöckler, Peter Tschunck 2008 (Hg.): Musikrezeption, Musikdistribution und Musikproduktion. Der Wandel des Wertschöpfungsnetzwerkes in der Musikwirtschaft; Wiesbaden

Georgieff, Peter, Simone Kimpeler, Christoph Revermann 2005: E-Learning in der beruflichen Aus- und Weiterbildung; Berlin 2005

Gerhardt; Volker 1995: Art. Selbstbestimmung; in; HWP 9, 335-346

Gerhardt, V. 2007: Selbstbestimmung. Das Prinzip der Individualität; Stuttgart

Godwin, Mike 2003: Cyber Rights. Defending Free Speech in the Digital Age; Cambridge Mass., London

Goldman, Steven, Roger, N. Nagel, Kenneth Preiss, Hans-Jürgen Warnecke, 1996: Agilität im Wettbewerb. Die Strategien der virtuellen Organisation zum Nutzen des Kunden; Berlin u.a.

Grimm, Petra, Stefanie Rhein 2007: Slapping, Bullying, Snuffing! Zur Problematik von gewalthaltigen, pornographischen Videoclips auf Mobiltelefonen von Jugendlichen; Hamburg 2007

Grötker, Ralf 2003: (Hg.) Privat! Kontrollierte Freiheit in einer vernetzten Welt; Hannover

Grötker, R. 2008a: Suche mit Sinn und Verstand; in. Technology Review 3/2008, 60-65

Grötker, R. 2008b: Suchen im Netz der Nutzer; in Technology Review 2/2008, 26-34

Grötker, R. 2008c: Offen für Zerstörung; in: Technology Review 6/2008, 85f

Gurak, Laura 1997: Persuasion and Privacy in Cyberspace. The online protest over Lotus marked place and clipper chip; New Haven, London

Gurak, L. 2001: Cyberliteracy: Navigating the Internet with Awareness; New Haven, London

Gutwirth, Serge 2002: Privacy and the Information Age; Lauham u. a.

Habermas, Jürgen 1978: Strukturwandel der Öffentlichkeit. Untersuchungen zu einer Kategorie der bürgerlichen Gesellschaft, EA 1962; Darmstadt, Neuwied

Habermas, J., Jacques Derrida 2004: Philosophie in den Zeiten des Terrors; Darmstadt

Hager 1995: Art. Selbsterkenntnis, Antike; in: HWP 9, 406-413

Halbert, Terry, Elaine Ingulli 2001: Cyberethics, Melbourne u. a.

Hartmann, F. 1999: Cyber. Philosophy. Medientheoretische Auslotungen; Wien

Haugeland, John 1985: Artifical intelligence. The very idea; Cambridge Mass.

Hayes, Brian 2007: Der Strichpunktkieg; in: Sprektum der Wissenschaft 6/2007, 98-104

Hayles, K. 1999: How we became posthuman? Virtual bodies in Cybernetics, Literature, and Informatics; Chicago/London

Heidelberger, M. 1995: Art. Selbstorganisation; in: HWP 9, 509-514

Heidegger, Martin 1962: Die Technik und die Kehre; Pfullingen ²1962

Heidegger, M. 1972: Sein und Zeit; [12]1972; Tübingen

Herrlich, Peter 1985: Gentec pop onc. Antworten der Genforschung auf menschliche Ängste; Berlin

Herrlich, Peter 1989: Gentechnik in der militärischen Forschung. Sind Wissenschaftler die treibende Kraft in der Rüstung? Forum für interdisziplinäre Forschung 2/1 (1989), 28-33

Heuer, Steffan 2009a: Immer im Visier; in: Technology Review 5/2009, 44-50

Heuer, St. 2009b: Twitter Dich Reich; in: Technology Review 12/2009, 52-56

Hofmann, Hilmar, Wilfried Schoeller 2001: (Hg.) Wendepunkt 11. September 2001. Terror, Islam und Demokratie; Köln

Horkheimer, Max, Theodor W. Adorno 1971: Dialektik der Aufklärung. Philosophische Fragmemte; (Amsterdam 1947), Frankfurt [2]1971

Hoven, Jeroen van den, John Weckert 2008: (Hg.) Information Technology and moral philosophy; Cambridge

Hubig, Ch. 1993: Technik- und Wissenschaftsethik. Ein Leitfaden; Berlin, Heidelberg

Huerta, Marcos Garcia de la 1996: Critique de la Raison Technocratique; Paris

Hürter, Tobias 2005: Die Kondensation des Wissens; in: Technology Review 5/2005, 77-81

Hunner, Stephan 2008: Digitale Identitäten. Der Kern digitalen Handelns im Spannungsfeld von Imagination und Realität; Hannover

Husserl, Edmund 1976: Die Krisis der europäischen Wissenschaften und die transzendentale Phänomenologie; ed. W. Biemel, Husserliana Bd. VI; Den Haag [2]1976

Institut für Mobilitätsforschung 2004: (Hg.) Auswirkungen der virtuellen Mobilität; Berlin u.a.

Ilg, Peter 2010: Das Programmierte Klassenzimmer; in: Technology Review 8/2010, 34-38

Irrgang, Bernhard 1998: Praktische Ethik aus hermeneutischer Perspektive; Paderborn

Irrgang, B. 1999: Gemeinwohl geht vor Eigennutz. Eine Auseinandersetzung mit dem Kommunitarismus; in: P. Fonk, U. Zelinka (Hg.): Orientierung in pluraler Gesellschaft. Ethische Perspektiven an der Zeitenschwelle. Festschrift zum 70. Geburtstag von B. Fraling; Freiburg, Freiburg, Wien 1999, 149-164

Irrgang, B. 2001: Technische Kultur. Instrumentelles Verstehen und technisches Handeln; (Philosophie der Technik Bd. 1) Paderborn

Irrgang, B. 2003: Künstliche Menschen? Posthumanität als Kennzeichen einer Anthropologie der hypermodernen Welt?; in Ethica 11/2003/1, 1

Irrgang, B. 2005: Posthumanes Menschsein? Künstliche Intelligenz, Cyberspace, Roboter, Cyborgs und Designer-Menschen - Anthropologie des künstlichen Menschen im 21. Jahrhundert; Stuttgart

Irrgang B. 2006: Technologietransfer transkulturell. Komparative Hermeneutik von Technik in Europa, Indien und China; Frankfurt u.a.

Irrgang, B. 2007a: Hermeneutische Ethik. Pragmatisch-ethische Orientierung für das Leben in technologisierten Gesellschaften; Darmstadt

Irrgang, B. 2007b: Gehirn und leiblicher Geist. Phänomenologisch-hermeneutische Philosophie des Geistes; Stuttgart 2007

Irrgang, B. 2007c: Wegbereiter einer alternativen Moderne? Der Überwachungsstaat als Antwort auf Verunsicherung durch terroristische Umnutzung von Technologie; in: Ethica 15: Irrgang, B. 2007d Technik als Macht. Versuche über politische Technologie; Hamburg

Irrgang, B. 2008: Philosophie der Technik; Darmstadt 2008

Irrgang, B. 2009a: Der Leib des Menschen. Grundriss einer phänomenologisch-hermeneutischen Anthropologie; Stuttgart 2009

Irrgang, B. 2009b: Grundriss der Technikphilosophie. Hermeneutisch-phänomenologische Perspektiven; Würzburg 2009

Irrgang, B. 2009c: Postmedialität als Weg zum posthumanen Menschen?; in: St. Selke, u. Dittler (Hg.) Postmediale Wirklichkeiten. Wie Zukunftsmedien die Gesellschaft verändern; Hannover 2009, 47-65

Irrgang, B. 2009d: Identität und Privatheit im Internet; in Ethica 17 (2009) 3, 195-218

Irrgang, Bernhard 2010a: Von der technischen Konstruktion zum technologischen Design. Philosophische Versuche zur Ingenieurstechnik; Münster

Irrgang, B. 2010b: Martin Heideggers Technikphilosophie. Vom Umgehen Können zum Entbergen; in: L. Leidl, D. Pinzer (Hg.) Technikhermeneutik. Technik zwischen Verstehen und Gestalten; Frankfurt, 45-59

Irrgang, B. 2010c: Homo Faber. Arbeit, technische Lebensform und menschlicher Leib; Würzburg 2010

Irrgang, B., J. Klawitter 1990: (Hg.) Künstliche Intelligenz, Stuttgart

Irrgang, B., Sybille Winter 2007: (Hg.) Modernität und kulturelle Identität. Konkretisierungen transkultureller Technikhermeneutik im südlichen Lateinamerika; Frankfurt u.a.

Jaeschke 1995: Art. Selbstbewusstsein; in; HWP 9, 350-371

Jensen, Henrik Wann, Tomas, Akenine-Möller 2010: Computergrafik – Echter als die Wirklichkeit? in: Spektrum der Wissenschaft 8/2010, 88-96

Johnson, Deborah G. 2001: Computer ethics [1]1985; New Yersey

Johnson, Steven 1997: Interface culture. Wie neue Technologien Kreativität und Kommunikation verändern; übers. von H.-J. Maass; Stuttgart

Jones, Gerard 2005: Kinder brauchen Monster: Vom Umgang mit Gewaltphantasien; übers. Von R. Schaden; EA 2003; Berlin

Jürgensen, Arnd 2004: Terrorism, Civil Liberties, and Preventive Approaches to Technology: The Difficult Choices Western Societies Face in the War on Terrorism; in: Bulletin of Science, Technology and Society, 24/1 Februar 2004, 55-59

Keupp, H., u. a. 2006: Identitätskonstruktionen. Das Patchwork der Identitäten in der Spätmoderne, EA 1999; Reinbek b. Hamburg

Kimpeler, Simone, Peter Georgieff, Christoph, Revermann 2007: Zielgruppenorientiertes E-Learning für Kinder und ältere Menschen; TA Arbeitsbericht Nr. 115; Berlin

Kleinwächter, Wolfgang 2004: Macht und Geld im Cyberspace. Wie der Weltgipfel zur Informationsgesellschaft (WSIS) die Weichen für die Zukunft stellt; Hannover

Kölling, Martin 2009: Vom Klo zum Robobutler; in Technology Review 9/2009, 74-75

Köpsell, Stefan, Andreas Pfitzmann 2003: Wie viel Anonymität verträgt unsere Gesellschaft? In: J. van Knop, W. Haverkamp, E. Jessen (Hg.): Security, E-Learning, E-Services; 17. DFN-Arbeitstagung übe Kommunikationsnetze; Düsseldorf, Bonn 2003, 13-26

Kollek, Regine, B. Tappeser, G. Altner 1986: (Hg.) Die ungeklärten Gefahrenpotentiale der Gentechnologie; Gentechnologie 10; München

Krüger, Alfred 2006: Angriffe aus dem Netz. Die neue Szene des digitalen Verbrechens; Hannover

Lange, Anne-Kathrin 2008: Happy Slapping. Zur Nutzung und Entstehung von Handy-Gewaltvideos; Saarbrücken

Lenk, H., M. Maring 1991: (Hg.) Technikverantwortung. Güterabwägung, Risikobewertung, Verhaltenskodizes; Frankfurt/M., New York

Leeson, Lynn Hershman 1996: Clicking in. Hot Links to a Digital Culture; Seattle

Lévy, Pierre 1998: Becoming Virtual: Reality in the Digital Age, Übersetzt aus dem französischen von R. Bononno; New York, London

Lober, Alexander 2007: Virtuelle Welten werden real. Second Life, World of Warcraft und Co, Faszinationen, Gefahren, Business; Hannover

Lockard, Joe, Mark Pegrum 2007: (Hg.) Brave new Classrooms. Democratic education and the Internet; New York u. a.

Lovink, Geert 2002: Dark Fiber. Tracking critical Internet culture; Cambridge/London

Ludlow, Peter 2001: (Hg.) Cryptoanarchie, Cyberstates and Pirate Utopias; Cambridge Mass., London

Margolis, Michael, David Resnick 2000: Politics as usual. The Cyberspace „Revolution"; Thousand Oaks, London, New Delhi

Mattke, Sascha 2007: Ungeheure Beschäftigung: PC-Spiele; in: Technology Review 1 2007, 87

Mattke, S. 2008: Das Ende der Flatrates?; in: Technology Review 11/ 2008, 87f.

Mattern, Friedemann 2007 (Hg.): Die Informatisierung des Alltags. Leben in smarten Umgebungen; Berlin

Medorsch, Armins, Janko Röttgers 2001: (Hg.) Netzpiraten. Die Kultur des elektronischen Verbrechens; Hannover

Mitcham, Carl 1993: (Hg.) Philosophy of Technology in Spanish speaking countries; Dordrecht

Mitchell, Robert, Phillip Thurtle 2004: Data Made Flesh. Embodying Information; New York, London

Misoch, Sabina 2004: Identität im Internet. Selbstdarstellung auf privaten Homepages; Konstanz

Möller, Erik 2005: Die heimliche Medienrevolution. Wie Weblogs, Wikis und freie Software die Welt verändern; Heidelberg

Mostafa, Javed 2006: Bessere Suchmaschinen für das Web; in: Spektrum der Wissenschaften 2/2006, 82-88

Munster, Hanna 2006: Materializing new media. Embodiment in information aesthetics; Hanover, New Hampshire

Napoleoni, Loretta 2005: Die Ökonomie des Terrors. Auf der Spur der Dollars hinter dem Terrorismus ([1]2003); Frankfurt

Nenntwich, Michael 2003: Cyberscience. Research in the Age of Internet; Wien

Neumann, Peter G. 1995: Computer related risks; New York

Niegerlag, Wolfgang, Otto Rienhoff, Heinz Lemke 2005: Smartcards in telemedizinischen Netzwerken; Health Academy 02-2004, Dresden 2005

Orwat, Carsten 2002: Innovationsbedingungen des E-Commerce – Der elektronische Handel mit digitalen Produkten; TAB Hintergrundpapier Nr. 8; Berlin

Palm, Goedart 2004: CyberMedienWirklichkeit. Virtuelle Welterschließungen; Hannover

Palm, Goedart, Florian Roetzer 2002 (Hg.): Medien, Terror, Krieg. Zum neuen Kriegsparadigma des 21. Jahrhunderts; Hannover

Penzias, Arno 1991: Phantasie und Information. Verständnis für unsere High-Tech-Welt. Aus dem amerikanischen übertragen von B. Knapp; Stuttgart

Petermann, Thomas, Arnold Sauter 2002: Biometrische Identifikationssysteme. Sachstandsbericht; TAB Arbeitsbericht Nr. 67; Berlin

Pfaffenberger, B. 1992: Social Anthropology of Technology; in: Annual review of Anthropology 21 (1992), 491-516

Pfitzmann, Andreas, Sandra Steinbrecher 2003: Digitale Glaubwürdigkeit und Privatsphäre in einer vernetzten Gesellschaft; in: D. Klompp, H. Kubicek, A. Roßnagel (Hg.): Next Generation. Informationsociety? Notwendigkeit einer Neuorientierung; Mössingen-Talheim, 290-299

Prekop, Jirina, Gerald Hüther 2006: Auf Schatzsuche bei unseren Kindern. Ein Entdeckungsbuch für neugierige Eltern und Erzieher; München

Pohlke, Annette 2007: Second Life verstehen, erkunden, mitgestalten; Heidelberg

Rabe, Hannah 1972: Art. Eigentum; in: HWP 2, 339-342

Quante, Michael 2007: Person; Berlin, New York

Revermann, Constanze, Bernd Wingert 2002: TA Projekt E-Commerce in Deutschland; TAB Abeitsbericht Nr. 78, Berlin

Reverman, Christoph 2004: E-Learning. Europäische eLearning-Aktivitäten: Programme, Projekte und Akteure; TA Hintergrundpapier Nr. 11; Berlin

Reverman, Christoph, Peter Georgieff, Simone Kimpeler 2007: Mediennutzung und E-learning in Schulen. TA-Arbeitsbericht Nr. 122; Berlin

Riehm, Ulrich 2002: Innovationsbedingungen des E-Commerce – die Technische Kommunikationsinfrastrukturen für den elektronischen Handel TAB Hintergrundpapier Nr. 7; Berlin

Riehm Ulrich, Thomas Petermann, Carsten Orwat, Christopher Coenen, Christoph

Rössler, Beate 2001: Der Wert des Privaten, Frankfurt

Rötzer, Florian 2003: (Hg.) Virtuelle Welten; reale Gewalt; Hannover

Röwer, Manuela 2006: Vorsicht freilaufende Roboter in: Technology Review 10/2006, 54-59

Rohracher, Harald 2006: The mutual shaping of Design and Use: Innovations for sustainable Buildings as a Process of social Learning; Graz.

Roßnagel, A., A. Pfitzmann 2002: Datenschutz im Internet – welche Standarts informationeller Selbstbestimmung braucht das Internet? In: E. Staudt (Hg.): Deutschland online; Standortwettbewerb im Informationszeitalter; Projekte und Strategien für den Sprung an die Spitze; Heidelberg, 89-98

Roush, Wade 2005: Soziale Maschinen; in: Technology Review 8/2005, 56-63

Sattler, Sebastian 2007: Plagiate in Hausarbeiten. Erklärung mithilfe Rational-Choice-Theorie, Hamburg

Scheller, Ruben 1988: Das Gen-Geschäft. Chancen und Gefahren der Bio-Technologie ([1]1985); Köln

Schnelle, H. 1976: Art. Information; in: HWP 4, 356f.

Schröder, Burkhardt und Claudia 2008: Die Online-Durchsuchung. Rechtliche Grundlagen, Technik, Medienecho; Hannover

Schröder, Michael, Axel Schwanebeck 2008: (Hg.) Schlagkräftige Bilder. Jugend-Gewalt-Medien; München

Schuler, Douglas, Peter Day 2004: (Hg.) Shaping the Network Society. The new Role of Civic Society in Cyberspace; Cambride Mass., London

Schulze, Tillmann 2006: Bedingt abwehrbereit. Schutz kritischer Informationsinfrastrukturen in Deutschland und den USA; Wiesbaden

Schwenk, Johanna 2002: Cyberethik. Ethische Problemstellung des Internets und Regulierungsansätze aus der Sicht der Onlinenutzer; München

Selinger, E.; R. Crease 2003: Dreyfus on expertise: The limits of phenomenological analysis; in continental philosophy review 35 (2002), 245-279

Selke, Stefan Ullrich Dittler 2010: Postmediale Wirklichkeiten aus Interdisziplinärer Perspektive. Weitere Beiträge zur Zukunft der Medien; Hannover

Sixtus, Mario 2005: Das Web sind wir; in: Technology Review 7/2005, 44-52

Sneiderman, Ben 1998: Educational journeys on the Web-Frontier; in: Educom Review 11/12 1998, 10-15

Spinello, Richard A., Herman T. Tavani 2001: Readings in Cyberethics. Boston, Toronto, London, Singapur

Stähler, Patrick 2001: Geschäftsmodelle in der digitalen Ökonomie; Lohmar, Köln

Solove, Daniel 2004: The digital person. Technology and privacy in the information age; New York/London

Steeler, Wolfgang 2007: Die Situation gerät außer Kontrolle; in: Technology Review 2/2007, 55-57

Stieler, Wolfgang 2009: Die geborenen Spieler; in: Technology Review 1/2009, 43-45

Stieler, W. 2010: Mein Job beim Big Brother (ein Protokoll); in: Technology Review 3/2010, 54-59

Ström, Pär 2003: Überwachungsmafia. Das lukrative Geschäft mit unseren Daten; übers. D. Jakobik; München

Surowiecki, James 2007: Die Philanthropiemaschine; in: Technology Review 1/2007, 28-35

Surratt, Carla 2001: The Internet and Social Change; Jefferson, London

Talbot, Steve 2007: Devices of the Soul: Battling for Our Selves in an Age of Maschines;

Sebastopol

Talbot David 2008: Arm genug für Laptops; in: Technology Review 6/2008, 40-46

Tapscott, Don 1998: Netkids. Die digitale Generation erobert Wirtschaft und Gesellschaft; übers. v. R. Beyer (¹1998); Wiesbaden

Technology Review 7/2005: Freie Software in der Diskussion; in Technology Review 7/2005, 76-87

Technology Review 12/2005: Fokus Computerspiele; in: Technology Review 12/2005, 73-90

Technology Review 8/2008: Fokus Web 2.0; in: Technology Review 8/2008, 55-72

Technology Review 2/2009: Fokus Benutzerschnittstelle; in: Technology Review 2/2009, 60-76

Technology Review 3/2009: Fokus mobiles Internet; in: Technology Review 3/2009, 55-83

Technology Review 7/2009: Fokus IT-Sicherheit; in: Technology Review 7/2009, 61-75

Technology Review 12/2009: Fokus E-Government in: Technology Review 12/2009, 63-75

Technology Review 8/2010: Fokus Sicherheitstechnik; in: Technology Review 8/2010, 61-73

Tripathi, Arun Kumar 1998: The Internet and its Uses in Education; in: Virtual University Journal 1/1998, 86-107

Thomas, Douglas, Brian D. Loader 2000: (Hg.) Cybercrime. Law Enforcement, Security and Surveillance in the Information Age; London, New York

Turkle, Sherry 1984: The second self. Computers and the Human Spirit; New York.

Turkle, S. 1995: Life on the screen. Identity in the age of the internet; New York u.a.

Venkatsh, S. 2003: Cyber-Terrorismus; Delhi

Verton, Dan 2003: Black Ice: The invisible threat of cyberterrorism; New York u. a.

Waffender, M. 1991: (Hg.) Cyberspace. Ausflüge in virtuelle Wirklichkeiten; Reinbek bei Hamburg

Warren, Brandeis 1890: The Right to Privacy; in: Harvard Law Review Nr. IV vom 15.12.1890

Weber, Stefan 2007: Das Google-Copy-Paste-Syndrom. Wie Netzplagiate Ausbildung und Wissen gefährden; Hannover

Wiegerling, Klaus 2008: Medienethik als Medienphilosophie, in: V. Steenblock (Hg.): Grundpositionen und Anwendungsprobleme der Ethik, Kolleg praktische Philosophie Band 2, Stuttgart, 220- 252

Woesler, Martin 2005: Ethik der Informationsgesellschaft; Berlin, Bochum, London, Paris

Woolgar, Steve 2002: (Hg.) Virtual society? Technologie, Cyberbole, Reality; Oxford

Yar, Majid 2006: Cybercrime and Society; London, New Delhi

Zimmerli, W. 1991: Die Wiederkehr des Individuums - Basis einer Ethik von Technik und Wissenschaft; Forschung aktuell TU Berlin 8, Nr. 36-38, 16-20

Zons, R. 2001: Die Zeit des Menschen. Zur Kritik des Posthumanismus; Frankfurt

Zühlke, Detlef 2005: Der intelligente Versager. Das Mensch-Technik-Dilemma; Darmstadt